정보통신정책과 전자정부

이 도서의 국립중앙도서관 출판시도서목록(CIP)은 e-CIP홈페이지(http://www.nl.
go.kr/ecip)와 국가자료공동목록시스템(http://www.nl.go.kr/kolisnet)에서 이용하
실 수 있습니다. (CIP제어번호: CIP2011004588)

출판로고

정보통신정책과 전자정부

박경진 지음

Information Communication Policy and Electronic Government

Kyoung Jin Park

ORUEM Publishing House
Seoul, Korea
2011

머리말

IT분야를 국가발전 전략으로 채택하고 추진한지 십여 년이 넘었고, 이제 우리나라는 세계 최고수준의 정보통신 인프라를 갖추고, 글로벌 경쟁력이 있는 IT 산업을 보유한 정보통신 일등국가로 도약하고 있다. 우리가 개발한 기술이 세계 표준이 되고, 우리의 서비스와 제품이 세계인의 삶을 바꾸고 있는 것이 현실이 되었다.

그러나 급변하는 세계 정보통신시장을 선도하기 위해서는 계속하여 기술과 정책을 연구하는 새로운 준비가 필요하다. 본격화되고 있는 통신·방송 융합 등의 급격한 변화에 대응하여 법제도를 신속히 정비하고 관련 정책을 과감하게 추진하여야 한다.

또한 사이버 폭력으로 인한 인권침해나 해킹과 정보격차 등 정보사회의 역기능을 해소하는 방안도 빈틈없이 강구하여야 한다. 앞으로 이런 분야에 정책 역량을 집중하여 새로운 통합과 균형의 세상, 따뜻한 정보사회를 구현해 나가야 한다. 이제 정보화는 사회 각 분야의 변화를 야기하는 원동력으로 떠오르게 되었으며 따라서 정보통신정책은 국가발전의 핵심적인 정책으로서 다른 분야의 정책기반으로 작용하여 국가경쟁력을 결정짓는 근간으로 대두되었다. 또한 정보화는 행정분야와 관련해서도 투명하고 신속하며 효율적인 행정을 가져오게 하였다.

이 책의 기본적인 콘텐츠는 다년간 정보통신분야에서 근무한 경력과 연세대, 성균관대, 인하대 등에서 오랫동안 ‘정보통신정책’과 ‘정보통신행정론’ 및 ‘정보사회론’을 강의하였던 자료를 바탕으로 엮은 것이다. 이러한 기본적인 내용에 덧붙여서 최근에 부각되고 있는 ‘정보사회정책’과 ‘정보사회행정’의 내용을 융합시켰다.

우리는 21세기 정보사회에서 빠르게 발전하고 있는 정보통신기술의 홍수 속에서 살고 있으며 최근의 선진국들에서는 국가의 전체 수출액 중 30~40%를 정보통신분야가 차지하고 있다. 정보통신기술의 측면에서 볼 때, 인터넷과 이동통신(스마트폰 등) 수요의 급격한 증가로 통신시장의 패러다임이 유선통신에서 무선통신으로 확산되고 있으며, 방송과 통신의 융합에 이어 다양한 산업현장에서의 통신기술의 융합 역시 빠르게 전개되고 있는 것이 현실이다. 반면에 정보격차 해소 문제와 더불어, 하루에도 수만 건에 달하는 해킹과 개인정보 침해가 진행되고 있어 정보보안의 문제 역시 신중하게 대비하는 것이 필요하다 하겠다.

최근의 정보사회에서는 '빛의 속도'에 버금간다는 이러한 신속한 변화에 유연하게 대응해야 하고, 정보통신분야의 연구개발에 한층 더 노력하여 지식기반사회 발전에 기여하여야 한다. 현재 한국의 정보통신분야 국가기술수준은 인터넷 기술, 휴대전화 기술, 반도체 기술, 디스플레이 기술 등에서 세계적 우위를 차지하고 있으나 더욱 많은 분야에서 앞서가도록 정책적으로도 대폭 지원하여야 할 것이다.

이 책의 내용은 정보통신정책과 전자정부의 정보통신행정을 중심으로 다루었다. 1부에서는 정보사회와 정보통신정책을 설명하였고, 2부에서는 전자정부의 행정과 정보보안에 대해 기술하여 모두 15장으로 구성되어 있다.

제1부에서는 제1장 정보와 정보사회, 제2장 국내 정보통신정책의 현황과 전망, 제3장 IT인력정책과 정보화정책, 제4장 해외 정보통신정책, 제5장 북한의 정보통신정책과 남북 IT교류협력, 제6장 방송·통신 융합정책의 동향, 제7장 디지털 방송 활성화와 방송통신정책, 제8장 정보화 격차에 따른 국내 정보통신정책으로 주로 정보통신정책과 관련된 콘텐츠를 중심으로 구성되었다. 제2부에서는 제9장 정보사회와 행정, 제10장 전자정부 행정서비스 변화와 행정정보, 제11장 투명행정 사례와 온라인 공개시스템, 제12장 스마트폰 시장 현황, 제13장 전자정부 역기능 방지를 위한 방안, 제14장 전자정부에서 정보보호 방안, 제15장 전 세계 해킹과 대규모 사이버위협 동향으로 구성하여 정보통신행정과 정보보안과 관련된 콘텐츠를 이해하도록 구성하였다. 부록에서는 〈전자정부법〉을 첨부하였다.

끝으로 이 책을 펴내는 데 관련 분야 여러 학자들의 연구결과가 많은 도움이 되었으며, 또한 이 책의 발행을 맡아 주신 도서출판 오름의 부성옥 대표와 편집부 관계자분들께도 깊은 감사를 드린다.

2011년 10월

박경진

| 차 례 |

제1부 | 정보사회와 정보통신정책

제1장 정보와 정보사회

제2장 국내 정보통신정책의 현황과 전망

제2부 | 전자정부의 행정과 정보보안

제9장　정보사회와 행정

제10장　전자정부 행정서비스 변화와 행정정보

그림 차례 …

정보와 정보사회

제1절 정보의 개념

1. 정보

정보(information)는 데이터를 일정한 약속에 의하여 보다 중요한 데이터로 승격시킨 것을 정보라 한다. 가공(처리)된 데이터로 적절한 의사 결정이 가능한 형태이고, 자료(data)는 사상, 개념, 의사, 명령 등을 표현한 것으로 인간 또는 기계가 감지할 수 있도록 숫자, 문자, 기호 등을 이용하여 형식화한 것으로 정보의 기초가 된다. 샤논(C. E. Shannon)의 정보에 대한 정의는 유효한 정보란 불확실성의 정도를 해소했을 때 얻어지는 가치이고, 여기서 불확실성의 평가치는 엔트로피(entrophy)이며 정보의 최소 측정단위는 비트(BIT)이다. 그리고 정보의 특성은 7가지로 구분할 수 있다.

첫째, 무형성이다. 정보는 그 자체가 형태를 가지지 않고 항상 흐르고 있다. 즉 정보는 모든 현상, 추상이 인간의 두뇌에 투영된 상태로 존재한다. 이를 융통성이라고 표현하기도 한다.

둘째, 한시성이다. 정보는 일정한 시간이 지나면 그 효용이 감소한다. 따라서 〈시간×정보=기회〉의 공식에 따라 정보의 중요성을 나타내기도 한다.

셋째, 독점성이다. 정보는 사람에 따라 비밀을 추구하는 성격을 지니고 있어서 공개된 정보보다 미공개된 정보가 일반적으로 더 가치가 있다. 이를 희소성이라고도 표현한다.

넷째, 가치의 변환성이다. 정보는 다루는 사람, 시기, 장소에 따라 그 가치가 변화한다.

다섯째, 종합성이다. 관심의 대상이 되는 내용과 관련된 여러 정보들을 융합해서 평가해야만 그 가치가 더해질 수 있다.

여섯째, 연속성이다. 연속적인 정보수집과 처리로 정보 가치가 더욱 상승된다.

일곱 번째, 이용성이다. 아무리 정보를 많이 가지고 있다고 하여도 이용하지 않으면 쓸모가 없어진다. 따라서 정보는 그 이용을 극대화할 때 가치가 있게 된다.

2. 정보통신

정보통신은 전기통신(telecommunication) + 컴퓨터(processing) = 원격처리(teleprocessing)로 표시할 수 있으며, 정보의 전달 외에 정보의 가공 및 처리를 추가한 형태의 통신이다.

즉, 전기통신회선에 컴퓨터의 본체와 이에 부수되는 입출력 장치 및 기타의 기기를 접속하여 정보를 송수신하는 것뿐만 아니라 처리까지 가능한 형태의 통신이다.

정보통신의 장점은 고속도 통신에 적합하고, 에러 제어 방식을 사용하므로 신뢰성이 높고, 시간과 거리에 구애받지 않고 고품질의 통신을 할 수 있으며, 경제성이 높고 응용범위가 넓으며 대형 컴퓨터와 대용량 파일의 공동 이용이 가능하다.

3. 정보화 사회

정보화는 사회학자들의 정의를 종합하면, 정보를 물질 및 에너지에 이은 제3의 자원으로 인식하여 정보의 생성, 가공, 축적, 활용 등의 정보행위를 의도적으로 행하여 유용가치를 높이는 활동이라고 할 수 있다.

정보화 사회는 정치, 경제, 행정, 교육, 문화, 지역사회, 가정생활 등에 이르기까지 사회의 모든 분야에서 정보화가 진전되어 물질의 가치에 비해 정보의 가치가 상대적으로 높아지고, 정보에 관한 연구개발, 생산, 유통, 소비 등의 활동이 매우 활발한 사회이다.

벨(Daniel Bell)은 이를 서비스의 생산이 중심 요소가 되고, 정보와 지식이 결정적 변수가 되는 "탈공업화 사회(post-industrial society)"로 정의하였고, 토플러(Alvin Toffler)는 농업혁명, 공업혁명에 이은 제3의 물결로 정보혁명을 주장했다.

1) 정보화 사회의 영향

첫째는 생산방식으로 정보 생산력(자동화), 지식의 생산성이다.

둘째는 생산의 특성으로 여러 가지 사회 기능의 시스템화, 두뇌 인력이 대체한다.

셋째는 제품 유형으로 정보 기능과 시스템, 정보 산업과 지식 산업이 그것이다.

넷째는 생산과 인간관계로 인간을 사회 시스템에 제한하고 계약된 노동력이다.

다섯째는 사회 유형의 특징으로 분산된 네트워크, 창조적 직장 사회, 사회 개발형 다기능이다.

2) 정보화 사회의 특성

첫째, 사회 생산구조에 있어 정보화 지식의 생산성이 대두된다.

둘째, 사회 구조에 있어서는 계약된 노동력에 의한 다기능 사회가 도래한다.

셋째, 탈규격화, 지방화, 개인화가 대두된다.

넷째, 가정생활: HA(home automation)로 인한 홈뱅킹, 홈쇼핑이 활발하다.

다섯째, 직장생활: OA(office automation)와 FA(factory automation)에 의한 자유 시간 근무제 및 재택 근무제가 도입된다.

여섯째, 사회생활: 중앙 집중으로부터 분산으로 전이되어 복지사회가 도래한다.

4. 정보통신 시스템

정보통신 시스템은 데이터를 목적지까지 전달해 주는 기능을 수행하는 데이터 전송계와 이러한 데이터를 처리, 또는 저장하는 데이터 처리계로 나뉜다.

데이터 전송계는 데이터 단말장치, 데이터 전송회선, 통신제어장치로 구성되며, 데이터 단말기의 구성은 입력 장치부, 출력 장치부, 회선 접속부, 회선 제어부, 입출력 제어부로 나뉜다. 데이터 전송회선은 컴퓨터와 컴퓨터, 데이터 단말기와 컴퓨터 센터, 단말기와 단말기를 전기적으로 연결하는 매체를 전송회선이라고 하는데, 전송회선은 구체적으로 신호 변환기인 데이터 회선 종단장치(DCE: data circuit terminating equipment)와 통신 회선으로 구성된다. 그리고 회선 종단장치는 데이터 전송계에서 통신 회선의 양쪽 끝에 위치한다는 의미에서 회선종단장치라고 하며 모뎀과 DSU(digital service unit)가 여기에 속한다.

데이터 처리계는 일반적으로 컴퓨터를 나타내며, 이의 중앙처리장치(CPU: central processor unit)는 통신제어장치로 입력되는 데이터를 처리한다. 주변장치는 데이터 통신시스템을 구성하는 컴퓨터의 주변장치의 대표적인 예가 대량의 데이터를 기억할 수 있는 외부 기억장치이다.

5. 정보의 가치

정보는 일반상품과는 달리 무게, 길이, 크기라는 요인이 존재하지 않고 경제학에서 빼놓을 수 없는 상품의 공급량이나 수요량이라는 개념도 필요하지 않다. 따라서 정보는 일물일가(一物一價)의 원칙이 성립되지 않고 일물다가(1개 상품에 대한 2개 이상의 가격이 존재)의 원칙이 성립될 수 있다. 다시 말하면 일반상품은 일물일가의 원칙에 의해 경제분석이 행해져 왔지만, 정보는 정보 이용자의 필요성의 정도에 따라 여러 가지의 가격이 성립될 수 있다는 것이다. 일반적으로 정보의 가치는 상업적 가치, 개인적 가치, 공공적 가치 등으로 나누어 살펴볼 수 있다.

정보의 상업적 가치(commercial value)는 정보의 상품성을 강조한다. 정보통신기술의 발전에 따라 정보는 다른 경제재와 같이 그 생산과정이나 서비스과정에서 인간의 생산적 행위에 수반되는 것으로 그 의미가 강화되고 있다. 그리고 정보가 경제재와 정보재의 생산과정에서 필수적인 하나의 독립된 요소로서 또는 기존의 생산요소들에 대한 보완적인 요소로서 투입될 수 있으며 정보자체가 하나의 독립된 상품으로 처리될 수 있기 때문에 정보에 대한 경제적 가치를 부여하는 것이 현실적으로 받아들여지고 있다. 이와 같이 정보를 상품에 대입시켜 경제적 가치(교환 가치)를 부여하는 것은 자본주의 경제체제에서는 당연한 것이며 이는 정보경제에 근간이 되는 사유재적 개념에서 비롯된다.

정보의 개인적 가치는 정보사회에서는 정보통신기술이라는 사회적 기술을 바탕으로 정보가 물질자원이나 에너지자원보다는 더 큰 비중을 가지고 경제 및 사회의 발전에 중추적인 역할을 담당하게 될 것이다. 정보는 욕구자(수요자)의 만족에 따라 그 정보의 가치가 결정되는 정보의 개인적 가치라고 한다. 즉, 기업 간의 경쟁에서 각 기업들은 각자의 고유한 특정 기업정보가 외부로 유출되지 않도록 통제를 한다.

이런 경우에 정보는 개인적 가치로 자산(property)의 성격을 갖게 되는데 특허나 저작권과 같은 법적 보호의 형식을 취하기도 한다. 정보의 개인적 가치는 개인의 사생활에서도 적용된다. 이러한 정보의 개인적 가치가 더욱 부각되어지는 현상도 정보사회의 특징이다.

정보의 공공적 가치(public value)는 정보의 접근이 용이함에 따라 정보가 특정 다수인에게 알려짐으로써 갖게 되는 정보의 가치를 정보의 공공적 가치라고 한다. 예를 들어 도서관, 학교, 박물관 등 누구나 정보를 접할 수 있는 공공시설이 요구되며 자유로운 정보유통 체제가 확립될 수 있도록 제도상으로 장려되기도 한다. 이는 곧 정보의 공공적 가치를 실현하는 일환이다. 언론의 자유나 의사표현의 자유, 정보접촉과 정보이용의 자유 등은 정보의 공공적 가치와 밀접한 관련을 갖는다.

제2절 국내외 정보사회의 역사

1. 서론

컴퓨터와 인터넷의 출현, 그리고 광섬유케이블의 사용은 사람들에게 정보증폭을 가능하게 하였고 이에 따른 다양한 요구가 분출되면서 예전에 없었던 급속한 사회 변화를 요구하고 있다. 이를 정보혁명이라고 부른다. 이에 따라 정부도 시민도 그리고 기업도 새로운 조직과 문화 생활방식으로 바뀌게 되었다. 이것은 사회 각계각층의 개혁을 필요로 한다. 21세기는 이러한 의미에서 20세기 산업사회와는 구별되는 정보사회이다. 또한 정보사회는 정보가 중요한 사회적 가치재로 등장하면서, 이를 활용하는 지적활동이 강조되는 사회이다. 따라서 '지식정보사회'라고도 하며 국제화, 세계화, 정보화, 지방화가 요구된다.

21세기 정보사회는 역사적 요구에 의해 탄생된 새로운 패러다임이라고 할 수 있다. 세계 각국에서 이미 정보화 사회의 물결은 피할 수 없는 물결이며, 복잡한 시대를 살아가는 현대인의 요구이기도 하다. 여기서 우리는 왜 정보사회가 도래할 수밖에 없었는가를 발견하기 위하여 정보사회 도래의 역사적 과정을 고찰해 보고자 한다.

2. 미국의 정보화 추진 현황

미국은 1993년 클린턴 행정부 출범 이후 인터넷 등 첨단 IT와 IT산업을 기반으로 하는 신경제를 실질적으로 주도하여 미국 역사상 유례없는 장기호황을 누린 것으로 평가된다. 클린턴 정부는 디지털 기회 강조, 전자사회의 건설, 전자정부 실현, 소비자 신뢰도 증대, 글로벌 사이버마켓 창조, 인터넷을 통한 성장촉진 등의 6대 디지털화 핵심정책을 추진하였고, 그 결과는 매우 긍정적으로 평가받고 있다.

미국은 다음과 같이 정보화가 추진되고 있다.

첫째, 인터넷과 정보기술산업이 미국경제의 호황에 큰 기여를 한 것으로 평가하고 전자상거래 추진을 통한 디지털 경제를 구축하고자 하였다.

둘째, 일반국민이 모든 정부정보에 접근하여 온라인을 통한 정부와의 거래가 가능하도록 전자정부를 구축하였다.

셋째, 정보 소외계층이 인터넷과 같은 정보서비스를 쉽게 이용할 수 있도록 요금지원 등 정보격차 해소정책을 추진하고 있다.

넷째, 차세대 인터넷 개발을 위한 지원을 강화하고 있다.

다섯째, 21세기 정보화 시대에 대비하여 학생들의 정보기술활용능력을 향상시키기 위해 학교정보화를 추진하고 있다.

여섯째, 미국정부는 정보통신기술 우위확보를 위해 대학과 연구기관, 기업 등에 대한 R&D(연구개발) 투자를 확대하고 있다.

이러한 정보정책의 추진은 클린턴 행정부 이후부터 꾸준히 추진되고 있다.

1990년대 세계의 신경제를 주도한 미국은 IT산업전반에 세계 1위를 점하고 있으며 또한 이를 바탕으로 기업 및 개인생활에 있어 정보 활용이 일상화되어 국가사회 전반의 정보 활용도가 높은 정보화 선진국으로 평가되고 있다.

● 정보화 추진 체계

미국 연방정부의 정보화 추진 체계는 대통령을 중심으로 정보화관련 자문위원회와 관리예산처로 구성되어 있다. 정보정책 추진 체계의 구성은 다음과 같다.

(1) 정보정책 통합조정기구
(2) 범부처정부개혁 총괄기구
(3) 정보화 관련 대통령 자문기구
(4) 정부부처 산하 정보화 관련기구

3. 일본의 정보화 추진 현황

1990년대 초에는 미국에서 시작된 정보화의 새로운 물결이 일본에도 불기 시작하였다. 1994년 행정정보화추진계획(1995~1999)을 수립하고, 1995년 발표된 공통실시계획에 따라 행정기관 간의 네트워크 구축을 위한 행정정보종합통신망과 성청 간의 LAN, 카스미가세미 WAN의 정비, 그리고 각종 운영시스템의 정비 사업이 이루어졌다. 행정정보종합통신망은 사무처리의 합리화·신속화·통신경비의 절감과 통신수요의 증대 및 다양화를 위하여 각 성청과 지방정부가 공동으로 이용하는 네트워크를 만들고 있다.

1) 일본의 정보화 추진 연혁

일본 우정성의 자문기구인 전기통신위원회는 일본의 정보화를 추진하기 위한 계획으로 1994년 5월 '21세기 지적인 사회를 향한 개혁: 고성능정보통신기반구조의 건설을 위한 사업'이라는 보고서를 발표하였다. 이는 정보통신의 고도화를 위해 2010년까지 33조 엔에서 53조 엔의 예산으로 광통신망을 구축·완료한다는 목표를 설정하고 이를 달성하기 위한 원칙, 추진방법, 일정, 권고사항들을 제시하였다.

이후 1994년 8월에 총리 직속으로 설치된 고도정보통신사회 추진본부에서는 관련 전문가들의 의견을 수렴하여 1995년 2월 '고도정보통신사회를 위한 기본방침'을 결정하였다. 이 지침은 공공분야의 정보화, 정보통신고도화를 위한 제반제도의 수정, 정보통신기반의 정비 등을 주요 과제로 제시하였다.

2001년 1월부터 '고도정보통신네트워크사회형성기본법'을 시행하였으며 동시에 일본 정부에 IT전략본부를 설치하였다. 이후 IT전략본부는 중요하고 시급한 IT관련 시책을 검토하고, 'e-Japan중점계획, e-Japan2002프로그램'을 정리하여 '개혁공정표' 및 '개혁선행프로그램'을 각각 제정하였다.

2) 정보화의 추진 현황
(1) 세계 최고 수준 고도정보통신 네트워크 구축
(2) 전자상거래 촉진
(3) 교육진흥 및 인적 자원 육성
(4) 행정정보화 및 공공부문의 IT활용 촉진
(5) 고도정보통신의 안정성 및 신뢰성 확보

4. 캐나다의 정보화 추진 현황

1) 정보화 추진 현황

캐나다는 '세계에서 가장 네트워크화된 국가실현'이라는 정보정책기조를 가지고 인터넷 등 통신서비스에서 모든 국민이 저렴하게 접근할 수 있도록 하여 정보격차가 발생하지 않도록 정보통신 인프라의 구축, 활용 측면에 있어 세계 최고의 전자상거래 환경조성, 수요창출을 위한 원동력으로서의 디지털 콘텐츠 구축의 3대 핵심축을 중심으로 다양한 정보화 사업을 수립하여 추진해 오고 있다.

이러한 정책의 3대 핵심 내용은 다음과 같다.

(1) 세계 최고의 정보 인프라 구축을 목표로 한다.

(2) 활용에 있어 세계 최고의 전자상거래 환경을 구축하고자 한다.

(3) 온라인을 통한 디지털 콘텐츠의 유통을 원활하도록 한다.

2) 정보화 추진 체계

(1) 국가정보화 전담 부처: 산업성

국가전자상거래전략의 수립, 민간부문의 전자상거래 촉진

(2) 전자정부 전담 부처: 재무부

공공부문의 정보화전략수립 및 추진전담기구로서 정부의 정보기술 활용을 위한 조정 및 전략방향 제시, 시민중심의 전자적 서비스 지원

(3) 대정부 IT서비스 전담 부처

대정부 IT서비스 및 인프라 제공을 목적으로 정보관리 및 정보기술 기반과 공공서비스의 주공급자로서의 역할을 수행

5. 영국의 정보화 추진 현황

1) 정보화정책 추진 현황

영국은 2000년 이후 전자정부 조기 구현과 함께 정보기술 확산에 따른 정보격차를 해소하는 데 주력하였으며, 당시 블레어 총리는 전 국민에게 2005년까지 인터넷을 보급하고 국민의 온라인화, 세계 최고의 기업정보화를 위한 기업의 온라인화, 전자정부 구축을 위한 정부의 온라인화 등의 3대 목표를 제시하였다.

영국 정부가 역점을 두고 있는 것은 전자정부 구축으로 2005년까지 모든 정부서비스를 전자적으로 제공하고 지방정부의 온라인화 등을 추진하였다.

2) 정보화 추진 체계

영국의 국가정보화추진 조직 체계는 정치적 측면(총리를 중심으로)과 실무적 측면, 범부처 차원의 자문기구로 크게 구분된다.

(1) 정치적 총괄 및 조정
(2) 공공부문 정보화실무전담기관
(3) 범부처 자문기구

6. 한국의 정보화 추진 현황

1) 1986년 '전산망 보급 확장과 이용 촉진에 관한 법률' 제정

1986년 '전산망 보급 확장과 이용 촉진에 관한 법률(전산망법)' 제정에 근거하여 추진된 국가기간전산망사업은 행정망, 교육연구망, 금융망, 공안망, 국방망이라는 5대 전산망을 중심으로 전산화사업이 추진되면서 구체화되었다.

제1차 행정전산망사업(1987~1991)은 1987년 발표되었고, DB의 구축 등 전국적 대민서비스 체제를 구축하기 위한 우선업무 지원에 집중하였고 이를 기반으로 계속된 제2차 행정전산망사업(1992~1996)에서는 7대 우선추진업무가 선정되었다. 1994년 동사업의 수정계획에서는 행정정보의 공동체제를 구축하고 대민서비스의 개선과 행정능률의 제고를 위해 네트워크 구축에 보다 역점을 두었다. 이를 위해 행정종합정보시스템을 구축하고 행정전산망정보유통센터를 설립하여 행정기관 간에 각종 문서나 자료를 교환할 수 있게 하였다.

2) 행정정보화 촉진사업(1996~2000)과 전자정부 구현사업(1998~현재)

정보통신기술의 변화를 적극적으로 반영하고, 급증하는 행정수요에 효과적으로 부응하기 위하여 기존의 행정전산망사업과 행정사무자동화사업을 통합하여 1996년에는 '정보화촉진기본법'에 근거한 행정정보화 촉진사업을 추진하였다. 전자정부 구현사업은 1998년부터 진행되어 오고 있다.

제3절 정보사회의 특징과 발전단계

1. 정보사회의 특징

정보화 사회가 형성되기 위해서는 창의적인 아이디어가 표출되어야 하고 고급정보를 처리하고 관리하는 전문 인력이 양성되어야 한다. 또한 정보처리시스템이 확보되어야 하고 국민의 의식수준이 높고, 서비스의 생산·소비·축적이 일정 수준에 도달되어야 한다. 정보사회는 정보를 수집하고 정리하고, 이용하고, 이를 평가하는 일에 사람들이 대부분의 시간을 보내는 사회로서 다음과 같은 10가지 특징을 갖는다.

1) 생활의 속도가 실시간(real-time) 만남이 가능한 사회이다.

사람과 사람 간의 대면관계는 face to face - telephone - videophone - cyber phone의 단계로 발전하였다. cyber phone의 단계로 발전하면 가상현실(virtual-reality)의 세계를 통하여 외국에 있는 사람과 실시간으로 접촉이 가능해진다.

2) 사이버 스페이스(cyber space)가 생활공간으로 등장하는 사회이다.

사이버 스페이스를 통하여 과거에는 존재하지 않았던 아마존과 같은 가상기업이 등장하고, 가상 국가와 가상의 인물이 현실세계와 교류하게 된다.

3) 인간과 컴퓨터가 연결(human-computer interface)된 조화로운 사회이다.

인간과 컴퓨터가 만나 컴퓨터가 인간을 대신하여 일을 하게 되며, 재택근무, 인터넷 홈 스터디를 통한 재택학교와 재택의료 등의 새로운 환경이 형성되는 사회이다.

4) 경제의 연성화가 진행되는 사회이다.

산업사회의 경제는 하드웨어(hardware)가 중요시되는 사회로서 기계적·물리적·획일적·집중적·양적인 사회였다면, 정보사회는 소프트웨어(software)가 중요시되는 사회로서 지적·정신적·문화적인 사회로 개성과 다양성 그리고 권력의 분산이 추구되는 사회이다.

5) 과학과 문화, 경제적인 면에서 질적인 변화로 이동되는 사회이다.

과학의 발달을 통하여 기계의 무인화·자동화·즉시화·시스템화하여 종합화되며, 문화적 다양성과 개성이 강조되면서 생산패턴도 소품종 다량생산에서 다품종 소량 생산체제로 변화하게 된다.

6) 노동의 의미와 성격이 생존에서 삶의 질 향상으로 전환되고, 근로자의 창의와 자율적 통제가 강조되는 사회이다.

앨빈 토플러(A. Toffler)는 『권력이동』에서 조직의 권력이 위에서 아래로 분권화되는 사회가 올 것을 예견한 바 있다. 이에 따라 노동의 시간이 줄어들고 삶의 질을 높이는 노동자의 취미생활과 여가생활이 요구되는 사회이다.

7) 사회조직이 분권적, 수평적, 다양성의 원리로 이동하는 사회이다.

따라서 조직은 조직개편과 구조조정·업무재설계(BPR)를 통하여 정보사회에 맞게 개선된다.

8) 인간의 삶의 양식이 질적 측면을 중시하는 사회이다.

정보와 지식 중심의 삶이 이루어지면서 다양한 정보를 접하는 인간의 욕구가 다양화되어 다양한 개성과 욕구가 사회의 대변화를 요구한다.

9) 정보가 폭증하는 사회이다.

기술의 발전과 통신기술의 발달은 정보의 시너지 효과를 가져와 정보가 폭증하는 사회이다.

10) 정치적으로 참여 민주정치가 실현되는 사회이다.

정부의 정보공개는 시민참여를 촉진하게 된다. 또한 위와 같은 정보사회가 형성되기 위해서는 다음과 같은 정보화 과정이 필요하다.

① 자유로운 시간의 확보를 통하여 창의적인 아이디어가 표출되어야 한다.
② 고급 정보를 처리하고 관리하는 전문 인력이 양성되어야 한다.
③ 사회기반으로 정보통신과 관련한 정보처리시스템이 확보되어야 한다.

④ 산업구조에 있어 정보산업 비중이 30% 이상 점유해야 한다.
⑤ 필요한 자본과 서비스의 생산·소비·축적이 일정 수준에 도달해야 한다.

2. 정보사회의 발전단계

1) 반도체 기술의 발전

정보사회의 발전을 반도체 기술의 발전으로 보면, 1세대 진공관(1946년, 에니악 컴퓨터), 2세대 트랜지스터(1959년, UNIVAC-2컴퓨터), 3세대 IC(1964년, IBM 360컴퓨터), 4세대 LSI(1970년대, IBM 3033컴퓨터), 5세대 VLSI(1980년대, IBM 3090컴퓨터)로 발전단계를 구분할 수 있다(여기서 IC는 집적회로(integrated circuit), LSI는 고밀도 집적회로(large-scale integration), VLSI는 초고밀도 집적회로(very large scale integration)이다).

2) 컴퓨터의 발전과정

컴퓨터의 발전은 정보사회를 출현시키는 결정적인 역할을 하였다. 1947년 12월 벨연구소에서 진공관 크기의 220분의 1로 줄인 트랜지스터가 개발되고, 1969년 인텔의 CPU가 개발되어 컴퓨터가 책상 위로 올라갔다. 정보사회는 컴퓨터 기술의 발전과 1993년 짐 크락과 마크 앤드래슨이 무상으로 보급한 인터넷 브라우저인 네스케이프가 확산되면서 급속히 우리에게 다가온 새로운 사회이다. 컴퓨터의 발전단계는 다음과 같다.

(1) 전기기계식 계산기 MRAK-1(1937~1944)

미국 하버드대학교 물리학 교수인 에이큰(Aiken)이 IBM사의 지원으로 제작하였으며 실제 가동은 1944년부터였으며 72개의 톱니바퀴와 3,000개의 릴레이, 천 마력의 모터를 사용하였으며 23자리의 10진수 계산을 수초 이내에 할 수 있었다. 연산의 제어는 천공된 종이테이프를 사용하였다.

(2) ABC 컴퓨터(Atanasoff-Berry Computer: 1939~1942)

1930년대 중반 존 빈센트 아타나소프가, 신호의 점멸을 0과 1의 숫자로 표시하면

4개의 신호에서 16가지의 숫자 표현이 가능하다는 원리(4Bit의 원리)를 이용하여 계산기용 ABC컴퓨터를 발명하였으나 실용화하지는 못하였다. 아타나소프의 디지털 컴퓨터 이론은 에커트와 모클리에게 영향을 끼쳐, 이들이 에니악(ENIAC)을 만드는 데 큰 도움이 되었다.

아타나소프는 최근에 와서 "디지털 컴퓨터의 아버지"로 추앙될 만큼 컴퓨터의 발전에 크게 공헌한 사람으로 평가되고 있다.

(3) ENIAC(The Electronic Numerical Integrator And Calculator: 1943~1946)

MARK 1이 개발된 이후, 전자부품만을 사용하여 만든 세계 최초의 컴퓨터인 에니악이 미국 펜실베이니아대학교의 에커트 박사(Dr. J. Presper Eckert)와 모클리 박사(Dr. John W. Mauchly)에 의하여 1946년에 완성되었다. 에니악은 주요 부품으로 18,800개의 진공관과 1,500개의 릴레이 및 그 밖에 많은 부품이 쓰였으며, 소비전력이 150Kw에 무게는 30톤이고 설치면적은 약 43평이나 되는 거대한 장치였다.

이 컴퓨터는 2차 대전 후 미사일 탄도계산에 사용되었다. 당시 15분 걸리던 미사일 탄도계산을 30초 만에 계산할 수 있게 되어 1954년까지 군사용과 기상용으로 활용되었다.

성능 면에서는 기억용량이 100여 자로 한정되었으나 가감산은 매초 5,000번, 승산은 360번 정도로 탁상계산기로 20분 정도 걸리는 것을 10초 이내에 처리할 수 있는 능력을 가졌다.

(4) EDVAC(The Electronic Discrete Variable Computer: 1946~1952)

펜실베이니아대학교에서는 에니악에 이어 더 개선된 컴퓨터 제작 계획을 세우고, "디지털 정보를 기억시켰다가 다시 꺼내 쓸 수 있는 개념"의 기억장치를 만들고자 개발에 착수하였는데 이것이 에드박 설계의 시작이었다.

이 개발에는 에커트, 모클리, 폰 노이만 등이 참여하여 1952년에 완성하였고, 데이터가 저장되는 것과 같은 방법으로 연산처리 제어명령이 내장되는 프로그램 내장식 컴퓨터였다. 이 에드박 컴퓨터는 기억장치인 RAM(Random Access Memory, 읽기와 쓰기가 가능한 기억장치)과 ROM(Read Only Memory, 읽기만 가능한 기억장치)의 원리를 적용한 컴퓨터이다.

(5) IBM 360과 PC 그리고 인터넷의 출현

이 컴퓨터는 집적회로(IC)를 사용하여 1964년에 만든 제3세대의 통합 컴퓨터이다. 1세대 컴퓨터인 진공관, 2세대 컴퓨터인 트랜지스터를 지나 IC를 사용하는 3세대 컴퓨터가 개발되었다. 1960년대 이후 컴퓨터업계는 새로운 변화가 시작되었다. 대형기종에만 의존해 일을 처리하는 것이 아니라 각각의 업무마다 소형 컴퓨터를 설치하고 이를 통신망으로 연결하였다.

1970년대는 대규모 집적회로(LSI)를 사용하는 4세대 컴퓨터가 개발되었다. 1970년대 말과 1980년대 초에 사용한 초소형 회로는 마이크로 처리장치, 마이크로 컴퓨터, 마이크로 기억장치 등의 다양한 작업들을 수행하기 위해서 사용되었다. 5세대 컴퓨터는 PC이다.

인텔은 1988년 6월 80386SX 마이크로프로세서를 발표하고, 1989년 4월에 i486DX 마이크로프로세서를 개발했는데 미니급의 성능을 발휘하는 486PC를 개발하여 초고성능 PC시대를 열었다.

3) 인터넷의 발전

인터넷의 기원은 1969년 미국 국방성의 지원으로 미국의 4개 대학을 연결하기 위해 구축한 알파넷(ARPANET)이다. 처음에는 군사적 목적으로 구축되었지만 프로토콜로 TCP/IP를 채택하면서 일반인을 위한 알파넷과 군용의 MILNET로 분리되어 현재의 인터넷 환경의 기반을 갖추었다. 한편 미국 국립과학재단(NSF)도 TCP/IP를 사용하는 NSFNET라고 하는 새로운 통신망을 1986년에 구축하여 운영하기 시작하였다.

NSFNET는 미국의 5개소에 슈퍼컴퓨터센터를 상호 접속하기 위하여 구축되었는데 1987년에는 ARPANET를 대신하여 인터넷의 근간망(backbone network)의 역할을 담당하게 되었다. 이로 인하여 인터넷은 본격적으로 자리를 잡게 되었다. 이때부터 인터넷을 상품광고 및 상거래 매체로 이용하는 상업적 이용 수요가 증가하였으나 정부 지원으로 운용하는 NSFNET는 1992년 그 성격상 이용 목적을 교육연구용으로 제한하였다. 이 때문에 인터넷 사업자들은 따로 협회를 구성하여 1992년 CIE (Commercial Internet Exchange)라고 하는 새로운 통신망을 구축하여 상용 인터넷에 접속하게 되었다.

또한 1991년 스위스 제네바의 핵물리학 연구소 CERN의 연구원인 버너스리(Timothy Berners-Lee)가 개발한 GUI 도구인 Word Wide Web과 1993년 일리노이 대학의 안드리센(Mark Andriessen)이 개발한 브라우저 mosiac은 이후 인터넷 상용화에 중요한 역할을 담당하였다.

인터넷 사용자는 각국의 통신망 정보센터(NIC)에서 할당하는 IP주소와 인터넷에 연결해 주는 서비스 회사에 가입하여야 한다. 국내에서는 한국전산원의 한국인터넷 정보센터(KRNIC)가 IP주소의 지정 및 도메인 등록 업무를 담당하고 있다. 1994년 6월 한국통신(KT)이 최초로 인터넷 상용서비스(KORNET service)를 개시한 이래 많은 수의 인터넷 접속 서비스 제공자(ISP)가 생겨나서 일반인을 대상으로 상용서비스를 제공하고 있다. 이들 사업자는 개별적으로 미국이나 기타 국가의 인터넷 접속 사업자와 연결되어 있다.

3. 디지털 경제의 구조변화와 성장

디지털 경제로의 전환은 경제성장은 물론 산업구조 및 기업조직, 고용구조 등에 커다란 변화를 초래한다. 노동시장에서는 정보통신산업 및 정보통신기술을 이용하는 산업 부문의 고용이 증가하고 정보통신산업 관련 인력의 고임금화 현상이 심화되며, 여성들의 경제활동이 활발해진다.

1) 디지털 경제와 경제성장

정보기술의 발전과 이로 인한 경제 전반에 걸친 생산성이 향상된다. 디지털 경제로의 전환은 정보통신산업이 주도하고 이것이 경제성장을 이끄는 직접적인 결과로 연결되고 있다.

2) 미국의 디지털 경제와 성장

미국의 정보통신산업은 1990년대 10년간 미국 경제성장의 견인차 역할을 담당했고, 특히 1995년부터 미국 GDP 성장의 1/3에 기여한 것으로 평가된다. 미국의 총생산성 증가 중 40%가 정보통신 관련 제조산업(반도체, 컴퓨터, 통신장비 등)에 기인한다.

3) 우리나라 디지털 경제의 진전

디지털 경제시대의 핵심이 되는 정보통신산업에 있어서 우리나라는 비교적 경쟁력을 갖춘 편이며, 이미 경제성장에도 기여하고 있다. 우리나라의 경우 정보통신기기 부문에서는 경쟁력이 있는 편이지만 S/W, 콘텐츠, 인터넷 관련 서비스 등 중요성이 커지는 분야에서 아직은 선진국에 뒤진다. 디지털 경제시대의 수확체증과 외부효과 등이 주요한 경제 원리로 작용하게 된다.

4. 사이버 범죄의 특징

사이버 범죄란 인터넷과 같은 정보통신망으로 연결된 컴퓨터 시스템이나 이들을 매개로 한 사이버 공간을 이용하여 공공복리를 저해하고 건전한 사이버 문화에 해를 끼치는 행위를 말한다.

사이버 범죄는 지리적 공간의 범죄와는 달리 발각의 원인 규명이 불명료하고, 피해영역이 광범위하며, 증거인멸이 쉽고, 범법자의 죄의식이 희박하며, 자동성·반복성·연속성이 있고, 내부인의 범행이 많다는 등의 다음과 같은 특징을 갖는다.

1) 발각과 원인 규명이 불명료하다.

사이버 범죄는 익명적 접근이 가능하여 범죄행위에 대한 발각과 규명이 어렵다는 특징을 갖는다.

2) 피해 영역이 광범위하다.

사이버 범죄는 국경을 초월하기 때문에 체르노빌 바이러스의 피해와 같이 그 피해 영역이 광범위한 특징을 갖는다.

3) 증거인멸이 쉽다.

사이버 범죄는 익명으로 행위가 이루어지고, 언제 어디서든 쉽게 접근이 가능하기 때문에 증거인멸이 쉽다는 특징을 갖는다.

4) 범법자의 범죄의식이 희박하다.

사이버 범죄는 호기심이나 자신의 능력을 과시하기 위하여 행하는 경우가 많으며, 범죄행위에 피해를 보는 피해자가 파악되지 않기 때문에 범법자의 범죄의식이 희박하다는 특징을 갖는다.

5) 자동성·반복성·연속성이 있다.

한번 유출된 사이버 범죄는 자동복사에 의하여 확산, 반복되고 사이트를 옮겨 다니면서 피해를 주는 특징을 갖는다.

6) 내부인의 범행이 많다.

사이버 범죄는 평소에 내부 전산 시스템을 숙지하고 있는 자가 행하기 쉽다는 특징을 갖는다. 우리나라 최초의 컴퓨터 범죄는 1973년 10월 반포 AID차관 아파트에서 일어난 입주자 불법 추첨 조작사건이다. 당시 프로그래머의 조작으로 일어난 이 사건은 처벌 규정이 없었다. 우리나라에서 이러한 컴퓨터 사기나 비밀침해 등에 관한 사이버 범죄를 형법화한 것은 1995년이다.

최근에는 게임 산업이 활성화되면서 컴퓨터 게임에서 돈을 버는 수단으로 인식하는 사람들에 의해 게임 사기가 성행하고 있으며, 국경을 초원하여 국제적인 인터넷 사기도 범람하고 있다. 이에 따라 국제 인터넷 사기에 28개국이 공동단속에 나서는 등 국제적 사이버 범죄행위에 대책을 마련하고 있다.

5. 정보의 가치

정보는 가치가 부여된 자료이다. 정보가 가치를 갖는 요인으로는 필요할 때(시간성), 필요한 장소에(공간성), 필요한 형태로(편의성), 진실된 내용이(진실성) 존재할 때 가치를 갖는다. 그 외에도 정보 소유자가 통제할 수 있는(통제성) 정보와 정보 수신자가 정보를 자신의 의사결정에 이용할 때(활용성)와 불확실한 상황일 때(불확실성) 정보는 더욱 그 가치를 높인다.

이 밖에도 정보의 질적 가치를 결정하는 요소로 적시성, 적실성, 정보제공의 빈도 다양성, 정확성, 완전성, 계량성, 보완성, 수정성, 확인성, 범위제공의 양식 등을 들 수 있다.

1) 재화로서 정보의 가치
21세기 정보혁명은 정보가 중심에 서 있는 정보사회를 가져왔으며, 이제는 그 자체가 중요한 사회적 재화로 등장하고 있다.

2) 이용 목적에 따른 정보의 가치
정보는 사용하는 목적에 따라 상업적 정보, 사적 정보, 공적 정보로 분류할 수 있으며, 그 목적에 따라 정보의 가치적 요소가 달라질 수 있다.
① 상업적 정보
  상업적 정보가 가치를 가지려면 재생산성, 비용의 저렴성, 즉시 전달성이 확보되어야 한다.
② 사적 정보
  정보의 수집과 활용에 따라 유용할 수도 있지만, 오히려 개인에게 해를 끼칠 수도 있다는 특징을 갖는다.
③ 공적 정보
  정보공개에 의해 공적인 가치를 갖게 되며 이는 공공복리에 영향을 미치게 된다는 특징을 갖는다.

3) 정보의 품질
정보의 품질은 정보가 얼마나 인간 행동에 동기를 부여하고, 얼마나 효과적으로 의사결정에 공헌하는가에 따라 결정된다. 정보의 품질을 높이기 위해서는 정보의 효용과 정보의 만족도가 높고, 오류가 발생하지 않아야 한다.

6. 디지털 경제의 특징

① 네트워크 경제: 디지털 경제는 지식이나 정보가 네트워크로 연결되어 쉽게 활용되는 경제 시스템으로 네트워크를 통해 공유된 지식은 과거보다 효율적으로 활용되어 생산성과 연결된다.

② 지식기반 경제: 지식은 네트워크를 근간으로 노동, 자본 등 전통적인 생산 요소들보다 국가의 경제성장과 산업발전에 상대적으로 더 많이 기여하게 된다.

③ 글로벌 경제: 인터넷을 통해 정보의 흐름이 시간과 공간의 제약 없이 이루어지면 세계를 대상으로 한 기업 활동은 최소 비용으로 이루어질 수 있다.

④ 가상경제: 디지털 경제는 정보 네트워크를 통해 디지털화된 정보를 기반으로 한 경제활동이 가능하게 되어 순수 온라인 산업은 물론 전통적인 제조업·서비스업도 정보기술과 융합하여 다양한 형태의 산업 영역으로 부상한다.

제2장

국내 정보통신정책의 현황과 전망

제1절 국내 정보통신의 역사

1. 시대별 정보통신정책의 추진 체계

1) 체신부 시대

한국 정부는 미국의 AT&T 분할 등을 염두에 두고 체신부의 통신사업 경영 기능을 분리하기 위해 1980년 3월 한국전기통신공사 창설을 제안하여 그해 12월 그 제안을 확정하였다. 체신부는 정책부서 역할에 주력했다. 국가 이익과 국민 편익을 증진하기 위한 전기통신정책 방향을 수립하고 이를 구현하기 위해 전기통신사업체를 관리하며 연구개발활동을 지원하는 한편, 전기통신기기 생산업체와 전기통신공사업체를 육성하는 임무 등을 담당했다.

1980년대 이후 통신시설을 현대화하고 기본 통신수요를 충족시키기 위한 노력을 기반으로 삼아 1990년대의 세계 통신시장 자유화·개방화 추세에 능동적으로 대처했다.

1991년 1월에는 체신부 내 전기통신정책을 관장하는 조직의 기능을 분리하여 기술집약적 전문분야인 국가기간전산망사업과 정보통신산업정책을 관장하는 정보통신국을 신설했다. 정보통신국은 체신부 정보통신정책을 관장하는 주무국으로서 주요 업무는 다음과 같다.

- 국민의 편익 증진 도모와 정보선진국 실현을 위한 중장기 정보통신정책 수립 및 시행
- 국민의 다양한 정보통신서비스 욕구 충족을 위한 정보통신서비스 제공사업(자) 관리
- 첨단 정보기술 연구개발과 사업화를 위한 기술지원과 연구개발기관 지도·육성
- 국가기간전산망사업의 효율적 지원·관리

체신부는 전기통신사업법 제37조에 따라 1992년 3월 통신위원회를 설치했다. 1996년 12월 전기통신기본법과 사업법 개정으로 통신위원회의 위상·조직·기능은 그 이전에 비해 상당히 강화되었다. 1997년 8월 사무국이 설립된 이후 전기통신사업자의 공정경쟁 확보 및 분쟁조정, 전기통신이용자의 권익보호 기능 수행에 초점을 맞추었으며, 이듬해 9월에는 공정경쟁 여건을 조성하기 위하여 심의대상을 확대하고 금지행위에 대한 과징금을 부과할 수 있게 하는 등 그 기능이 더욱 강화되었다.

과거 체신부에 혼재되어 있던 정책기능과 규제기능을 분리하여 규제기능을 통신위원회에 집중시킴으로써 정보통신산업정책 수립, 실행과 규제제도 시행에 명확한 기준을 제시했다. 특히 규제에서 절차상 투명성 확보와 사업자 간 공정경쟁을 유지하기 위한 정부의 강한 의지를 보여줌으로써 통신시장을 효율적으로 관리했다. 통신위원회는 불공정행위에 대해 공정한 경쟁 환경을 조성하여 사업자들이 자발적으로 준수하게 유도하는 데 큰 역할을 했으며, 통신사업의 경쟁 질서를 유지하게 하는 전문기관의 역할을 더욱 강화시켰다.

〈그림 2-1〉 우리나라 정보통신 변천사

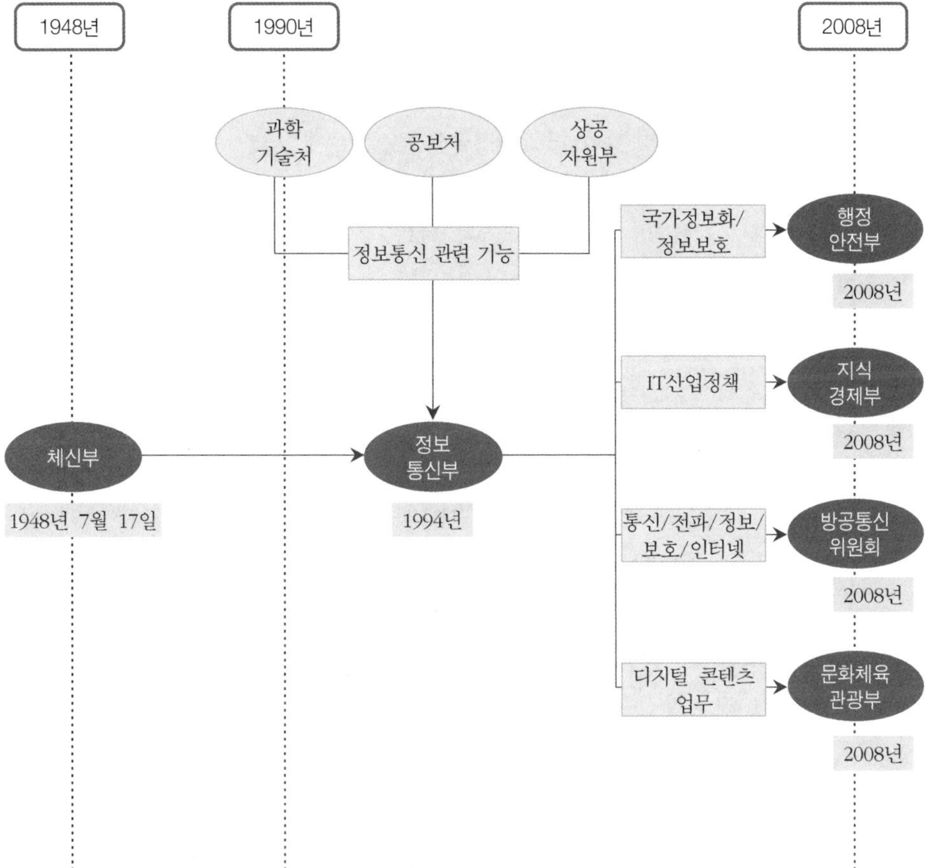

2) 정보통신부 시대

지난 1994년 12월 출범한 정보통신부(Ministry of Information & Communication)는 지금의 IT강국 코리아가 있는 데 중추적인 역할을 수행했다. 세계 최초의 정보통신 전담부처로 탄생한 정통부는 IT산업 불모지였던 우리나라를 정보통신강국으로 이끌었다. 이는 네트워크를 중심으로 서비스와 기기, 소프트웨어, 콘텐츠 등 IT생태계가 유기적으로 발전하는 IT산업 특성을 고려해 정통부가 IT 관련 기능을 모아 발전 메커니즘을 구축하고 집중투자한 데서 기인했다.

그 결과로 IT산업이 국내총생산(GDP)에서 차지하는 비중은 1996년 4.4%에서

2006년 16.2%로 4배 가까이 늘어났다. IT산업이 GDP 성장에 기여하는 비율도 1996년 10.6%에서 2006년 40.8%로 증가해 이제 IT 없는 한국경제는 생각할 수 없다.

(1) 정통부 출범

정통부의 전신은 1948년 정부 수립과 함께 발족한 체신부이다. 정부의 통신업무가 본격적으로 강화된 시기는 1990년 정보통신산업 육성과 기술개발을 위해 체신부에 정보통신국을 신설하면서부터이다. 이어 1991년 통신정책실로 확대됐다.

이후 1994년 정부조직법 개정에 따라 21세기 정보화 사회에 능동적으로 대처하고, 정보통신산업을 국가발전 전략산업으로 집중 육성할 수 있도록 하기 위해 과학기술처·공보처 및 상공자원부의 정보통신 관련 기능을 흡수·통합해 정통부로 출범하게 됐다.

장관과 차관 각 1명 아래 기획관리실과 정보화기획실 2실이 있었으며 △정보통신정책국 △정보통신지원국 △전파방송관리국의 3국과 하부조직으로 6관 27과가 있었다. 전파연구소, 중앙전파관리소, 통신위원회사무국, 우정사업본부가 소속기관이었다.

(2) 정보통신부의 주요 업무

- 국가사회 정보화정책 수립 및 종합 조정
- 초고속 정보통신망 구축 및 정보보호
- 장단기 정보통신정책 수립
- 정보통신사업 육성 및 공정경쟁 촉진
- 통신사업자 허가·육성 및 공정경쟁 촉진
- 전파방송에 관한 정책 수립 및 관리
- 우편·우체국 금융사업에 관한 정책 수립 추진 등이다.

(3) IT산업 발전 1등 공신

우리나라 인터넷서비스는 지난 1994년 한국통신(현 KT)이 처음 상용화하면서 PC통신 차원의 서비스가 시작됐다. 이에 정통부는 정보지식사회의 실현을 앞당길 중요한 수단이 인터넷이 될 것으로 보고 투자와 보급을 적극 독려하고 나섰다.

이후 하나로통신이 1999년 비대칭디지털가입자회선(ADSL) 서비스를 제공하면서 초고속서비스가 본격화됐고, 이를 계기로 가입가구가 폭발적으로 증가했다. 마침내 한국은 2000년 경제협력개발기구(OECD) 회원국 가운데 초고속인터넷 보급률 1위로 올라섰다.

통신기기산업 측면에서도 큰 성공을 거뒀다. 지난 1982년부터 5개년 계획으로 추진된 국산 전전자(全電子)교환기(TDX) 개발의 성공은 국내 통신산업에 탄탄한 기반을 제공했다.

또 1995년에는 이동통신 분야에서 세계 최초로 코드분할다중접속(CDMA) 상용화에 성공하면서 이동통신 강국과 휴대폰 수출 세계 2위 국가로 부상하는 계기를 마련했다. 여기에 정통부가 큰 역할을 담당했음은 재론의 여지가 없다.

유선 및 이동통신 서비스 산업도 국가에서 직영하던 체제에서 벗어나 3차례에 걸친 구조조정 등을 통해 경쟁체제가 구축됐다. 정통부는 독점이었던 유선시장에도 경쟁체제를 도입하기 위해 지난 1997년 하나로통신을 설립하고 KT를 민영화하는 조치를 단행했다.

전국 144개 주요 도시를 잇는 초고속정보통신망을 세계 최초로 완성한 2000년부터는 정보통신 강국으로 본격적으로 도약했다.

정통부는 불모지나 다름없던 국내 통신서비스 산업이 초고속인터넷·이동통신 등에서 세계 최고의 인프라를 보유하는 데 기여하고, 이를 국가발전의 원동력으로 승화시키기 위해 IT839 전략을 수립했다. IT839 전략으로 디지털멀티미디어방송(DMB)을 개발하고, 이를 국제전기통신연합(ITU)이 정하는 휴대이동방송 국제표준의 하나로 인정받았다. 우리 기술로 만든 휴대인터넷 기술인 와이브로를 세계표준으로 만드는 데도 정통부가 톡톡히 큰 역할을 수행했다.

(4) IT 컨트롤타워

정통부 신설은 우리나라가 산업화는 시대에 뒤졌지만 정보화만큼은 시대에 앞서 가겠다는 의지가 반영된 것이다. 이에 따라 당시 상공부(정보통신망접속기기), 과학기술부(소프트웨어), 체신부(정보통신망) 등 각 부처에 분산돼 있던 정보기술(IT) 관련기능을 정통부로 통합한 것이다.

정통부는 국가 IT정책을 종합 기획·조정·지원하며 우리나라 IT산업을 세계 최고로 도약시켰고, 'IT코리아'라는 위상을 전 세계적으로 인정받는 데 큰 역할을 하였다.

정통부는 14년이라는 기간 동안 우리나라 경제성장의 핵심엔진 역할을 한 IT산업을 반석에 올려놓았다. 정통부가 출범한 이후 'IT강국 코리아' 위상이 본격적으로 확대되기 시작했다고 해도 과언이 아니다. 특히 정통부는 IMF 위기를 거친 후 닷컴 붐과 함께 경제 활성화의 핵심 산업으로 IT가 자리하면서 산업을 정책적으로 지원, 육성하는 역할을 맡아 수행한 공도 있다.

3) 지식경제부 시대

정통부는 IT코리아를 궤도에 올려놓고, 체신부에서 이름을 바꿔 출범한 지 14년 만인 2008년 역사 속으로 사라졌다. 이명박 정부의 정부조직법 개정안이 발효된 2008년 2월 29일, 정통부가 없어지는 대신 방송과 통신의 융합이라는 시대적 흐름에 맞춰 '방송통신위원회'가 새롭게 돛을 올렸다. 이에 따라 방통위는 방통 융합과 이에 따른 이종 산업 간 협력·발전이라는 차세대 성장 동력을 담당하게 되었다.

사실 현 정부 출범 이전에도 정통부 역할에 대한 논란은 있어 왔다. 그러나 정통부는 IT산업 발전과 IT코리아 위상을 확립한 공을 인정받으며 해체 고비를 넘겨왔다.

그러나 정통부의 역할과 성과가 올라갈수록 타 부처로부터의 견제도 심해졌다. 유무선 통합시대와 융합산업 시대를 대비해 홈 네트워크, 무선인식(RFID), 텔레매틱스 등을 육성하면서 이러한 견제와 함께 이로 인한 갈등이 커졌다. 그중에서도 로봇 산업을 놓고 산업자원부와, 디지털 콘텐츠·영상 콘텐츠 등에 관해 문화관광부와 갈등이 심각해졌고 결과적으로 정통부 기능을 여러 곳으로 분산하게 되는 상황을 초래하게 됐다.

2. 연차별 정보통신정책 성과

1) 1960년~1986년: 기본 구축기로서 기기 및 공급 중심의 정책 추진

(1) 과학기술진흥 5개년 계획

정부가 발표한 첫 과학기술정책은 1966년 경제기획원이 마련한 과학기술진흥 5개년 계획이다. 이러한 정책적인 근거가 있었기에 1967년 들어 전자계산기라 불린 컴퓨터를 최초 도입이라는 열매를 맺게 되었다.

(2) 반도체공업육성추진위원회

1981년 12월 정부, 기업 등을 중심으로 '반도체공업육성추진위원회'의 발족과 1982년 상공부의 반도체공업육성세부계획(1982년~1986년)에 따라 전자산업의 쌀이라 통칭되는 반도체산업의 육성이 시작되었다. 1983년 2월 삼성 이병철 회장이 "우리는 왜 반도체 사업에 진출해야 하는가"라는 도쿄선언을 통해 메모리분야의 사업을 시작하였고, 1983년 11월 64K D램 개발을 발표하여 반도체산업에서 세계시장을 리드하는 계기를 마련하였다.

(3) 1·2차 행정전산화 기본계획

1978년 총무처가 '1차 행정전산화 기본계획'을 수립하여 1978년부터 1987년까지 10년에 걸쳐 5년 단위로 전국을 단일 정보권으로 하는 행정정보시스템을 구축하는 계획을 마련하였다. 이 사업의 목표는 2000년대 초까지 선진국 수준의 정보사회를 실현하기 위해 1990년대 중반까지 국가기간전산망을 완성하였다.

2) 1987년~2003년: 인프라 구축기로서 네트워크 등 인프라 중심의 정책 추진

(1) 차세대반도체 기반기술 개발

반도체산업을 육성하기 위해 정부는 1983년 반도체산업육성계획을 발표하고 반도체산업에 대한 지원을 개시했다. 그 결과로 1988년 2월 9일 4M DRAM 회로설계 및 공정기술 공동개발에 성공하였으며 이 연구 성과로 157건의 특허를 출원했다.

(2) 주전산기 개발 사업

행정전산망용 주전산기 개발 사업은 슈퍼 미니급 컴퓨터를 국내에서 독자 개발하여 행정전산망용 주전산기로 활용하고, 컴퓨터기술 자립을 위한 기반을 조성하여 국산 컴퓨터를 개발함으로써 국내 정보산업 컴퓨터산업을 활성화시키기 위해 기획되었으며, 1987년 6월부터 1991년 7월까지 추진되었다.

(3) 정보화촉진기본계획

1980년대부터 여러 차례에 걸쳐 정보사회에 대비하여 국가사회 각 분야의 정보화를 효율적으로 추진하고 정보통신산업을 전략적으로 육성하기 위한 일환으로, 1995

년 7월 정보화촉진기본법이 국회를 통과함으로써 1996년 1월 1일부터 시행하게 되었다. 정보화촉진기본법 제정은 각종 정보통신 시책에 관한 법적인 기반이 마련되었다는 점에서 큰 의의를 찾을 수 있었다.

(4) Cyber Korea 21

1999년 3월에 수립된 Cyber Korea 21은 기존의 정보화촉진 기본계획에 비해 구체화, 고도화된 특징을 보였다. 우선 정보화에서 한 차원 발전된 지식개념 도입으로 정보화의 구체적인 비전을 제시하고 있으며, 분야별·사업별 정보화 계획이 아닌 단계별 정보화 계획을 제시하여 체계적 정보화 추진방향을 정립하였다. 또한 시스템의 신규 개발보다 기존 시스템의 상호연계 및 정보의 공동 활용 등 호환성 부문을 강조하였고, 사회 구조개혁 및 환경조성 방안에 초점을 두었다.

(5) e-Korea Vision 2006

Cyber Korea 21의 목표가 조기 달성됨에 따라 인터넷 보급·확산 등 양적 확충 단계를 넘어서 국가사회 전반의 제도 개선과 업무방식 혁신을 통해 생산성 제고 등 성과 중심의 정보화를 추진하기 위하여 2002년 4월 'e-Korea Vision 2006'을 수립했다.

e-Korea Vision 2006은 정보화를 통해 사회전반의 효율성을 높이고 모든 국민의 정보 활용 능력을 제고하여 새로운 변화에 대한 적응능력을 함양하는 데 중점을 두었다.

(6) Broadband IT Korea Vision 2007

2003년 2월 참여정부의 출범, 전자정부 기반 완성, 1.25 인터넷 침해사고 등 새로운 환경변화에 대응하여 국가사회 전반에 걸쳐 IT가 새로운 변혁의 원동력으로 작용할 수 있는 청사진을 마련하고, 정보화를 통한 경기침체 극복과 국민소득 2만 불 달성을 위한 새로운 성장 동력의 필요성이 대두되었다.

이에 따라 새로이 출범한 '참여정부'의 IT비전을 적극 수용함과 아울러 e-Korea Vision 2006 수립 이후 변화된 정보화 추세 및 환경에 대한 검토를 바탕으로 2003년 12월 'Broadband IT Korea Vision 2007'을 수립하여 추진하였다. 이 계획은 세계 최고의 열린 전자정부 구현을 통한 정부혁신과 전 산업의 정보화를 통한 우리 산업 전반의 국가경쟁력 제고, 광대역통합망 구축, IT 신성장동력의 전략적 추진, 디지털 복지사회 구현, 국제협력 강화 등을 목표로 하였다.

3) 2004년~2007년: 수요공급 동반성장기로서 서비스-인프라 기기의 동반성장정책 추진

(1) IT839 전략

세계적인 경제침체의 위기상황을 극복하고, 국가 경제적 재도약을 위한 돌파구로
서 새로운 IT산업 발전전략의 필요성이 대두되었고 이는 IT839 전략으로 집대성되
었다. 즉 세계시장에서 비교우위를 갖고 있는 IT산업의 집중육성을 통하여 한국 경
제를 선진국 수준으로 이끌겠다는 전략이다. IT839 전략은 2004년 2월, 국민소득
2만 불 달성을 위한 IT산업의 선순환 발전 전략으로 제시되었으며, IT산업의 가치사
슬(Value Chain)에 따라 기존 '광대역통합망+9대 신성장동력' 발전모델을 '8대
서비스, 3대 인프라' 부문까지 확장·체계화하였다.

2002년 이후 IT839 전략이 지속적으로 추진되면서 시장 및 산업 환경이 큰 변화를
겪었고 IT839 전략 중 특정 분야는 상용화 단계로 진화하였다. 이와 같은 환경변화
에 대응하고, IT839 전략의 실질적인 성과 달성을 위하여 제2기 IT839 전략으로
u-IT839 전략이 출범하게 되었다.

(2) u-Korea 기본계획

'u-Korea 기본계획(2006~2010)'은 정보화촉진기본법 제5조에 근거하여 2003년에
수립된 'Broadband IT Korea Vision 2007'의 연동계획으로 2006년 3월에 수립되었
다. 상기 기본계획은 IT기술을 활용하여 새로운 사회경제적 수요에 대응하고, 변화
하는 정보화 패러다임인 유비쿼터스 시대에 발맞춰 세계 최고의 정보통신 강국으로
자리매김하기 위해 범국가적 차원의 혁신을 유도하는 청사진을 제시하고 있다.

u-Korea 기본계획은 세계 최고 수준의 유비쿼터스 인프라 위에 세계 최초의 유비
쿼터스 사회실현을 통해 선진한국 건설에 기여한다는 비전(The FIRST u-Society on
the BEST u-Infrastructure)을 제시하고 있다. 이러한 비전하에 행정, 국토, 경제, 사
회, 개인생활 등 5대 분야의 선진화 목표와 국제화, 산업기반, 사회제도 기반, 기술
개발 등 4대 엔진 최적화 목표를 제시하고 있다.

4) 2008년~: 융합화 강조기로서 융합기술/산업 활성화를 위한 정책 추진

(1) 전 산업으로 IT 융합 확산

자동차, 조선, 건설, 섬유, 항공, 의료, 기계의 IT를 융합하여 지능화, 내재화, 네트워크화하는 정책을 가진다.

(2) 주력산업 고부가가치화 및 IT 신 시장 창출

미래형 자동차, e-조선, U-건설, 차세대 내시경 등을 고부가가치화된 주력산업으로 보며, IT, BT, NT의 기술 간 융합으로 기술적 한계 극복 및 신제품 개발을 하여 신 시장을 창출하는 정책을 가진다.

(3) 지식경제부 출범으로 본격 IT융합 추진 체계 확보

IT산업 소관인 정보통신부와 제조업 소관인 산업자원부의 융합을 통해 시너지 효과를 내어 New-IT산업을 이끌어 나간다.

제2절 새 시대의 정보통신정책 및 문제점

1. 현 정부 부처의 정책

1) 방송통신위원회 – 일반정책과제

(1) 방송·통신·융합산업의 발전을 가시화
    - 인터넷 멀티미디어 방송(IPTV) 조기 활성화
    - 다매체·다채널 시대에 대응한 방송 콘텐츠 활성화
    - 디지털 방송으로의 전환을 본격 추진
    - 방송통신서비스 해외진출 활성화 추진
    - 주파수 자원의 효율적 활용방안 수립·추진

    - Giga급 인터넷 서비스 도입

(2) 각종 규제를 시장 친화적으로 개혁
- 위성방송 및 지상파 DMB에 대한 소유 규제 완화
- 방송광고 규제 완화 및 미디어렙 경쟁체제 도입 추진
- 통신시장 진입 및 요금 규제제도 개선
- 새로운 중장기 통신정책 방향 마련

(3) 이용자 보호 및 소외계층에 대한 배려
- 개인정보 유용행위 조사 및 제재·시정
- 인터넷 정보보호 종합대책 수립·시행
- 인터넷상 불법유해정보에 대한 대응 강화
- 가계통신비 부담 경감 대책의 지속적 추진
- 장애인·외국인 등 방송소외계층의 방송 접근권 증진

2) 지식경제부

(1) 주력산업의 추진
- 조선, 자동차, 철강 등 주력 산업 중심의 기술개발과 정부의 적극적인 지원으로 세계 최고 수준의 경쟁력 보유
    * 조선 1위('07, 세계 수주량의 40.4% 점유), 자동차 5위('07, 524만 대 생산) 등

(2) 신성장동력 확보
- 비전 및 목표

<그림 2-2> 신성장동력의 비전 및 목표

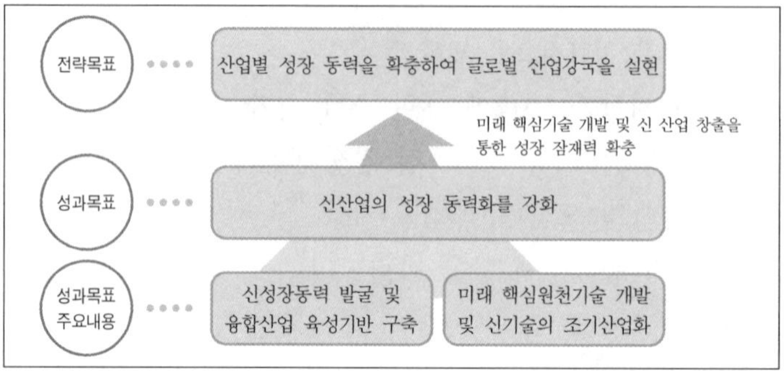

3) 행정안전부 — 전자정부, 정보보호 업무 활동

(1) 전자인사관리시스템(e-사람)의 구축 운영

(2) 위택스(WeTax)를 통한 전 국민 납세 편의 증진

(3) 온라인 기반의 효율적인 디지털 정부

(4) 안전하고 신뢰할 수 있는 정보사회

(5) 건전하고 성숙한 정보사회

4) 문화체육관광부

(1) 문화 콘텐츠산업

문화 콘텐츠산업실은 영화·애니메이션·음악·비디오물·게임물·멀티미디어 콘텐츠·캐릭터·만화 및 디지털 콘텐츠 등 각 분야의 기반시설 확충, 전문 인력의 양성, 고부가가치 문화상품 개발, 우리 문화산업의 해외진출 지원 확대 등 동 산업의 국가경쟁력 강화를 다각적으로 추진한다.

(2) 미디어정책

미디어정책국은 정기 간행물·방송영상·광고·출판·인쇄 등 문화미디어산업 진흥을 위한 종합발전계획을 수립·시행하고, 문화미디어산업의 유통구조 개선 및 진흥을 위한 조사 및 연구, 문화미디어산업의 전문 인력 양성 및 지원기반 확충과 법·

제도의 정비를 담당한다.

2. 신성장동력 융합 산업의 기술개발 및 표준화 전략

1) 지식경제부의 뉴 IT산업 전략

분야	실행 전략

• 전 산업과 융합하는 IT산업
 - (제품 융합) 프로덕트(Product)+IT:
  IT와 자동차, 조선 등과 융합
 - (IT 활용) 프로세스(Process)+IT:
  업종별 특화된 RFID 확산
 - (서비스 IT) 서비스업+IT:
  IT활용 모델 발굴, 지원
 - (임베디드 SW) 산업용 SW:
  SW를 활용한 산업 지능화
	• 주력산업과 IT, 융합 촉진
	 - IT산업과 비 IT산업 교류 포럼
	 - 융합기술 개발 R&D 확대
	 - 융합거점 지정 및 기업 전문화
	• 산업의 IT 활용 촉진
	 - RFID/USN 확산, 에너지 관리
	 - 기업의 IT 활용 역량 강화
	• IT를 활용, 서비스 산업 강화
	• 융합촉매로서 SW 활용 확대

• 경제사회 문제를 해결하는 IT산업
 - 에너지·환경+IT:
  Green IT, LED 조명 등
 - 건강·의료+IT:
  헬스·바이오+IT등 신 의료산업,
  바이오칩, u헬스 케어, u병원
 - 라이프+IT:
  u홈, u먹거리, 약자보호, 건강관리
	• IT 제품의 에너지 효율 제고
	 - 전력 소비 저감, 친환경 생산
	• LED 산업을 신성장동력화
	 - 수요창출을 위한 LED 공동펀드
	 - 3대 전략 분야에 R&D 투자
	• IT를 활용 의료기기산업 강화
	 - 클러스터 활성화, 산업협력 강화
	 - U라이프 산업화, 지식산업 지원

• 고도화되는 IT산업 - 반도체·디스플레이 - 방송통신산업: 네트워크, 휴대폰 등 - 부품과 SW	• 시스템 반도체 성공 및 장비·재료 중소기업 육성 • 차세대 디스플레이 시장 선점 - R&D 및 기업 간 상생협력 • 휴대폰 성공 확산 - 핵심부품 국산화, 표준대응 • 방송통신 기기·서비스 상생

2) 국내 IT 융합기술

분야	정의 및 개념	중점 추진 분야
IT+자동차	- 첨단 IT기술을 기반으로 자동차 센서 및 전자장치가 지능적·유기적으로 상호작용해 운전자 안전 및 편의성을 증대시켜 최적의 운전환경을 제공하고, 미래형 부가가치를 창출하는 기술 산업	- 센서 및 차량 통신 기술 기반 안전운전 시스템 - ITS, 스마트 주행기술을 활용한 운전 편의 시스템 - RFID를 활용한 텔레매틱스 및 친환경 시스템
IT+조선	- IT기술을 기반으로 조선 산업에 필요한 기술융합을 통해 조선 산업의 고부가가치를 창출할 수 있는 기술 산업	- IT를 활용한 조선 기자재: 데이터통신 센서 기술, SoC 기술, 기관 및 항해 장비 임베디드 시스템 - 선박 항해정보의 첨단화: e내비게이션
IT+국방	- IT산업과 국방 분야의 융합을 통한 차세대 방위 및 신성장동력의 군수 기술 산업 - 국방 분야뿐만 아니라 재난방지 등 민간분야로의 외연적 확산이 가능한 기술 산업	- 센서 기술 및 고정밀 탐지·신호처리·추적 기술을 활용한 감시정찰 시스템 - 무기체계 임베디드 소프트웨어 보안기술 - 위성을 통한 원격감시 시스템 - 국방용 웨어러블 컴퓨팅 시스템
IT+건설	- 전통적인 건설 산업에 IT를 선택적으로 융합해 노동집약적 산업을 기술집약적 산업으로 고부가가치화하는 기술 산업 - u시티: 주택·경제·교통·문화·교육·환경 등 각종 도시 구성요소에 유비쿼터스 IT 인프라를 접목시킨 지능화된 미래형 첨단 도시	- IT융합 에너지 절감의 친환경 건설 기술 - 자동화 및 로봇화, 가상현실 기술, 지능형 무선 네트워크를 활용한 건설 인프라 기술 - u시티 구출을 위한 네트워크, 관제센터, 교통 시스템, 홈네트워킹 기반 기술
IT+의료	- 의료기기 및 서비스 산업에 IT기술을 활용해 기존 서비스 및 기기 수준을 높이거나, 새로운 기술 및 산업을 창출해 삶의 질을 높이는 신기술 - u헬스: 정보통신(IT)과 보건의료를 연결해 언제 어디서나 예방, 진단, 치료, 사후 관리의 보건의료의 서비스를 제공	- 고령화 층을 대상으로 돌발 상황 관리 시스템, 이상행위 분석, 노인질환성 모니터링 시스템 관련 뉴 에이징 기술, 만성질환자 관리, 헬스케어용 스마트웨어 관련 라이프스타일 기술, 첨단의료 서비스 기술

3. 현 정부의 문제점

생산기술연구원·전자통신연구원 등 지식경제부(이하 '지경부'로 약함) 산하 13개 정부 출연 연구기관을 통합하는 방안이 본격 추진되고 있다. 건설기술연구원과 식품연구원 등 지경부 고유 영역과 거리가 있는 분야의 일부 연구기관은 국토해양부·농림수산식품부 등 유관 부처로 넘기고 나머지는 1~2개로 합치는 방안이 유력하게 검토되고 있다.

1) '컨트롤 타워' 부재로 중복 연구 등 비효율

지경부 산하 연구기관 조직 개편 작업에 참여하고 있는 관계자에 따르면, 외부

〈그림 2-3〉 지식경제부 중첩 연구개발 현황

지식경제부 산하 정부 출연 연구기관과 중첩 연구·개발 현황

연구기관: 생산기술연구원, 전자통신연구원, 지질자원연구원, 철도기술연구원, 식품연구원, 기계연구원, 에너지기술연구원, 재료연구소, 전기연구원, 화학연구원, 국가보안기술연구소, 건설연구원, 안전성평가연구소

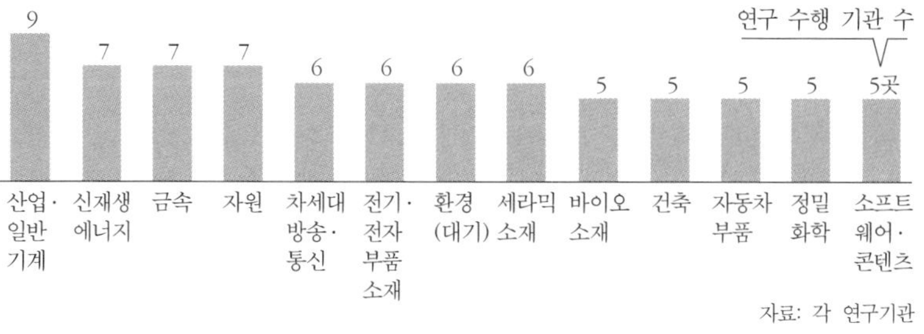

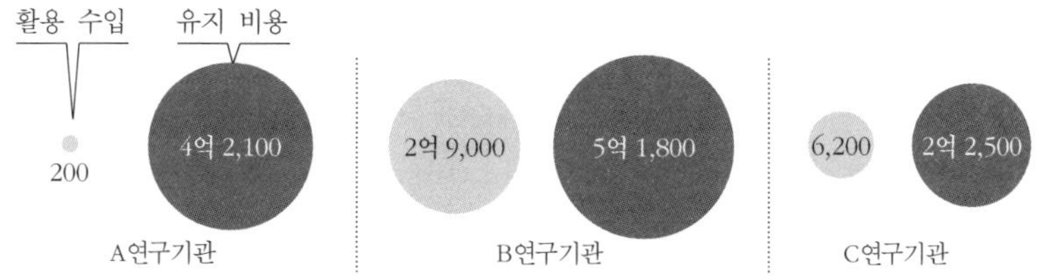

전문 컨설팅 회사가 관련 보고서를 지경부에 최근 제출했고 정부와 연구기관 책임자들이 이 방안을 본격 검토하고 있다. 이 관계자는 "이들 연구기관에 대한 '컨트롤 타워(지휘탑)'가 없어 기관별 중복 연구 사례가 빈번하고 관리상 비효율성이 문제로 지적됐다"며 "조직이 나뉘어져 있어 시너지(synergy · 결합) 효과를 거두지 못하고 있다"고 말했다.

가령 지경부 산하 연구 기관들은 30개 주요 산업 분야 중 신재생에너지, 전기 · 전자 부품 및 소재, 환경 및 바이오 소재 등 21개 분야에 4개 이상 연구 기관이 중복해서 연구를 수행하고 있다. 또 태양광 · 연료전지 등 신재생에너지 분야는 연구 성격이 겹치는 경우가 많았다.

한 관계자는 "연료전지의 경우 생산기술연구원 · 에너지기술연구원 · 재료연구원 등 6개 기관이 47개 과제에 대해 공식적인 협력 체계 없이 독립 연구를 수행, 중복 가능성이 높다"고 말했다.

정부가 발주한 동일 사업에 대해 한 연구 기관 내 4개의 팀이 별도 컨소시엄에 개별적으로 참여한 사례도 있었다. 연구기관들의 연구 인력을 대상으로 한 설문 조사에서도 응답자의 90% 정도는 "정보 공유 체계 미흡 등으로 연구기관 사이의 의사소통이 원활하지 않다"고 답했다. 여기에다 해당 연구기관의 인사시스템이 제각각이다 보니, 기관 간 지속적인 협력이 힘들다는 한계도 있다.

지경부 고위 관계자는 "이런 점을 감안해 산하 연구기관들의 기능 · 과제를 통합하고 개방형 융 · 복합 연구 체제를 구축하는 데 초점을 맞추고 있다"며 가능한 개편안을 조속히 확정할 계획이라고 하였다.

2) 선진국도 연구 기관 통합 움직임

지경부의 연구기관 조직개편 추진은 방만한 R&D(연구 · 개발) 시스템을 개편하기 위한 올해 두 번째 시도이다. 첫 번째는 기업과 대학 등에 R&D를 지원하는 기관을 7개에서 산업기술진흥원과 산업기술평가관리원 등 2개로 통폐합한 것이다. 조직 슬림화를 통해 비효율성을 제거하고, 실적이 부진한 본부장과 단장을 퇴출시켜 내부 경쟁 강도를 높이는 내용이다.

이번에는 지경부 산하 연구기관 조직 수술에 착수한 것이다. 왜냐하면 지경부가 이들 산하 출연 연구기관에 지원한 올해 예산만 1조 6,000억 원에 이르지만, 핵심 기술 개발이라는 본래 취지를 살리지 못한다는 판단에 따른 것이다. 연구기관들은 주무 부처만 일부 조정됐을 뿐 1970~80년대 설립 후 이름만 바뀐 채 거의 그대로 유지되고 있다.

지경부 관계자는 "이번 조직 개편은 선진국의 국책 연구기관에 비해 뒤처져 있는 경쟁력을 강화하는 게 목표"라고 말했다. 실제 지경부 산하 연구기관들이 민간기업에서 위탁받는 연구과제 비중은 2007년 기준으로 전체 과제의 7%에 불과하며, 독일 프라운호퍼 연구소(32%) 같은 세계적 연구소에 비해 볼 때 크게 뒤처지고 있다.

하지만 익명을 요구한 한 연구기관 관계자는 "기관별 고유 영역이 있는데 조직만 합친다고 기대만큼의 효과가 나올지는 의문"이라며 "연구원들에 대한 처우와 연구 환경 개선 같은 대책이 병행해야 한다"고 지적했다.

제3절 2015년 정보통신의 미래

지난 반세기 동안 우리나라 정보통신산업은 급속도로 발전하고 위기 대처를 적절하게 했다고 생각한다. 현 정부에서도 인프라를 증진하기 위해 정통부 체제에서 부처를 분산시켜 운영하고 있다.

하지만, 본문에서 서술하였듯이 '컨트롤 타워(지휘탑)'가 없어 기관별 중복 연구 사례가 빈번하고 관리상 비효율성 및 조직이 나뉘어져 있어 시너지를 극대화하지 못하고 있다. 현재도 이러한 문제에 대해 개선하기 위한 노력을 하고 있으나, 부처 간의 눈에 보이지 않은 경쟁으로 개선안을 도출하지 못하고 있다.

2015년 정보통신의 미래의 비전 및 목표를 1)전자정보 디바이스, 2)정보통신 미디어, 3)차세대 통신네트워크, 4)소프트웨어·컴퓨팅, 5)전파방송위성 등으로 구분하여 주요 제품을 표시하면 다음과 같다.

1. 전자정보 디바이스

중점분야	비전 및 목표(2015년)		주요 제품	
반도체	비전	2015년 세계 2강의 반도체 강국 실현	2010	2015
	목표	기술격차 94%, 세계시장 20% 점유	자동차퓨전반도체	에너지퓨전반도체
디스플레이	비전	패널/부품/소재/장비산업 동반 일류화	2010	2015
	목표	기술격차 93%, 세계시장 50% 점유	AMOLED	플렉서블 디스플레이
LED·광	비전	2013년 세계 3강의 LED기술 강국 실현	2010	2015
	목표	기술격차 93%, 세계시장 15% 점유	특수/감성 조명	초저가/보급형 LED

2. 정보통신 미디어

중점분야	비전 및 목표(2015년)		주요 제품	
			2010	2015
디지털TV·방송	비전	방통 융합 디지털 방송 서비스 및 산업선도 국가 실현		
	목표	기술격차 97%, 세계시장 15% 점유	모바일 IPTV	다시점(多視點) 3D TV 8K급 UHD TV
홈 네트워크/ 정보가전	비전	지능형 홈서비스 보편화를 통하여 안전, 편리, 즐거운 그린 u-Home 실현		
	목표	기술격차 97%, 세계시장 8% 점유	마스터 가전플랫폼 (표준 아키텍쳐기반)	실감·감성· 그린 지능 홈

3. 차세대 통신네트워크

중점분야	비전 및 목표(2015년)		주요 제품	
			2010	2015
이동통신	비전	Mobile Business 세계 최강국 건설		
	목표	기술격차 97%, 세계시장 40% 점유	4세대 이동통신 국제 표준	4세대 이동통신 상용 시스템

BcN	비전	차세대 네트워크 산업의 글로벌 선도 국가 도약	2010	2015
			패킷/광 통합스위칭시스템	지능형 광전송· 네트워크시스템
	목표	기술격차 96%, 세계시장 10% 점유		

4. 소프트웨어·컴퓨팅

중점분야	비전 및 목표(2015년)		주요 제품	
			2010	2015
SW	비전	국가경쟁력 강화에 필수적인 SW도약 기반 확보		
	목표	국내 GDP 내 비중 5% 달성 100대 SW기업3(패키지)/ 6(IT서비스), 수출주도형 전략 제품 5개 확보	SaaS 플랫폼	실감형 CPS
			2010	2015
차세대 컴퓨팅	비전	2013년 세계 3대 컴퓨팅 기술 강국 실현		
	목표	기술격차 90%, 세계시장 5% 점유	클라우드 컴퓨팅 인프라/플랫폼	모듈형 그린IDC

지식 정보보안	비 전	안전하고 안심할 수 있는 지식정보 보안 사회구현
	목 표	기술격차 97%, 세계시장 15% 점유

2010	2015
40G L3/L7 DDoS 공격대응 기술	원거리(50m 이내) 휴먼 식별기반 통합보안기술

5. 전파방송위성

중점분야	비전 및 목표(2015년)		주요 제품	
전파방송 위성	비 전	창의적 전파 이용 기술개발을 통한 글로벌 전파 리더	2010	2015
	목 표	세계 최고수준의 주파수 자원공유기술개발	CR응용시스템	밀리미터파 및 THz대 이용

제4절 한국의 방송통신정책 환경과 방향

1. 개요

국내의 방송통신정책 환경은 기술의 발전과 더불어 빠르게 변화하고 있다. 국내 방송통신 환경의 변화에서 기술적 변화는 우리의 삶의 형태를 다양하게 변화시키고 있다. 디지털 컨버전스의 심화, 웹 2.0 기술기반 서비스의 증대, 지능화, 내재화 (embedded), 모바일화 등 기술적 발전은 산업 환경의 변화를 가속화시키고 있다. 이러한 기술적 환경 변화 속에서 방송통신정책도 방송통신 규제정책 기구의 일원 화, IT 활용을 통한 융합시장의 창출, 글로벌 경쟁력 확보를 위한 유무선 통합 등을 통해 산업의 변화 및 성장을 주도하고 있다.

경기침체라는 큰 흐름 속에서 2009년 방송통신의 주요한 정책 환경으로 방송통신 산업의 국가경제 비중 증가, 설비기반 경쟁체제의 보완을 통한 경쟁 심화, 주파수 할당을 통한 전파자원의 효율화 요구 증대, 방송통신 환경의 안정성 및 신뢰성에 대한 위협 증가 등이 대두되었다.

2. 방송통신산업의 국가경제 비중 증가

최근 수년간 우리나라 방송통신산업이 국가경제에서 차지하는 비중은 지속적으로 증가하여, 2009년에는 국내 GDP의 10.8%, 2004년 이후 평균 9.6%를 기여하였다. 이러한 방송통신산업의 국가경제 비중 증가는 2004년 이후 매년 평균 9.6%의 성장 을 이루면서 동기간 GDP 성장률인 3.6%를 3배 가까이 상회하는 고속성장을 한 것의 결과이다. 다만, 2009년 방송통신서비스 매출액은 경기침체의 영향으로 성장률이 감소하였으나, 2010년은 전년 대비 3.8% 증가한 61.4조 원에 달할 것으로 전망한다.

특히, 국내 무선통신시장은 2005년부터 2009년까지 연평균 6.5%의 고성장세를 지속하면서 국내 경기성장세를 이끌어 왔다. 2005~2009년 동안 국내의 연평균 GDP 성장률이 3.4%인 점을 감안한다면, 무선통신시장은 국제경기 성장세를 상회하는 성 장률을 보여주는 핵심시장임을 의미한다.

<표 2-1> 방송통신산업 성장률 추이

(단위: %)

구성	2004년	2005년	2006년	2007년	2008년P	2009년E	평균 ('04~'09)
GDP 성장률	4.6	4.0	5.2	5.1	2.2	0.2	3.6
방송통신산업 성장률	17.1	11.7	12.6	8.7	6.4	0.9	9.6
방송통신산업의 GDP 비중	8.0	8.6	9.2	9.5	9.9	10.8	9.3

출처: 한국은행, 기획재정부, 한국정보통신산업협회 자료 재구성(P:잠정치, E:추정치)

<표 2-2> 국내 기간통신서비스의 전망

(단위: 십억 원, %)

구분	2005년	2006년	2007년	2008년	2009년	2010년E	평균 ('05~'09)
기간통신서비스	31,777	32,962	34,025	35,566	35,800	35,900	34,026
증감률(%)	5.70	3.73	3.22	4.53	4.53	4.53	4.3
유선통신	13,832	14,135	14,099	14,224	13,400	12,800	13,938
증감률(%)	3.63	2.19	-0.25	0.89	0.89	0.89	1.5
무선통신	17,945	18,827	19,926	21,342	22,400	23,100	20,088
증감률(%)	7.36	4.92	5.84	7.11	7.11	7.11	6.5

출처: 방송통신위원회, 한국정보통신정책연구원(KISDI), 한국정보통신산업협회 재구성(E:추정치)

우리나라 방송통신 산업의 수출액은 2008년에 약 1,310억 달러를 기록하며 지속적으로 증가세를 나타냈으나, 세계경제의 경기침체 영향으로 2009년은 수출액이 다소 주춤하여 1,210억 달러를 기록하였다. 그러나 전체 수출액에서 방송통신산업이 차지하는 비중은 2008년보다 2.3%포인트 증가하였다. 2009년도 방송통신산업의 수출액은 우리나라 총 수출액에서 33.3%를 차지하였으며 수입액은 19.2%를 차지하고 있다.

다만 방송통신산업 부문의 수출비중이 점차 감소하고 있는 부분에 대하여 방송통신 수출 진흥을 위한 전반적인 제도 개선 및 지원 확대가 필요한 것으로 파악된다. 방송통신산업의 무역수지는 2008년도의 전체 무역수지 적자 속에서도 580억 달러의 흑자를 보였으며, 2009년도에도 590억 달러의 흑자를 기록하여 우리나라 무역수지에 큰 기여를 하고 있는 것으로 드러났다.

3. 설비기반경쟁체제의 보완을 통한 통신시장 경쟁 심화

유무선통신서비스는 대표적인 네트워크서비스이기 때문에 규모의 경제 달성을 위해서는 가능한 넓은 영역을 대상으로 하는 서비스의 제공이 필요하다. 따라서 전국적인 범위를 대상으로 하는 대규모의 설비투자가 반드시 필요한 서비스라고 할 수 있다. 이와 같은 대규모의 설비투자와 이로 인한 설비기반경쟁체계는 신규 사업

〈표 2-3〉 방송통신사업 수출입 현황

(단위: 십억 달러)

구분	연도	2005년	2006년	2007년	2008년	2009년
수출	전체수출	284	325	371	422	364
	방송통신산업 수출	108	119	130	131	121
	비중(%)	38.0	36.6	35.0	31.0	33.3
수입	전체수입	261	309	357	435	323
	방송통신산업 수입	59	65	70	73	62
	비중(%)	22.6	21.0	19.6	16.8	19.2
전체 무역수지		23	16	15	-13	40
방송통신 무역수지		49	54	60	58	59

출처: 관세청, 한국정보통신산업협회 자료 재구성

자의 시장진입을 막음으로써 자연스럽게 경쟁양상을 과점 또는 자연 독점적 성격으로 변화시키기 때문에, 경쟁으로 인한 소비자 편익을 보장하기 위해서는 적절한 규제정책의 실행이 필수적이라고 할 수 있다.

4. 주파수 할당을 통한 전파자원 효율화 요구 증대

주파수는 방송 및 통신 서비스의 제공을 위해 반드시 필요한 자원이며, 특히 이동통신사업자에게는 서비스의 이동성(Mobility)과 편재성(Ubiquity)을 확보하기 위한 핵심자원이라고 할 수 있다. 주파수 자원이 가진 유한성과 희소성으로 인해 각국 정보는 전파자원의 효율적 이용을 촉진하고 가능한 한 많은 소비자가 이용할 수 있도록 하는 주파수 자원 공급정책을 시행하고 있으며, 대표적인 방법으로는 주파수 경매제와 대가할당방식 등을 들 수 있다.

최근에는 전파자원 활용의 효율성을 제고하기 위한 주파수 공유기술(SDR: Software Defined Radio, CR: Cognitive Radio)들에 대한 연구개발과 이를 적용하기 위한 전파관리정책에 대한 연구도 활발히 이루어지고 있다. 초기의 주파수 공급 및 관리정책은 주파수 대역 간 간섭을 방지하는 데 주요 목적이 있었으며, 따라서 전파자원관리에 대한 인식도 시장 측면보다는 행정적 측면이 보다 강했다.

그러나 이동통신산업의 규모 확대에 따른 전파 수요의 증가와 전파자원이 가진 희소성과 자원으로서의 중요성이 증가함에 따라 전파자원을 효율적으로 활용하고, 이를 사적인 이윤추구를 목적으로 사용할 경우 적정한 대가를 부과하기 위한 노력들이 선진국을 중심으로 이루어지게 되었다.

주파수 자원이 방송통신서비스 제공을 위한 필수재이면서 공공재이기 때문에 전파자원관리정책은 전파자원의 효율적 관리와 함께 이동통신산업의 경쟁 활성화를 위한 유용한 정책적 수단으로 활용될 수 있다. 주파수 할당을 통한 시장 경쟁의 활성화 정책으로는 주파수회수 재배치 정책 및 신규 주파수의 할당 정책 등을 들 수 있다.

주파수 자원의 효율적 이용을 위한 정책적 노력은 정부의 주도로 주파수의 분배와 할당, 그리고 대가 산정이 이루어지는 기존의 관리방식에서 점차 시장경제원리에 기반을 둔 경매제도로 이전하고 있으며, 우리나라도 현재 이러한 요구를 수용하여 전파자원 관리에 시장원리를 적용한 주파수 경매제도의 도입을 적극 추진하고 있다.

주파수 경매제도(Spectrum Auction)는 제한된 주파수 대역과 사용가능 기간을 대상으로 하여 이를 필요로 하는 다수의 사업자들을 경매에 참여시켜 최고가격을 제시한 사업자에게 일정기간 동안의 해당 주파수 대역 이용권을 부여하는 제도이다.

주파수 경매제도는 시장에서 가장 효율적인 사업자에게 주파수 이용 권리를 부여함으로써 경제적 자원의 효율적 활용과 보다 많은 이용자를 대상으로 다양한 서비스의 제공을 가능케 할 것이다.

5. 방송통신 환경의 안정성 및 신뢰성에 대한 위협 증가

방송통신위원회는 사회적으로 이슈가 되고 있는 이용환경의 안정성 및 신뢰성을 제고하기 위하여 인터넷상의 해킹이나 개인정보 유출 등 다양한 위협으로부터 정보를 보호하고 이용자 보호 강화를 도모하고 있다.

이러한 노력에도 불구하고 2009년 인터넷 침해 사고의 수는 점차 증대되었다. 2009년 발생한 해킹 신고 처리는 20,086건으로 2008년에 발생했던 15,940건에 비하여 26% 증가하였고, 2009년에 발생한 웜·바이러스는 9,701건으로 2008년에 발생한 8,469건에 비해 14.5%증가하였다.(2009년 11월 기준)

여러 대의 컴퓨터를 일제히 동작하게 하여 특정한 사이트 및 시스템을 공격하는 DDos공격은 인터넷이 개방된 네트워크로 공격자의 추적이 어려운 점을 악용하여 서비스를 제공하지 못하도록 하여 자원의 손실을 발생시키고 이용자의 정신적 피해를 통해 국가적 손실을 목표로 하고 있다. 사이버테러에 대한 대비는 인터넷 기반의 경제·사회 체제가 갖추어야 할 필수 기능의 하나이다. 하지만 이번 7·7 DDos대란에서 나타났듯이 아직 완벽한 대응 체제가 갖추어져 있지 못하고 사태의 심각성을 인식하는 사회적 분위기도 미흡하므로 고도의 통제 수준을 갖추기 위한 국가 차원의 사이버대응 체제를 확고히 구축할 필요성이 대두되었다.

이와 함께 인터넷상의 개인정보 보호 강화의 필요성이 증대되고 있으나 이것은 최근 정보통신기술의 발전 및 개인 인터넷 이용 행태 다변화 등에 따라 개인의 대한 성향 정보 활용 등이 기업의 중요한 마케팅 도구로 등장하고 있고, 대다수 사업자들이 주민등록번호 등 서비스 제공과 무관한 개인정보를 관행적으로 수집·보관하고 있어 정보 유출의 원인이 되고 있다. 또한 인터넷상에서 발생하는 방대한 양의 패킷 및 스팸 메일들은 자원의 손실을 초래할 뿐만 아니라 불필요한 통신장애를 발생시 킨다는 점에서 문제가 되고 있다.

새로운 IT서비스의 지속적인 출현과 서비스 간 융합 가속화에 따른 신규 위협 요 소도 증가할 것으로 예측하고 있다. 신규 위협에 대해서는 위협으로 초래되는 피해 및 상황을 예측하고 투자를 확대하여 기술력을 확보하고 법제를 정비하는 등 정보 보호 제도 개선 및 예방 능력을 강화시켜야 할 것이다. 또한 환경적인 요인을 중요 하게 고려하고 있는 현재 시점에서 기존 위협 및 신규 위협에 대응하는 것뿐만 아니 라 환경이라는 항목까지 보호할 수 있는 노력이 필요하다.

결론적으로 방송통신위원회는 변화하는 정보통신서비스 및 기술 등 환경을 주도 하기 위해 방송통신·미디어산업 육성, 미래 네트워크 세상 선도 및 방송통신 글로 벌 리더십 확보 등의 3대 핵심 어젠다를 정하고 중·장기적인 로드맵을 수립하고 추진하여 정보통신산업의 발전을 이룩해 나갈 것이다.

정보통신서비스 경쟁 환경조성, 방송광고 및 콘텐츠 육성, 차세대 방송통신기반 구축, 차세대 방송통신기술 선도 및 녹색융합서비스 확산 등을 통해 방송통신·미디 어산업을 육성하고, 10배 빠른 초광대역망 구축, 무선인터넷 활성화 및 사이버대응 강화 등으로 미래 네트워크를 선도하고 방송통신 경쟁력 지속적 우위를 확보함과 동시에 G20 정상회의 및 남아공 월드컵을 통한 홍보강화, 방송통신 품격 제고 등을 통해 2010 시대 방송통신 글로벌 리더십을 확보하도록 하겠다.

제3장

IT인력정책과 정보화정책

제1절 IT인력정책

1. 개요

IT 업계에 종사하는 전문가들은 정통부 폐쇄는 IT발전에 큰 영향을 미칠 것으로 예상하고 있다. 현재까지 IT산업의 성장, IT기술의 확산은 인력수요의 양적인 측면과 질적인 측면에 영향을 미쳐 왔다.

IT기술의 확산은 인력수요에 직접적인 영향을 줄 뿐만 아니라 인력수요에 영향을 미치는 다른 요소들에 직접적 또는 간접적으로 영향을 주기도 한다. IT가 고용의 양적인 측면에 미치는 영향은 직접적인 생산성 상승, 신산업 창출 효과와 소득증대, 상품 및 서비스의 가격하락 등을 포함하는 간접적인 효과에 의해 결정된다. IT의 확산은 직접효과와 간접효과가 결합된 종합적인 효과에 의해 고용의 확대에 긍정적으로 작용할 수도 있고, 혹은 부정적으로 작용될 수도 있다.

자료에 따르면, IT가 고용에 미치는 효과는 분석대상이 기업체 수준, 산업체 수준,

혹은 경제 전체 인지에 따라 다르게 나타나며, 분석기간에 의해서도 큰 영향을 받는 것으로 나타났다. IT의 확산과 이로 인한 노동시장의 변화 중 IT인력 규모의 추이와 구성의 변화, IT인력의 부족현황과 원인 주제에 대해 검토하고, 이로부터 정책적 대응방안을 도출하려 한다.

첫 번째, IT부문의 지나친 생산성 향상으로 인한 취업계수의 하락은 고용창출력 둔화의 주요한 원인과 정책의 잘못이라고 생각하지만, IT인력 규모의 추이와 구성의 변화를 분석하여 이러한 주장이 근거가 있는 것인지를 우선 검토하려 한다.

두 번째, IT인력의 부족 혹은 불일치(mismatch)가 존재하는지의 여부에 대해 검토하였다. 2000년 이후 IT버블이 붕괴되면서 국내 노동시장에서 IT인력은 더 이상 부족하지 않고 오히려 과잉이 문제라는 주장과 IT인력은 여전히 부족하다는 의견이 맞서고 있다.

2. IT인력 고용 규모의 추이

1) IT산업 인력의 추이

IT산업 종사자의 추이를 살펴보면 외환위기 이후 정보통신산업의 고용이 급격히 증가하였음을 확인할 수 있다. 1997년 이후 IT산업과 비IT산업의 연평균 고용증가율을 비교해 보면 각각 6.7%와 2.8%로 현저한 차이를 보이고 있다.

1997년부터 2000년까지 IT산업에서 21만 개 이상의 새로운 일자리가 창출되었는데 비해, 동기간 중 비IT산업에서는 일자리의 수가 줄어들었음을 통계로부터 확인할 수 있다. 2001년에는 IT버블이 붕괴되는 과정에서 IT산업의 고용증가율이 비IT산업의 고용증가율을 하회하고 있으며, 2002년에도 정체를 보였다. 2003년 이후에는 다시 IT산업의 고용증가율이 비IT산업의 고용증가율을 상회하고 있다. 그 결과 IT산업인력이 전체 사업체 고용에서 차지하는 비중은 1997년 4.2%로부터 2000년 5.7%로 급격히 확대된 후, 2001년 5.5%로 감소하여 정체를 보이다가 2004년이 되어서야 다시 2000년 수준인 5.7%로 회복되었다.

2000년 이후 한국 IT산업의 고용창출 둔화는 SW 및 컴퓨터 관련 서비스 산업의 고용증가 둔화와 관련이 깊다. 1997년부터 2000년 기간 중 동 산업은 7만 4천여 개의 고용을 창출하였으나, 2000년 이후 2004년까지는 1만 6천여 개의 고용만을 창출하였다.

2) IT직업 인력의 추이

〈표 3-1〉은 표준직업분류를 기준으로 노동력 수요동향조사로부터 도출한 IT직업 인력의 추이를 나타내고 있다. 상용근로자 5인 이상 사업체를 조사 대상으로 하는 노동력 수요동향조사에 따르면, IT직업에 종사하는 인력은 2003년을 기준으로 이들 사업체의 총고용의 7.89%를 차지하고 있는 것으로 나타난다. IT직업 인력이 사업체의 총고용에서 차지하는 비중은 2000년에 급격히 증가한 후 감소하는 추이를 보이다가 2002년을 저점으로 다시 증가하는 추이를 보이고 있다.

세분류된 IT직업 인력은 컴퓨터 전문직, 중저급 컴퓨터 관련직, 전자 및 통신기술직, 생산, 조작 및 정비직, 기타 정보통신 관련직 및 관리직으로 재분류될 수 있다. 1999년부터 2002년까지 IT인력의 직업별 인력구성비를 살펴보면, 생산, 조작 및 정비직과 중저급 컴퓨터 관련직의 비중이 꾸준히 줄고 있으며, 컴퓨터 전문직과 전자 및 통신기술직은 계속 증가하고 있음을 확인할 수 있다.

IMF 이후 IT가 고학력, 고기술을 요구하는 직업에 대한 수요를 상대적으로 많이 증가시키는 숙련 편향적 기술변화의 성격을 가지고 있었으나, 2003년 이후에는 중저급 컴퓨터 전문직의 비중은 줄어들고 단순직인 생산, 조작 및 정비직의 비중이 늘어났다. IT가 저학력, 저기술을 요구하는 직업과 고학력, 고기술을 요구하는 직업에 대한 수요를 동시에 증가시키고 중간기술직에 대한 수요를 줄이는 질적 노동수요의 양극화를 가져올 가능성도 있는 것으로 나타난다.

〈표 3-1〉 표준직업분류 세분류에 따른 IT직업 인력의 추이

(단위: 명, %)

	1999	2000	2001	2002	2003
IT직업 인력	410,184	461,816	474,944	470,316	509,843
5인 이상 사업체 전체	5,640,065	5,722,484	5,925,664	6,015,023	6,461,523
IT직업 인력 비중	7.27	8.07	8.02	7.82	7.89

제2절 IT인력의 부족과 질적 불일치

1. 인력 부족의 원인과 대책

과거에는 대부분 IT인력의 부족을 조사 혹은 예측하고 있었다. 미국의 정보기술인협회(ITAA)는 2001년을 기준으로 IT인력의 총 수요의 47.2%에 달하는 425,358명이 부족한 것으로 예측하였다. 유럽 EITO(European Information Technology Observatory)의 보고서도 2001년을 기준으로 135만 명의 ICT기술 인력과 87만 명의 e-비즈니스 인력이 부족하며, 이러한 부족이 2003년에는 각각 169만 명과 198만 명으로 심화될 것으로 예측하였다. 한국의 경우도 고학력 인력을 중심으로 IT인력의 부족현상이 생길 것을 우려하는 목소리가 높았다.

그러나 인력 부족이라는 용어는 여러 가지 의미를 내포하고 있다. OECD는 부족(Shortage), 갭(Gap), 불일치(Mismatch)를 구분하고 있다. 부족(Shortage)은 양적으로 공급이 수요에 미치지 못하는 것을 의미하고, 갭(Gap)은 기업이나 다른 조직에 속한 개인의 능력이 요구되는 능력에 미치지 못하는 것을 의미한다. 불일치(Mismatch)는 인력 수요자가 요구하는 기술수준과 공급되는 인력들이 갖춘 기술수준이 다른 경우를 일컫는 용어인데, 이러한 불일치의 원인이 수요에 부응하지 못하는 교육훈련시스템이 원인인 것으로 파악하는 경우가 대부분이다. 부족이나 불일치를 측정하기 위해서 쓰이는 방법은 노동시장의 수급분석, 실업률 분석, 임금변화 분석, 사업체에 대한 인력부족률 조사, 일자리에 대한 구인정보 등이다.

그러나 실제로는 IT인력의 부족보다는 IT인력의 학력별 수급 불일치를 의미하는 것이 아닌가 하는 생각이 든다. 예상보다 인력은 급격하게 증가하게 되었고, IT산업은 상대적으로 위축되었기 때문이다.

IT인력의 부족에 대한 우려가 대부분의 국가에서 사라졌음은 각국의 이민정책의 변화로부터 확인할 수 있다. 영국은 IT 직업을 부족이 예상되는 직종 리스트에서 제외시켰고, 덴마크는 IT 전문가를 특별이민프로그램에서 제외시켰으며, 호주도 수요가 많은 이민자 직업 리스트에서 IT 전문가를 제외시켰다. 또한 미국은 IT 전문가에게 주로 발급되는 H-1B 비자의 상한 인력 수를 감소시켰다.

한국의 경우, 경제성장의 둔화로 신규 채용이 감소하면서 청년실업과 대졸자의 구직난이 사회문제화되고 있는 가운데 대졸 이상 학력소지자의 실업률이 계속 증가하고 있다. 그러나 IT전문 인력 실태조사에 따르면 IT전문 인력의 부족현상이 심각한 것으로 나타난다. 이와 같이 IT인력을 필요로 하는 기업은 인력의 부족을 호소하고, 신규로 노동시장에 진입하는 구직자들은 취업난을 겪는 현 상황은 인력수요와 공급의 질적인 불일치가 존재한다는 것을 의미한다.

실제로 인력이 부족하다고 해도, 특정 요구기술을 갖춘 인력의 부족을 유발하는 원인에는 다음과 같은 세 가지가 있을 수 있다.

첫 번째는 특정 요구기술을 갖춘 인력에 대한 수요는 많은데 이들에 대한 공급이 원활하지 못한 경우로, 이 경우 인력에 대한 초과수요가 발생하여 특정 요구기술을 갖춘 인력의 임금수준은 올라가게 된다.

두 번째는 특정요구기술을 갖춘 인력은 많지만 이러한 기술을 요구하는 직업의 임금수준이 너무 낮기 때문에 고용을 하기 힘든 경우로, 이 경우에는 특정기술을 갖춘 인력에 대한 부족률이 높음에도 불구하고 임금 및 취업률이 동시에 낮게 나타난다.

세 번째 경우는 특정요구기술을 갖춘 인력의 공급도 충분하고 이러한 기술을 갖춘 인력을 요구로 하는 직업의 임금수준도 높지만 노동시장에 대한 정보가 부족하여 구직 및 구인기간이 길어지는 경우가 있을 수 있다.

첫 번째 경우는 초과수요가 고임금을 유도하게 되고, 두 번째 경우는 저임금이 인력부족을 야기하게 된다. 두 경우를 비교해 보면 양적 불일치와 임금 간의 인과관계가 상반됨을 알 수 있다.

IT 전문 인력의 직종별 부족률을 보면 부족률이 가장 높은 직군은 디지털 콘텐츠 직군이고, 부족률이 가장 높은 세부 직종은 가상현실·애니메이션 직종이라고 한다. 그러나 이들 직군과 직종은 가장 낮은 임금을 제공하는 직종이다. 이 경우, 인력의 부족률이 높은 이유는 요구기술을 만족하는 인력이 없어서가 아니라 이들 직군과 직종의 임금수준이 낮기 때문일 가능성이 높다. 만약 부족률 통계만을 기초로 디지털 콘텐츠 직군과 가상현실·애니메이션 분야에 취업할 수 있는 전공 분야의 인력양성을 늘린다면 사태를 악화시키게 된다.

대부분의 경우에 부족률이 높은 직종의 임금수준이 낮다. 네트워크 설계, 전자부품설계 엔지니어 등은 부족률이 높으면서 임금수준도 다른 직종에 비해 상대적으로 높게 나타나는 예외적인 직종이라고 할 수 있다. IT인력의 부족현상에 대한 정책적 대응을 하기 위해서는 부족률 통계뿐만 아니라 임금통계를 동시에 분석하여야 한다.

특정 직종의 부족률이 높은 이유는 수요가 공급을 초과하기 때문일 수도 있지만 동시에 관련 직종의 임금이 낮아 인력의 유입이 저해되기 때문일 수도 있기 때문이다.

보통 부족률을 계산할 경우 특정 인력이 다양한 IT직종에서 사용될 수 있는 기술을 가지고 있는 경우, 관련 직종에 모두 공급되는 것으로 정의한다. 특정 인력이 다양한 직종에 고용될 수 있는 경우 임금이 높은 직종을 선호하게 되므로 임금이 낮은 직종은 공급 풀이 수요보다 크다고 해도 인력의 확보가 보장되는 것은 아니다. 부족인원이 상대적으로 많은 것으로 나타나는 웹마스터 직종에 대하여 부족률 대비 공급 풀의 비중이 가장 높다. 이 경우, 웹마스터 직종에 대한 인력의 부족은 임금이 낮아 인력의 유입이 저해되었기 때문일 가능성이 높다.

특히 졸업 후 특정 시점에서 전문대 졸업자의 취업률이 대졸자보다 높게 나타나는 것은 대졸자의 구직기간이 길기 때문이다. 이러한 결과는 공급 측면에서 조사한 통계인 교육통계연보에 따르면 전문대학 졸업자의 취업률이 대졸자의 취업률보다 현저하게 높은 것으로 발표되었다. 구직 및 구인기간이 길어지는 현상은 정보의 비대칭성과도 관련이 깊다. 구직자는 자신이 노동시장에서 직면하고 있는 기회에 대한 정보가 부족하고, 구인을 하는 기업은 구직자의 자격에 대한 정보가 부족하기 때문에 구직 및 구인기간이 길어지는 것이다.

그로 인하여 정규교육 이외에 전문교육기관을 찾아 교육을 받으려는 사람들이 늘어나고 있으며, 비정규 교육 이수자가 교육기관에 의해 IT분야로 직업을 바꾸고 그로인해 IT인력의 초과 현상은 더욱 가속화되고 있는 상태이다. 또한, 사회가 점차 경력자를 요구함으로써 졸업 후 취업을 하려는 신입 인력이 취업 대란을 겪고 있다 하겠다.

2. IT인력정책의 방향

IT인력정책은 비교적 IT노동시장 변화에 신축적으로 대응하여 왔다. 또한, IT인력정책의 방향은 양적인 확대에서 질적인 수준 제고로, 공급보다는 수요 중심으로, 국내 중심에서 글로벌 중심으로, 수도권 중심에서 지역균형발전으로 전환하여 왔다.

IT인력정책의 목표는 IT인력의 질적인 수급 불일치를 해결하는 것이라 할 수 있다. 이를 위해서는, 정규교육기관이 산업계의 수요에 부응하는 인력을 양성할 수 있는 체제를 구축하는 것이 필요하다. 이러한 체제를 구축하기 위해 정부는 인력 양성에 직접적으로 개입하여 왔으나, 교육기관이나 개인의 선택에 의해서 기업이 필요로 하는 인력이 양성될 수 있는 기반과 유인을 제공하는 정책을 수립하는 데는 미흡했다고 평가된다. 또한 앞에서 지적한 바와 같이 IT산업의 고용창출 증진을 실현시킬 수 있는 인력수급정책이 강화될 필요성이 있다.

또한, IT인력의 수급 불일치를 해소하기 위하여 정부는 우선 인력의 부족 현황과 원인에 대한 정보를 제공할 필요가 있다. 특정기술을 갖춘 인력에 대한 부족은 수요가 공급을 초과하기 때문일 수도 있지만 동시에 관련 직종의 임금이 낮아 인력의 유입이 저해되기 때문이다. 따라서 특정 인력에 대한 부족률 정보만으로는 교육수요자나 교육기관에게 유용한 정보가 될 수 없으며, 직업별 임금현황에 대한 정보가 동시에 제공되어야 한다.

정부는 IT인력 통계의 구축, IT인력 수급전망, IT인력 경력지도의 구축 등 IT인력의 교육 및 노동시장 정보를 지속적으로 구축하고 이를 공공정보로 유통하여야 한다. 교육공급자와 교육수요자, 노동시장 진입자 및 인력수요자 간의 정보의 비대칭성을 해소하는 것이 IT인력양성에 있어 정부의 가장 중요한 역할이 되어야 할 것이다. 이와 함께 산업계의 수요를 반영하기 위한 교육기관 간의 경쟁과 우수한 인력을 확보하기 위한 기업의 경쟁이 활성화될 수 있도록 정부는 다양한 유인을 제공하여야 한다.

이러한 체제하에서는 개인이 적절한 IT 교육훈련에 스스로 투자하게 될 것이고, 또한 교육수요자로서 교육공급자인 대학이나 훈련기관에 인력수요자인 기업이 요구하는 교육훈련을 제공하도록 요구하게 될 것이다.

제3절 정보화 촉진정책

1. 정보통신기반의 구축

정보통신기반이란 좁은 의미에서는 통신망이나 컴퓨터 등 장비와 소프트웨어 및 정보통신서비스를 포괄하는 개념으로 정의한다. 보다 넓은 의미에서는 제도적 기반, 기술적 기반 및 인력기반이 포함되기도 하며, 가장 넓은 의미에서는 교육, 연구, 교통 및 환경 등을 포괄하는 개념으로 사용하기도 한다. e-Korea Vision 2006 수립 이후 변화된 정보화 추세 및 환경에 대한 검토를 바탕으로 2003년 12월 'Broadband IT Korea Vision 2007' 을 수립하여 추진하였다. 이 계획은 세계 최고의 열린 전자정부 구현을 통한 정부혁신과 전 산업의 정보화를 통한 우리 산업 전반의 국가경쟁력 제고, 광대역통합망 구축, IT 신성장동력의 전략적 추진, 디지털 복지사회 구현, 국제협력 강화 등을 목표로 하고 전 국민 컴퓨터 교육, 법제도 정비 등을 포괄하는 개념으로 사용하고 있다.

2. 규제완화와 경쟁의 촉진

21세기 국가경쟁력을 확보하기 위해서는 정부주도형의 사업을 민간기업에 환원하는 민영화가 추진되고 있다. 민영화를 위해서는 그동안 정부가 규제하던 다양한 규제내용을 완화함으로써 민간기업뿐만 아니라 개인의 자율권을 확보하여 정부의 역할을 대신할 수 있게 된다. 정보화 촉진과정에서도 민간부문의 참여에 관건은 정부의 규제완화 수위를 높이는 데 있다.

3. 정보공개의 촉진

정보사회는 정보가 자유롭게 유통되는 사회가 형성되어야 한다. 그동안 정부는 많은 공공정보를 미공개함으로써 권력의 수단으로 사용하였다. 그러나 정보사회는 정부가 소유한 정보뿐만 아니라 민간기업과 개인의 정보를 공개함으로써 정보의 상호 교류를 통하여 새로운 정보를 창출하는 시너지효과를 가져올 수 있다. 이에 정부는 정보공개법을 제정하여 다양한 부분의 정보를 타 정부기관이나 민간기업, 그리고 개인에게 공개하고 있다.

이러한 공개제도의 의의는 다음과 같다. 즉 정보공개제도는

첫째, 국민의 알권리를 보장한다.

둘째, 국민의 국정참여를 확보할 수 있다.

셋째, 국민의 신뢰성을 확보할 수 있다.

넷째, 참된 민주주의를 실현할 수 있다.

다섯째, 국민의 권리와 이익을 보호할 수 있다.

그 밖에도 공공정보의 공개는 정책결정의 정당성을 확보하고, 책임행정을 구현하며, 부정부패 및 비리방지의 효과와 학문의 발전 및 진리발견, 그리고 국가정보의 균등한 배분 등에 기여한다.

4. 지적 재산권의 보호

정보사회는 지식사회를 형성해간다. 지식정보사회에서 유통되는 수많은 정보나 이를 활용하는 소프트웨어 및 하드웨어에 대한 지적 재산권의 보호는 지식정보사회를 올바르게 정착시키는 데 매우 중요한 요소이다. 정보화의 초기에 있어서는 어느 정도 지적 재산권의 침해가 인정될 수 있으나, 고도 지식정보사회로 갈수록 지적 재산권에 대한 철저한 보안이 필요하며 현재는 선진국이 지적재산권의 보호에 최선을 다하고 있어 모든 국가가 기초과학연구에 열중하고 있으며, 삼성 등 대기업들도 선진국의 지적재산권을 사용자는 고액의 이용료를 지불하고 있다.

5. 정보화를 위한 사회 환경의 개혁

정보화를 위한 사회 환경의 개혁은 사회적 기반의 개혁으로 법·제도의 정비, 정보화 추진조직의 개편, 정보화 교육훈련과 정보사회에 어울리는 정보문화를 만들어

가는 것이다. 정부의 정보화 과정은 물리적·사회적 기반위에 정부의 정보화사업이 추진되는 단계를 밟는다.

이와 같이 정보사회는 정보가 사회 중심에 서 있으면서 정보를 유통시키고, 활용하기 위한 제반 사회적 환경의 변화가 추진된다. 이것은 산업사회를 정보사회로 바꾸기 위한 것으로, 기업구조와 문화가 개선되고 정치와 행정개혁을 통한 정부혁신이 필요하며, 새로운 직업이 창출되어 산업사회에서 많은 사람들이 선호하던 직업이 사라지고, 정보사회에 맞는 새로운 일자리가 생겨나기도 한다.

제4절 정보화 규제정책

1. 정보의 빈부격차 규제

사회계층의 빈부격차 원인은 시대에 따라 다르다. 농업사회는 토지의 소유 정도에 따라 빈부격차가 발생하였다면, 산업사회에서는 기술과 지식의 수준에 따라 빈부격차가 발생한다. 그러나 정보사회에서는 정보소유 능력에 따라 빈부격차가 발생하는 사회이다. 따라서 정부는 정보혜택의 빈곤층을 위하여 정보교육과 요금감면 등 지원체계를 구축하며, 정보 혜택의 부유층에 대해서는 정보의 남용이나 정보를 활용한 부의 축적에 대한 적절한 규제정책이 필요한 사회이다.

2. 개인정보 침해에 대한 보호

정보사회는 정보의 유통이 자유로운 정보 개방의 사회이다. 정보의 자유로운 유통은 '정보의 바다'를 형성하면서 새로운 정보를 창출해낸다. 개인정보에 대한 보호는 정보의 자유로운 유통에 질서를 유지하는 규범이 된다. 윌리엄(William)은 프라이버시의 침해형태를 도용, 침해, 개인적인 문제의 공개, 공중의 오인 등 네 가지 행위로 구분한다. 프라이버시법은 이 네 가지 복잡한 이익에 대한 보호가 이루어져야 한다고 보고 있다. 여기서 도용이란 성명이나 초상화처럼 사적인 것을 개인의 권익을 위하여 이용하는 행위이며, 침해란 개인의 은둔지에 침입하는 행위, 사사로운 문제의 공개란 타인에게 알리고 싶지 않는 사실을 공개하는 행위, 공중의 오인이란 그 사실을 공개함으로써 공중의 눈에 잘못된 인상을 주는 행위를 말한다. 우리나라 정부는 '공공기관의 개인정보 보호에 관한 법률(1994)', '공공기관의 정보공개에 관한 법률(1996)', '전자거래기본법(1999)', '전자서명법(1999)' 등을 제정하여 이에 대비하고 있다.

3. 컴퓨터 범죄 예방

현재 전자입찰과 전자세금계산서발부 등 일상생활에 컴퓨터를 이용한 업무가 많아져서 컴퓨터에 의한 범죄행위가 없도록 하여야 한다. 우리나라 최초의 컴퓨터 범죄는 1973년 10월 AID차관 아파트 입주 불법 추첨조작 사건이다. 컴퓨터 프로그래머의 조작으로 아파트 당첨자가 바뀐 이 사건은 당시에는 처벌규정이 없었다. 컴퓨터 범죄가 형법에 추가된 시기는 1995년에 이르러서이다.

2000년 9월 29일 경찰청은 각종 컴퓨터를 이용한 사이버 범죄에 대응하기 위하여 사이버테러 대응센터를 신설하여 협력운영팀, 신고경보팀, 수사대, 기법개발팀으로 하여금 사이버 범죄 및 사이버테러형 범죄에 대응하고 있다. 여기서 사이버 범죄는 인터넷과 같이 컴퓨터와 컴퓨터가 서로 네트워크로 연결되어 형성되는 가상공간(Cyber Space)에서 발생하는 범죄를 말하며, 사이버테러형 범죄란 정보통신망 자체를 공격대상으로 하는 불법행위로 해킹, 바이러스 유포, 메일폭탄, 전자기적 침해 장비 등을 이용한 컴퓨터 시스템과의 정보통신망 공격 등을 말한다.

따라서 이러한 컴퓨터 범죄 및 사이버 범죄에 대응하기 위해서는 국민과 기업 그리고 정부 모두의 협력과 노력이 필요하며, 또한 국제사회와 연대하는 국제적 차원의 규제정책이 필요하다.

4. 불법정보와 유해정보의 규제

'정보의 바다'는 네티즌 간에 암묵적인 규제가 요구되는 공간이다. 불법정보는 법률에 저촉이 되는 범법행위이지만, 유해정보는 도덕적이고 윤리적인 문제가 되는 정보를 말한다. 이러한 반사회적 정보로는 소프트웨어 무단배포, 음란물 유포, 자살사이트, 조폭사이트, 병역거부사이트, 자퇴생사이트 등을 말한다. 따라서 이러한 정보 과잉과 쓰레기정보의 유통질서를 바로잡기 위해서는 정부와 국제사회가 동의하는 수준의 규제정책이 필요하다 하겠다.

제4장

해외 정보통신정책

제1절 주요국의 정보통신정책 개요

전 세계적으로 IT가 국가경제에 차지하는 비중이 막대해지고 IT산업 진흥이 국가 산업 전체 진흥에 큰 영향을 미친다는 전략적 인식이 확산되면서 IT에 대한 투자가 급속하게 확대되고 있으며 동남아, 동유럽, 중동, 중남미 지역 등이 새로운 IT시장으로 급부상하고 있다. 미국, 캐나다, 영국, 일본 등 정보화 수준이 높은 국가의 경우 정보기술 산업의 발전이 국가 경제에 실질적으로 기여한다는 인식을 바탕으로 전자정부 구현 등 다양한 정보 인프라 구축을 추진하고 있으며, 정보화 수준 향상과 더불어 국민 상호 간의 정보격차 해소에 주력하고 있다.

중국과 인도는 시장성과 지리적 이점(利點) 등을 활용하여 단시간 내에 기술력을 집중 육성하여 첨단 기술영역인 IT분야에서도 급속한 경쟁력을 확보해 나가고 있어 우리나라와의 IT산업 세부 부문별 격차가 수년 내지 수개월 내로 좁혀지고 있다. 이에 대처하기 위하여 전략적인 대응이 요구되고 있다.

한편, IT 시장은 크게 정보통신서비스, 정보통신기기 및 소프트웨어로 대별되는데, 2010년까지 각 분야의 성장률(CAGR)을 보면 소프트웨어 산업이 상대적으로 높은 약 6%대의 성장률을 보이며 장기적으로 세계 IT산업 성장을 주도할 것으로 예상되고 있다.

1. 미국

1) 1991년 4월~2000년 4월까지 109개월 동안 연속 호황

정보통신정책의 핵심에 "디지털과 인터넷"이 있으며, 이것이 정보통신 분야의 새로운 패러다임을 창출하는 것으로 평가되었다. 미국 행정부의 정보통신정책 방향은 신경제 혜택이 국민에게 골고루 돌아갈 수 있도록 일반시민들에게 인터넷 접근을 보장하고, 미국의 모든 어린이들에게 양질의 사이버 교육을 실시하여 인터넷시대의 역군으로 양성하는 데 중점을 두고 있다.

2) 상무부가 발표한 "Digital Economy 2000"

이 보고서에서는 정보기술산업이 경제호황의 원동력으로 분석되고 있다. 2002년 2월 미국 상무부 보고서에 의하면 미국 가정의 인터넷 이용 성장률이 매달 200만 명의 새로운 인터넷 사용자가 창출되고 있다.

3) 정보기반 보호와 역기능 방지

2001년 9·11 테러사건의 여파와 함께 많은 컴퓨터 보안사고 발생 → 컴퓨터 응급대응센터의 통계에 따르면 웹사이트 공격, 바이러스, 컴퓨터 침입 등이 2001년에 5만 3천여 건이나 보고되었다(2000년도의 약 2배). 대책 강화가 요구된다.

4) 정보격차의 해소

- 정보 소외계층 및 학교도서관의 정보화를 지원
- 저소득자 월 기본료 감면과 신규 가입료 감면제도
- 2000년 2월 클린턴 대통령은 "디지털 격차에서 디지털 기회(From Digital To Digital Opportunity)"라는 제안서 작성. 전화와 같이 보편적 서비스로서의 제공 필요

5) 정보통신사업 현황

최근 전반적인 경기악화로 통신업체 매출성장률은 감소하였으나 디지털 경제기반은 통신서비스 및 통신기기, S/W 및 관련 서비스, H/W, 케이블모뎀 등이 통신속도를 급속하게 증가시키며 광케이블 용량은 1년마다 2배씩 증가하고 있다.

6) 인터넷 현황

- 컴퓨터와 인터넷은 짧은 시간 내에 광범위하게 보급됨
- 미국의 경제회생은 전자상거래 확산을 포함한 인터넷 활용에 기인
- 인터넷 전문기업들이 은행, 증권, 상거래, 경매 등 전 분야에 걸쳐 급성장세를 보이면서 경제성장의 원동력으로 작용

7) 미국의 연령별 인터넷 이용자 현황(2003년 9월 현재)

9~17세: 68.6%, 18~24세: 65.1%, 25~49세: 63.9%, 50세 이상: 37.1%

8) 인터넷사업자 동향

2001년 11월의 보고서에 따르면 경기침체에 관계없이 e-비즈니스에 대한 투자를 계속 확대할 것으로 전망되고 있다.

2. 일본

1) e-Japan 2002 프로그램

- 일본 정부는 세계적인 규모로 전개되고 있는 정보통신기술에 의한 산업·사회구조적 변혁, 즉 IT혁명의 추진을 통한 IT입국 실현을 정책목표로 삼고 있다.
- 2000년 7월 "정보통신전략본부" 설치, 2001년 1월 "고도정보통신네트워크사회형성기본법"에 근거하여, 총리를 본부장으로 내각의 각료 전원과 민간의 전문가들로 구성된 "IT전략본부"를 새롭게 발족하고 향후 5년 이내 세계 최첨단의 IT국가 실현을 목표로 추진하였다.
- 5대 정책기본방침: ① 고속·초고속 인터넷 보급의 추진
　　　　　　　　　　　 ② 교육의 정보화, 인재육성의 강화

③ 네트워크 콘텐츠의 충실화
④ 전자정부의 추진
⑤ 정보통신분야의 국제적 역할 강화

2) 2002년 정보통신정책 대강

일본 정부는 IT혁명에 대응하여 구조개혁을 추진하는 것이 경기회복과 지속적인 성장을 위한 열쇠라고 판단하고 전략적인 정보통신정책을 적극적으로 추진하고 있다. 중점적으로 전개해 나갈 정책분야로는

① 초고속 네트워크 인프라의 정비 및 이용 촉진
② 전자정부, 전자 지방자치단체의 실현
③ 인재육성 — 전문기술자의 육성, 교육용 콘텐츠의 유통 촉진
④ 정보격차의 해소 — 연령, 신체적 등 격차 중점
⑤ 전략적 연구개발의 추진 — 자금지원, 정보보호기술의 개발 추진 등에 중점
　　누구나 참여할 수 있는 정보통신사회의 구축을 통하여 2002년에 42만 명의 고용효과 달성

3) 정보통신 관련 정부조직

우정성이 정보통신 관련 정책수립과 규제업무를 담당하다가 2001년 1월 중앙부처 재편에 따라 자치성과 함께 총무성으로 통합하였다.

4) 차세대 인터넷 연구개발

정보통신분야의 국가경쟁력 강화를 목적으로 Gigabit급 네트워크(JGN: Japan Gigabit Network) 사업을 전개하였다.

5) 이동통신

IMT-2000 도입에 있어 일본 및 유럽기업이 공동개발한 "WCDMA 방식"과 미국에서 개발한 "CDMA 2000 방식"의 두 종류를 채택하였다.

6) 정보통신서비스

2002년 4월 말 현재 이동전화가 유선전화를 추월하여 유선전화 가입자는 약 6,008

만 건으로 1년 동안 가입건수가 약 61만 건 감소하고, 이동전화 가입자는 약 7,548만 건으로 매년 비약적으로 성장하고 있다.

7) 인터넷서비스

2002년 5월에 발표한 2001년 말 인터넷 이용인구는 약 5,593만 명으로 미국의 약 1억 6,614만 명 다음으로 세계 2위를 기록했다.

8) 일본 정보통신사업자

국내 및 국제사업의 구분 철폐와 외자규제 철폐 및 완전경쟁 구축체제이며 주요 사업자는 CNTT, KDD, NTT, DOCOMO이다.

3. 중국

1) 신식사업부(信息産業部)

정보통신정책에 관한 전반적인 정책 및 운영을 담당하고 있다. 통신정책의 수립, 법규와 규칙의 제정 및 계획의 수립, 외국통신사업자와의 교섭 등을 담당하고 있다.

2) WTO 가입과 중국의 통신시장 개방

- 2001년 12월 회원국으로 등록으로 중국의 통신시장은 본격적인 통신자유화를 향한 변화의 계기를 맞이하고 있다.
- 1999년 4월에 WTO 가입을 위한 경쟁력 활성화로 China Telecom이 독주하고 있는 시장을 China Unicom 및 중국신화통신의 3자 구도로 개편하였다.

3) 정보관리체제의 강화

- 1990년 말경부터 중국의 인터넷시장은 폭발적인 성장을 거듭해 왔다.
- 중국 정부는 인터넷을 통한 정부에 대한 저항을 가능한 억제시키는 한편, 경제·교육과 같은 분야의 발전을 꾀하려고 노력해 왔다. 2000년에 정비된 IT관련 법령은 엄격한 내용으로 이루어져 있다.

4) 인터넷정책

- 중국 신식산업부는 2000년 3월 인터넷 관련 분야 외자도입 활성화를 위하여 통신시장을 개방하는 조례를 발표(한국 삼성전자 등 진출)하였다.
- 중국에서는 장거리전화요금이 비싸기 때문에 인터넷전화가 급격히 증가하고 있다. 인터넷 이용자수는 2001년 5월에 약 3,000만 명을 돌파하였다. 2002년 4월 현재 인터넷 이용자수는 5,600만 명 정도이다.
- 2005년에 미국을 제치고 세계 최대의 인터넷국가로 부상하였다.

5) 이동전화

- 1995년에 366만 명에 불과하였으나 2002년 4월에 1억 6,700만 명의 가입자로 미국을 추월하였다. 그러나 보급률은 13%로 선진국에 비하면 크게 뒤져 있다.
- 중국의 CDMA공급은 두 사업자가 맡고 있으며 한국이 CDMA시장에 진출하고 있다.

6) 유선전화서비스

2001년 12월 현재 1억 7,903만 명으로 전년에 비해 24% 증가하였다. 주택용 가입자가 80% 이상이다.

제2절 해외 정보통신기기 시장 전망 및 동향

1. 세계 정보통신기기 시장 전망

가트너(Gartner)는 2006년 1분기 전망을 통해 2006년 세계 정보통신기기 시장이 2005년 대비 2.3% 증가한 7,002억 달러에 이를 것으로 보고 있다. 또한, 연평균(이하 연평균은 모두 CAGR 기준) 2.5%의 비율로 성장하여 2010년에는 2005년 대비 약 13% 정도 성장한 7,736억 달러 규모였다. 연간 성장률(YoY)은 2006년에 저점을 기록한 뒤 약간씩 증가하다가 2010년에 마이너스 성장으로 돌아선 것으로 평가하고 있다.

2. 분야별 시장 전망

정보통신기기 시장은 크게 정보기기 시장과 통신기기 시장으로 구분된다. 먼저 정보기기 시장에 대해 살펴보면, Gartner는 2006년의 세계 정보기기 시장에 대해 2005년 대비 0.7% 증가한 약 3,668억 달러이고, 2010년까지 연평균 1.8%의 성장을 지속하여 2010년에는 2005년 대비 약 9.2% 증가한 약 3,975억 달러의 시장을 형성한 것으로 평가하고 있다. 연간 성장률은 2005년 2.6%에서 2006년에 0.7%로 떨어진 뒤, 이를 저점으로 매년 약간씩 증가하여 2010년에는 2.2%가 된 것으로 평가하고 있다.

IDC(Internet Data Center)는 2006년 세계 정보기기 시장에 대해 2005년 대비 6.4% 증가한 약 3,820억 달러로 추산하면서, 2010년까지 연평균 4.8%의 성장을 지속하여 2010년에는 2005년 대비 약 26.6%가 증가한 약 4,455억 달러의 시장을 형성할 것으로 전망하고 있다. 연간 성장률은 2005년 9.2%에서 지속적으로 하락하여 2010년에는 2.1%까지 떨어진 것으로 평가하고 있다.

정보기기 시장 가운데 PC 시장이 차지하는 비중은 2005년을 기준으로 할 때 Gartner는 55.8%, IDC는 53.2% 등 매우 높은 비중을 차지할 것으로 보고 있는데, Gartner는 PC 시장에 대해 2010년까지 연평균 1.2% 성장에 그칠 것으로 보고 있는 반면, IDC는 4.2% 성장할 것으로 보고 있다.

통신기기 시장에 대해서도 IDC는 Gartner보다 긍정적 전망을 하고 있다. Gartner는 2010년까지 연평균 3.2%의 성장을 평가하고 있는 반면에, IDC는 7.2%의 성장을 예상하고 있다. 다만, 통신기기 시장에 대한 정의 차이로 IDC 전망치에는 이동통신 부문(인프라 및 단말 시장)이 제외되었기 때문에 시장 규모 면에서 Gartner 전망치와 큰 차이를 보이고 있다. 크게 보면 양 회사 모두 정보기기 시장보다는 통신기기 시장의 성장성에 대해 긍정적으로 보고 있으며, 장기적으로 통신기기 시장이 정보통신기기 시장의 성장을 견인할 것으로 예상하고 있다. 통신기기 시장의 성장에는 이동통신단말기, 특히, 신흥 시장을 중심으로 한 초저가 단말기의 확산이 가장 큰 영향 요인의 하나로 보인다.

3. 지역별 시장 전망

2005년을 기준으로 보면 북미, 서유럽, 아/태 등 3개 지역이 세계 정보통신기기 시장의 약 84.7%(Gartner) 혹은 87.7%(IDC)를 차지하고 있다. 연평균 성장률을 기준으로 보면, 중남미, 중/동유럽 및 중동/아프리카 지역이 2010년까지 높은 성장률을 보이며 성장할 것으로 예상되고 있다. 하지만 세계시장에서 차지하는 비중이 작아 2010년에도 북미, 서유럽, 아/태 등 3개 지역의 시장 비중은 83~84%를 유지할 것으로 전망되고 있다.

한편, 통신기기 시장을 대표하는 이동통신단말기 시장에서 중요 시장의 하나로 자리 잡고 있는 BRICs 시장은 최근 정보기기 시장을 대표하는 PC 시장에서도 시장의 중요성이 크게 부각되고 있다. 브라질, 러시아, 인도, 중국으로 구성된 BRICs 국가군은 최근 수년간 고성장이 지속되면서 다수의 중산계급이 등장해 구매력을 형성하고 있고, PC 보급률의 경우 2005년 기준으로 인도 1.4%, 중국 5.2%, 브라질 12.1%, 러시아 12.3%로 매우 낮아 성장 잠재력이 높을 것으로 기대되고 있다.

세계 정보통신서비스 시장의 성장세와 국내 시장에 대한 성장 전망 시각 차이는 현재 세계 정보통신서비스 시장의 불안한 현주소를 잘 보여주고 있다. 성장 혹은 퇴보는 급변하는 세계시장의 변화 속도에 얼마나 빠르게 대응할 것인지에 달려 있으며, 새로운 성장 여력 및 동력의 발굴은 전체 IT 시장의 약 절반을 차지하고 있는 정보통신서비스 시장의 미래뿐만 아니라 전체 IT 시장의 성장속도와 직결되는 문제이다.

제3절 미국의 정보통신정책

1. 추진 동향

1993년 클린턴 행정부 이후 디지털 기회의 강조, 전자사회의 건설, 전자정부의 실현, 소비자 신뢰도의 증대, 글로벌 사이버마켓 창조, 인터넷을 통한 성장촉진 등의 6대 디지털화 핵심정책을 추진하였다. 그리고 다음과 같은 영역에서 정보통신정책이 추진되었다.

첫째, 인터넷과 정보기술산업이 미국경제의 호황에 크게 기여한 것으로 분석하고 전자상거래의 활성화 추진을 통한 디지털 경제를 구축하고자 하였다.

둘째, 일반국민이 모든 정부정보에 접근하고 온라인을 통한 정부와의 거래가 가능하도록 하는 등의 전자정부를 구축하고자 하였다.

셋째, 정보 소외계층이 인터넷과 같은 정보서비스를 쉽게 이용할 수 있도록 요금을 저렴하게 하는 등의 정보격차 해소정책을 추진하고 있다.

넷째, 인터넷 체증 등과 같은 문제해소와 새로 발생하는 서비스에 대한 새로운 수요에 대응하기 위해 차세대 인터넷 개발을 위한 지원을 강화하고 있다.

다섯째, 21세기 정보화 시대에 대비하여 학생들의 정보기술 활용능력을 향상시키기 위하여 학교정보화를 추진하고 있다.

여섯째, 미국 정부는 정보통신기술 우위확보를 위해 대학과 연구기관, 기업 등에 대한 연구·개발(R&D) 투자를 확대하고 있다.

이러한 정보통신정책의 추진은 클린턴 행정부 이후부터 지금까지 꾸준히 추진되고 있으며, 최근에는 국민 중심, 결과 중심, 시장 중심 정부의 비전 실현을 위한 전자정부 실현을 추진하고 있다. 1990년대 세계의 신경제를 주도한 미국은 IT산업 전반에 세계 1위를 점하고 있으며 또한 이를 바탕으로 기업 및 개인생활에 있어 정보 활용이 일상화되어 국가사회 전반의 정보 활용도가 높은 정보화 선진국으로 평가되고 있다.

2. 정보통신정책 추진 체계

미국 연방정부의 정보화 추진 체계는 대통령을 중심으로 정보화 관련 자문위원회와 관리예산처로 구성되어 있다.

1) 정보정책 통합조정기구
정보화정책의 통합조정기구이자 연방정부의 정보자원관리업무를 총괄하는 주무기관으로 범부처수준의 정보화전담조직과 행정부처 간의 조정 및 전자정부 관련 지침전달과 예산과정의 일부에 대한 평가를 한다.

2) 범부처정부개혁 총괄기구

전자정부의 목표와 정부개혁과제를 이행하고 부처 간의 조정 등을 총괄하는 기구로 각 부처 및 정부기관의 COO(Chief Operating Officer, 차관급)로 구성되어 있다.

COO는 전자정부구현, 성과 및 예산 통합 등 대통령 개혁우선과제의 부처차원 추진의 총괄책임을 맡고 부처의 전략계획수립, 성과측정을 통해 정보개혁수행을 지원하는 업무를 담당한다.

3) 정보화 관련 대통령 자문기구

정보기술, 과학기술 등 전반에 걸쳐 분석 자료를 제공하는 대통령 자문위원회이다.

제4절 일본의 정보통신정책

1. 정보통신정책 추진 과정

우정성의 자문기구인 전기통신위원회는 1994년 5월에 정보통신의 고도화를 위해 2010년까지 33조 엔에서 53조 엔의 예산으로 광통신망을 구축한다는 목표를 설정하였고 이를 달성하기 위한 원칙, 추진방법, 일정, 권고사항 등을 제시하였다. 그리고 동년 8월에 수상 직속으로 설치된 고도정보통신사회 추진본부에서는 관련 전문가들의 의견을 수렴하여 기본방침을 결정하였다.

이후 일본 정부는 정보통신기술 활용을 통해 세계에서 일어나고 있는 사회경제구조 변화에 정확하게 대응하는 것과 고도정보통신네트워크사회 형성에 관한 시책을 신속하게 추진하는 것이 중요한 정책 중 하나라고 판단하여 2001년 정부에 IT전략본부를 설치하였다. 이 전략본부는 5년 이내에 세계 최첨단 IT국가를 목표로 e-Japan 전략을 제정하였다 또한 2002년 3월에는 2005년까지 IT인적자원대국을 목표로 청소년들의 IT활용능력을 높이기 위한 'IT인력 육성계획'을 책정하였다.

2. 정보통신정책의 추진 현황

최근 일본의 정보화를 위한 주 정책인 e-Japan 전략의 핵심적인 내용은 다음과 같다.
1) 세계 최고 수준의 고도정보통신네트워크 구축
2) 전자상거래 촉진
3) 교육진흥 및 인적 자원 육성(교육, 인재 육성)
4) 행정정보화 및 공공부문의 IT활용 촉진(전자정부)
5) 고도정보통신의 안정성 및 신뢰성 확보

일본 정부의 정보화 추진의 중심기관은 1994년 정보화정책 추진 이후 8월에 설립된 '고도정보통신사회추진본부'이다. 이는 2001년 6월 행정조직의 개편으로 내각총리대신을 위원장으로 하는 최고위 심의의결기구인 고도정보통신네트워크 사회전략추진본부로 바꾸어 재구성되었다.

3. 일본 유무선 통신시장 현황

1) 유선시장 현황

일본의 유선전화 가입자 수는 2007년 12월 말 기준 약 5천9백만 명(PSTN, ISDN, VoIP, CATV telephony를 포함)이며 지배적 사업자인 'NTT'가 시장의 78.8%를 차지하고 있다.

2008년 3월 기준 광대역 인터넷 서비스 가입자 수는 2,875만 명에 달하는데 이중 FTTH 가입자 수가 약 1,215만 명, DSL 및 CATV 가입자 수는 각각 1,300만 명 및 387만 명으로 조사되었다. 가입자 수 기준 시장점유율은 FTTH가 42%, DSL 44%로 FTTH와 DSL의 격차가 점차 줄어들고 있으며 2008년 6월 말에는 가입자 수가 같아지거나 FTTH가 역전될 것으로 예상되고 있다. 사업자를 살펴보면 광대역시장에서도 마찬가지로 NTT가 45.8%(FTTH 71.4%, DSL 37.1%)의 높은 시장점유율을 보이고 있는데 이처럼 NTT가 FTTH 시장의 선도업체인 반면 DSL시장에서는 Yahoo Japan이 가장 높은 점유율을 차지하고 있다.

최근 IP전화의 보급이 활발해지면서 전 세계적으로 소매 VoIP 서비스 가입자 수가 빠르게 늘고 있다. 일본의 인터넷전화는 ADSL을 기반으로 하는데 2001년 말

Yahoo! BB폰 시험서비스를 제공하면서 본격화되었다. 이후 NTT Communication, NTT East, West 등 일본 내 전화 사업자들이 시장에 경쟁적으로 참여하면서 시장이 크게 활성화되었다. 2007년 말 현재 소프트뱅크 BB가 27.7%로 VoIP시장에서 가장 높은 점유율을 차지하고 있으며, 뒤를 이어 NTT Communication이 18.5%, NTT East & West가 각각 16.1%, 13.4%를 차지하는 것으로 나타났다.

그리고 2001년 3월에 광케이블 가입자망의 개방을 의무화하였고, 5월 사업자 사전 선택제(Carrier pre-selection)를 도입하였다. 브로드밴드 시장은 이러한 규제완화 정책의 최고 수혜자 중 하나로 이러한 정책들은 일본을 세계 2위 브로드밴드 국가로 만들었다.

2) 무선시장 현황

2008년 4월 일본 전기통신사업자 협회가 발표한 '2007년도 이동전화 가입자 수(PHS 포함)' 통계에 의하면 일본 이동전화 가입자 수는 1억 733만 건이며 이 중 NTT 도코모 가입자가 5,338만 건으로 시장점유율이 49.7%인 것으로 나타났다. NTT 도코모의 시장점유율이 50% 밑으로 내려간 것은 1996년 이후 처음이다.

다음으로 큰 비중을 차지하는 KDDI의 시장점유율은 29.5%(전년 대비 0.4% 증가)이며, 소프트뱅크는 18.1%(전년 대비 1.7% 증가)를 차지한다. 둘 다 NTT 도코모를 빠르게 추격하는 중이다. 일본은 번호이동성제도를 2006년 10월 24일에 시행하였는데 제도 시행 이후 NTT 도코모의 기존 고객층 이탈이 시작되면서 소프트뱅크와 KDDI에 신규 가입자 수가 늘어난 것으로 조사되었다.

2008년 5월에 Credit Suisee에서 발표한 '일본 이동통신 사업자별 가입자 및 시장 점유율 추이'를 보면 2008년 4월 기준 일본의 이동통신 가입자 수는 총 1억 248만 명으로 전년 동월 대비 5.4% 증가하였으며 소프트뱅크는 지속적으로 증가해 전년 대비 16.8% 증가하는 등 빠른 성장세를 보여주고 있다.

4. 통신 규제기관

1) 총무성

일본 총무성(MIC: Ministry of Internal Affairs and Communications)은 통신산업의

규제뿐만 아니라 산업정책을 수행하는 역할을 하고 있다. 일본 정부가 독립적인 통신규제당국을 두는 것은 NTT에 대한 지분소유 행정부처와 규제기능을 수행하는 행정부처가 분리되어 있기 때문에 불필요하다는 입장을 견지하고 있다. 즉 재경부의 경우는 NTT의 지분을 가지고 있다.

총무성의 주요기능은 I) 규제하에 (상호)접속 협정에 의해 제공되어야 하는 통신설비를 지정하고, ii) 사업자 간 분쟁 시에 협상을 다시 할 것을 명령하거나 중계하며, iii) 상호접속료를 설정하거나 승인하는 역할을 수행한다.

2) 전기통신사업분쟁처리위원회

2001년 12월 일본 정부는 사업자들의 요청에 의해 사업자 간 분쟁조정을 위한 전기통신사업분쟁처리위원회(Telecoms Business Dispute Settlement Commission)를 도입하였다. 이 위원회는 5명의 위원과 8명의 부위원으로 구성된다. 이 위원회는 정부와 독립적으로 과징금을 부과하거나 인허가를 취소하고 규제도입을 명할 수 있는 권한을 가진다. 위원회의 권한의 범위는 상호접속과 설비병설(co-location)을 위한 공동이용권(Rights of Way)에까지 확대되었다. 그러나 이 위원회의 독립성은 정부의 NTT에 대한 지분이 큰 상태이어서 여전히 의심받고 있다. 그러나 이론적으로는 정부 관료들은 위원회의 판단을 번복하거나 수정할 수 없다.

3) 일반 경쟁규제기관

일본의 일반 경쟁규제기관은 일본 공정거래위원회(Fair Trade Commission)이다. 일반 경쟁규제기관과 통신규제기관은 통신산업에서 일정 부분에 대한 반경쟁 행위와 기업의 인수합병에 대해 공동의 권한을 가지고 있다. 일본에서 최근 이슈가 되고 있는 시장은 초고속 인터넷, IP플랫폼을 기반으로 한 응용서비스시장으로 이 시장이 빠르게 확산되면서 소매 VoIP 서비스 가입자 수가 빠르게 늘고 있으며, 향후 IP 장비 시장도 크게 활성화될 전망이다.

제5절 중국의 정보통신정책

1. 개요

중국은 개혁개방 초기에 경제특구와 경제개발구를 지정하고 선진자본과 선진기술을 적극적으로 도입하였으며, 부족한 산업자금과 열악한 생산기술을 외자유치를 통해 보완하는 중국 특유의 사회주의 시장경제원리를 표명하였다. 이것은 중국 경제체제의 일대 혁신으로 계획경제에서 상품경제로, 행정명령에 의한 경제체제에서 시장원리에 의한 경제체제로의 전환을 의미한다.

1989년 천안문 사태와 같은 정치사회적 혼란, 시장경제의 진전에 따른 빈부격차의 확대, 부정부패의 만연 등 부정적인 요소가 존재했음에도 불구하고, 지난 20년간 연평균 9.7%의 경제 성장률을 보이며 급속도로 발전하고 있다. 이하에서는 중국 정부가 정보통신산업에 대해 취하고 있는 규제정책, 산업육성정책, 시장개방정책 등에 살펴보고자 한다.

2. 규제정책

1) 규제정책 동향

중국의 전기통신 규제완화 흐름을 이해하기 위해서는 다음 몇 가지 큰 획기적인 조치를 이해할 필요가 있다.

첫째는 1993년 8월에 발표된 국무원의 제 55호 문건 "전기통신사업의 시장 강화에 관한 의견"이다. 이 문건에서는 무선호출, MCA(800MHz), 무선 이동통신(450MHz), 국내 VSAT(이상 허가제), 전화 정보제공서비스, 컴퓨터 정보제공서비스, 전자메일, EDI, 비디오텍스(이상 신고제) 등에 대해서 MPT(Ministry of Post & Telecommunications, 우전부) 이외의 사업자도 서비스를 제공할 수 있도록 하였다. 이 조치가 내려지기 이전까지 중국에서는 MPT만이 독점적으로 통신서비스를 제공해 왔었다. 다만, 국가 안보적 측면에서 외국법인, 개인, 외자계 합작기업은 서비스 제공을 금하였다. 따라서 현재 중국에서는 법인 자격을 갖춘 국영기업, 사업체(사업단위), 집단소유제(집체

소유제) 기업만이 통신사업을 운영할 수 있는데, 이 문건은 현재의 시장구조를 규정하는 기본 규범이라 할 수 있다.

둘째는 제2의 통신사업자 차이나 유니콤(China Unicom)의 발족과 MPT로부터의 차이나 텔레콤(China Telecom) 분리이다. 1994년 7월에 발표된 국무원 문건 178호에 의해, MEI(Ministry of Electronics Industry, 전자공업부)가 중심이 된 차이나 유니콤이 설립됨으로써, 공식적으로 중국도 독점체제에서 경쟁체제로 들어서게 되었다. 그리고, 1995년 5월 MPT는 국무원이 천명한 "삼정방안(三定方案)"에 의거하여, 통신운영업무를 수행해 온 DGT(Directorate General of Telecommunications, 전신총국)를 차이나 텔레콤이라는 독립채산기업으로 분리, 독립시켰다. 이로써 그동안 MPT가 가지고 있던 규제업무와 운영업무가 완전 분리되었다. 이와 함께 각 성(省) 내의 시내외 통신서비스를 제공하는 지방 PTA(Posts and Telecommunications Administrations, 우전관리국)는 각각의 독자성을 지니는 기업 형태로 전환되었다.

셋째는 1998년의 MII(Ministry of Information Industry, 정보산업부)의 출범이다. 1998년 3월 제9기 전국인민대표자대회 제1차 회의(1998.3.5~3.19)는 21세기 중국을 이끌어 나갈 입법, 행정, 사법 지도부를 구성하고, 국영기업/정부기구/금융기관의 3대 개혁 추진을 결정하였다. 이에 따라, 국무원 산하의 장관급 부처 40개 중에서 11개를 폐지하고 29개 부처로 통폐합하면서도, 경제정책을 담당하는 국가경제무역위원회와 정보통신 분야를 관장하는 정보산업부는 확대 개편되었다.

마지막으로, 차이나 텔레콤의 분할이다. 1999년 3월 정보산업부는 차이나 텔레콤을 고정전화, 이동통신, 위성통신, 무선호출의 4개 부문으로 분할/재편한다는 계획을 발표하였다. 제일 먼저 무선호출 분야가 분리되어(궈신, 國信呼出, Guoxin Paging) 차이나 유니콤에 합병되었다. 이어, 2000년 4월 차이나 텔레콤에서 이동통신분야를 전담하는 차이나 모바일(China Mobile)이 분할되었고, 7월에는 위성통신 서비스를 제공하는 그룹이 분할됨으로써 재편이 완료되었다. 정보산업부의 재편 개혁은 정부와 기업을 분리시켜 독점을 막고 경쟁을 촉진시켜 통신서비스의 질을 향상시키고, 경영 관리의 개선을 통한 운영 효율성을 도모하고, 통신 분야의 국제경쟁력을 강화한다는 데 그 초점이 맞추어졌다.

2) 규제기관

전반적인 정책 및 운영은 정보산업부가 담당하지만, 그 외에 많은 기관이 관여한다. 예를 들어, 정보산업부의 중요한 의사결정과 정책은 국무원의 승인을 거쳐야 하며, 그 외 국가발전계획위원회나 과학기술부, 국가경제무역위원회 등이 각자의 업무 영역과 관련하여 전기통신정책에 영향력을 발휘하고 있다. 하지만 군의 경우는 군이 국무원 산하에 속해 있지 않기 때문에, 정치국 회의를 통해 의견이 조율된다.

(1) 정보산업부

정보산업부의 주요 역할에 대해서는 앞서 언급한 바 있지만, 다시 언급하면 통신주권과 안전, 기술표준의 통일, 비상상황하에서의 통신 확보 및 지휘관리, 통신망의 통일적 계획, 합리적인 자원배분과 관리, 중복건설 방지, 통신 요금체계에 대한 감독관리, 상호접속 및 보편적 서비스 제공의무 측면에서의 통신사업자 관리 등의 업무를 관장하고 있다. 정보산업부 산하에는 13개 부서가 있다.

(2) 국무원(The State Council)

행정부 내 최고 의사결정기구로, 산하에 29개의 부와 지방정부, 외청, 연구기관들이 있다. 국무원은 각 부처 간의 상이한 입장을 정리, 정책논쟁의 중재를 담당하는데, 예를 들어 1994년 제2의 통신사업자 차이나 유니콤의 설립을 허용하는 의사결정 중재자로서의 역할을 한 바 있다.

(3) 국가발전계획위원회(The State Development Planning Commission)

1952년에 설립된 국가계획위원회를 승계하여 중국경제의 전반적인 흐름 및 경제자원의 관리를 담당하고 있다.

(4) 과학기술부(Ministry of Science & Technology)

국가과학기술위원회가 확대 개편되었으며, 국가의 과학기술 발전의 중장기 계획과 연간 발전계획을 제정하며, 관련 정책과 법규를 연구하고, 국가 과학기술 혁신체제 확립 및 과학기술 혁신능력 향상을 책임지고 있다. 또한, 첨단기술 산업화 및 응용기술의 개발과 보급을 책임지고 있다. 횃불계획(火炬計劃), 불꽃계획(星火計劃), 성과보급계획 등의 과학기술 개발계획 수행 및 국가 차원의 첨단기술 산업개발구 관리에 대한 감독/책임도 맡고 있다.

3) 통신사업 구도 및 전망

중국의 통신사업 주류는 독점에서 경쟁으로의 변화이다. 특히, WTO 가입이 가시화되면서 행정과 기업을 분리시킨다는 원칙하에 2000년에는 이를 일단락 시켰다. 이에 따라 현재 중국에서는 다음과 같은 6대 기간통신사업자가 다음과 같은 서비스를 펼치고 있다.

① 차이나 텔레콤: 고정통신서비스 및 국제 데이터 통신서비스
② 차이나 유니콤: 고정통신서비스 및 이동통신서비스
③ 차이나 모바일: 이동통신서비스
④ 중국 위성그룹: 위성통신서비스
⑤ 지퉁: 인터넷 접속서비스
⑥ 왕퉁(차이나 네트콤): 광대역 네트워크서비스

이상에서 보는 것처럼, 시내/시외/국제 전화는 차이나 텔레콤과 차이나 유니콤, 이동통신은 차이나 모바일과 차이나 유니콤, IP 분야는 지퉁과 왕퉁을 포함한 5개 사업자가 모두 서비스 사업자로서 활동하고 있기 때문에, 표면상으로는 경쟁이 진전된 것처럼 보인다. 하지만 시장구조 측면에서 볼 때 사업의 세분화, 기업체제로의 전환 외에 질적인 변화는 거의 없다고 볼 수 있다. 예를 들어, 차이나 텔레콤으로부터 차이나 모바일이 분리되었으나, 이 두 회사는 유선과 무선이라는 독자적인 영역에서 독보적인 위치를 갖고 있다.

또한, 현 시점에서 가장 수익성과 발전가능성이 높은 이동통신 분야에서는 국가의 엄격한 관리하에 차이나 모바일과 차이나 유니콤만이 진출하여 거대 시장을 양분하고 있을 뿐이다. 더욱이 지퉁, 왕퉁(차이나 네트콤) 등이 시장에 진입하기는 했어도 업무 영역이 다르고, 서비스 제공지역의 제한 등으로 인해 단기간에 현재의 경쟁구도를 변화시키지는 못할 것으로 예측된다. 중국 정부는 이동통신 분야에서 앞으로 한두 개의 진출을 허가할 계획을 갖고 있다. 이런 맥락에서, 제3세대 이동통신 업체 선정에 많은 관련업체들이 주목을 받고 있다. 특히 중국 이동통신업체의 경쟁력을 키우기 위해 제3세대 이동통신업체 선정 범위를 확대하여, 입찰경쟁 방식을 도입하는 것도 고려되고 있다. 이처럼 더욱 확대될 경쟁 구조를 효과적으로 유지하기 위해서는 새로운 제도의 확립이 시급한데, 그 일환으로 2000년 말 국가전신조

례를 발표하였다. 이 조례의 제80조에는 외국 자본의 중국 투자에 관련된 내용을 규정하고 있다.

4) 인터넷 관련 정책

중국은 인터넷의 급속한 발전에 따라 국가 정보기반(CNII: China National Information Infrastructure) 구축 계획에 총력을 기울이고 있다. 1990년대 초에 추진된 Golden 프로젝트(Golden Bridge Project, Golden Card Project, Golden Taxation Project, Golden Enterprise Project)와 1999년에 실시한 3대 인터넷 프로젝트(3 Major Internet Project)에서 보여준 정부의 정책적 지원이 그 대표적인 예이다(〈표 4-1〉). 하지만, 장기간에 걸친 정부의 통제는 인터넷 산업에서도 독점과 가격 구조 측면에서 바람직한 결과를 도출하지는 못했다고 보여진다.

현재 중국에서 해외에 접속할 수 있는 인터넷 망은 6개에 불과하다. 이러한 제한은 국가안보와 직결된 문제에 기인하며, 시장측면에서는 고가격이라는 비효율성을 초래하였다. 2001년 CII(중국 ISP 연구소)의 보고서에 따르면, 약 43%만이 인터넷 통신요금에 만족을 표시하고 있을 뿐이다.

〈표 4-1〉 3대 인터넷 프로젝트

프로젝트	주요 목표
정부	- '98년 정부/지방정부 30% 웹사이트 보유, 2000년까지 80% 확대 - 각 정부 부처 차원의 대국민 서비스 포털 웹 구축
기업	- 경쟁력 제고 및 국내/외 시장 확대를 위해 200개 대기업, 1만 개 공기업, 100만 개 소기업에게 인터넷 접속 서비스 제공
가정	- 인터넷 이용에 대한 개인/가정용 가이드라인 제공

3. 정보통신산업육성정책

1) IT산업지원정책

(1) 제10차 5개년 계획

중국 국가발전계획위원회는 1999년 4월 정보산업부 정보화추진 시에 국가 정보화 제10차 5개년 계획을 수립할 것을 지시하였다. 정보산업부에서는 전문가그룹을 구성하여 1999년 6월에 초안을 완성했고, 6월 23일 국가발전계획위원회는 공청회를 열어 내용을 검토, 수정하여 10월 12일 국가발전계획위원회 첨단기술산업발전부에 제출하였다.

(2) 횃불계획(火炬工程)

횃불계획의 목표는 "과학의 발전을 통한 국가부강(科敎興國)화"이며, 2000년도의 추진목표는 다음과 같다.

- 연간 기술공업 무역 총액 6,000억 위안 달성, 그중 하이테크제품의 연간 총매출액은 5,000억 위안
- 국가 차원 추진의 횃불계획 프로젝트 3,000개, 지방정부 차원 프로젝트 9,000개 실시
- 하이테크 산업개발단지의 발전을 통해 연간 기술공업무역 총액 5,000억 위안 달성, 그중 공업 총생산액 4,000억 위안
- 각 분야의 하이테크기업 30,000개 육성

(3) Eight Golden Project(8金工程)

중국의 정보고속도로 건설은 8金工程으로 대표되는데 제9차 5개년 경제개발계획(九五計劃, 1996~2000) 기간 중에 먼저 三金工程(삼금공정, Three Golden Project)을 구축하고, 이를 토대로 진홍(金弘), 진웨이(金衛), 진수이(金稅), 진치(金企), 진즈(金智)의 5개 정보망을 추가하여 중국 정부의 정보화 사업을 완성한다는 것이다.

먼저, 진챠오 1기 프로젝트(Golden Bridge Project, 金橋工程)는 10억 위안이 투자되어 3년 만에 완성되었다. 여기에는 위성통신 네트워크 프로젝트, 무선이동 데이터 사용자 액세스 네트워크 프로젝트, 광섬유 MAN(도시권 정보통신망, Metropolitan

Area Network) 사용자 액세스 네트워크 프로젝트, 네트워크전화/FAX 프로젝트, 인터넷 정보서비스 프로젝트, 국가 대형기업 종합정보 네트워크 기술개선 프로젝트 등이 있다. 진카 프로젝트(Golden Card Project)는 1997년 12개 도시에서 네트워크 서비스센터 시범운영을 거쳐 1998년 정식 운영에 들어갔다. 진카 프로젝트의 목표는 10년 내에 완벽한 전자화폐시스템을 구축하여, 자국 실정에 부합되는 금융카드 업무관리를 실시하며 전국 400개 도시의 3억 인구에게 금융카드를 보급하는 것이다.

2) IT산업 단지 조성정책

(1) 하이테크산업 개발단지 조성

하이테크산업 개발단지의 설립과 발전은 횃불계획의 주요 사항 중의 하나로, 고급인력 확보와 기술개발 환경조성을 토대로 중국 독자적인 과학기술과 경쟁력을 키우는 것이 목적이다. 하이테크산업 개발단지란 최적 환경 지역을 지정하여 과학기술 성과를 최대한 산업화하고, 중국 내외 시장을 상대로 중국 하이테크산업을 발전시키는 지역이다. 우리에게 널리 알려진 중관춘(中關村) 과학기술단지를 비롯, 중국 전역에 총 53개의 국가 하이테크산업 개발단지가 있다.

(2) 소프트웨어산업단지 조성

횃불계획 소프트웨어산업단지는 산업정책, 기초시설, 종합관리 등의 면에서 최적화 환경을 제공함으로써, 중국 소프트웨어산업의 발전 촉진을 목적으로 한다. 소프트웨어산업단지는 기술성과의 상업화와 소프트웨어 기업의 육성을 촉진하며, 입주기업에 통신, 기술, 관리연수, 제품평가, 시장개척, 국내외 교류합작 등의 서비스를 제공한다. 중국 소프트웨어단지의 핵심은 과학기술부가 횃불(火炬)계획에 따라 추진 중인 8대 소프트웨어단지 건설이다.

3) 통신 장비 국산화정책

통신산업이 성장궤도를 지나면서 중국 정부는 현지생산과 기술이전에 대해 공격적인 정책을 펼치고 있다. 국무원과 정보산업부가 공동 주관한 통신사업자 및 통신기기업체 간 미팅에서 중국 정부는 통신 인프라 구축 시 국내에서 생산된 제품을 적극적으로 사용할 것임을 강조하였다.

<표 4-2> 이동통신 장비 국산 채용 목표

구분	2000년	2001년	2002년	2005년
이동 교환기(%)	40	90	70	60
기지국(%)	25	40	50	60
이동 단말기(휴대폰, %)	10~15	50	40	60

한편, 이 미팅에는 주관기관 관계자 외에, 5대 통신사업자, 국내/외 주요 통신장비 업체 12개 업체, 국가발전계획위원회(SDPC), 국가경제무역위원회(SETC), 대외경제무역합작부(MOFTEC), 중국인민은행(PBOC)을 비롯한 3대 시중은행과 벤처캐피탈이 참석하였다.

특히, 중국 정부는 교환기 제조분야에서 외국기업의 지배력을 급속도로 축소시킨 이전의 성과를 이동통신분야에서도 재현되길 바라고 있다. 1996년 시점에서, 국내 교환기 제조업자의 시장 점유율이 5%에서 40%까지 확대되었으며, 회선당 단가도 95달러에서 58달러로 내려간 전례를 갖고 있다.

또 다른 국무원의 문건 "이동통신산업의 개발 가속화 구현 계획"에서는 이동통신 장비의 국산 채용 목표를 <표 4-2>와 같이 기술하고 있다.

4) 현지 통신장비 생산업체

(1) 교환기 제조업체

국설교환기를 생산하는 현지 생산업체로는 Great Dragon Telecom(Julong), Datang Telecom(大唐電信), Zhongxing Telecom(中興), Huawei Telecom(華爲) 등이 주요 업체이다. 이 밖에 최근 시장점유율을 늘려가면서 주목을 받고 있는 Zinpeng이 있다. 이들 국내 업체들은 가격 경쟁 면에서 유리한 위치를 점하고 있으며 외국 업체들은 이들과 버거운 경쟁을 벌여야 한다.

한편 중국 교환기 시장에서 가장 높은 시장점유율을 기록하고 있는 외국계 합작업체로는 상하이 벨(Shanghai Bell, Alcatel), 톈진(Tianjin) NEC, BISC(Beijing Int'l Switching Co., Siemens)가 있다. <그림 4-1>은 1999년도 중국 교환기시장에서의 시

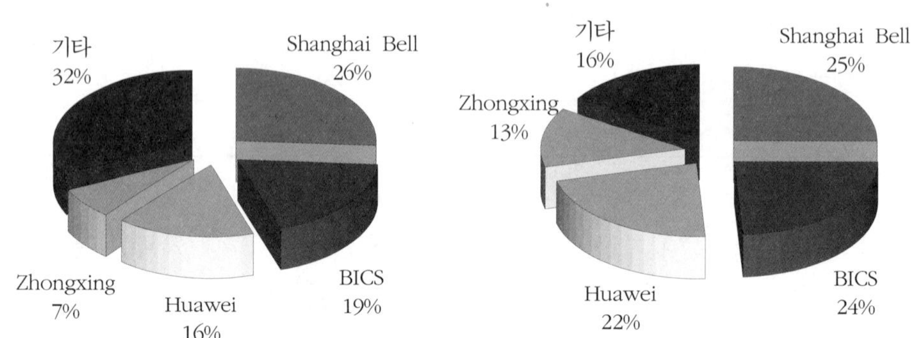

〈그림 4-1〉 중국 교환기시장 점유율

장점유율을 나타낸 것이다.

(2) 광케이블 제조업체

80여 개가 넘는 광케이블 생산업체들이 수요를 넘는 초과 공급을 하고 있으며, 주요 현지업체로는 다음이 있다.

- Shanghai Huaxin Optical Cable Manufacturing Co.
- Shenzhen Guangtong Development Co.
- Wuhan Research Institutr of the MPT
- Nantong Yongding Co., Ltd
- Houma P&T Communications Cable Factory

(3) SDH & DWDM 제조업체

제1차, 교환기, 제2차 광케이블에 이어, 중국 업체가 약진하고 분야가 SDH 분야이다. 현재 중국의 백본망 구축에 있어 국내에서 생산되고 있는 SDH 장비와 최근에는 DWDM 장비도 널리 활용되고 있다. 주요 국내 공급업체는 다음과 같다.

- Wuhan Research Institutr of the MPT
- Shenzhen Huawei Technology
- Shenzhen Zhongxing Telecom

(4) 이동통신 장비 제조업체

이동통신분야에서도 점차 중국 업체들의 생산 능력이 증대되고 있다. 아직은 다탕(Datang)과 화웨이(Huwaei)만이 이동통신 분야에서 두각을 나타내고 있을 뿐이다. 이 두 회사가 보유하고 있는 생산능력은 이동교환기 400만 회선용량, 2,000개 기지국, 8만 개 음성채널, 300개 기지국 컨트롤러 등이다. 현재 중국에는 100여 개의 통신업체들이 이동통신 관련 단말기, 부품, 시스템 등을 생산하고 있는데, 주요 외자 합작업체는 다음과 같다.

① Tianjin Motorola(100% 외자)
② Hangzhou Eastern Telecommunications Co.(Motorola JV)
③ Beijing Nokia
④ Beijing Ericsson
⑤ Beijing Matsushita
⑥ Wuhan NEC
⑦ Shanghai Siemens
⑧ Shenzhen Philips

(5) 네트워크 장비 제조업체

아직 소수이지만, 네트워크 장비시장에서 중국 현지 기업으로는 Huawei, Zhongxing

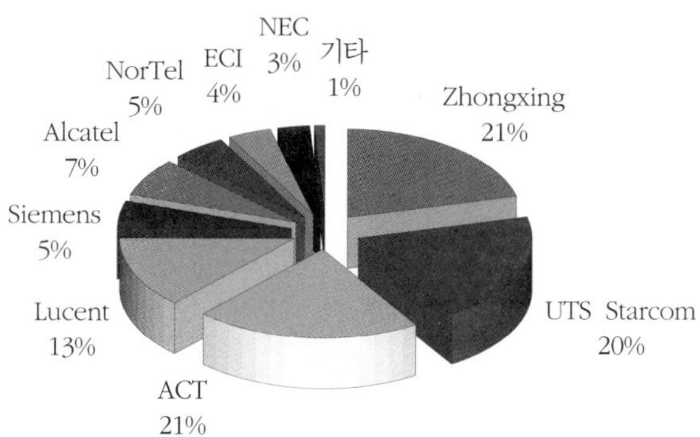

〈그림 4-2〉 중국 네트워크 장비시장 점유율

자료: Dataquest

Communications, Datang, Great Dragon, Bo Da(Baud Data Communication) 등이 이름을 내밀고 있다.

Dataquest에 따르면, '99년도 네트워크 장비시장은 6억 5,170만 달러 규모이며, 2004년에는 25억 달러로 정도로 확대될 전망이다. 〈그림 4-2〉는 '99년도 네트워크 시장에서의 주요 업체 시장점유율을 나타낸 것이다.

4. 통신시장 개방정책

중국의 통신산업은 앞서 살펴본 것처럼, 정부의 보호정책으로 대외개방에 한계가 존재하였으며, 중국 내에서도 엄격한 보고제도와 허가제도가 있다. 그러나 WTO 가입에 따라 2003년까지 반도체, 컴퓨터, 통신설비, 기타 하이테크 제품에 대하여 관세를 면제하고, 서비스 분야에서도 외국자본의 지분율을 49%까지 허용하고, 무선호출과 데이터 전송 사업에 대한 지분율은 50%까지 확대하여 향후 5년 내에 시장을 완전히 개방하기로 하였다.

한편, 정보산업부가 공식 발표한 WTO 가입 이후 외국 기업이 중국 통신시장에서 차지할 수 있는 점유율 및 지역 제한은 다음과 같다. 먼저, 부가 및 무선호출 서비스는 2002년 이전까지 베이징, 상하이, 광저우의 3개 도시에서 시장진출이 가능하며, 2002년 이후에는 청두(成都), 충칭(重慶), 다롄(大連), 푸저우(福州), 항저우(杭州), 난징(南京), 닝버(寧波), 칭다우(淸島), 선양(沈陽), 선전(深圳), 시아먼(廈門), 시안(西安), 타이웬(太原), 우한(武漢) 등 14개 도시에서 49% 이하의 시장점유율이 가능하다. 그리고 2004년부터는 지역제한이 없어지며, 최고 시장점유율은 50%까지 가능하다.

이동통신서비스에서는 2002년 전까지 베이징, 상하이, 광저우 3개 도시에서 25% 이하의 시장점유율을 허용하고, 2002년부터 위의 14개 도시에서 중국 총 시장의 35%를 차지할 수 있으며, 2004년부터 지역제한이 없고 시장점유율은 49%까지 허용된다. WTO협정은 일정 기간 동안 외국 업체의 중국 통신업체에 대한 투자를 제한하고는 있으나, 외국 업체가 중국의 네트워크 발전에 참여하는 것을 배제하지는 않고 있다.

북한의 정보통신정책과 남북 IT 교류협력

제1절 북한의 정보통신 동향

21세기 정보화 시대에 남과 북이 정보통신 분야에서 서로의 강점을 접목시키고 상호 협력할 때 커다란 시너지 효과를 발휘할 수 있으며 국제적으로 경쟁력 있는 제품도 생산할 수 있을 것이다. 정보통신이 민족과 문화의 동질성을 회복시키는 중요한 수단이 될 것이며 남북한 간 교류 촉진을 위해 반드시 선행적으로 정비되어야 할 부분이라고 보기 때문이다. 하지만 북한은 테러국에 대한 국제적 제지와 열악한 경제사정, 체제유지를 위한 폐쇄정책으로 말미암아 정보화가 제대로 추진되지 못하고 있는 실정이다. 이대로 가다간 정보통신 분야의 남북 기술격차는 점점 더 심화될 것이며, 이러한 기술격차를 좁히지 못한다면 통일 후 많은 문제점들이 나타날 것임을 쉽게 예상할 수 있다.

아직도 편지조차 왕래가 안 되는 북한인지라 정보통신기술 같은 최신 첨단 기술에 관한 자료를 얻는다는 것은 매우 힘든 일로서 통일에 대비한 정책수립과 기반조성 구축에 많은 어려움이 있는 것이 사실이다. 더욱이 앞으로 다가올 정보화 시대를 고려할 때 우리는 북한의 정보통신기술 및 정보화 동향에 많은 관심을 기울여야 하며 이 분야 교류에 지대한 노력을 해야 할 것이다.

1. 하드웨어 부문

북한의 하드웨어 산업은 전반적으로 침체상태인 것으로 평가된다. 극심한 식량난, 에너지난, 외화난 등 3중고(苦)로 인해 막대한 시설자본이 필요한 하드웨어 산업에 투자할 여력이 없는 상황이다. 바세나르협정[1] 등 기존의 국제적 대북규제와 최근 또다시 테러국으로의 분류는 북한의 첨단 하드웨어 기술도입에 커다란 장애요인으로 작용하고 있다.

2. 소프트웨어 부문

북한은 하드웨어 부문에 비해 자본과 기술이 상대적으로 유리하고 단기간에 발전 가능성이 높은 소프트웨어 부문을 집중 육성하고 있다. 북한의 소프트웨어 부문은 북한당국의 육성의지 및 우수한 인적 자원을 바탕으로 성장 잠재력을 보유하고 있는 것으로 평가되고 있으며 북한의 소프트웨어 산업 육성을 위한 주관부처는 1999년 신설된 정무원 산하의 전자공업성에서 관장하였으나 2003년도에 국가소프트웨어 산업총국이 신설되어 관장하고 있다. 북한의 소프트웨어 개발기관은 국가중앙기관, 전문연구소, 지역개발센터, 대학 등 20여 곳이지만 이 중 실제 개발 실적이 있는 곳은 10여 개로 알려져 있다.

---

1) 재래식 무기와 전략물자 및 기술이 적성국가나 테러지원국에 수출되는 것을 막기 위한 국제협정을 말한다. 바세나르협정(Wassenaar Arrangement)을 줄여 WA라고도 한다. 기존의 대량파괴무기 확산금지체제를 보완하는 체제로 1994년 대공산권 수출조정위원회가 폐지되자 1996년 7월 네덜란드 바세나르에 본부를 설치하고 결성되었다.

3. 정보화 부문

북한의 인터넷 도입 역사는 1990년대 초반으로 거슬러 올라가지만 인터넷 사용이 체제유지에 위협이 될 수 있다는 당국의 인식으로 연구개발과 같은 매우 제한된 범위에서 보급되고 있다. 해외 인터넷망과의 연결은 극히 제한적인 반면, 각급 기관과 지역의 전산망(LAN)을 잇는 인트라넷 구축은 비교적 활발하며 1997년 6월 평양의 LAN망과 각 기업소의 컴퓨터 등을 연결하는 북한의 대표적인 인트라넷 시스템으로서 "광명"을 개통·사용하고 있다.

제2절 북한의 정보통신망 현황

1. 개요

북한의 통신에 대해서는 자료가 부족하고 극히 단편적인 자료만이 알려져 있어 체계적인 파악을 하기 어려운 상황이다. 이에 북한과 협력하고 있는 국제기구나 제3국에 의해 단편적이나마 자료를 입수할 수 있고 이를 근거로 통신상황을 추정하는 정도에서 논하기로 한다. 북한에서의 통신은 당의 노선, 정책을 모든 부문, 단위, 노동자에게 신속·정확하게 전달하여 이를 관철시키는 정치적 수단으로 활용되고 있다. 특히 통신은 공공의 행정수요를 충족시키는 것이 기본적인 목적이기 때문에 일반 주민들의 통신욕구를 충족시키기에는 크게 부족한 것이 현실이다. 탈북주민과 북한 방문인사들에 따르면 일반적으로 개인전화는 당 간부 등 주로 지도층 가정에 설치되고, 일반주민들은 주로 협동농장, 공장 등에 설치된 공동전화 및 공중전화를 이용한다는 점에서 북한의 상황을 파악할 수 있겠다.

2. 시내전화

설비투자 재원조달, 기술도입의 어려움 등으로 인해 북한의 통신 인프라는 열악한 상황이 지속되고 있다. 기본 통신수단인 시내전화 시설은 대략 110~140만 회선으로 추정되며 100인당 회선 수는 북한이 4.6, 남한이 46.4로 북한의 100인당 회선 수는 남한의 1/10 수준에 해당하는 것으로 나타났고, 이 또한 평양 등 대도시에 집중되어 있다.[2]

3. 시외전화

시외통신망은 평양을 중심으로 도·시·군·리 간에 종적으로 연결되어 있다. 이러한 수직적인 통신망은 주로 여러 지역 관할구와 주요 산업기반들을 연결하여 산업목적과 행정목적으로 이용하거나 주민들에게 당국의 정책을 전파시키는 데 주로 이용되고 있다. 특히 북한은 1997년 4월 8일 체신절을 기해 '국내통신분야에서 중앙·지방, 시·도 사이의 빛섬유 통신과 숫자식 통신방식에 의한 시외전화의 자동화가 실현되었다' 고 발표한 바 있다. 또한 북한은 1990년대부터 광통신망 구축에 역점을 두고 추진하고 있다.

광케이블 구축은 1995년 1월에 평양~함흥 간 300Km 구간의 광케이블 공사를 완료한 것을 비롯하여 1998년까지 평양과 35개의 주요 도시를 연결하는 광케이블망 구축공사를 완료하였다. 2001년 4월에 광케이블을 이용한 고속통신망 설치를 위해 프랑스로부터 필요한 장비를 도입하여 2001년 말에 평양과 각 도의 주요 도시를 상호 연결하는 고속통신망 구축작업을 실시하였고, 그 결과 현재 평양과 각 도는 고속의 광케이블 통신망으로 상호 연결되어 있는 것으로 알려져 있다.

---

2) 정보통신부 국회 제출자료(2007.2), ITU(World Telecommunication Report, 2001)는 총 100명당 5회선으로 추정하고 있으며 CIA(The World Factbook, 2004)도 총 110만 회선(2001년 기준)으로 추정하고 있어 ITU의 자료와 동일함.

4. 국제전화

현재 국제통신 루트는 위성과 케이블, 아날로그 마이크로웨이브 등이 있으나 주로 위성을 통해 이루어지고 있으며 위성으로 직접 연결된 국가는 일본, 중국, 싱가포르, 홍콩, 프랑스, 독일, 이란, 루마니아 등이다. 국제전화 요금은 3~6.5달러/1분으로 매우 높은 편이며 이는 위성을 이용한 통신의 비용이 많이 소요되고 또한 국제전화 연결 국가와의 정산료가 높이 설정되어 있기 때문이다.

미국과의 국제통신의 경우 미국의 AT&T가 서비스를 제공하고 있다. 남북 간에도 연락업무 및 회담지원용으로 직통전화 35회선(동축케이블)이 있고, 개성공단·평양·금강산 관광을 지원하기 위하여 제3국을 경유한 간접회선이 17회선 연결되어 있다. 또한 이산가족 시범 화상상봉을 위하여 2005년 7월 18일 군사분계선 내에서 광케이블로 접속된 직통전화는 서울-평양 간 4회선과 2005년 12월 28일 개통된 개성공단 303회선으로 운영되고 있다.

북한 내의 국제전화는 대부분 통신센터의 교환원을 거쳐 수동으로 해외로 연결되나, 외국인들이 이용하는 호텔에서는 교환원을 거치지 않고 자동교환방식으로 직접 외국과 통화가 가능하다. 그러나 인공위성을 통해서 이루어지기 때문에 통화 중 울림현상이 심하게 나타나는 등 국제전화 통화품질은 상당히 떨어진다.

5. 공중전화

북한에서의 공중전화는 평양과 함흥 등 대도시의 주요 거리와 백화점, 호텔 등에 설치되어 있다. RNS 지역에서는 체신소에 2~3대씩 설치되어 있으며, 공중전화가 미설치된 경우 지역 관공서나 기업체에서 용건을 등록한 후 사용이 가능하다. 북한의 공중전화에 대한 최근 자료는 ITU가 발행하는 'World Telecommunication Development Report'에도 수록되어 있지 않아 이에 대한 정확한 실정을 파악하는 데에는 어려움이 있다.

6. 이동전화

북한에서 이동전화 서비스는 나진·선봉지역에서 통신망 구축을 담당하고 있는 동북아전기통신공사가 제공하고 있다. 북한은 2002년 8월 1일부터 평양지역에 안테나 기지국을 설치하고 주위 4Km로 전파를 발신해 통화시험을 하는 등 이동전화 시험운용을 거쳐 2002년 11월 11일부터 유럽의 GMS 방식으로 서비스를 제공하고 있다. 이동전화 가입자는 초기에는 고위 당정 관계자, 평양 주재 외교관, 국제기구의 현지 주재원 등으로 국한되었지만 2003년 12월 가입자 수가 2만 명으로 확대되는 등 높은 단말기 가격 및 이용 요금에도 급속히 확산되는 양상을 보이고 있다(단말기 구입비 131달러, 가입비 765달러로 파악됨, 정보통신부 국회 제출자료 2007년 2월) 그러나 2004년 4월 용천역 폭발사고 이후 이동전화 서비스가 중단되었고, 이후 외국인을 대상으로 서비스를 제공하는 것으로 알려지고 있다.

제3절 남북 IT교류협력 촉진

1. IT분야 남북경제 협력사업의 추진

남북 IT교류협력은 2000년 이전까지는 당국자 간의 회담지원용 또는 경수로 건설이나 금강산 관광지구 등 여타 교류협력의 원활한 추진을 위한 통신 지원을 위주로 이루어져 왔다. 그러나 2000년 6월 남북정상회담 이후 남북관계의 개선으로 소프트웨어 부문을 중심으로 비교적 활발하게 교류협력 사업이 추진되고 있으나 아직도 협력사업이 초기단계를 벗어나지 못하고 있다.

소프트웨어 부문에서의 교류협력은 남북 공동개발과 북한제품 수입 등의 형태로 활발하게 이루어지고 있으며, 북한당국이 높은 관심을 가지고 있는 부문으로서 남북 간 협력사업을 추진하는 데 비교적 유망한 분야라고 볼 수 있다. 일반적으로 이 부문의 교류협력은 아웃소싱 형태로 중국이나 북한지역 내에서 이루어지고 있다. 북한의 소프트웨어 개발기술은 상당한 수준을 보이고 있는 것으로 알려져 있으나, 시장경제에 대한 이해가 부족하고 기획력과 상업성이 부족한 것으로 파악되고 있다.

2006년 7월 북한의 미사일 발사와 10월 북한 핵실험으로 인하여 남북 간 IT교류협력사업도 위기를 맞게 되는데 북한의 이산가족 화상상봉 일방 중단, 개성공업지구본 단지 통신공급을 위한 남북 간 협상이 중단되기도 하였다. 북핵문제와 관련된국제사회의 대북제재조치가 풀리기 위해서는 6자회담의 타결이 전제되지 않으면 그나마 유지되고 있는 민간부문의 IT교류협력사업도 크게 위축될 것으로 본다.

2. 남북 간 통신연결 추진

1) 남북 간 통신연결 현황

남북 간의 통신은 직접연결 회선과 일본을 경유한 간접회선을 이용하고 있다. 직접연결회선은 주로 남북회담 및 군사용 회선으로 사용되고, 간접연결회선에 의한국제전화회선의 경우도 금강산관광용, 개성공단사업용 등 남북협력사업 지원을 위

〈표 5-1〉 남북 간 직통전화선과 광케이블의 연결 현황

용 도	구 간	회선 수	연결시기
남북회담·행사지원용	서울-평양	21	1972.8.26
판문점 공동경비구역 내 남북 직통전화	남북적십자회담연락사무소 간	3	1971.9.22
	남북연락사무소 간	2	1992.5.18
남북한 항공관제통신망	인천-평양관제소	2	2001.9.18
경의선 철도·도로통신망	철도·도로 연결공사 상황실 간	2	2002.9.24
남북 해사당국 간 군용통신망	서울-평양	2	2005.8.13
개성공단 경협사무소 연락망	서울-개성	3	2005.11.1
이산가족 화상상봉 지원용	서울-평양(광케이블)	4	2005.7.18
개성공단 시범단지 직통전화	서울-개성(광케이블)	303	2005.12.28
합계		342	

하여 제한적으로 이용되어 왔다. 그러나 광복 60주년 8·15 이산가족 시범 화상상봉을 위하여 남북 간 합의에 따라 2005년 7월 18일 군사분계선 내에서 광케이블이 접속되면서 서울-평양 간에 직통전화 4회선이 연결되어 이산가족 화상상봉을 성공적으로 치르게 되었다. 또한, 2005년 12월 28일 기 연결된 광케이블을 활용하여 남북 간 상용직통전화의 역사적인 개통이 이루어짐에 따라 민간 경제교류협력부문에서 광케이블을 활용한 직접연결이 가능하게 되었다. 이러한 비정치적·비군사적 분야에서의 통신의 직접연결은 향후 남북 IT협력사업을 추진하는 데 중요한 전환점이 될 수 있을 것으로 보인다.

남북 간에 광케이블을 직접연결하게 된 배경은 2005년 6월 17일 평양에서 열린 통일대축전 기간 중에 당시 통일부 장관과 김정일 국방위원장 간에 광복 60주년인 2005년 8월 15일에 정보화 시대에 걸맞게 첨단 정보통신기술을 활용하여 이산가족 화상상봉을 실시하기로 결정함에 따라 당국 간 합의를 거쳐 광복과 동시에 분단 60년 만의 남북 직통망 연결이자 남북 최초의 광케이블이 2005년 7월 18일 문산-개성 사이의 비무장지대에서 접속되었다. 이어서 서울-평양 간에 직통전화가 개통됨으로써 역사적인 8·15 남북이산가족 화상상봉이 성공적으로 이루어지게 되었다. 2006년 2월까지 4차례의 화상상봉을 실시하면서 남북이산 279가족 1,876명이 상봉하였고, 2,245매의 사진교환이 이루어지는 등 향후 이산가족 상봉 활성화에 크게 기여할 것으로 기대된다.

남북 간에 연결된 이 광케이블망은 당초 개성공단 통신공급을 위하여 문산-개성 간에 총 12코어로 구축되었으나, 이 중에서 4코어(155Mbps급)는 서울-평양 간 연결되어 화상상봉용으로 우선 사용하게 되는데, 80여 가족의 TV급 화상통신과 200만 전화가입자의 통화가 동시에 가능한 규모이다. 또한, 향후 12코어가 모두 연결된다면 최소 600만 전화가입자의 동시 통화가 가능한 규모로서 남북교류가 활성화되어 통신수요가 크게 증가하더라도 충분히 수용할 수 있는 규모이다.

남북 간 광케이블에 의한 통신망 연결의 의미를 보면, 첫째, 정보화 시대에 걸맞게 화상상봉을 통하여 국제사회에 IT강국으로서 우리나라의 위상을 제고하고, 첨단 IT기술을 활용하여 거동이 불편한 이산가족들에게 편리하게 상봉할 수 있는 기회를 확대하게 되었다는 점이다. 둘째, 화상상봉을 통해서 남북 간 광통신망이 구축됨으로써 남북 당국 간의 제한적인 사용에 그쳤던 통신서비스가 광통신망으로 대체되었고, 개성공단 등에서 직접 통신서비스가 가능토록 하는 등 남북 간 통신의 대동맥을 구축함으로써 남북 간 통신협력의 시발점이 되었다고 볼 수 있다. 셋째, 향후 이 통신망을 활용하여 보다 다양한 남북 간 콘텐츠 제공, 진료·교육 등의 원격서비스 제공도 가능하게 하는 등 남북한 간 교류협력을 다양화하는 계기가 될 것으로 보인다.

2) 개성공단 직통전화개통 및 통신지원 확대

2005년 12월 28일 개성공단 입주기업들이 남북 간에 직접 연결된 광케이블을 기반으로 한 상용통신망을 이용하여 남한으로 직통전화를 할 수 있도록 서비스를 제공함으로써 기존의 제3국을 경유하는 국제전화방식과 달리 입주기업들의 통신요금 부담을 경감시켜 제품에 대한 가격경쟁력 제고에 기여할 수 있게 되었다. 입주기업들의 통신요금이 1/6 수준($2.3 → $0.4/분)으로 경감되고, 양질의 통화품질의 서비스를 이용함으로써 기업 경쟁력 제고에 기여할 것이다. 또한 3通(통행, 통관, 통신)의 완성으로 국내외 기업들의 대북진출 활성화의 토대를 마련하였으며, 남북 협력사업을 준비하는 기업들에게는 전략물자수출과 관련하여 미국정부의 수출관리제도(EAR: Export Administration Regulations) 등 국제규범에 대한 해결책을 제시하는 계기가 되었다고 볼 수 있다.

개성공단 통신공급 현황을 보면 2006년 12월 말 현재 입주기업 등 가입자 이용회선이 303회선으로 남한으로의 직통전화와 팩스(Fax) 서비스가 제공되고 있으며, 남한과 개성공단 간의 직접 통신망 개통으로 기존 국제전화방식 통신회선보다 20배 이상 증가함으로써 전화소통 문제는 완전히 해소되었다고 볼 수 있다(기존 국제전화방식 14회선은 개성↔남측 양방향 4회선, 개성→남측 단방향 10회선임).

2006년 12월까지의 전화요금은 직통전화 개통 전보다 전화사용이 급증함에도 불구하고 회선당 전화요금은 1/24 수준으로 입주기업의 통신료 부담이 크게 줄어들었다.

개성공업지구는 2005년까지 시범단지 2만 7천 평이 조성되었고, 현재 본 공단 500만 평 중에서 제1단계 100만 평을 조성하기 시작했는데 본 공단의 통신공급을 확대하기 위하여 2006년에 북한과 5차례의 통신협상을 진행한 바 있다. 정보통신부는 입주기업의 편의도모를 위하여 우편 및 인터넷서비스 제공도 추진할 방침이다.

한편 개성공단의 남북 통행량 증가에 대비하여 신속하고 효율적인 통행 및 통관절차를 개선하고 물류비를 절감하기 위하여 2005년에 RFID 기반기술을 활용한 시범사업에 이어 2006년에 본 사업을 추진함으로써 개성공단의 국제경쟁력을 제고시키고, 중장기적으로는 남북통합물류기반 조성으로 공단 활성화에 이바지할 수 있을 것으로 보인다.

3) 민간 IT교류협력 활성화 지원

한국정보통신수출진흥센터에서는 민간부문의 IT협력사업을 활성화하기 위해서 민간협의체를 구성 운영하며 남북 IT협력세미나를 개최하거나 중소 IT기업들의 대북진출 유망분야에 대한 시장타당성조사와 컨설팅을 제공하고 있다. 또한, 남북이 공동으로 조사·연구를 실시하고 공동세미나 또는 심포지엄 등을 개최하여 남북 상호 간의 협력분위기를 조성하고 있다.

2005년도에는 중소 IT기업들의 대북진출 유망분야인 애니메이션, 모바일콘텐츠, 온라인게임, 소프트웨어 개발 등 4개 분야에 대한 시장타당성조사 공모과제를 수행하고, 남북 IT교류활성화를 위한 4개 연구공모과제를 실시함은 물론 남북관련 연구기관, 학계, 업계 등을 대상으로 과제수행 결과를 발표하기 위하여 2005년 12월 23일 제1회 남북 IT협력세미나를 개최하였다. 2006년에도 '중소 IT기업의 북한진출을 위한 타당성 조사 및 실무프로세스 연구'를 수행하고, '남북 IT기술 및 산업협력방안'에 대한 남북 공동연구를 실시한 바 있다.

2006년 4월 3일~8일 평양 인민문화궁전에서 개최된 민족과학기술대회가 개최되었는 바 정보통신부는 여기에서 '방송·통신 융합기술과 IT839전략'이라는 논문을 발표하였고, 북한 IT관련 주요 인사들과 여러 차례의 협의를 거쳐 남북 IT분야에 대한 상호협력방안에 대한 일치된 의견을 도출하는 등 상호협력 분위기에 조성에 힘썼다.

2006년 5월 28일 민간부문의 IT교류협력사업을 활성화하기 위하여 민간중심의 남북 IT협력추진협의회를 자율적으로 구성하여 2회의 회의를 개최하였는 바, 각계의 다양한 의견을 수렴하고 정책을 건의할 수 있는 창구로서의 역할뿐만 아니라 민간 IT부문 대북협의채널로 적극 활용하기로 하고, 협의회의 운영활성화를 도모하기 위하여 주기적으로 회의를 개최하기로 했다.

중국 단동의 하나프로그램센터에서는 우리기업의 북한 IT인력수요에 부응하는 매칭 펀드(matching fund)방식의 3개월 과정의 교육을 북한 당국이 선발한 김책공과대학, 김일성종합대학, 조선컴퓨터센터, 평양정보센터 등의 IT전문고급인력들을 대상으로 교육과정을 운영하였고, 교육이수자에 대한 만족도 설문조사 결과도 대체

<표 5-2> 북한 IT전문가 대상 교육과정 운영 현황

과정별	업체명	교육 장소	교육 기간	인원	예산(자부담)
제1기 고급네트워크	(주)하나비즈닷컴	중국 단동	6~8월(3개월)	34명	1억 원(0.5억 원)
제2기 자바전문가	(주)하나비즈닷컴	중국 단동	10~12월(4개월)	32명	1억 원(0.5억 원)

※ ICA와 선정업체 각각 50%씩 부담하는 matching fund 방식

로 만족하고 있으며, 북한당국으로부터도 좋은 반응을 얻은 바 있다.

전략물자수출통제제도 등의 제약으로 개성공단 이외의 북한지역에서의 북한 IT인력교육은 현재로서는 실현가능성이 적으므로 제3국 중에서 상대적으로 유리한 중국 단동지역에서 교육을 실시하고 있지만 여건이 좋아진다면 개성공단 내에 북한 IT인력교육센터를 설립하는 방안도 검토할 필요가 있다. 또한, 개성공단에서 북 측이 상대적으로 우수한 분야인 소프트웨어인력을 교육하여 남한 입주기업이 직접 북한 IT인력을 활용할 수 있도록 소프트웨어단지를 조성을 추진하는 방안도 적극 고려해야 할 것이다.

4) 남북 IT교류협력 기반 조성

통신을 포함한 남북 간 IT부문은 평화와 번영의 남북경제공동체 건설 또는 더 나아가 통일을 고려할 때 가장 선행적으로 투자되어야 할 부문으로서 이를 위한 장기적인 비전과 전략을 수립해야 할 것이다. 이를 위해서는 국내에서의 정책연구기능을 강화하고, 남북 및 해외 전문가와의 공동연구를 통하여 상호 신뢰 확보와 인적 네트워크를 구축할 수 있어야 할 것이다. 또한, 당국 간에도 상시적 협의채널을 구축하여 정부 간 협력이 필요한 사항에 대한 체계적인 협력사업의 추진을 위하여 상호 간에 심도 있게 논의할 수 있도록 협력분위기를 조성해야 할 것이다.

한국정보통신수출진흥센터에서는 2005년에 남북 IT교류 활성화를 위하여 4개 분야의 연구공모를 통하여 '실무중심형 교육센터를 통한 북한 IT인력양성 및 활용방안', '남북한 IT부문 공동표준 형성방안 연구', '경협활성화를 위한 SW 기술분석 및 체계화연구' 등의 과제를 수행하였다.

정보통신정책연구원의 정보통신북한연구센터에서는 정책연구기능을 강화하여 2005

년에 '북한 통신 인프라 고도화 중장기계획 수립', '한반도 평화경제 통신 인프라 구축방안', '남북 IT교류협력사업 추진 현황 및 애로사항 설문조사 분석', '남북 IT교류협력 현안에 대한 정책자문 및 법제도 분석' 등의 연구를 수행하였고, 2006년에는 보다 정확한 정보를 기반으로 '남북 IT협력사업 성과를 평가·분석', '북한 IT교류협력 중장기 기본계획 추진 방안', 'IT협력사업 모델 개발을 위한 남북 공동연구' 등의 정책연구를 수행하였다.

5) 새터민 정보화 교육 및 남북한 정보격차 해소사업의 추진

2000년 이후 새터민(북한이탈주민 국내입국자) 수의 급속한 증가와 함께 1만 명에 달하는 이들 계층은 북한에서 과학자 등 일부 탈북자를 제외한 대다수가 컴퓨터 이용경험 등 정보화 여건이 매우 취약하여 남한의 일반주민에 비해 많은 경보격차가 존재한다. 이들에 대한 정보화교육 지원은 남한에서의 안정적인 정착과 경제활동을 위하여 정보화 기초 및 실용교육 운영이 필요하다.

남한의 정보화 수준과는 달리 북한의 정보통신 분야는 현저히 낙후된 상황이다. 그럼에도 불구하고 북한은 지속적으로 IT산업의 발전, IT인력양성 및 일반주민의 정보화 확산에 노력하고 있지만 사회·경제적 여건의 악화 때문에 일반주민 정보화 추진에는 한계가 있다. 정보격차가 크면 독일의 통일과정에서처럼 막대한 사회적·경제적 통합비용이 소요될 뿐만 아니라 남북 주민 간의 심각한 양극화 문제로 다가올 것이므로 현 시점에서 북한의 정보화 수준향상을 위한 대응방안을 마련하고 단계적인 남북한 정보격차 해소사업의 추진을 적극 검토해야 할 것이다. 남북한 정보격차 해소를 위해서는 국내·외적인 공감대가 형성되어야 하며, 북한 내에서의 정보화

〈표 5-3〉 북한 이탈주민 국내입국자에 대한 정보화 교육 현황

구분	2002년	2003년	2004년	2005년	2006년	소계	비고
기초교육	58	1,103	1,919	1,616	1,828	6,524	하나원
실용교육	–	63	138	536	851	1,588	민간기관
합계	58	1,166	2,057	2,152	2,679	8,112	

※ 전문교육 자격증 취득 인원: 총 79명(2003년 컴퓨터활용능력 9명, 2004년 MOUS 40명, 2005년 MOUS 29명)

확산에 대한 북한당국의 의지가 필수적이므로 남북한 정보격차 해소를 위한 법·제도의 개선과 및 남북한 당국 간의 합의가 필요하다고 할 것이다.

6) 남북 IT교류협력 추진상의 애로사항 개선

남북 IT협력사업의 원활한 추진을 위해서는 북한으로의 IT설비반출이나 기술이전이 필수적이지만 현재 북한의 국제적 지위(테러지원국 지정)로 인하여 『바세나르협약』과 『미국수출관리규정(EAR: Export Administration Regulations)』상의 규제대상국으로 지정되어 남북 IT협력사업을 추진하는 데 커다란 제약요인이 되고 있다. 따라서 북핵문제와 관련된 6자회담이 타결된다면 국제사회의 북한에 대한 제재조치 및 물자반출입의 규제로부터 어느 정도 자유로워지는 시기가 도래할 것이다.

바세나르협약(WA: Wassenaar Arrangement)은 상용무기, 이중 용도 품목 및 기술의 불법축적 방지를 목적으로 분쟁 가능성이 있는 지역으로의 이전을 제한하는 것으로 회원국은 국내 입법을 통해 이러한 품목의 이전이 바세나르체제의 취지에 반하지 않도록 법적인 보장장치를 구축·운영하는 바, 우리나라도 산자부의 「대외무역법」에 따른 「전략물자기술수출입통합공고」('93년 제정)를 통하여 바세나르협약을 반영하고 있다.

미국수출관리규정(EAR)은 미국에 위협요소로 작용하는 대량살상무기 확산방지를 위한 통제와 일부 국가의 테러지원 및 군사력 제한을 위하여 제정·운용되는 바, 바세나르협약보다 규제의 정도가 매우 강하며, 이 규정을 위반하는 기업은 미국으로의 수출이 금지되는 등의 많은 불이익이 따른다. 수출관리규정(EAR)의 허가 조건에 따르면 "미국 성분이 10% 이상 포함된 제품을 쿠바, 이란, 시리아, 북한, 수단 등의 국가로 수출하는 경우"에 미국 상무부의 사전승인절차를 받도록 하고 있다. 따라서 남북 정보통신교류협력의 활성화를 위한 IT설비 및 기술의 북한 반출을 위해서는 미국 정부의 절대적인 협조가 필요하며, 이를 위해 외교부·통일부 등 관계부처와의 협의를 통하여 긴밀히 대처해야 한다. 2005년 11월 17일 우리나라에서는 최초로 미국 상무부로부터 EAR에 따른 개성공단 통신공급을 위한 통신장비 반출허가서를 발급받아 2005년 말에 개성공단 통신개통이 이루어진 바 있다.

7) 전망

국제적으로 개방화의 조류가 몰아치는 이때 유독 남북만이 단절 상태를 지속하는 것은 시대에 역행하는 처사이다. 특히 북한의 경우 인터넷 구축 등 문을 열어야만 경제성장에 도움이 되는 과학기술의 물결이 흘러 들어갈 수 있게 된다. 또한 그렇게 되면 남북한이 사이버 공간을 이용하여 더욱 활발한 교류와 협력을 할 수 있게 될 것이다.

향후 남북 통신교류가 남북한 기업 또는 주민 간 통신으로 확대되려면 남북 당국 간의 지속적인 대화를 통해 남북 간의 제반 분야 교류확대에 북한이 더 개방적인 입장을 취하는 것이 필수적이다. 특히 소프트웨어 사업은 북한 당국의 이 부문 육성 노력과 남한의 자본과 기술이 상당한 시너지 효과를 얻을 수 있을 것으로 전망되며, 현재 IT 하드웨어 산업은 컴퓨터, 컴퓨터 주변기기 등을 중심으로 협력사업이 진행 되고 있지만 향후 인쇄 회로기판(PCB), 반도체부품, 교환기, 광케이블 등 다양한 사 업이 추진될 것으로 전망된다.

제4절 북한의 IT산업 현황

1. 북한 IT산업 현황 조사

1) 북한의 사회경제적 상황과 IT산업

북한은 1999년을 이른바 '과학의 해'로 설정하면서 강성대국으로 진입하는 추동 력의 하나로 과학기술을 본격적으로 강조하기 시작했다. 북한이 광범위한 과학기술 의 분야 가운데 유독 정보산업에 주력하는 까닭은 IT산업에 집중 투자하여 성공한 인도, 아일랜드와 같은 국가의 선례에 영향을 받았을 것으로 추정된다. 더불어 당시 1990년 이후 연속 마이너스 성장에서 탈피해 어느 정도 경제적 기반을 확보한 것은 북한에게 더없이 귀중한 자산이었다. 그리하여 북한은 "21세기는 정보산업의 시 대"라는 캐치프레이즈를 내걸며 경제 회복과 부흥의 전략적 핵심으로 IT산업을 설 정하게 된다.

IT산업을 근간으로 한 북한 과학기술 추진의 목표는 인민경제의 현대화, 과학화 그리고 정보화로 집약할 수 있다. 이는 인민경제의 전 부문을 정보기술로 무장시키고 생산 공정 및 생산방법에 현대적인 최첨단 과학기술을 광범위하게 도입하는 것을 의미한다. 그러나 북한이 채택한 IT산업의 장기적 발전을 위해서는 최소한 이를 뒷받침할 만한 경제적, 기술적, 사회적 토대가 전제되어야만 한다. 무엇보다 중요한 점은 세계적인 정보통신 강국들과의 원활한 교류, 협력을 통한 기술 격차의 최소화이다. 한편 남한은 초고속통신망을 기반으로 한 정보화 인프라에 있어서 가장 선진적인 국가로 인정받고 있다.

이러한 우수한 기술력과 지리적 인접성 및 사회 문화적 동질성은 대북 협력의 긍정적 요소라 할 수 있다. 본 절에서는 최근 북한의 IT산업 현황을 반추하며 남북 IT협력 증진을 통한 향후 발전방안을 논할 것이다.

2) 북한의 IT정책 방향

북한의 IT산업 추진 정책에는 기술적 방식의 급진적 도약을 통해 국가경쟁력강화의 최우선 과제로 삼겠다는 김 위원장의 의지가 담겨 있다. 지난 2002년 신년공동사설에서는 "오늘 우리 앞에 중요한 과업으로 나선 정보기술과 정보산업을 최단기간 내에 높은 수준으로 올려 세워야 한다"라고 역설하였다. 덧붙여 IT산업을 인민경제에 있어 "더 이상 미룰 수 없는 절박한 과제"라고 언급하며 "현대적인 과학기술에 기초한 높은 수준의 자력갱생"을 추진하고 있다고 언급하였다. 한편 북한은 대서방 선진기술 및 자본도입을 추구하고 있다.

미국, 캐나다, 중국 등의 국가와의 기술협력 의지는 대외협력 사례를 통해 알 수 있다. 북 측은 남한을 상대로 한 정보화 교육이나 컴퓨터 지원 등을 통한 남북 IT교류에도 관심을 내비치고 있다. 북한의 IT정책이 우수 인력 확보를 선행한 소프트웨어 개발을 당면 목표로 설정하고 있는 바, 이를 위해 북한은 남한으로부터 가능한 많은 선진 장비를 도입하고 동시에 고수준의 인력교육을 받고자 하는 것이다. 이외에도 PC생산, 정보통신망 확충 등의 협력이 가시화되고 있다. 북한은 IT산업의 급속한 발전을 통해 경제일반의 도약을 지향하고 있다.

그러나 현실적인 측면에서 근본적인 체제 변화를 수반하지 않는다면 단기적인 경제 회생을 위한 전략 즉, 소수인력을 활용한 소프트웨어 개발 및 단순한 수출전략에 국한된 정책에 머물 수 있다.

3) 북한의 인터넷 부문의 현황

북한은 1990년대 초반부터 과학원, 노동당 중앙위 청사, 김일성종합대학, 김책공업종합대학, 조선컴퓨터센터 등을 중심으로 근거리 통신망(LAN)을 구축해 이를 연결한 네트워크 간 통신, 즉 인터넷을 사용하고 있다. 그러나 북한 당국은 인터넷을 체제 유지에 위협을 주는 요소로 판단하고 있어, 인터넷 접속은 정보수집과 연구개발 등을 목적으로 하는 특수 업무 종사자나 전문가 등으로 제한되어 있다.

북한의 인터넷 관련 인프라는 전국적으로 컴퓨터 통신망을 구축해 놓은 상태이며, 평양과 각 도간에는 광통신선이 설치되어 있다. 또한 북한 내부에서의 e-mail 송수신과 주요 기관의 홈페이지 활용이 가능하며, 내각, 성, 중앙기관, 공장, 기업소에서 지방에 이르기까지 컴퓨터망으로 연결되어 있다. 북한은 인터넷의 중요성을 인식하고 있고, 기술적으로도 인터넷을 수용하고 있지만 아직 정책적으로 일반에게 허용하지 않고 있다.

북한은 1999년 10월 10일 노동당 창당기념일을 기해 최초의 공식 인터넷 사이트인 '조선인포뱅크'를 개설하고, 2008년에는 '아리랑' 사이트를 개설하였다. 이후 인터넷을 적극적으로 활용하려는 의지를 보이고 있다. 북한에 대한 인터넷 사이트는 이념적인 사이트와 상업적인 사이트로 나눌 수 있는데 본 절에서는 상업적인 사이트만 다루기로 한다.

4) 북한 IT인력양성기관의 일반적 현황

북한이 IT산업을 강성대국으로 진입하기 위한 전략적 수단으로 설정한 바에 따라 국가적 차원에서 이에 대한 교육에 온 힘을 불어넣고 있다. 북한은 열악한 IT 환경에도 불구하고 주로 엘리트 중심의 전산 기술을 육성하고 있다. IT교육은 수재교육을 중심으로 교육이 증가하고 있으며 중등교육부터 본격적인 교육이 이루어지고 있다. 고등단계에서는 전문 연구인력 및 실무기술자를 양성하고 있다. 다음은 고등단계의 IT교육체계를 각각의 유형별, 기관별로 분류해 세부적 교육내용을 정리한 것이다. 북한은 전반적으로 정규교육을 통해 IT 전문 인력 양성과 기술개발에 집중하고 있다.

과학원과 조선콤퓨터쎈터, 평양정보센터 및 현재 KCC로 통합된 은별콤퓨터 기술연구소 등에서는 소프트웨어 산업을 담당하고 있다. 인민대학습당을 비롯한 각각의 부설 교육기관에서는 대중을 대상으로 한 컴퓨터 강좌가 늘어나고 있다.

2. 남북한 IT산업 교류 현황

1) 인터넷 부문의 교류협력

정보통신 인프라 관련 사업은 2001년 활발하게 진행되었고, 2005년 이산가족 화상상봉을 계기로 통신망 구축을 위한 남북 간 기술진의 공동 작업이 이루어졌다. 민간 차원의 정보 인프라 구축 사업으로는 2001년 한국통신, 기가링크, 비트 컴퓨터, 우암닷컴 등이 정보통신 인프라 구축을 위한 협력사업을 추진하였다.

2) 통신부문의 교류협력

유선전화의 경우 남북한이 직접 연결된 것은 2004년 12월이며, 현재 33개의 회선이 있으며 이 중 18개의 회선이 서울과 평양의 남북회담 지원용으로 설치되어 있다. 그리고 KEDO경수로 사업용에서 개성공단 관리위원회용에 이르기까지 남북 간 간접적인 전화연결회선수도 33개에 이르고 있다. 이동전화에 있어서는 2002년 6월 평양에서 개최되었던 남북통신회담에서 남북은 평양·남포 일원에서 CDMA방식의 이동전화서비스와 국제전화 관문국 고도화 사업을 공동 추진하기로 합의하였으나, 이후 서해교전으로 인해 사업 추진이 중단되고 CDMA기술의 대북 반출에 대해 미국이 부정적 입장을 보임에 따라 진전을 이루지 못하고 있는 상황이다.

3) 소프트웨어 부문의 교류협력

소프트웨어 부문에서의 교류협력은 남북 공동소프트웨어 개발 및 북한소프트웨어의 수입 등의 형태로 진행되고 있다. 일반적으로 SW부문의 교류협력은 중국이나 북한지역 내에서 아웃소싱 형태로 추진되고 있다.

남북 IT협력의 장점으로는 적은 투자비용으로 고부가가치를 창출할 수 있다는 점과 양질의 개발인력 활용, 안정적 기술 축적이 가능하다는 점이 손꼽히고 있다. 반면, 남북 간 정보통신망 미비, 전략 물자 통제, 북한 내 인프라 미비 등은 해결해야 할 과제로 남아 있다.

4) IT인력양성기관의 교류협력

북한 대학의 IT인력양성지원을 통해 장기적으로는 통일비용을 경감하고, 또 최근의 남북경색을 완화하는 데 기여한다면 이는 충분히 투자가치가 있는 일이다. 북한 교육정책은 노동당 중앙위원회의 과학교육부에서 총괄해 기획통제하고 있다. 또 정무원 산하의 교육위원회는 교육정책 집행과 교육행정을 수행하고 있다. 교육위원회 산하기관으로는 고등교육부와 보통교육부가 있으며, 시도에는 인민위원회 교육처가 각급 학교를 분장해 관리하고 있다.

북한의 교육시스템은 인민학교(4년), 고등중학교(6년), 대학교(4~7년)로 구분돼 있으며, 의무교육은 유치원(1년)을 포함해 고등중학교까지 11년으로 돼 있다. 북한에는 공장대학을 포함해 280여 대학에 약 30만 명의 대학생이 재학하고 있으며, 종합대학교는 김일성종합대학, 김책공업종합대학, 고려성균관대학 등이 있다. 일하면서 대학과정을 이수하는 공장대학·농장대학·어장대학은 야간대학이며, 이공계 단과대학으로는 평성과학원, 평양과기대 등이 있다. 즉, 대학은 전공분야별로 종합대학, 이공대학, 인문대학, 공산대학, 사범교원대학, 의학대학, 농수산대학, 공장농장어장대학, 예체능대학 등으로 구분된다. 북한의 대학은 대부분이 이공계며, 인문사회계의 대학은 매우 극소수이다. 이런 점에 비추어 북한에 대한 IT인력양성지원은 이공계대학에 집중돼야 한다.

북한 대학의 IT인력양성지원은 크게 IT 관련 표준 공동개발사업, IT 관련 교재 공동개발사업, 교수요원의 상호교환사업, IT 관련 학술대회 공동개최사업 등으로 구분할 수 있다. IT 관련 표준 공동개발사업으로 키보드(자판) 표준화, 컴퓨터용어 표준화 등을 부분적으로 추진한 바 있으나, 체계적으로 접근하지는 못한 것으로 판단되며, 이를 전 분야로 확대해 추진할 필요가 있다. IT 관련 교재 공동개발사업은 기초·기본·응용·고급 과목으로 구분, 남북이 공동개발해 공급하는 것이 좋을 것이다. IT 관련 학술대회 공동개최사업도 남과 북이 분기별로 상호교차 개최하는 방향으로, IT교류를 더욱 활발히 추진해야 하겠다. 김정일 위원장도 IT분야의 남북협력에는 매우 호의적이며 적극적으로 나서고 있다고 한다.

3. 북한의 방송분야 현황

1) 라디오방송

북한의 라디오방송으로는 중앙방송, 평양방송, 국제방송, 평양 FM, 각 도별 지방방송 등이 있다. 북한의 국내 라디오방송은 유선방송에 의존하며, 라디오 기기 보유는 9.2명당 1대로 알려져 있다.

북한에서 주민들에게 가장 큰 비중을 두는 분야 중의 하나가 방송이며 평양과 지방의 각 도·시 11개소에 유선방송국이 설치되어 있다. 북한의 모든 가정과 직장, 사무실에 유선방송 스피커를 설치했으며, 중앙방송 중계와 해당지역(도·시) 뉴스와 자체제작 프로그램을 방송하고 있다.

2) TV 방송

공중파 방송방식은 유럽의 PAL(Phase Alternation Line)방식이며, 중앙 TV, 만수대 TV, 개성 TV의 3가지 방송이 있다. 이 중 개성 TV는 남한과 같은 NTSC 방식이다. 유일한 전국방송인 중앙 TV 방송시간은 평일 오후 5시부터 저녁 11시까지, 일요일은 오전 10시~11시, 오후 3시~11시 30분까지 방송한다.

제5절 남북한 정보통신산업 교류협력 장애요인 해결 방안

1. 내부적 장애요인의 해결

1) 경색된 남북 관계의 화해 유도

지난 2년여 동안의 당국 간 대화단절, 개성공단의 출입제한 조치 등에 따른 긴장 고조, 금강산 및 개성 관광사업 중단, 중단거리 로켓 발사, 두 차례의 핵실험, 장거리 미사일(ICBM) 발사, 북한 경비정의 서해 북방한계선(NLL) 침범, 그리고 가장 최근에 이루어진 천안함 침몰 공격 및 연평도 포격 도발 등 많은 사건들이 발생했다. 이러한 사건들로 인한 남북한 간 경색관계는 양측의 긴장을 고조시키고 경제협력에 대한 대외 신인도를 추락시켜 국제사회에서 국가역량 저하를 가져올 수 있어 남북한 간 긴장 해소를 위한 외교적 노력이 우선되어야 한다.

2) 북한의 정보통신산업 활성화 유도

남북한 정보통신 교류협력은 정치체제에 대한 부담이 적고, 적은 비용으로 큰 파급 효과를 기대할 수 있어 현재의 위기극복을 위한 촉매제가 될 수 있다. 이를 위해서 그간 진행해오던 정보통신산업 협력을 한 단계 업그레이드할 수 있는 다음과 같은 전략들이 필요하다.

- 한국의 최첨단 정보통신기술과 북한의 고급 IT인력의 상호 교류
- 평양~서울~수도권을 연계한 정보통신 산업벨트 구축
- 평양의 3G 이동통신서비스 개통과 관련된 휴대폰 산업 등의 경협 추구
- 남북 정보통신산업 협력 스타기업 발굴·육성
- 시너지효과가 큰 분야를 중심으로 정책적 지원·교류협력 성공 모델 확산

IT산업 육성을 통해 선진국 대열로 진입한 인도나 아일랜드의 경우 적극적인 국제개방 노력이 최우선 정책이었다. 그러나 폐쇄적 국가인 북한에게 같은 발전모델을 적용하기에는 다소 어려움이 있다. 북한은 자본주의와의 거래를 부정적으로 간주하며 사회주의의 포기라는 마인드를 가지고 있기 때문이다. 1990년대 후반부터 과학기술 중시 정책으로서 대외협력 확대와 특히 2002년 경제관리 개선조치에서의 실리추구 노선으로의 변화는 '개방'이라는 국제적 패러다임을 공감하는 것처럼 보여 다소 기대를 갖게 했다. 그렇지만 남북한 정보통신산업 교류협력이 정착되기 위해서는 급속한 기술변화 및 시장에서의 수요대처 능력이 요구된다. 따라서 북한으로 하여금 경제협력 증진을 통해 개방과 변화를 유도하는 다자간 노력이 무엇보다 절실하다 하겠다.

3) 관련 정보의 부족 및 접근 통제 규정의 보완

남북한 정보통신산업의 교류협력 추진을 위해서는 북한 정보통신산업의 현황과 기술 수준, 우선 협력 가능한 세부 기술 분야 및 관련 전문가그룹과의 접촉 절차 등 북한의 내부 상황에 대한 이해가 선행되어야 한다. 현재는 북한 내부의 기본적인 표준 정보조차 알기 어려울 뿐만 아니라, 북한 측이 자국의 기술과 정보를 먼저 남측에 제공·교류하지 않는다는 것이다. 아울러 정보교류나 기술통합 등을 추진한다 하더라도 당국자 간 정상적인 절차를 통해 처리되는 것은 기대하기 힘든 상황이다. 이러한 점에서 북한과의 과학기술 및 정보통신산업 전반에 대한 민간 차원의 정보교류가 지속·확대되어야 한다.

2. 외부적 장애 요인의 해결

1) 국제 규정상의 장애 요인 해결

정보통신산업 교류협력 사업을 추진함에 있어 외부적 장애 요인 중의 하나는「바세나르협약」에서 규정하고 있는「전략물자통제제도」이다. 사업 추진에 필요한 물품의 대북 반출에 대해서 분쟁 우려 품목의 수출을 제한하는 이 협약에 근거하여 국내 규제가 가해지고 있는 것이다.

예를 들면, 용도의 투명성이 확보되지 않은 486급 이상 컴퓨터의 대북 반출을 금지하는 것도 바로 이 같은 규제 때문이다. 이러한 국제 규제는 정보통신산업 교류협력 사업 추진에 직접적인 장애요인이 되고 있어 국가 간 협의를 통해 산업발전 및 민간교류 차원에서 이를 대폭 완화하거나 규정을 수정·보완할 필요가 있다.

2) 미국의 개입에 따른 장애 요인 해결

정보통신산업 교류협력에 필요한 대북 물품 반출 시 적용되는「미국의 수출입관리규정(EAR)」도 외부적 장애요인 중의 하나이다. 국내 정보통신 관련 제품은 대미 의존도가 높기 때문에 교류협력을 추진하는 한국 기업 입장에서 EAR의 위반은 곧 대미 수출 타격으로 이어질 수 있다. 정부는 미국을 설득하기 위한 외교적 노력과 제3국의 설비 및 기술을 활용하는 방안 등을 강구하고 있으나, 무엇보다 먼저 대북 반출·입 물품에 관한 국내 규정부터 완화할 필요가 있다. 즉 북한 내에서 군수물자로 활용되지 못하도록 정부 차원의 협정이 이루어진 물품은 자유로운 유통이 될 수 있도록 위해 국내 규정을 보완할 필요가 있다.

3) 남북한 정보통신산업 교류협력 전략

정보통신산업 분야는 남북 경제교류의 시발점이 될 수 있으며, 나아가 통일 한국을 앞당기는 데 실질적으로 기여할 수 있는 분야이다. 이처럼 정보통신산업 분야는 남북한 공동이익을 추구할 수 있는 유망한 분야이나, 북한의 기술수준이 너무나 낙후되어 있어 남한의 최첨단 정보통신 인프라를 조건 없이 제공하여 기술격차를 줄이는 것이 선행되어야 한다. 특히 정보통신산업 분야 국가기술규격 및 표준 통합은 실제적인 교류협력 확대에 견인차 역할을 할 것이므로 향후 민간 차원의 통합기반을 마련할 수 있는 적극적인 노력이 필요하다. 북한과의 정보통신산업 교류는 정치·사회적 이념을 넘어 공감대가 형성되기까지 많은 어려움이 산적해 있다. 대내외적으로 여건이 어려울 때는 무엇보다 먼저 양국 간 신뢰구축을 위해 정보통신산업 전후방을 통한 다각적인 접촉 및 정책적인 접근이 필요하다. 아울러 북한의 태도변화에 유연하게 대처하면서 인내심을 갖고 중·장기적으로 지속적인 노력이 필요하다 하겠다.

제6장

방송·통신 융합정책의 동향

제1절 방송·통신정책 동향

1. 개요

방송과 통신이 엄격히 구별되어 성장해오던 기존 산업 영역은 디지털 기술과 네트워크의 고도화 등 정보통신기술의 급속한 발전으로 방송과 통신의 융합을 가속화시키고 있으며, 미디어의 경계가 허물어지는 "디지털 융합"으로 빠르게 진전되고 있다.

인터넷 전화, IPTV와 같은 융합서비스 등 다양한 신규서비스가 등장함에 따라 방송통신 분야를 재정립할 새로운 법 규제와 융합 환경에 적극 대처하기 위한 전문적인 조직체계가 필요한 상황이 되었다.

이명박 정부가 들어서면서 이러한 산업 환경과 정책의 니즈(Needs)를 반영하고 지금까지 분리되었던 방송(방송위원회)과 통신(정보통신부) 분야의 정부기구를 방송통신위원회로 통합하여 발족하게 되었다. 본 장에서는 방송통신 분야의 글로벌 경쟁력 강화를 위해 진행되고 있는 방통 융합의 현주소를 살펴보는 한편, 향후 정책 현황을 미리 가늠해보고자 한다.

2. 방송과 통신의 융합

디지털 기술의 발전, 전송망 고도화 등 정보통신기술의 급속한 발전은 방송과 통신의 융합을 가속화하여 산업 간 경계가 불분명해지고 있다.

〈그림 6-1〉 방송통신 패러다임의 변화

Analog 시대의 방송/통신		디지털화 광대역화 개 인 화	10101010010 Digital 시대의 방송/통신
방송	통신		방송·통신
지상파TV(영상정보)	유성전화(음성정보)	대표 서비스	IPTV 등 융합서비스(영상, 음성, 데이터)
일반적 내용 편성	통화 단순 매개	특징	이용자 주도의 내용 선택 및 양방향성
사회문화적 독점 규제	경제적 독점 규제	규제 내용	공정경쟁 및 이용자 보호
방송위원회	정보통신부	규제 기구	방송통신위원회

과거에는 방송과 통신 각각 '콘텐츠 → 서비스 → 네트워크'의 가치사슬이 존재했으나 융합서비스의 출현으로 기존의 이원화된 규제 체계의 실효성이 부족하여 새로운 규제 체계가 필요하게 되었다. 해외 주요국들은 방송과 통신의 융합추세에 맞추어 정책 및 규제기관을 정비하고 있으며 그 현황은 다음과 같다.

디지털화에 따른 방송과 통신의 융합에 대응하기 위해 해외 주요국들은 방송통신 환경 변화와 방송 관련 시장의 확대, 방송통신 융합산업의 등장과 관련한 정책적 대응에 있어 규제완화 및 경쟁 활성화를 중요한 정책 목표로 삼고, 수평적 규제체계

〈표 6-1〉 주요국의 방송통신 융합정책과 규제기관 유형

유형별 분류		국가	구분	정책 기관	규제 기관
정책 기관 및 규제 기관 통합 여부	방송기능 및 통신기능 통합 여부				
분리	• 정책기관: 분리 • 규제기관: 통합	영국	방송	문화미디어체육부	Ofcom (BBC: BBC 경영위원회(Trust))
			통신	통상산업부	
		캐나다	방송	문화부	CRTC
			통신	산업부	
	분리	프랑스	방송	문화통신부	CSA
			통신	경제재정산업부	ARCEP
		독일	방송	州 수상회의	공영방송: 방송평의회 민영방송: 州 미디어 관리청
			통신	연방경제노동성	연방통신우정청
	통합	이탈리아	방송	정보통신부	통신규제청
			통신		
		호주	방송	통신정보기술 문화부	통신방송청
			통신		
통합	통합	미국	방송	연방통신위원회	
			통신		
		일본	방송	총무성	
			통신		

의 확립을 통해 이를 실현하고자 하고 있다.

우리나라의 경우 2001년 지상파 디지털 방송이 개시되고 CATV의 디지털 전환이 추진되는 등 방송의 디지털화가 본격적으로 진행되고 있다. 또한 2005년 위성 DMB 및 지상파 DMB의 상용화, 그리고 2006년 TV포털을 포함한 다양한 인터넷 미디어와 UCC로 대표되는 콘텐츠 등의 출현으로 방송통신 융합과 관련된 기술과 서비스 그리고 규제를 둘러싼 환경이 급속도로 변화하고 있다.

이러한 환경 변화에 대한 우리나라의 정책대응은 규제기관, 규제대상 그리고 관련 법제도 정비 측면에서 살펴볼 수 있다. 규제기관 측면에서는 2008년 구(舊)방송위원회와 구(舊)정보통신부가 방송통신위원회로 통합되면서 이원화된 규제기관으로 인한 문제점은 해소되었다.

그러나 규제대상 측면에 있어 방송통신 융합에 따라 네트워크, 서비스, 콘텐츠, 기기산업의 상호 연계성이 점차 증대되는 것에 비하여 규제대상이 방송통신위원회, 지식경제부와 문화체육관광부로 여전히 분리되어 있어 정부 부처 간 영역구분에 따른 마찰과 사업자들의 행정절차 중복에 따른 불편함 증대 등과 같은 문제는 여전히 남아 있는 상황이다.

3. 방송통신의 역할

방송통신 융합은 비록 기술발전과 이에 대한 산업계의 대응에서 시작되었지만 이용자가 정보와 콘텐츠를 생산하고 유통, 소비하는 전 과정에 새로운 방식과 가치를 부여하는 경제, 사회, 문화적 의미를 갖는 현상으로 이해되고 있다.

방송통신 융합이 고양하고 추구하는 가치를 정리하자면 자유, 참여, 다양성, 그리고 창의성으로 결론내릴 수 있을 것이다.

자유는 언론과 표현의 자유는 물론 소비자로서 개인이 선택할 수 있는 방송통신서비스의 이용조건(언제, 어디서, 누구와, 어떻게, 왜)을 커뮤니케이션 주체인 '나'의 주관과 의지하에 결정할 수 있게 되는 것을 의미한다. 참여는 이용자가 때로는 방송통신서비스의 생산자, 유통자, 또는 집단지성으로 융합서비스의 가치사슬에 참여함을 의미함과 동시에 시민의 일원으로 정치, 사회, 지역 등 다양한 여건에 관여할 수 있는 기회를 확대함을 의미한다.

다양성은 융합으로 인해 플랫폼과 콘텐츠 간의 수직적 결합구조가 경쟁의 심화와 소비자의 선택권 강화에 의해 와해됨으로 인해 강화된다. 시공을 초월하는 동시적 혹은 비동시적 정보접근이 가능하고 비교적 저렴한 비용으로 개인 간의 의견교환뿐 아니라 네트워크를 통한 집단적 의사소통도 가능하게 되기 때문이다.

창의성은 융합에 의한 미디어산업의 가치사슬 변화와 혁신창출을 넘어, 새로운

<표 6-2> 방송통신 융합 가치의 정치, 경제, 사회, 문화적 파생 가치

구분	자유	참여	다양성	창의성	각 영역의 미래 비전 혹은 트렌드
정치		- 가치 및 선호 지향적 참여	- 다원적 다양성 - 분화된 다양성	- 매개적 창의성 - 협력적 창의성	- 공중의 다중화 (담론, 이슈, 감성) - 소비자-시민의 융합
경제	- 소비자 선택의 자유			- 창의적 기술 개발 - 기존산업의 고도화와 신산업 기회	- 방송통신 융합산업의 발전 or 현상 유지
사회	- 시공간 조직의 자유	- 영상에 의한 감정적 융해의 사회관계			- 의식의 자유로움 - 접속을 통한 다원적 가치의 포용
문화	- 콘텐츠 자기 결정권 - 미디어 이주권	- 참여를 통한 수용자의 권한 강화	- 롱테일 다양성		- 라이프스타일 미디어의 등장

혁신이 생성되는 메커니즘이 기존의 조직 내적 모델에서 개방과 집단지성, 그리고 동등계층생산 등 개인과 집단의 창의성을 기반으로 하는 모델로 변화함을 의미한다.

방송통신은 대부분의 국민들이 경제·사회·문화 등 다방면에 걸쳐 일상적으로 이용하는 중요한 서비스이다.

또한, 타 분야의 효율성을 높이고 창의적 혁신을 지원하는 등 국가 전반적인 발전을 선도하는 인프라로 커다란 역할을 담당하고 있으며, 이러한 사회·경제적 효과가 큰 방송통신의 인프라적 특성을 활용하여 경제위기를 극복하고 글로벌 경쟁력을 가진 산업으로 적극 육성해야 할 것이다.

제2절 정부의 방통 융합 주요 성과

1. 디지털 융합의 확산과 촉진

■ 방송·통신 융합 시대의 제도적 기반 조성: 디지털 기술과 네트워크의 고도화에 따른 방송통신 융합 환경은 급속히 도래되었으며 이에 대한 일원화된 정부조직 및 법·규제의 필요성 등 환경변화에 대한 적극적인 대응을 위해 2008년 3월 방송통신위원회가 출범[1]하여 총 56차례의 회의를 개최하여 326건의 안건을 심의함으로써 합의제 행정기관으로 빠르게 정착해 나가고 있다.

■ 방송·통신 융합 서비스 활성화: IPTV는 초고속 인터넷망을 이용하여 실시간 방송 프로그램을 포함한 양방향 멀티미디어 콘텐츠를 복합적으로 제공하는 대표적인 방송통신 융합서비스로 수년간의 논란 끝에 "인터넷 멀티미디어 방송 사업법"이 제정되어 2008년 4월부터 시행, 방송콘텐츠 활성화 기반을 마련하게 되었다.

■ 방송의 디지털 전환 촉진: 방송의 디지털 전환은 아날로그 TV 방송을 종료하고 방송 프로그램의 제작·송신 등 전 과정을 디지털 방식으로만 방송[2]하는 것을 의미하는 것으로 고화질·고음질 등 고품질 방송 서비스를 통해 시청자의 복지가 향상되고 방송 기기 등 관련 산업이 활성화될 수 있도록 한다.

■ 방송·통신 서비스 해외진출 지원: 방송통신 전략품목(WiBro, IPTV, DMB 등)을 선정하여 정부의 적극적인 지원을 통해 국내외 산업 경쟁력을 강화시키는 한편,

---

1) 방송통신위원회 출범 경위: 1998년 방송개혁위원회를 시작으로 2006년 방송통신융합추진위원회를 거쳐 2007년 국회 특위에 이르기까지 다양한 논의가 전개되어 왔으며, 2008년 2월 26일 "방송통신위원회의 설립 및 운영에 관한 법률(안)"이 국회 본회의를 통과하여 2008년 3월 26일 방송통신위원회가 공식 출범(최시중 위원장, 송도균 부위원장, 이경자, 이병기, 형태근 상임위원).

2) 우리나라의 경우 2001년 10월 수도권에서 지상파 디지털 방송을 개시한 후 2006년 7월부터 전국 방송을 실시 중이며 2012년까지 아날로그 방송을 종료하고 디지털 전환이 완료될 수 있도록 적극적인 홍보와 계도가 이뤄질 예정이다.

방송콘텐츠의 쇼 케이스 등을 통해서도 국내 방송콘텐츠의 해외 판로를 개척하는 등 시장을 점차적으로 확대해 나가고 있다.

2. 글로벌 경쟁력을 갖춘 선진방송 정착

■방송시장의 경쟁력 제고: 현행 방송법에는 방송시장의 소유·겸영이 제한되었으나, 최근 법 개정을 통해 규제를 개선하여 다수의 기업들이 방송사업에 대한 자유로운 투자활동을 할 수 있도록 하였다. 또한 방송시장의 공정경쟁 환경을 조성하여 제작자와 사업자 간의 투명한 계약이 이뤄질 수 있도록 하였다.

■방송의 공적 책임 강화: 유료방송의 공익성 제고 차원에서 2009년도 공익성 채널을 선정[3]하였으며, 향후 선정된 공익채널을 대상으로 운영계획 대비 실적을 점검하여 실효성을 확보할 예정이다.

■방송의 다양성 확대: 가용 주파수를 활용, 국제화 시대에 영어의 수요를 감안하여 영어FM 방송을 도입[4]하였으며, 지역방송의 경영악화 등 위기극복을 위해 지역방송 발전 중장기 계획을 수립하였다.

■규제완화를 통한 방송의 자율성 제고: 한국방송광고공사(KOBACO)에 의한 독점적 방송광고 판매제도를 개선하여 경쟁체계를 도입하였다. 또한 빠르게 변화하는 방송환경에 대응하고 방송의 자율성을 존중하기 위해 비효율적인 방송심의

---

3) 2009년도 부문별 공익채널 선정 결과(11개)
  - 시청자 참여·사회적 소수이익 대변(2): 복지 TV, 법률방송
  - 저출산·고령화 사회 대응(2): 육아방송, 실버 TV
  - 문화·예술 진흥(2): 아리랑 TV, 예당아트
  - 과학·기술 진흥(1): 사이언스 TV
  - 공교육 보완(2): EBS 플러스1, EBS 플러스2
  - 사회교육 지원(2): JEI English TV, JCBN
4) 수도권(2008년 7월 허가, 서울특별시), 부산권(2008년 12월 허가, 재단법인 부산영어방송재단), 광주권(2008년 10월 허가, 재단법인 광주영어방송재단).

제도를 개선하였다.

■ 방송 품질 제고 및 보편적 시청권 보장: 방송편성 의무비율 준수여부를 감독하고 효과적인 방송평가제 운영 및 보편적 시청권 보장제도를 시행하는 등 안정적이고 고품질 방송제공을 위해 다각적인 노력을 펴왔다.

3. 통신시장 경쟁 활성화

■ 이용자 편익 확대를 위한 제도 개선: 가계부담을 낮추기 위한 저소득층 통신요금 감면제도를 시행하고, 통신요금 인가제 개선을 추진하고 있다.

■ 통신시장 경쟁 촉진을 위한 규제완화 추진: 주파수 자원의 희소성으로 인해 기존 통신사업자의 설비와 서비스를 도매로 제공받아 서비스함으로써 효과적인 시장 경쟁 촉진과 인터넷 전화 번호 이동성 제도를 추진하여 이용자 편익 증대에 노력하고 있다.

〈표 6-3〉 기초생활수급자 및 차상위계층 이동전화 요금감면 확대 효과

○대상범위: 기초생활수급자 18세 미만, 65세 이상에서
　　　⇒ 기초생활수급자 전체와 차상위계층까지 확대
○감면방안: 현재 기초생활수급자에 대한 기본료와 통화료의 35% 감면에서
　　　⇒ 기본료 면제 및 통화료 50% 감면(유선전화 수준)
　　　차상위계층은 기본료 및 통화료 35% 감면(현재의 기초생활수급자 수준으로 감면)
※ 월 최대 감면액은 기초생활수급자 21,500원, 차상위계층 10,500원임
※ 예상 감면자 수=감면 대상자×이동전화보급률(90%)

구분	기초생활수급자			차상위계층		합계
감면 대상자 수	155만 명			270만 명		425만 명
예상 감면자 수	139만 명			243만 명		382만 명
요금감면 방법	가입비 면제	기본료 명제	통화료 50% 감면	가입비 면제	기본료, 통화료 35% 감면	–
예상 감면액(연간)	170억 원	2,160억 원	520억 원	310억 원	1,930억 원	최대 약 5,000억 원

■ 신규 통신서비스 활성화: 우리나라에서 개발되어 국제 특허를 획득한 WiBro(휴대인터넷)와 화상통신이 가능한 3G서비스를 활성화

■ 전파 자원의 효율적 이용 촉진: 한정된 주파수를 효율적으로 사용하기 위해 회수·재배치 계획을 수립하여 전파자원을 공평하고 체계적으로 사용할 수 있도록 하였다. 또한 2012년 디지털 전환 기반 마련을 위해 채널배치 계획을 수립하기도 하였다.

■ 시장친화적 전파이용 규제체계 정비: 주파수 경매제 도입과 주파수 이용권 명확화를 위한 전파법 개정, 무선국 운용 규제 완화, 방송통신기기 적합성 평가체계를 개선하였다.

4. 안전하고 건전한 방송통신 이용환경 조성

■ 인터넷의 안전성 및 신뢰성 제고: "인터넷 침해사고 대응센터(한국정보보호진흥원, 2003년 12월 설치)"를 통해 국내 인터넷상의 위협을 365일 상시 모니터링 체계를 구축하고, 인터넷 정보보호 종합대책을 수립하였다. 또한 깨끗하고 안전한 인터넷 이용질서를 확립하여 안전하고 편리하게 이용될 수 있도록 하였다.

■ 네트워크 고도화 및 이용 활성화: 원활한 방송통신 융합서비스 제공을 위해 IPTV, WiBro, HSDPA[5] 등의 품질기준을 마련하는 등 BCN 활성화 및 기가급 인터넷 서비스 제공을 위한 네트워크 고도화 전략을 수립하였다.

■ 공정경쟁 환경 조성 및 이용자 보호 강화: 통신서비스 이용자가 증가함에 따라 이용자 보호대책을 강화, 공정경쟁 확립을 위한 시장 감시 강화 등을 통해 신속하

---

5) HSDPA(High Speed Down-link Packet Access, 고속 하향 패킷 접속): SCDMArk 진화된 기술방식으로 고속이동(최대 시속 25km) 중에도 화상전화 등의 멀티미디어 서비스를 안정적으로 제공할 수 있는 이동통신 서비스.

고 효과적인 이용자 피해를 구제하기 위한 다양한 노력을 하고 있다.

■ 시청자 복지 증진 및 방송 접근기회 확대: 시청자 방송참여 프로그램 및 시청자 단체활동 지원 등 시청자 참여를 활성화하여 시청자 주권을 확립하고, 소외계층의 방송 접근기회를 확대하는 등 미디어 교육을 내실화하였다.

제3절 방통 융합 중점 추진 전략

방송통신위원회가 지난 2009년 초 대통령께 보고한 업무계획 중에 '경제위기 극복과 방송통신강국 구현을 위한 방송통신 10대 추진과제'의 보고 내용을 살펴보자.

2009년 당시 방송통신 분야의 최대 이슈는 미디어 융합의 촉진이었다. 다양한 매체 간 소유와 겸영을 허용해 신규 투자를 활성화시킨다는 것이 방송통신산업에 대한 정부의 정책 기조였기 때문이다.

통신 투자확대—IPTV 교육 활성화—통신비 절감을 위해 차세대 네트워크, 중계기, 콘텐츠 등을 중심으로 통신투자를 2009년 수준(6.64조 원) 이상인 6.88조 원으로 확대시키고 상반기 집중투자를 독려해 이 중 56%를 상반기 중에 집행하도록 유도한다는 계획이었다.

IMT-2000 주파수 추가 할당과 2011년 7월부터 사용 가능한 800MHz, 900MHz 대역의 우량 주파수를 2009년 말까지 앞당겨 사업자에게 할당해 기술개발과 망 구축 등 상용 서비스 준비를 위한 우선 설비투자를 유도한다는 것이다.

또한 IPTV를 활용해 사교육비 절감에 나설 예정이다. 일선 학교에 IPTV 교육서비스가 원활하게 제공될 수 있도록 학교망을 2Mbps에서 50Mbps로 확충하며, 유명 온오프라인 학원강의 활용 방안을 강구해 교과부와 IPTV용 교육콘텐츠 개발 지원을 확대한다는 방침이다.

특히 2008년 공언했던 서민생활 안정화를 위한 통신비 절감 방안을 지속적으로 추진한다. 2009년 3월부터 통신 결합상품의 할인율을 20%에서 30%로 확대하고, 같은 해 6월부터는 요금인하 시 신고제를 적용하는 등 방송통신 요금 인하를 유도한다는 계획이었다.

구체적으로 2009년 방송통신 10대 추진과제를 살펴보면 다음과 같다.

① 미디어 규제 개혁

미디어 산업의 경쟁력 강화를 목표로 다양한 매체 간 소유와 겸영을 허용함으로써 미디어 간 융합을 촉진시킨다는 방침이다. 현행 방송법은 신문의 지상파/보도와 종합편성 PP에 대한 진입을 금지시키고 있다. 방통위는 위성방송에 대한 대기업(현행 49%) 및 외국자본 지분제한(현행 33%)을 완화하고 SO 및 위성방송에 대한 일간신문, 뉴스통신 지분제한(현행 33%)을 완화한다. 또한 누적적자에 시달리고 있는 DMB사업자 경영여건 개선을 위해 비지상파 DMB에 대한 1인지분제한(현행 30%), 대기업 지분제한(현행금지)을 완화한다.

② 디지털 미디어 활성화

방송의 디지털 전환투자를 적극 유도해간다. 디지털 방송장비 관세감면을 연장(2008 → 2010)하고 장기저리 융자확대 검토, 디지털케이블TV 셋톱박스 개발 및 보급을 확대한다는 방침이다.

또한 IPTV 기반 생활 토대를 조성하기 위해 2009년 말까지 200만 가입자 확보를 위해 홍보하며, 결합상품(IPTV+기타) 등을 통한 요금할인 확대를 유도한다. 방송장비의 디지털화 및 HD 프로그램 제작 등을 통해 '09년 7,500억 원을 조기에 투자한다. 아날로그 TV 방송 종료방안 등 디지털 전환을 위한 시나리오도 '09년 하반기에 마련한다.

③ 방송통신 콘텐츠 경쟁력 강화

콘텐츠가 제값을 받을 수 있도록 저작권 보호를 강화하며 제작 및 유통기반을 조성한다. 이를 위해 방통위는 제작 및 가공 유통을 위한 클러스터 건립계획을 상반기 중에 마련하고 중소기업 지원을 위해 온라인 기반 콘텐츠 마켓을 내년 6월경에 구축한다.

④ 네트워크 등 투자 확대

통신사업자 투자 확대를 통해 경제위기로 인한 투자위축 우려를 불식시키기 위한 과제이다. 2009년 IT분야 투자가 24.5% 축소될 것으로 전망되는 가운데 방송통신

분야에서 2008년 수준보다 높은 6.88조 원을 투자함으로써 9,000여 중소협력업체의 도산 방지에 나선다. 특히 상반기 투자집행률을 2008년 40%에서 56%로 결정하였다. 또 차세대 네트워크 및 중계기, 콘텐츠 분야를 중심으로 투자 확대를 유도하게 된다.

⑤ 전파자원의 생산적 활용

2009년 하반기에 이동통신 주파수를 할당한다. 2009년 2,400만 명으로 예상되는 3세대 이동통신 가입자 증가에 대비해 2.1GHz 대역의 잔여 주파수를 추가 할당한다. 또 800 및 900MHz 저대역 중 일부를 회수해 후발 및 신규 사업자에게 재배치한다. 이외에도 원격진료나 스쿨존 차량의 속도 자동조절, TV와 셋톱박스 간 무선영상전송 등 창의적인 전파 이용을 확대한다.

⑥ 방송통신 해외진출 지원

국내 방송통신의 해외진출도 적극 지원한다. WiBro 및 DMB, IPTV, 한류 콘텐츠를 수출전략품목으로 육성하고, 20여 개 해외진출 거점 국가를 선전해 적극 지원한다. 특히 중국과 일본 등에 편중된 수출지역을 중동과 중남미, 중앙아시아 등으로 다변화하며 해외 마케팅도 강화한다.

⑦ 통신사업자의 중소 협력업체 상생협력 확대

유동성 확보를 위해 현금결제를 강화하고 금융권과 연계한 대출지원, 중소 콘텐츠업체를 지원하고 모바일콘텐츠 직거래 장터도 구축한다.

⑧ 방송의 공익성 강화

사회통합을 촉진하는 방송의 공익기능을 최대화한다. 이에 따라 지상파 방송사를 중심으로 한 방송매체는 경제위기 극복을 2009년 핵심 방송지표로 설정하고 캠페인, 토론회 등 위기극복 노력을 펼치도록 유도하였다. 2009년 상반기 중에 경제활성화 관련 방송프로그램 제작비를 지원할 계획이다.

⑨ 소통의 장, 인터넷의 신뢰성 제고

인터넷의 신뢰성 제고도 당면과제이다. 선플달기 등 건전한 인터넷 문화 확산에 앞장서고, 악성댓글 등 익명성에 의한 역기능 방지를 위해 본인확인제 대상을 확대한다. 또한 불법정보 모니터링 등 사업자의 관리책임도 강화한다.

⑩ 서민생활 안정 지원

마지막으로, 서민생활을 지원키 위해 방송통신 요금 부담을 경감시킨다. 결합상품 할인율을 20%에서 30%로 확대하고 저소득층 이동통신 요금감면제도를 활성화한다. 아울러 일선학교에 IPTV 교육서비스가 원활히 제공되도록 학교 인터넷망을 50Mbps급으로 '09년부터 '11년까지 매년 3천 개 학교에 설치한다. 또한 대도시에서만 이용하던 우수 교육콘텐츠를 도서 산간지역에서도 활용할 수 있도록 하며 IPTV용 교육콘텐츠가 조기에 개발 보급되도록 할 방침이다.

제4절 방송통신 융합정책의 동향

1. 방송통신 융합의 현황

1) 방송통신 융합

20세기 후반에 있어 디지털 혁명이라 일컬어지는 정보통신 테크놀로지의 비약적인 발전은 문자, 음성, 영상 등 모든 형태의 정보를 0과 1의 디지털 데이터로 변화시킴으로써, 정보가 생산, 유통, 소비되는 방식을 말 그대로 혁명적으로 변화시키고 있다. 디지털화된 정보는 원래 정보의 내용이나 형식에 관계없이 이진법의 숫자로 표현된 동일한 형태의 신호체계를 가짐으로써 정보의 변형, 저장, 복제가 용이해지게 되었다.

이는 궁극적으로 특정 형태의 정보나 서비스는 특정 네트워크나 매체를 통해서만 전달될 수 있었던 기존의 수직적 혹은은 대응적 관계나 장벽을 무너뜨리면서 매체 간 또는 산업 간 융합의 시대, 즉 디지털 컨버전스의 시대를 견인하고 있다. 통신과 방송의 융합은 바로 이러한 디지털 컨버전스의 핵심에 자리하고 있다.

2. 방송통신 융합에 따른 환경의 변화

1) 기술환경의 변화

융합을 일으키고 가속화하는 요인들 가운데 먼저 기술의 발전을 꼽을 수 있다. 디지털 기술의 발달로 인한 정보 생산양식의 변화, 네트워크 고도화에 따른 정보전송 속도의 향상, 압축 기술과 저장기술의 발전에 따른 대용량 정보의 효율적 전달, 그리고 무선 기술의 발전에 따른 활용도와 효율성 증가 등은 이러한 기술발전의 핵심적 요인들이다.

특히 통신망의 광대역화와 패킷전송기술의 발달로 과거에는 통신망을 통해 전송이 불가능하였던 영상정보와 같은 대용량을 가진 정보의 전송이 가능해지고 있고 방송망을 통한 양방향 서비스가 가능해지면서 일방향 전송매체로서의 방송서비스에 통신의 성격을 가미한 신규 융합형 서비스의 출현도 가속화하고 있다. 나아가 통신망과 방송망은 광대역 통합망의 구축으로 음성, 데이터, 영상 등 모든 형태의 정보를 하나의 망을 통해 통합적으로 처리하는 것이 가능해졌다.

2) 시장환경의 변화

시장환경의 변화는 다시 통신과 방송시장의 구조적 재편과 신규 수익원 개발 필요성이라는 두 가지 측면으로 요약될 수 있다. 먼저 통신시장은 기존의 유선전화에서 이동전화와 초고속 인터넷 서비스로 무게중심이 이동하고 있으며, 방송시장 역시 과거의 지상파방송을 중심으로 한 무료 방송시장에서 케이블방송, 위성방송, 이동멀티미디어방송 등의 유료방송시장으로 점차 무게 중심이 변화하고 있다. 한편 테크놀로지의 발달로 인한 다양한 신규 서비스와 매체들의 시장 진입은 기존 사업자들과 신규 사업자들 간의 경쟁을 심화시키고 있으며, 이는 결국 신규 수익원으로서의 서비스 개발의 필요성을 증가시키고 있다.

3) 법·제도 환경의 변화

정보통신기술의 발전과 시장환경의 변화에 효율적으로 대처하기 위해 통신 및 방송시장 내에서 경쟁을 제약하는 규제조치들을 적극적으로 완화해야 한다는 인식의 확대를 의미한다. 21세기에 들어와서는 융합이 보다 진전되면서 새로운 융합 환경에 적합한 통신 및 방송시장의 규제제도 개편에 대한 필요성 또한 증가하고 있다.

특히 유럽연합과 OECD를 중심으로 시장진입 조건 완화, 독과점 방지, 공정경쟁 등 경쟁친화적 시장환경 조성을 위한 규제 프레임워크의 수립이 진행되고 있다.

또 다른 한편으로는 과거 통신과 방송산업을 각각 규제하여 왔던 규제이념 및 근거가 융합 환경의 도래로 실효성을 잃어감에 따라 양 규제 기구 간 통합을 이루어 융합 환경에 보다 신속하고 효율적으로 대처하려는 노력들도 증대되고 있다.

3. 방송통신 융합의 유형

1) 네트워크 융합

네트워크의 물리적 속성에 의해서 기존에는 유선망과 무선망, 음성망과 데이터망, 그리고 통신망과 방송망이 분명한 경계를 가지고 구분되어 왔던 것이 네트워크의 광대역화와 디지털화와 같은 기술진보에 의해서 그 구분이 모호해지고 있는 현상을 말한다. 즉, 과거에 서로 다른 물리적 네트워크를 통해서 제공되었던 개별 서비스들이 이제는 동일한 네트워크를 통해 제고되는 것이 가능해지는 현상을 네트워크 융합이라 한다.

특히 최근에는 통신망의 광대역화와 방송망의 디지털화로 인해 통신망을 통한 대용량의 방송콘텐츠, 방송망을 통한 양방향 통신서비스의 제공이 가능해지고 있다. 가령, 인터넷망을 통한 IPTV 제공이나 방송망인 케이블망에서의 초고속인터넷, 주문형 비디오(Vidos on Demand) 등의 양방향 서비스가 제공되는 등이 그 사례이다.

2) 서비스의 융합

융합의 초기 단계에서는 두 개 이상의 서비스를 단순 결합하여 제공하는 형태가 주류를 이룬다. 사례를 보면, 종합유선방송사업자(SO)들은 기존의 아날로그 케이블TV서비스에 디지털 프리미엄 서비스와 초고속인터넷 서비스를 결합한 패키지 상품을 2002년경부터 출시하고 있으며, 최근에는 전국단위의 인터넷 전화를 결합상품에 추가하고 있다.

융합이 진전되는 단계에서는 진보된 기술과 서비스의 고도화가 이루어짐으로써 보다 향상된 융합형 서비스가 등장하게 된다. 최근 융합형 신규 서비스로서 주목받고 있는 WiBro, IPTV 등이 서비스 융합의 대표적인 예이다. 통신방송 융합형 서비스인 IPTV는 통신망 기반인 IP망을 통해 다채널 방송서비스, VOD, 데이터방송, 인터넷 검색서비스, 홈쇼핑, 게임, 홈뱅킹 등의 다양한 양방향 부가서비스 등을 제공한다는 점에서 통신과 방송의 특성을 모두 가진 융합형 서비스라고 간주되고 있다.

3) 사업자의 융합

최근 정보통신기술의 발달로 인해 정보통신 관련산업이 국가기간산업으로 떠오르게 되면서 통신 및 방송산업의 국제경쟁력 제고는 국가 경제의 최우선 과제가 되고 있다. 특히 이 같은 사업자 간의 융합은 1990년대 통신방송시장에서의 규제완화의 정체(停滯) 흐름에서 비롯되었으며 특히 1996년 미국의 통신법개정은 이를 촉발시키는 계기를 제공하였다.

이는 통합된다는 의미를 넘어 과거의 정보형태에 따른 수직적 가치사슬에서 근거한 산업구조에서 인프라, 콘텐츠, 서비스, 플랫폼, 단말기 등 새로운 가치사슬 단계에 따라 수평적으로 재배치되는 산업구조로의 변모를 의미하는 것이다.

4. 방송통신 융합 주요 이슈 및 최근 동향

1) WiBro 도입

WiBro는 정부가 주파수 3개를 허가했으나 1개 주파수는 반납되는 등 국책사업임

〈그림 6-2〉 와이브로 경제적 파급 효과

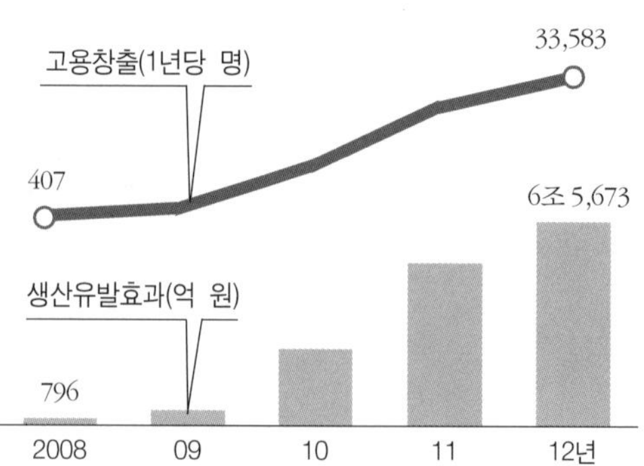

자료: 방송통신위원회

에도 고전을 면치 못했으며, 2006년 6월 상용서비스가 도입된 후, 아직까지는 제한적인 서비스 커버리지 환경 문제로 인행 본격적인 시장 활성화를 이끌고 있지는 못한 상황이다.

그러나 최근 전국 주요도시까지 단계적으로 서비스 커버리지 구축이 이루어지고 있으며 기술적으로도 점차 안정화되고, 보다 나은 기술을 개발, 도입할 것으로 예상됨에 따라 머지않아 WiBro를 이용한 무선 초고속 인터넷 접속 시장의 성장도 기대해 볼 만하다.

2) IPTV

IPTV는 Internet Protocol Television의 약자로 Wikipedia의 정의에 따르면 IPTV란 광대역 접속을 포함한 네트워크 인프라에서 인터넷 프로토콜을 사용하여 디지털 TV 서비스가 전달되는 시스템이다.

<표 6-4> 각국 IPTV 서비스 현황

국가	사업자	IPTV 서비스명	제공서비스	가입자수
프랑스	Free Telecom	Free	HD/SD 실시간, VoD, 미디어센터, WiFi/GSM 모바일폰	1,260,000 (2006년 6월 말)
	France	Orange TV	실시간 TV, VoD, 미디어센터, WiFi/GSM 모바일폰	306,000 (2006년 6월 말)
벨기에	Belgacom	Belgacom TV	실시간 TV, VoD	73,000 (2006년 말)
스페인	Telefonica	Imagenio	실시간 TV, VoD	300,000 (2006년 10월)
이탈리아	FastWeb	FastWeb	HD/SD 실시간 TV, VoD, 미디어센터	191,000 (2006년 5월 말)
	Telecom Italia	Alice Home TV	실시간 TV, VoD, 미디어센터	2005년 12월 상용화
미국	AT&T	U-Verse TV	실시간 TV, VoD	3,000 (2006년 10월)
	SureWest	Digital TV	HD/SD 실시간 TV, VoD	67,000

※ 자료: OECD, 2006.11.21

2007년 12월 국회에서 인터넷멀티미디어방송법의 통과로 법적인 근거가 마련되었으며, 또한 2008년에는 정보통신융합 관련 정책을 추진함으로써 IPTV 산업활성화를 위한 기반이 마련된 셈이다. 최근에는 채널을 포함한 Full IPTV 서비스가 국내에서 최초로 출현할 것으로 예상된다. 국내 IPTV 시장은 2010년에 400만 가입자 규모로 증가할 것이라고 전망하기도 했었다.

5. 방송통신 융합 발전을 위한 정책 방향 및 향후 방향

1) 방송통신 융합정책 방향

다음의 표와 같이 시장, 기술, 기업의 융합에 따른 발전 로드맵을 제시하고 있으며 기술혁신의 가속화와 시장, 경제의 활성화, 기업의 새로운 서비스를 창출하는 정책들이 적용되고 있다.

〈표 6-5〉 u-Korea 기본계획 추진 2단계

u-Korea 구축단계 '06~'10	u-korea 정착단계 '11~'15
국가경쟁력 15위권 진입 국민소득 2만 2천 달러 달성 국민 삶의 질 25위권 진입 u-유통물류, u-Healthcare 등 유비쿼터스 서비스 실시 u-산업 육성 및 시장 개척 BoN, USN 등 유비쿼터스 네트워크 완성	국가경쟁력 10위권 진입 국민소득 3만 달러 상회 국민 삶의 질 20위권 진입 사회 전분야로 유비쿼터스 확산 해외시장 비교 우위 확보 모든 사물에 칩 내장 IT와 BT, NT 융합 활성화

2) 방송통신 융합 시사점 및 향후 방향

(1) 경쟁친화적 시장환경 조성

융합이 중심이 되는 새로운 통신·방송 환경에서 새로운 시장기회를 적극적으로 활용할 수 있도록 신규사업자의 진입규제를 완화하고 기존 사업자와의 경쟁을 촉진시키는 것이 필수적이다. 즉, 사업자들은 새로운 서비스를 자발적이며 경쟁적으로 제공하면서 새로운 시장을 개척하여 이윤을 확보하고, 새로운 서비스를 소비자에게 제공하여 추가적 만족을 가져오도록 만들어야 할 것이다.

(2) 불공정거래 방지를 위한 공정경쟁제도 보완

새롭게 재편되는 통신·방송시장의 융합 환경하에서 규제정책의 목표는 규제완화를 통하여 관련 산업 내의 경쟁을 제고하고, 이를 통해 산업발전과 서비스를 활성화하자는 데 있다. 시장 내에서 사업자 간에 불공정경쟁행위가 우려되는 경우 이를 방지하는 공정경쟁제도는 보완하여야 한다.

(3) 향후 방향

지난 2008년 6월 30일에 IPTV법(인터넷멀티미디어방송사업법) 시행령을 최종 확정했다. 산업계의 오랜 염원인 법률적 기반이 마련된 것은 환영할 만한 일이나, 관련 산업계에서는 오래전부터 기술적, 사업적 기반을 갖추고 있었음에도 불구하고 4년 이상 법안마련이 지연되면서 국내외 시장에서의 선도적 위치를 위협받고 있는 상황에 놓여 있다. 따라서 디지털 융합 시대는 과거보다 변화의 속도가 매우 빠르므로 사회적 합의 도출과 함께 시의적절한 법·제도적 뒷받침이 중요하다는 점을 생각하게 된다.

결론적으로 방송과 통신이 구별되어 성장해오던 기존 산업이 기술의 발달과 환경변화에 따라 우리나라 정부에서는 국민에게 어떠한 대응전략을 발표하였는지 그리고 산업의 진흥을 위해 추진해 왔던 다양한 정책에 대해 알아보는 한편, 산업에서 느끼는 방송통신 융합의 실태를 점검해 보았다. 방송통신 융합정책이 신설된 방송통신위원회를 중심으로 유관부처와의 밀접한 협력을 통해 부처 이기주의 없이 원활히 추진되었으면 하는 바람과 다양한 R&D 정책이 보완되어 방통 융합 분야의 글로벌 경쟁력 강화에 큰 힘을 발휘했으면 한다.

제5절 외국의 방송통신 융합정책

1. 개요

디지털화 등장 이후 방송과 통신의 융합 현상에 맞추어 세계 각국은 공공성 개념을 재정립하는 추세이다. 새로운 기술의 등장으로 전통적 미디어가 갖고 있던 한계를 극복할 수 있을 것이라는 낙관론적 시각과 함께 기존의 불균형적 권력구조를 지속 혹은 확대시킬 것이라는 비판적 시각이 존재한다. 그러나 무엇보다도 방송과 통신의 융합이 가져오는 새로운 미디어는 공론장의 역할이라는 측면에서 긍정적으로 작용할 가능성이 많다.

방송에 있어 공공성의 논리는 80년대 이후 미국을 중심으로 가속화된 탈규제 정책에 따라 일정하게 후퇴하였다. 각국의 공공성과 관련된 정책적 이념을 살펴보면 디지털화에 따른 방송, 통신산업의 시장환경 변화에도 불구하고, 방송과 통신의 이념적 가치인 공익성과 보편적 서비스 개념은 변화하지 않는다는 것을 알 수 있다. 즉 디지털 기술로 미디어 융합이 일반화된다고 해도 변할 수 없는 방송 규제의 목표는 '시청자 이익의 극대화'라고 할 수 있다.

일반적으로 미디어 환경에서 수용자 복지는 방송에서는 공익성으로, 통신에서는 보편적 서비스의 개념으로 표현된다. 따라서 방송, 통신 융합 환경에서 수용자 복지에 관한 논의는 방송의 공익성과 통신에서의 보편적 서비스 개념이 얼마나 보장되고 또한 확대될 수 있을지에 초점이 맞추어져야 할 것이다.

각국은 공통적으로 방송과 통신시장에서 사업자들의 경쟁을 장려하는 동시에 이러한 경쟁이 궁극적으로 서비스의 질을 높임으로써 공공의 이익에 기여하는 방향으로 정책목표를 설정하고 있으며, 이러한 정책적 목표에 걸맞은 규제기구의 개편을 서두르고 있다.

그러나 대부분의 국가에서 인터넷에 대한 공공성 개념이 아직 정립되지 않았으므로 이 글에서는 디지털화로 변화를 겪게 된 방송과 통신 부문의 공공성 관련정책을 살펴보고자 한다.

2. 미국: 시장 경쟁과 공익성과의 조화를 추구

전 FCC 위원장 리드 헌트(Reed Hundt)는 "환경이 변한다 해도 정책의 기본 목표가 변하는 것은 아니며, 이러한 목표를 달성하기 위한 수단과 방법이 변해야 한다"라고 주장하며 다음과 같이 방송, 통신정책의 기본 목표를 명시하였다. 첫째, 경쟁을 도모하고, 둘째 소비자를 보호하며, 셋째 모든 미국 시민들의 기존 및 새로운 텔레커뮤니케이션 서비스에 대한 접근이 축소되지 않도록 한다는 것이다.

다시 말해서, 시장경쟁을 통해 새로운 커뮤니케이션 서비스의 가격인하와 질적 향상을 꾀하고, 모든 국민들이 디지털화에 따른 커뮤니케이션 혁명의 산물을 누릴 수 있도록 하자는 것이다. 최근의 디지털 자문위원회의 보고서는 미국이 새로운 미디어정책의 핵심으로 시장경쟁과 공익성의 조화문제에 대해 고민한 결과 나온 것이라 할 수 있다.

1) 규제기구

현재 미국의 방송, 통신시장을 규제하는 기관은 FCC(Federal Communications Commission)이다. FCC는 단일 독립규제위원회 형으로 독립적인 정부기관이며, 전화, 라디오, 텔레비전, 위성, 케이블을 통한 미국 국내 및 국제 커뮤니케이션 등 방송, 통신 관련 전반을 규제하는 임무를 위임받았다.

새로운 규제기구 개편 내용에는 국민에 대한 공익성과 보편적 서비스 보장과 관련된 내용이 언급되어 있다. 구체적으로 언급된 내용을 살펴보면, 커뮤니케이션 혁명으로 인한 이익을 누릴 기회를 전 미국인에게 장려해야 한다는 것이다. 이는 디지털화로 누리게 되는 모든 이익이 보편적 서비스로 간주되어야 한다는 것을 의미한다. 즉, 기존의 커뮤니케이션 서비스뿐만 아니라 새로운 서비스에 모든 국민들의 접근권을 보장하고, 이러한 커뮤니케이션 서비스산업에 직접적으로 참여할 수 있는 기회를 장려하며 소비자를 위한 시장을 확대해야 한다는 것이다.

FCC의 새로운 역할 정립에서 나타난 미국의 디지털 방송법제도의 기본은, 디지털 환경의 기술적인 변화를 법제도 속에 담아 그 기초 위에서 규제완화 정책을 지속적으로 추진하는 동시에 공공의 이익을 보호하는 소극적(negative) 규제방식으로 요약할 수 있다. 특히 FCC는 인터넷에 대해 새로운 커뮤니케이션 서비스이지만 규제의 대상은 아니라는 입장을 취하고 있다.

2) 규제내용: 디지털 방송시대의 규제

기본적으로 미국 방송정책은 시장경쟁상황에서 과도한 집중이 일어나지 않도록 최소한의 통제를 하는 데 중점을 두고 있다. 이러한 정책의 바탕에 있는 이념은 바로 모든 국민에게 방송서비스를 전달할 수 있는 공공성이라고 할 수 있다. 이러한 미국의 방송정책은 크게 방송, 통신 융합 이전의 방송정책과 이후의 방송정책으로 나눌 수 있다.

경쟁이 확대되는 미국 방송시장의 변화 속에서 FCC는 방송, 통신 융합시대에 대비한 규제정책의 목표를 경쟁을 통한 방송산업의 상업적 발전을 촉진하는 것과 방송, 통신 시장의 영역 침해로 야기되는 기업 간 인수·합병의 와중에서도 다양성 확보를 통한 공중의 기본적인 욕구를 충족시키는 것이라고 밝히고 있다. 이것은 FCC가 방송, 통신산업 발달을 위해 최소한의 규제로 방송, 통신사업자 간 경쟁을 촉진하지만, 규제 철폐나 방송·통신의 공익적 책무를 포기한다는 것은 아니라는 것을 알 수 있다.

디지털화로 가능해진 다매체·다채널화로 전파의 희소성에 의한 이전의 규제정책이 설득력을 잃게 되면서 방송에 대한 새로운 규제 근거를 요구하게 되었다. 이에 따라 방송의 공익성이라는 이념적 가치가 디지털 시대를 맞아 방송규제의 근거로 새롭게 조명받고 있다.

미국의 방송, 통신정책에서 방송, 통신의 보편적 서비스 규정은 방송, 통신 관련 모든 정책의 기본이 되고 있다. 현재의 FCC가 처음 탄생하던 당시 1934년 통신법 제1조에서도 "모든 미국 국민이 차별 없이 … 빠르고, 효율적이며, 전국적, 세계적인 유, 무선 서비스를 합리적인 비용으로 이용할 수 있도록 하는 데 있다"라고 보편적 서비스 규정을 명확히 밝히고 있다.

보편적 서비스의 개념은 미국 정부가 통신회사에 독점권을 부여하면서 모든 국민이 통신서비스의 혜택을 누릴 수 있도록 보편적 서비스를 규정한 데서 비롯한 것이라고 할 수 있다. 현재는 기술의 발전으로 통신과 방송의 경계가 모호해지고 인터넷이 등장하면서 보편적 서비스의 개념도 과거와는 다르게 재정립되어야 할 필요가 있으나, 보편적 서비스의 기본적인 개념은 변하지 않을 것이다. 따라서 기존 매체인 방송과 통신 분야를 중심으로 미국의 보편적 서비스 관련 정책을 살펴보고자 한다. 보편적 서비스의 원칙은 다음과 같다.

(1) 좋은 품질의 서비스가 적절한 요금수준에서 제공되어야 한다.
(2) 진보된 통신과 정보서비스는 전국의 모든 지역에 제공되어야 한다.
(3) 저소득자와 도서지역의 소비자를 포함한 모든 소비자는 장거리 서비스 정보
    서비스에 도시지역과 동등하게 접근할 수 있어야 한다.
(4) 모든 통신서비스 제공 사업자는 보편적 서비스 유지 및 발전에 소요되는 비용
    을 동등하게 부담해야 한다.
(5) 보편적 서비스를 유지하고 촉진시킬 수 있는 구체적이고 예측 가능한 지원기
    구가 있어야 한다.
(6) 학교와 보건서 및 도서관 등은 첨단 통신 서비스에 접근할 수 있어야 한다.

디지털 시대에 FCC가 주장하는 새로운 시대의 보편적 서비스를 요약하면, 국가
전 지역에 통신서비스가 가능해지는 것 ― 서비스가 제공되기 어려운 도서지역에 더
욱 낮은 요금을 적용하며, 저소득층에게는 요금을 감면하며, 도시·지방의 원격진료
를 모두 같은 요금으로 제공하고, 학교와 도서관에 인터넷과 같은 진보한 네트워크
를 제공하는 등 ― 을 의미한다.

3) 인터넷 관련 정책

기본적으로 FCC는 인터넷이 발전할 수 있는 탈규제 환경을 만드는 데 중요한 역
할을 했다. FCC는 30년 전, 텔레커뮤니케이션 데이터 서비스산업의 초창기부터 정
부의 규제가 아닌 경쟁의 힘으로 산업의 성공을 도모하도록 많은 조치를 취하였다.
보편적 서비스 정책은 궁극적으로 개인의 경제적 능력과 수입, 신체장애의 정도,

정책	내용
데이터서비스에 대한 비규제 정책	1966년부터 시작된 일련의 컴퓨터조사를 통해 FCC는 네트워크를 통해 제공되는 컴퓨터 응용프로그램을 규제하지 않기로 결정함으로써 인터넷이 규제받지 않고 발전할 수 있는 토대를 마련
장비에 대한 탈규제 정책	고객단말기에 대한 규제 철폐
데이터시장에 대한 비규제 정책	부가서비스 제공업자에 대한 접속료 면제 조치

거주하고 있는 지역 등의 요인과 관계없이 적정한 가격으로 고도화된 통신과 정보 서비스를 제공하고자 하는 것이다. 이외에도 경제적 저소득 계층에 교육제도, 공공 시설의 개방과 지원을 통해 인터넷에 잘 접근할 수 있도록 하는 정책, 장애인이나 소수인종과 노인 등 사회적 소외계층에 대한 인터넷 접근 정책, 지역 간 불균등한 발전을 고려한 정책 등이 정보 격차해소 정책으로 시행되고 있다.

미국의 정보 격차 해소 정책은 국민의 삶의 질 향상과 국가경쟁력을 재고해 나가기 위한 목적으로 추진되고 있으며, 연방정부와 민간기업들의 협력 아래 체계적이고 효율적으로 이루어지고 있는 것으로 평가되고 있다.

미국의 인터넷 관련 정책의 핵심은 저렴한 비용으로 국민에게 서비스를 제공할 수 있도록 제반시설을 정책적으로 후원하는 것이다. 수천만의 인터넷서비스업체가 미국에서 비교적 저렴한 가격으로 서비스를 제공한다는 점에서 부가서비스 제공업자에 대한 면세조치가 이 분야에서 긍정적인 영향을 주었음을 알 수 있다.

4) 정책적 제언 및 미래에 대한 전망

미국은 인터넷프로토콜로 인한 데이터 통신시장의 개방성으로, 인터넷의 성장을 돕고 있으며 비규제 정책으로 향후 인터넷 확산을 가속화하고 있다.

3. 영국: 정부 주도의 공공성 실현 정책

디지털화의 진전에 따른 영국의 정책 변화를 보여주는 것은 2000년 12월 12일에 발표된 백서인 『커뮤니케이션의 미래(*A New future for Communications*)』이다. 백서 발간을 통해 나타난 영국의 정책적 목표는

첫째, 영국 가정을 가장 역동적이고 경쟁이 치열한 커뮤니케이션 시장으로 만드는 것이다.

둘째, 지속적으로 보편적 서비스의 범위를 확대하는 것이다. 따라서 방송에서는 디지털 방송까지, 통신에서는 광대역 서비스까지 보편적 서비스의 범위에 포함되게 된다. 특히 영국 정부가 관심을 갖는 측면은 단지 채널 수의 증가가 아닌 보다 많은 선택과 다양한 서비스를 제공하려는 데 있다.

셋째, 시민과 소비자를 보호하는 것이다. 이와 함께 백서에서 보여주고 있는 중요

한 정책적 변화는 매체 영역 간 구별보다 전 영역을 포괄하는 수평적 규제 방식, 영역 중심적 규제보다는 일반적인 공정경쟁법에 기초한 규제 방식, 그리고 방송과 통신을 아우르는 단일 규제 기구의 제시를 들 수 있다. 영국은 이렇게 디지털 지상파 방송을 시작하며 새로운 공익의무를 강제하고 있다.

1) 규제기구

현재 영국은 방송과 통신을 서로 다른 정부 부처가 관장하고 있으며, 이를 위한 별도의 규제위원회가 존재한다.

방송은 정부 부처인 문화매체 스포츠부(DCMS: Department for Culture, Media, and Sport)와 방송법에 의해 설립된 합의제 규제기구인 독립텔레비전위원회(ITC: Independent Television Commission)에서 규제 관련 업무를 수행한다. 방송 업무는 DCMS의 방송정책국에서 담당하며, 방송 관련 정책을 수립하고 방송 관련 규제기구의 감독 및 위원을 임명한다. 방송 관련 합의제 규제기구로는 1990년 방송법에 의해서 설립된 ITC가 있다.

ITC의 역할은 방송법에 따라서 BBC 이외의 상업텔레비전 방송사업자에게 면허를 부여하고, 면허수수료 결정, 프로그램 규약 결정, 광고와 광고방식의 규칙 결정 및 감시, 프로그램 내용 심의, 사업자들 간 경쟁을 촉진시키는 등 상업방송사업자들을 감독, 관리하는 역할을 한다. 한편 상업라디오방송사업자는 RA(radio authority)에서 허가하며, 상업라디오사업자에 대해서 ITC와 동일한 역할을 한다.

통신은 정부 부처인 통상산업부(DTI: Department of Trade and Industry)가 영국의 방송 기술 및 통신 기술에 관한 정책을 수립하고 집행한다. 그리고 통신위원회(OFTEL: Office of Telecommunications)가 통신부문에서의 경쟁을 규제, 감독하며, 통신산업의 민영화나 탈규제화를 보다 원활히 하기 위한 감독관청의 역할을 수행한다. 주로 통신에 관한 업무는 통상산업부(DTI: Department of Trade and Industry)가 담당하며, 1984년 텔레커뮤니케이션법에 의거해 설립된 독립행정기구 형태의 OFTEL이 있다. 영국에서 통신산업은 일반 산업과 같이 통상산업부에서 관장하며 통신 시장의 특수성을 감안하여 OFTEL이라는 규제 기관을 두어 감독을 하고 있다.

2) 새로운 통합 규제기구

방송, 통신 융합 이후 백서에서는 현재의 수직적 규제체제가 기존 규제기관 통합을 통한 단일 규제기관을 제시함으로써 수평적인 규제체제로 변화하여야 함을 지향하고 있다. 백서에서 제시한 수평적 규제체제를 살펴보면 다음과 같다.

백서에서는 기존의 방송, 통신 관련 9개의 규제기관 중 다섯 개를 통합하여 단일 규제기구인 Office of Communications(이하 OFCOM)을 만들 것을 제안하고 있다. 이에 따르면 OFCOM은 상업방송의 규제와 허가권을 가지고 있는 ITC, 통신 부문의 규제와 허가권을 가지고 있는 OFTEL, 라디오 관련 규제와 허가권을 가지고 있는 RA, 방송 프로그램의 내용을 심의하는 BSC(broadcasting standard commission, 이 조직은 BBC의 프로그램 내용에 대해서도 관할), 그리고 라디오 주파수 관련 업무를 담당하는 Radio Communication Agency의 업무를 통괄하는 조직이다.

새롭게 제시된 영국의 방송, 통신 규제기구인 OFCOM을 자세히 살펴보면, OFCOM은 오랫동안 방송과 통신을 분리, 규제하는 정책을 유지해 온 유럽에서는 처음 시도되는 방송과 통신 규제기구 간 통합을 통해 만들어지는 단일 규제기구이다.

방송을 직·간접으로 관리·규제하는 기구가 14개나 되자 기능이 중복되는 등 시스템으로 인한 불만으로 방송산업계는 오랫동안 단일화 요구를 해왔다.

통상산업부와 문화매체 스포츠부는 녹서(Green Paper)를 통해 점진적인 방식의 전환을 제안하였는데, 규제기구나 정책기구의 단일화보다는 공동협의 체계를 통한 긴밀한 공조관계 구축이 급선무라고 파악한 것이다. 결국 의회와 관련부처 간 차이는 OFCOM의 출범을 결정하는 『커뮤니케이션의 새로운 미래(*A New Future for Communication*)』라는 백서(white paper)가 2000년에 발표됨으로써 조정된다. 그리고 2003년 7월에 여왕의 승인을 받아 새로운 통합규제기구인 OFCOM이 정식으로 출범하게 되었다.

3) 규제내용: 디지털 방송시대의 규제

영국에서도 방송과 통신의 융합시대에 여전히 방송의 공익성은 중요시되고 있다. 디지털화가 빨리 진행되고 있는 미디어 환경은 사업자들 간 경쟁을 가속화하고 있으며, 이것은 시장에서 제공하기 힘든 비상업적인 프로그램, 편성의 다양성, 그리고 소수 계층을 위한 프로그램 등 소위 '좋은 프로그램'이 존재하기 힘들어진다는 것을 뜻한다. 이처럼 공익적인 프로그램을 제공하기 위해서는 그 어느 때보다 공영방송의 역할이 중요하다.

넓은 의미의 보편적 서비스란 정치적 소수 계층, 경제적 빈곤층, 사회문화적 소외계층에 대해 그 사회에 소속되어 있는 사회 구성원으로서 누려야 할 최소한의 정보 접근 기회를 보호함으로써, 그 사회의 미디어가 제공하는 각종 정보와 편익이 정치적 기득권층이나 경제적 부유층에 의해 편중됨에 따라 발생하는 사회적 불평등 구조의 심화를 완화시키는 것이라고 할 수 있다.

지난 2003년 7월 17일, 오랜 논의 끝에 영국의 커뮤니케이션 법안이 마침내 법으로 제정되었다. 영국 정부가 새로운 방송법 제정 의도를 밝힌 지 약 4년 만에, 그리고 새로운 방송법 초안이 나온 지 2년여만의 일이다. 이 법은 세계에서 가장 역동적이고 경쟁적인 커뮤니케이션 산업을 창출하고 고품질의 다양한 서비스 선택에 대한 보편적 접근을 보장하는 한편, 시민과 소비자를 보호하겠다는 영국 정부의 야심을 담고 있다.

영국에서도 방송시장에 시장경쟁의 원리를 적극적으로 도입하고, 방송사업자 간 경쟁을 통하여 보다 나은 방송서비스를 제공하는 방향으로 정책을 변화시키고자 이 법안을 만들게 된 것이다.

4) 인터넷 관련 정책

영국의 방송법에 의하면 방송위원회는 프로그램 송출 허가를 받은 업체의 서비스 내용물에 대한 규제를 책임지고 있다. 이는 전기 통신을 통해 전송되는 내용을 말하며, 여기에는 케이블 시스템뿐만 아니라 인터넷을 통해 전송되는 내용들도 포함되어 있다.

한편 영국의 인터넷 정책과 관련된 사항으로 크게 두 가지를 언급할 수 있다.

첫째, ITC의 인터넷 서비스 정책이다. 현재 ITC의 인터넷 서비스에 대한 현실적인 규제 입장은 당분간 자율규제 단체에의 의존도를 높이는 것이지만, 인터넷 이용이 보다 광범위해지고 기본적인 사용자가 텔레비전과 유사한 수준에 다다르면 규제기관의 역할을 수용할 것이다.

둘째, 자율규제기구인 IWF의 발족을 들 수 있다. 영국의 통상산업부(DTI)와 인터넷 산업계는 공동으로 인터넷서비스 제공업자들에 의해 제공 되어진 펀드를 통해, 인터넷 감시재단 기구인 IWF를 1996년에 설립하였다. IWF는 주로 불법적이고 부적절한 자료들에 대한 불만을 접수하고, 인터넷 서비스업체(ISP)에 서버에서 불법적인 자료를 제거하도록 경고한다.

5) 정책적 제언 및 미래에 대한 전망

광대역 서비스는 많은 양의 정보를 빠른 속도로 전달할 수 있기 때문에 최근에 와서 그 사용이 급속도로 증가하고 있다. 그러나 광대역 서비스를 제공하기 위한 광대역 네트워크는 많은 투자를 필요로 하기 때문에, 상대적으로 사용자의 수가 적은 농촌지역이나 도시의 저소득층이 거주하는 지역에는 제공되기 어렵다. 따라서 빠른 광대역 서비스는 궁극적으로 보편적 서비스에 포함되어야 한다. 이를 위해서 정부는 광대역망이 지역 격차에 따라서 불균등하게 건설되고 있는지를 매년 평가할 방침이다.

4. 일본: 'IT Japan' 전략을 통한 글로벌화의 실현

일본은 최근의 경기불황을 방송과 통신에 있어서의 디지털 혁명을 통해 극복하고자 노력하고 있다. 따라서 다른 어느 나라보다도 디지털에 대한 국가적 차원의 정책이 적극적이다.

1) 규제기구

현재 일본의 방송과 통신에 관련된 행정 및 규제업무를 담당하는 가장 중요하고 핵심적인 최고의 행정기구는 총무성이다. 총무성은 미국의 FCC와 같이 전파 및 방송관련 제도와 정책을 관장하는 방송과 통신의 총괄기구이다.

그러나 FCC와 달리 일본의 총무성은 내각으로부터 독립된 행정위원회가 아니라 내각 조직의 하나인 행정부처로서, 통합성과 전략성의 확보, 기동성의 중시, 투명성의 확보, 효율성과 간소성 추구를 이념으로 한 행정개혁의 일환으로 2001년 1월 6일 총무성, 우정성 및 자치성을 모체로 탄생하였다.

2) 디지털 방송시대의 규제

일본 방송의 근본이념은 '공공의 복지증진'으로 대표된다. 일본의 방송법은 첫째, 방송의 최대한의 보급과 그 효용성의 보장, 둘째, 방송의 불편부당, 진실 및 자율 보장에 의한 표현의 자유 확보, 셋째, 방송종사자의 직책을 명확히 함으로써 방송이 건전한 민주주의의 발달에 기여하는 것을 원칙으로 하고 있으며, 방송을 '공공의 복지'에 적합하도록 규정하여 그 건전한 발달을 도모하는 것을 목적으로 한다(방송법 제1조)고 규정하고 있다.

보편적 서비스의 개념은 크게 세 차원으로 정의될 수 있다. 국민생활에 필수적인 서비스, 누구라도 이용할 수 있는 요금, 일본 전역에 걸친 안정적인 공급이 바로 그것이다. 또한 멀티미디어 시대의 보편적 서비스의 의의를 새롭게 정의하고 있는데, 멀티미디어 시대의 보편적 서비스란 정보를 지적 자원으로 활용하는 사회에서 정보를 가진 자와 못 가진 자로 양분될 때 발생할 수 있는 사회적 불공평을 해소하는 것이라 할 수 있다.

3) 인터넷 관련 정책

일본의 정보 격차는 직업, 소득수준, 지역 등의 기준에서 뚜렷이 나타나고 있다. 그리고 우정성과 후생성이 공동개최하고 '생활지원 정보통신시스템 추진연구회'가 실시한 고령자, 장애자 설문조사에 따르면 고령자의 경우 약 80%, 장애자의 약 70%가 PC통신, 인터넷의 내용, 기기나 소프트웨어의 선별, 사용법 등을 모르며, 이용방법을 가르쳐 주는 사람이 없고, 시작할 계기가 없다는 심리적 불안이나 정보 부족을 들고 있다.

이러한 정보 격차를 해소하기 위하여 일본 정부는 장기간의 경기침체 극복과 정보·지식이 부 창출의 원천이 되는 고도 정보사회에 대비하기 위하여, 새로운 정보통신기반 구축을 목표로 '신사회자본'이라는 대규모 국책사업을 추진하고 있다. 멀티미디어가 보급될수록 정보를 많이 가진 자와 그렇지 못한 자 사이의 정보 격차가 심화되어 사회적 불균형을 초래할 수 있기 때문에, 보편적 서비스는 지리적·신체적 조건이 불리한 사람에게 다양한 가능성을 제공하는 기본 목적을 유지해야 하며 이와 함께 그 범위도 확대되어야 한다.

4) 정책적 제언 및 미래에 대한 전망

매체 환경의 변화, 특히 시청자가 정보를 얻는 수단에 대한 선택 가능성이 늘어난 점을 감안해 지상파 TV 방송의 디지털 전환 투자, 디지털의 원활한 연착륙을 위한 투자 부담 증대 등의 상황을 토대로 일정 부분 완화해 나가는 것이 적절하다고 밝히고 있다.

제7장

디지털 방송 활성화와 방송통신정책

제1절 디지털 방송의 특징과 디지털 전환의 필요성

1. 디지털 방송의 특징

디지털 방송은 아날로그 방송에 비해 2배(SD급)~10배(HD급) 정도의 화소로 보다 선명한 화질과 다채널의 입체 음향 구현이 가능하며, 다양한 오류 정정 부호 기술을 이용하여 잡음의 영향을 제거하므로 제작 당시의 방송 품질을 거의 완벽하게 유지할 수 있다. 또한 압축 기술의 발달로 동일 주파수 대역에서 아날로그 방송보다 많은 채널 제공이 가능해져 시청자가 선택 할 수 있는 채널이 증가하게 된다.

이러한 특징을 가지고 있는 디지털 방송은 아날로그 방송 전송 출력에 비해 낮은 출력으로도 넓은 지역에 대해 방송수신이 가능하여, 전국 커버리지 확보에 필요한 비용이 절감되게 되며, 지상파 TV 방송을 디지털로 전환할 경우 송출시설이나 송출탑 등 기존 아날로그 지상파 TV 방송의 기반 시설을 그대로 사용할 수 있어 방송 비용을 절감할 수 있는 장점을 가지고 있다. 뿐만 아니라 시청자들은, 정보 이용을 가능하게 하는 메모리와 처리 능력을 갖추고 있는 디지털 셋톱박스나 디지털 TV 수상기를 이용하여 다기능 방송과 양방향 서비스를 영위할 수 있게 된다.

이러한 디지털 TV, 인터넷 등의 디지털 기술 발전은 산업사회에서 지식정보사회로의 패러다임 대전환을 주도하고 있다. 다시 말하면, 방송의 디지털화는 방송망의 디지털화로 이어져 통신망과 방송망의 융합을 촉진하고 있으며, 이는 방송과 정보 서비스를 아우르는 융합 서비스의 등장으로 디지털 TV는 기존의 수동적 가전제품에서 가정 내 종합정보매체로 발전하게 될 것이며, 방송통신 융합으로 통신과 방송의 경계가 허물어짐에 따라 독점적·중앙집권적 방송시장 구조가 경쟁적인 방송시장 체계로 전환될 것이다.

2. 디지털 전환의 필요성

국민(시청자)들은 굳이 디지털로 전환을 해야만 하는 필요성을 깨닫지 못하고 있다. 다시 말하면 디지털 전환을 하지 않아도 국민(시청자)들은 아날로그 방송과 디지털 방송의 차이를 느끼지 못하고 있으며 이는 조기 디지털 전환의 장애물로서 작용하고 있다. 하지만 디지털 전환은 시청자뿐만 아니라, 산업적 측면과 법적·경제적 측면 그리고 자원의 활용 측면에서 살펴보아야 할 문제인 것이다.

1) 시청자 권익 향상 측면에서의 디지털 전환의 필요성

(1) 시청자 만족도의 향상
디지털 전환으로 시청자가 얻게 되는 가장 큰 효용은 디지털 특징에서 나타난 '시청 만족도'의 극대화이다. 아날로그 TV 대비 2~10배 정도의 선명한 화질과 고음질을 제공하여, 시청자가 아날로그 TV에서 느끼지 못하였던 화질과 음질을 제공받게 됨으로써 TV 방송에 대한 만족도는 크게 향상될 것이다. 또한 디지털 기술은 방송 주파수 활용을 극대화시킬 수 있으며, 이를 통해 MMS(Multi Mode Service) 구현이 가능하게 되어 방송사들은 한 채널에서 여러 개의 채널을 구성하는 것이 가능해짐에 따라 다양한 다른 방송 서비스를 제공하게 될 것이다. 이는 기존 지상파 방송 서비스에서 시청자들의 불만이었던 적은 채널 선택권을 확대하여 보다 많은 채널 선택권을 갖게 될 것이다. 뿐만 아니라 데이터(Data) 방송이 가능해짐에 따라 시청자들은 보다 많은 정보를 TV를 이용하여 얻게 될 것이고, 이는 시청자 만족도의 극대화를 가져올 것이다.

(2) 정보화 사회 실현을 위한 초석 마련

향후 가정 내 모든 디지털 정보·가전기기들은 네트워크로 연결되어, 시간과 장소에 구애받지 않고 다양한 서비스를 제공하는 홈 네트워크가 구축되는 유비쿼터스(Ubiquitous) 사회가 구현될 것이다. 이는 가정 내에서 전자상거래, 게임, 홈뱅킹, 홈쇼핑 등 멀티미디어 기반의 온라인 서비스에 대한 수요가 증가하여, 가정이 정보의 최대 수요처가 될 것이다. 이러한 환경 속에서 디지털 방송으로의 전환은 우리들에게 가장 친숙한 TV가 홈 네트워크의 중심에 서게 될 것을 의미한다.

디지털 방송 전환을 통하여 양방향 방송이 가능해지고, 다양한 데이터 방송이 가능해지는 등 아날로그 방송에서는 제공하지 못하였던 차별적인 고품질 정보제공 수단을 제공받게 되고, T-Commerce 등 다양한 서비스 등 디지털 인프라 간 통합의 구심점 및 정보 플랫폼 역할을 디지털 TV가 수행하게 될 것이다.

(3) 정보접근성 제고 및 보편적 서비스를 통한 정보 격차 해소

현대 사회에서 가장 큰 문제는 기술의 발전을 거듭하면 할수록 연령, 직업, 지역 격차는 정보 불평등을 심화시키고 사회 통합의 걸림돌로 작용한다는 것이다. 하지만 디지털 전환을 통하여 다양한 데이터 방송, 양방향 방송 등 아날로그 TV가 제공하지 못하였던 차별적인 고품질 정보제공 수단을 보유하게 됨에 따라 시청자들에게 친밀도가 높은 TV를 통하여 정보화 소외계층에 대한 정보 격차를 해소할 수 있다는 것이다.

또한 보편적 무료 서비스 제공을 통한 양질의 정보를 제공함으로써 계층 간 정보 격차가 감소할 것으로 예상된다.

2) 국민경제성장의 원동력 측면에서의 디지털 전환의 필요성

(1) IT산업 성장의 주도와 대외 경쟁력 확보

디지털 방송은 콘텐츠, 광고, 서비스 등 소프트웨어 부문과 송수신기를 중심으로 하는 하드웨어 부문에 걸쳐 다양한 연관 산업에 파급효과를 미쳐 IT산업 성장을 주도할 것으로 예상된다. 현재 국산 LCD TV, PDP TV 등은 세계적으로 일등상품으로 인식되고 있으며, 핵심 부품인 디스플레이 모듈을 자체 조달함으로써 시장 경쟁력의 기반을 확보하고 있다. 이는 디지털 방송활성화가 산업 구조 선진화를 선도하고 관련 상품군에 대한 안정적인 수요기반 제공 및 '규모의 경제 달성'으로 대외 경쟁력 확보를 가능하게 하는 것이다.

(2) 관련 산업의 산업·경제적 파급효과

디지털 방송의 콘텐츠 제작 능력을 게임 산업, 캐릭터·광고 등에 적용함으로써 관련 산업 전반에 대한 부가가치를 창출할 수 있게 되며, 디지털 방송의 조기 전환을 통하여 신속한 DTV 세계시장 진출의 유리한 기반을 확보할 수 있을 것이다. 이는 국내에 컬러 TV가 일본('60), 대만('69) 등에 비해 늦게 도입되어 세계시장 진출이 10년 이상 지연된 것을 고려한다면 조기 디지털 방송 전환의 파급효과가 얼마나 큰지 알 수 있을 것이다.

한국전자통신연구원의 연구(2007)에 따르면 디지털 전환을 통한 산업·경제적 파급효과는 '07년~'12년까지 생산유발 143조 원, 고용유발 98만 명, 부가가치유발 45조 원 및 대외 수출 387억 달러를 창출할 것으로 전망하고 있다.

3. 방통 융합 환경과 디지털 전환의 상관관계

방통 융합 환경은 디지털 전환이라는 새로운 환경 변화에 기인한 것이다. 뿐만 아니라 방송의 디지털화는 방송망의 디지털화로 이어져 통신망과 방송망의 융합을 촉진하고 있으며, 이는 방송과 정보 서비스를 아우르는 융합 서비스의 등장으로 디지털 TV는 기존의 수동적 가전제품에서 가정 내 종합정보매체로 발전하게 될 것이다. 또한 방송통신 융합으로 통신과 방송의 경계가 허물어짐에 따라 독점적·중앙집권적 방송시장 구조가 경쟁적인 방송시장 체계로 전환될 것이다.

이와 같은 환경 속에서 방통 융합 시장에 대한 정책적 과제는 각각의 독립적 서비스에 대한 정책적 판단보다는 디지털 전환이라는 우선과제가 선결되어야 할 것이라 판단됨에 따라, 이하에서는 디지털 전환에 대한 선결을 위한 방안을 제시하고, 결론에서 변화된 환경 변화에 따른 정책적 과제를 제시하고자 한다.

제2절 국내 디지털 전환 현황

1. 국내 일반 현황

1) 디지털 전환 인지도

디지털 전환 인지도는 시청자들이 아날로그 방송에 대한 종료에 대해서 얼마나 알고 있는지에 대한 것과 단순 인지가 아닌 아날로그 방송 종료에 맞추어 얼마나 준비하고 있는지를 알아볼 수 있다. 즉 아날로그 방송 종료에 대한 인지도와 디지털 텔레비전 보유와는 밀접한 상관관계가 존재하는 것이다. 2006년 한국전파진흥협회의 설문조사 결과에 따르면, TV의 구입 시기를 살펴보면 2001~2006년 사이에 구입한 비율이 58.2%로 높게 나타나고 있다. 또한 2001년 이후 TV 구입자들을 살펴보면 아날로그 TV 구입자(53%)의 비율이 디지털 TV 구입자(47%)에 비해 다소 높으며, 아날로그 TV 구입자 중 향후 2010년 이내에 디지털 TV 구입 의향자는 61%로 조사되었다. 또한 설문조사에서 아날로그 방송 종료에 대한 인지도가 53.0%로 나타났다.

지역별로 디지털 전환에 대한 인지도를 살펴보면, 디지털 텔레비전 보급이 서울 및 수도권, 고소득층에 집중되는 편차가 나타나고 있으며,[1] 이는 정보 격차가 발생하여 대도시 이외의 지역에서는 아날로그 방송의 종료에 대해 크게 인지하지 못하고 있음을 추론할 수 있다. 또한 디지털 텔레비전 가격이 100만 원 이상으로 형성되어 있어서, 실질 구매력을 갖추고 있는 중간 소득 계층의 인지도 및 실질 구매가 높게 나타난다.

인지도 형성의 다른 하나는 연령별 인지도의 차이이다. 결혼 적령기의 연령층인 20대 후반~30대에서는 구매욕구와 실질 구매력을 동시에 가지고 있어 디지털 전환의 인지도가 높게 나타나고 있으며, 특히 40대에서는 텔레비전 방송의 주 시청 대상

---

1) 권호영 외 4명 공저, 『한국의 지상파 방송사 경영 전략』(커뮤니케이션북스, 2006) 참조.

이 되는 여성의 인지도가 높게 나타나고 있다. 이렇듯 지역과 시청자의 실질 구매력, 연령대에서 디지털 전환의 인지도 차이가 발생하는 것은 시청자의 관심에서 비롯된다. 즉, 주 시청 대상이 누구인지, 실제 텔레비전 구매층이 누구인지에 따라서 관심의 차이가 발생하게 되는 것이며, 디지털 텔레비전의 구매 및 인지도의 차이가 발생하는 것이다.

2) 국내 디지털 텔레비전 보급률

디지털 방송의 전환 주체 중 하나인 시청자를 대상으로 살펴보면, 시청자들은 자신들의 가정에서 아날로그 방송 종료 이후에 디지털 방송이 시청 가능한지에 대한 여부가 중요한 잣대가 될 것이다. 디지털 방송을 수신하기 위해서는 디지털 텔레비전 수상기를 보유하여야 하며, 디지털 텔레비전 수상기를 보유하고 있다고 하더라도 디지털 방송 수신 튜너가 텔레비전 수상기에 포함이 되어 있는 ID TV(Integrated Digital Television)의 경우에는 별도의 수신 장치가 필요하지 않으나, 디지털 텔레비전에서 디지털 수신 튜너가 분리되어 있는 Ready TV의 경우에는 디지털 수신 튜너가 포함된 STB(Set Top Box)를 구매해야 한다.

뿐만 아니라 디지털 텔레비전 수상기는 수상기별로 CRT, LCD, PDP, Projection TV 등으로 구분되어 있다. 이렇듯 다양한 디지털 텔레비전이 존재하는 가운데, 과연 국내의 디지털 텔레비전은 얼마나 보급되어 있을까? 2001년 디지털 방송을 시작한 이후로 국내 디지털 텔레비전의 보급률은 저조한 상황이다. 국내 디지털 텔레비전 보급률을 살펴보면, 2001년 가구 대비 보급률이 2.7%에 불과하였으며, 2006년에

<표 7-1> 국내 디지털 텔레비전 보급률

(단위: 만 대, %)

구분	01년	02년	03년	04년	05년	06년	07년 8월
연별 판매 대수	28.2	61.0	60.0	60.2	86.1	127.9	115.5
판매량 누계	47	108	168	228.2	314.3	442.2	557.7
가구 대비 보급률	2.7	6.1	9.5	12.9	17.8	24.4	30.8

* 자료: 정보통신부, 각 기업(가전사 삼성, LG, 대우)

24.4%, 2007년 5월까지의 보급률이 28.2% 수준에 머무르고 있다(〈표 7-1〉 참조).

1998년에 디지털 방송을 시작한 미국은 2006년 12월 기준으로 60.1%의 보급률을 나타내고 있으며, 국내보다 늦은 2003년에 디지털 방송을 실시한 일본의 경우에는 2007년 10월 기준으로 54.3%를 나타내고 있다. 또한 영국은 2007년 6월 기준으로 54%의 보급률을 보이고 있으며, 프랑스는 2007년 12월 기준으로 70%의 보급률을 나타내고 있다.

이렇듯 해외 주요국과 비교하여 본다면, 우리나라의 경우 낮은 수준의 보급률을 나타내고 있는 상황이어서, 조기 디지털 전환을 통하여 디지털 텔레비전 세계시장 진출의 유리한 기반을 확보하는 것에 걸림돌이 될 가능성이 존재한다.

2. 국내 방송사 전환 현황

1) 방송 사업자별 전환 현황

방송 사업자는 디지털 전환의 주체이다. 시청자들의 디지털 텔레비전 수상기 보급이 많이 이루어졌다 하더라도, 방송사업자들이 디지털 방송에 대한 준비 및 전환이 이루어지지 않았다고 한다면, 디지털 전환은 계획으로 끝나 버리게 되는 것이다. 방송 사업자는 지상파 방송 사업자와 케이블 방송사, 위성방송사로 구분이 되며, 이 모든 방송사업자들이 디지털 전환의 주체이다. 2006년 말 기준으로 지상파 방송 사업자의 디지털 전환 대상 설비는 〈표 7-2〉의 디지털 전환 대상 설비에서 보는 것과 같이 제작설비와 송신설비로 구분이 된다. 제작설비는 스튜디오, 부조정실, 편집실, 주조정실, 중계차로 구성이 되며, 송신설비는 방송국, 방송 보조국 등 음영지역

〈표 7-2〉 디지털 전환 대상 설비

구분	KBS	MBC (지역 MBC 포함)	SBS	EBS	지역 민방	합계
제작 설비	88	295	31	27	145	586
송신 설비	354	174	6	−	72	606

<표 7-3> 제작설비의 종류 및 주요 기능

구분	주요 기능
스튜디오	- 카메라, 조명기구, 마이크 등이 설치된 실내 촬영 장소
부조정실	- 스튜디오의 촬영을 지휘, 촬영된 영상 및 음향을 가공
편집실	- 스튜디오 및 부조정실에 제작된 프로그램을 편집
주조정실	- 방송 프로그램 및 광고 등을 편성계획상 순서에 따라 배열하여 시청자에게 전달하는 영상을 최종 구성
중계차	- 실외 프로그램 제작에 이용되며, 스튜디오 기능과 촬영한 방송프로그램을 전송하는 기능을 보유

※ 자료: 방송위원회, 「디지털방송 특별법 제정안 설명자료」(2007.10)

해소를 위한 중계설비에 해당된다.

〈표 7-3〉의 제작설비의 종류 및 주요 기능을 살펴보면, 제작설비는 촬영, 편집, 구성, 전송의 단계로 이루어지며, 결국 지상파 방송사가 방송을 송신하기 위한 콘텐츠 제작단계의 모든 설비를 의미한다. 디지털 방송을 위한 지상파 방송사들의 전환 대상 설비는 KBS의 제작설비 88개, 송신설비 354개를 나타내고 있으며, MBC와 SBS의 제작설비와 송신설비는 각각 326개와 180개를 나타내는 등 지상파 방송사들의 제작설비의 합계는 총 586개, 송신설비는 606개를 나타내고 있다.

디지털 전환 대상 중, 지상파 방송사 별 전환 현황은 〈표 7-4〉의 방송사별 디지털 전환 현황과 같이 나타나며, 2006년 말 기준으로, 지상파 방송사의 전체 제작시설의 41%, 전체 시설 합계는 34%의 전환비율을 보이고 있다. 하지만 송신·송출 시설의 방송국의 디지털 전환은 이미 모든 지상파 방송사들이 전환을 완료한 것으로 나타나 있으며, KBS 보다는 MBC 및 SBS 전체 시설의 디지털 전환비율이 높게 나타나고 있다.

이는 광고수입이 전체 수입의 50%이상을 차지하고 있는 민영 방송사들이 공영 방송사인 KBS 및 EBS보다 디지털 전환에 더욱 적극적임을 나타내 주고 있는 것이다. 디지털 전환 현황을 다시 지상파 방송사별로 살펴보면, 지상파 방송사들의 전환 비율은 SBS의 전체 시설 전환이 73%로 가장 높았고, 지역민방(9개 방송사)의 전환

〈표 7-4〉 방송사별 디지털 전환 현황

대상시설		제작시설	송신·송출시설			전체시설 합계
			방송국	방송 보조국	합 계	
KBS	전체시설	88	32	322	354	442
	전환시설	49	32	64	96	145
	전환비율	56%	100%	20%	27%	33%
EBS	전체시설	27	–	–	–	27
	전환시설	10	–	–	–	10
	전환비율	37%	–	–	–	37%
MBC(본사)	전체시설	31	1	5	6	37
	전환시설	14	1	5	6	20
	전환비율	45%	100%	100%	100%	54%
SBS	전체시설	31	1	5	6	37
	전환시설	21	1	5	6	27
	전환비율	68%	100%	100%	100%	73%
지역민방 (9개 방송사)	전체시설	145	9	63	72	217
	전환시설	32	9	17	26	58
	전환비율	22%	100%	27%	36%	27%
지역MBC (19개 방송사)	전체시설	264	19	149	168	432
	전환시설	114	19	17	36	150
	전환비율	43%	100%	11%	21%	35%
합계	전체시설	586	62	544	606	1,192
	전환시설	240	62	108	170	410
	전환비율	41%	100%	20%	28%	34%

이 27%로 가장 낮게 나타나고 있다.

이같이 지역민방에 대한 전환이 늦어지는 가장 큰 이유는 취약한 수익구조(단순 수익구조)를 들 수 있다. KBS를 제외한 방송사의 매출액 구성비를 살펴보면 MBC는 전체 매출의 81%, SBS는 전체 매출의 81%가 광고에 의존하고 있다.[2] 하지만 국내 광고시장을 살펴보면, 2006년 케이블 TV, 온라인 등 뉴미디어군의 광고시장이 38%

〈표 7-5〉 지상파 방송광고 매출 현황

(단위: 억 원)

방송사	2006년도		2005년도	
KBS2 TV	6,673억(27.1%)		6,534억(27.0%)	
MBC(지역 MBC 포함)	9,273억(37.6%)	87.4%	9,271억(38.4%)	87.3%
SBS	5,600억(22.7%)		5,300억(21.9%)	
지역민방(SBS 가맹사)	2,067억(8.4%)		2,040억(8.4%)	
종교방송 및 기타매체	1,025억(4.2%)		1,029억(4.3%)	
계	2조 4,638억(100%)		2조 4,175억(100%)	

* 자료: 한국방송광고공사

의 고성장을 이루어 신규 광고시장이 급속히 늘어나고 있는 반면에, 지상파 방송 등 4대 매체의 광고비 비중은 점차 낮아지는 추세로 나타나고 있다.[3]

이와 더불어 〈표 7-5〉의 지상파 방송광고 매출 현황을 살펴보면, 지역민방의 지상파 방송광고 매출 현황은 전체 시장의 8.4%에 머물고 있다.[4] 또한 2006년도 방송위원회의 「방송산업실태조사보고서」에서는 방송광고 총 매출액 중 서울 72.3%, 경기 6.6%로 대부분의 방송광고 매출이 서울·경기 지방에 집중되는 현상이 발생하고 있다. 이는 광고수익에 의존하는 지역민방들이 취약·단순 수익구조로 인하여 디지털 시설전환에 대한 투자요인이 없음을 반증하고 있는 것이며, 지역민방의 제작시설 전환비율이 22%에 머물러 있고, 방송 보조국 전환비율이 27%로 디지털 전환이 미미한 것으로 미루어 짐작할 수 있는 부분이다. 또한 지상파 방송사의 방송국 전환비율은 100%에 이르고 있지만, 제작시설에 대한 전환비율이 MBC 45%, SBS 68%로 송신·송출 시설의 전환비율과 비교하여 차이가 발생하고 있다.

---

2) 한국전파진흥원, 「수신료 현실화와 관련된 방송환경 및 이해관계자 등의 분석」(2006), p.86, 지상파 방송사의 매출액 구성.

3) 정연우, 「방송광고제도 현황 및 주요 이슈」(2006).

4) 한국방송광고공사, 「지상파 방송광고 매출 현황」(2006) 참조.

이를 다시 말한다면, 송신·송출은 아날로그 종료가 이루어지더라도 문제가 되지 않지만 송신·송출을 위한 콘텐츠, 즉 제작시설에 대한 디지털화가 미비하여 조기 디지털 전환에 대한 걸림돌로 작용을 할 수 있음을 의미한다.

지상파 방송사의 디지털 제작시설은 지상파 방송사들의 HD 방송시간과 밀접한 관계를 가진다. HD 방송 시간이 늘어날수록 디지털 제작시설을 늘릴 것으로 판단됨에 따라 지상파 방송사들의 자체 제작시설의 디지털화는 지상파 방송사의 HD 방송 프로그램의 증대에 따라 조기에 전환할 수도 있고, 늦추어질 가능성도 존재한다. 지상파 방송사의 HD 방송 프로그램은 2002년 이후 증가 추세이며, 2005년에는 주당 19~29시간의 HD 프로그램을 송출하고 있다.

2005년 5월 방송위원회의 뉴미디어서비스 도입 및 디지털 방송 활성화에 관한 계획의 HD 프로그램 편성 권고안에서 2007년 35%, 2008년 50%를 비롯하여, 2010년까지 100%의 HD 프로그램 편성하도록 권고하고 있다. 이 비율은 주당 전체 방송시간 대비 HD 방송시간 비율을 나타내고 있으며, 이를 위반하여도 제재조항이 없어, HD 방송시간의 비율은 전적으로 지상파 방송사들의 의지에 달려 있다 하겠다.

2) 디지털 전환

디지털 전환과 관련하여 시청자들이 직접적으로 느낄 수 있는 부분은 바로 '아날로그 방송 종료 이후에도 지속적으로 지상파 방송을 시청할 수 있는가의 여부가 화두가 될 것이다. 이 같은 디지털 지상파 방송 시청 가능 여부는 지상파 송신 시설의 디지털화가 얼마나 진행이 되었는지, 그리고 DTV 수신 성공률은 어떻게 되는지가 중요한 잣대가 될 것이다.

2006년 2월 방송위원회에서 발표한 지상파 TV 디지털 방송 현황 및 활성화 방안에 의하면, 지상파 방송사 송신시설의 디지털화는 88%가 완료가 된 것으로 보이고 있다. 〈표 7-6〉의 지상파 방송사 송출/송신 시설의 디지털화 현황을 살펴보면, 송신소와 중계소, 간이중계소로 구분이 되며, 송신소의 전환대상 숫자는 50개에 이르고 있으며, 이 중 44개가 전환 완료되어 88%의 전환비율을 나타내고 있으며, 중계소는 63개 중 29개로 46%의 전환비율을 그리고 간이중계소는 498개 중 11개에 그쳐 2%의 전환비율을 나타내고 있다.

이 같은 송신 시설의 디지털화 현황에서 가시청권역 내 디지털 방송 수신 성공률은 78.4% 수준으로 비교적 양호하게 나타나고 있다.

〈표 7-6〉 지상파 방송사 송출/송신 시설의 디지털화 현황

구분	전체 전환대상	전환 숫자	전환비율
합계	611	84	13.8%
송신소	50	44	88%
중계소	63	29	46%
간이중계소	498	11	2%

※ 자료: 지상파TV 디지털방송 현황 및 활성화 방안(방송위원회, '06.2)

〈표 7-7〉 디지털 방송 수신환경 측정결과 요약

수신등급	KBS1	KBS2	MBC	EBS	기타	합계
양호	1,081 (79.2%)	1,064 (77.9%)	1,093 (80.1%)	1,071 (78.5%)	1,076 (64.6%)	5,385 (75.6%)
보통	45 (3.3%)	37 (2.7%)	39 (2.9%)	37 (2.7%)	45 (2.7%)	203 (2.8%)
불량	239 (17.5%)	264 (19.3%)	233 (17.1%)	257 (18.8%)	544 (32.7%)	1,537 (21.6%)
합계	1,365 (100%)	1,365 (100%)	1,365 (100%)	1,365 (100%)	1,665 (100%)	7,125 (100%)

〈표 7-7〉의 디지털 방송 수신환경 측정결과 요약을 살펴보면, 수신등급이 양호와 보통이 총 78.4%로 나타나고 있으며, 수신 성공률(%)은 (수신양호의 횟수+보통횟수)/측정횟수로 산출이 되며, 수신양호는 4분 동안 관찰하여 불안전한 화면 발생이 없는 것을 나타내고, 보통은 4분 동안 관찰하여 불완전한 화면 발생이 1~3회, 불량은 관찰 시간 동안 불안전한 화면 발생이 4회 이상인 경우이다.

디지털 본방송 이후, 수신환경 개선 사항이 지속적으로 이루어지고 있는 상황이며, 방송법 제44조[5]에서 명시한 것과 같이 디지털 방송으로 전환이 원활히 이루어지기 위해서는 한국방송공사의 역할이 중요하며, 비단 한국방송공사뿐 아니라 정부

와 다른 지상파 방송사 간 유기적 협력관계를 통하여 지속적 개선이 이루어져야 할 것이다.

국내 케이블 방송 사업자는 지상파 디지털 방송(8VSB)[6]을 3가지 유형으로 동시 재송신하도록 방송법[7]에서 규정하고 있으며, 2006년 4월 기준으로 티브로드, CJ케이블넷, C&M, HCN, 큐릭스, 드림시티 등 전국 40개의 SO(Service Operator)에서 디지털 방송을 송출하고 있다. CATV 방송 서비스를 위한 광동축혼합망(Hybrid-Fiber Coaxial)의 홈패스율(서비스 커버리지)은 90% 수준에 이르고 있으며, 디지털 방송이 가능한 750MHz 대역 이상의 전송망을 기준으로 할 경우 홈패스율(서비스 커버리지)은 80% 수준에 이르고 있다. 국내 케이블 TV 총 가입세대는 1,420만 세대로 전국 대상 가구 수(1,800만 가구)의 약 78%에 해당하며, 이는 전체 유료방송 시장의 85.6%를 차지하고 있다.

하지만 한국 케이블TV방송협회에 따르면, 이 중 국내의 디지털케이블 TV 가입자는 2007년 5월 기준 약 50만 3천 가구로 전환비율이 3.5%로, 아날로그 TV 시청가구 수의 약 78% 이상이 케이블을 이용하여 TV를 시청하고 있음을 고려할 때 국내 SO(Service Operator)의 디지털화 투자 및 시청자의 전환비율이 매우 미흡한 실정이다.

위성방송사업자의 경우, 송출/중계 시설은 디지털화가 완료되었으며, 수신가능 범위 또한 전국 인구의 100% 수준이며, 전체 가입자는 2007년 12월 현재 213만 명에 이르고 있다. 위성방송 시청자는 위성방송사가 재송신하는 디지털 지상파 TV 방송을 시청할 수 있으며, 위성방송 신호는 위성방송 수신용 STB에서 아날로그 텔레비전 수상기로 수신할 수 있도록 변환되며, 시청자는 아날로그 화질로 디지털 지상파 TV 방송을 시청할 수 있다.

---

5) 방송법 제44조 (공사의 공적 책임) ① (생략) **② 공사는 국민이 지역과 주변 여건에 관계없이 양질의 방송서비스를 제공받을 수 있도록 노력하여야 한다.** ③~④ (생략).

6) ① 아날로그 방송신호(NTSC)로 변조 후 재송신, ② 디지털 CATV 방송 신호(QAM)로 변조 후 재송신, ③ 변조 없이 재송신(By Pass).

7) 방송법 제78조 (재송신) ① 종합유선방송사업자·위성방송사업자(이동멀티미디어방송을 행하는 위성방송사업자를 제외한다) 및 중계유선방송사업자는 한국방송공사 및 한국교육방송공사법에 의한 한국교육방송공사가 행하는 지상파방송(라디오방송을 제외한다)을 수신하여 그 방송프로그램에 변경을 가하지 아니하고 그대로 동시에 재송신(이하 "동시 재송신" 이라 한다)하여야 한다. 다만, 지상파방송을 행하는 당해 방송사업자의 방송 구역 안에 당해 종합유선방송사업자 및 중계유선방송사업자의 방송구역이 포함되지 아니하는 경우에는 그러하지 아니하다. (이하 생략)

제3절 디지털 방송 활성화 방안

디지털 TV, 인터넷 등의 디지털 기술 발전은 산업사회에서 지식정보사회로의 패러다임 대전환을 주도하고 있다. 다시 말하면, 방송의 디지털화는 방송망의 디지털화로 이어져 통신망과 방송망의 융합을 촉진하고 있으며, 이는 방송과 정보 서비스를 아우르는 융합 서비스의 등장으로 디지털 TV는 기존의 수동적 가전제품에서 가정 내 종합정보매체로 발전하게 될 것이며, 방송통신 융합으로 통신과 방송의 경계가 허물어짐에 따라 독점적·중앙집권적 방송시장 구조가 경쟁적인 방송시장 체계로 전환될 것이다.

이러한 환경 속에서 디지털 전환은 시청자들이 누려야 할 새로운 서비스의 집합체의 역할을 수행한다. 소비자들의 일상생활에서 영위하게 될 새로운 서비스는 방송사들의 효율적 주파수 활용과 기술 발전을 통하여 제공 가능한 MMS(Multi Mode Service)와 Data 방송은 시청자들에게 다양한 정보접근의 기회를 제공하며, 보다 많아진 채널을 통한 다양한 채널 선택권을 누릴 수 있게 될 것이다. 뿐만 아니라 보다 선명해진 화질과 영화관에서나 즐길 수 있었던 음향을 시청자들에게 느끼게 해 줄 것이다. 재난 방송 및 위급 상황에서 보다 효율적으로 사용되어질 공공자원으로서의 주파수 사용이 가능할 것이다.

이렇듯 디지털 전환은 시청자, 국민들에게 방송 서비스에 대한 질적 향상을 통한 보다 높은 서비스 제공과 국민으로서 영위해야 할 안전에 대한 권익 향상을 가져다 줄 것으로 예측된다. 또한 디지털 방송에서 사용되어지는 압축 기술과 제작 방식의 콘텐츠들은 기존 아날로그 제작 방식과 차이가 발생할 것이다. 앞선 기술 습득과 활용을 통한 다양한 방송 콘텐츠, 광고, 서비스 등 소프트웨어 부문과 송수신기를 중심으로 하는 하드웨어 부문에 걸쳐 IT산업 성장을 주도할 것이며, 이는 디지털 방송 활성화가 산업 구조 선진화를 선도할 것이고 관련 상품군에 대한 안정적 수요 기반을 제공하며, '규모의 경제'를 달성함으로써 대외 경쟁력 확보를 가능케 할 것이다.

또한 지상파 아날로그 방송 중단으로 확보 가능하게 될 102~114MHz 대역의 가용 주파수 확보는 신규통신, 방송 서비스 및 공익 서비스에 활용 가능하게 되어 DMB, WiBro 등 세계적인 경쟁력을 보유한 국산 IT기술을 적용할 수 있는 물리적 토대를 마련함으로써 IT산업 경쟁력을 유지, 강화시킬 수 있게 될 것이다. 따라서 조기 디지털 전환은 국민경제 발전에 이바지할 뿐 아니라 국가경쟁력을 강화하는 초석이 될 것이다.

하지만 디지털 방송의 파급효과가 아무리 크다고 하더라도 전환이 이루어지지 않으면, 산업파급효과 자체를 기대하기가 어려워진다. 이에 아날로그 방송의 종료와 디지털 방송을 활성화하기 위해서는, 각 전환 주체들의 단계적 접근을 통한 원활한 전환이 요구되고 있으며, 본 절에서는 디지털 방송 활성화 방안에 대해 3단계로 구분하여 각 단계별로 활성화를 위한 방안들을 제시하였다. 해외 사례와 비교하였을 때, 국내의 디지털 전환 현황은 디지털 텔레비전 수신기기의 보급률 및 인지도가 현저히 뒤떨어지고 있다.

디지털 전환의 주체는 정부, 방송사, 제조사 그리고 시청자 각각이 별도로 시행하는 것이 아닌 공동체적 생각과 행동을 같이 하였을 경우에 그 성과를 창출해 낼 수 있는 것이다. 그러므로 현재 국내 디지털 전환에서 가장 시급히 요구되는 것은 각 주체들의 이익이 아닌 공동체적 이익을 추구하는 자세가 시급히 필요한 시기라 말하고 싶다.

또한, 원활한 디지털 전환을 이루기 위해서는 각 전환 주체들의 단계적 접근을 통한 원활한 전환이 이루어져야 할 것이다. 연구결과 디지털 전환을 위한 환경조성 단계와 디지털 방송 활성화를 위한 단계, 정착 및 심화 단계 등의 세 단계로 구분하여 각 사항들에 대한 방안을 마련하게 되었고, 이를 정리하자면 다음과 같다.

1. 환경조성 단계

1) 전환 주체에 따른 매체별 홍보 방안

디지털 전환 기반 조성 단계에서의 주체는 정부와 방송사 제조사로 구분할 수 있다. 즉, 또 다른 전환 주체인 시청자가 원활하게 디지털 전환을 할 수 있도록 유도하는 역할을 수행하는 것이 기반 조성 단계에서의 주체들이 할 역할이다. 각 주체들이 수행할 수 있는 가장 효율적인 방법으로 아날로그 방송 종료에 대한 홍보를 진행하여야 하며, 홍보 주체별로 그 매체가 달라질 것으로 판단되며, 효율적 수단의 활용과 홍보 단계별 시청자 접근전략을 새롭게 하고, 인지도 조사 등 환경 조사를 통하여 홍보 전략을 수정하는 맞춤형 홍보 전략을 적용하여야 할 것이다.

2) 디지털 텔레비전 수상기 보급의 확산 방안

수상기 보급 확대를 위해서는 두 가지 전제 조건이 충족되어야 한다. 첫 번째는 소비자들이 텔레비전 수상기를 구매할 경우에, 별도의 셋톱박스의 구매 없이도 디지털 방송을 수신할 수 있게 셋톱박스를 내장하여야 하며, 두 번째는 소비자들이 텔레비전 수상기 구매를 유도하는 홍보를 강화해야 한다는 것이다. 이와 더불어 방송사들의 HD 편성 비율의 증대를 통하여 시청자들에게 볼거리를 제공함으로써, 시청자들이 갖고 있는 디지털 방송에 대한 거부감과 이질감을 해소함으로써 디지털 방송을 활성화시킬 수 있을 것이다.

2. 디지털 방송 활성화를 위한 단계

1) 시청자 볼거리 확대를 위한 방안

지상파 방송사들이 자체 제작시설의 디지털화 미비와 제작비용의 증대로 인한 디지털콘텐츠 부족 현상이 발생하여 HD 프로그램 편성에 대한 편성 비율을 늘릴 수 없는 것이라면, 자체 제작이 아닌 외주사 및 중소제작업체를 통한 디지털콘텐츠 수급이 가능함에 따라 이들에 대한 지원은 디지털콘텐츠의 다양화와 부족분을 해소할 수 있는 방안으로 제시할 수 있을 것이다.

이를 위해 중소 제작업체 및 외주사에 대한 현황 파악을 우선적으로 실시하여, 정확한 실태를 파악한 이후에 중소 제작업체에 대한 제작설비 대여 및 우수 제작업체에 대한 제작설비에의 저리 융자 등 다양한 제작 지원에 대한 방안을 마련하여야 한다. 만들어서 끝나는 것이 아니라 중소 제작업체들이 만든 제품에 대해 지상파 방송사만이 아닌 다양한 판로를 개척할 수 있는 지원이 필요할 것으로 판단된다.

2) 수신환경 개선을 위한 방안

전국을 지역별로 세분화하여 수신여건을 조사하고 그 조사 내용을 DB로 구축하여야 수신환경에 대한 체계적 관리가 가능하며, 전국을 TV 시청 형태별로 나누어 시청 품질조사 결과와 재전송 시설 실태조사(H/E, 전송망, 공시청시설) 등에 대한 사항들 또한 DB로 구축하여야 시청자들이 디지털 방송을 수신할 경우, 원활한 수신환경이 갖추어질 수 있을 것이라 판단할 수 있다. 또한 수신지역에 대한 전계강도

자료는 중앙 전파관리소의 측정자료로 활용이 가능하며, 조사한 자료는 정책자료로 활용 및 웹페이지로 국민에게 제공하여 국민들의 알권리를 충족시켜야 할 것이다.

또한 시청자들은 자신이 거주하는 공간이 디지털 방송 수신이 가능한지 여부에 대해 관심과 궁금증을 해소해 주기 위해 다양한 인터넷 및 다양한 방법으로 시청자들에게 홍보하여야 한다. 포함되어지는 내용은 디지털 방송의 지역별 수신 품질 정보와 디지털 텔레비전 수신방법과 기능 및 활용 방법 등 디지털 방송 수신에서 발생할 수 있는 시청자들의 궁금증을 해소시킬 수 있도록 정확한 정보들이 제공되어져야 할 것이다.

3. 정착 및 심화단계

1) 시청자 지원에 관한 사항

경제적 문제로 인하여 디지털 텔레비전 수상기를 구매하지 못하는 저소득층 가구에서는 아날로그 방송 종료 이후에 디지털 방송을 시청하지 못하게 되고, 이러한 상황은 경제적 불평등이 정보접근의 불평등을 낳아 계층 간 정보 격차의 심화로 이어질 수 있는 여지가 발생하게 된다.

그렇기 때문에 우선 소외계층에 대한 보편적 접근성 확보를 위해서는 저소득층 및 소외계층에 대한 정확한 현황 파악 및 분석을 통하여 D to A(Digital to Analog) 컨버터 지원 혹은 미국과 같은 쿠폰제도를 도입하여 저소득층 가구에서 디지털 방송을 수신할 수 있는 제도적 장치가 필요할 것으로 판단된다.

2) 홍보에 관한 사항

디지털 방송으로의 원활한 전환과 시청자들의 혼란을 최소화하기 위한 홍보는 1, 2단계를 거치면서 가장 효과가 있었던 매체를 통한 집중 홍보가 필요할 것으로 판단된다. 이는 다양한 홍보 매체를 통해 진행하였지만, 디지털 전환 시기가 도래함에 따라 그중에서 홍보 효과가 뛰어난 매체를 선택하고, 그 선택된 매체에 집중하는 '선택과 집중'을 통하여 홍보 효과를 극대화시켜야 할 것이다.

3) 아날로그 종료에 관한 사항

아날로그 방송 종료 시점에서는 해외 사례에서 보듯이 특정 날짜를 기준으로 하여 종료를 시행 할 것인지, 아니면 지역별로 종료를 할 것인지에 대한 명확한 제시가 필요할 것이다. 특정 날짜를 기준으로 전국 일시 종료를 시행한다면, 종료 이후 발생할 수 있는 문제점들을 수정할 수 있는 시간적 여유가 없으며, 시청자들에게 불편을 초래하게 되어, 정책 시행에 대한 불신을 줄 수 있다. 지역별 종료는 특정지역에 대한 파일럿 테스트(Pilot Test) 개념으로 한 지역을 우선적으로 종료하여, 발생하는 문제점을 수정 보완하여 이러한 발생 가능한 문제점들을 수정 후 전체 종료를 하는 방식이 존재할 것이나, 이 또한 어느 지역을 파일럿 테스트 지역으로 선정할 것인지, 선정된 지역에 대한 상대 급부를 부여할 수 있는지에 대해서 면밀히 검토한 후 시행되어야 할 것이다.

제4절 방통 융합 환경의 정책적 시사점

또한 방통 융합은 융합서비스라는 새로운 가치를 창출하며 수직적 산업구조에서 수평적 산업구조로 변화하고 있다. 즉 사업자별 규제에서 콘텐츠와 네트워크라는 수평적 규제체계로 변화하고 있는 것이다. 방송통신 융합 환경으로 변화하면서 보다 효과적이면서 종합적인 규제체계의 도입 및 규제정책의 방향 전환이 논의되는 상황이며, 해외 주요 국가들은 방송통신 융합 환경 변화에 따라 수평적 규제체계로의 전환을 시도하고 있는 상황이다. 이에 디지털 전환이라는 선결과제를 해결한 후, 방통 융합에 따른 정책적 방향을 제시하여야 할 것이다. 향후 방통 융합 환경에서 주목해야 될 정책적 과제는 다음과 같이 4가지로 구분이 될 것이다.

첫 번째로, 방송통신위원회로 방송통신 공정경쟁 규제 및 방송영상·광고 진흥기능의 일원화 필요성이 증대될 것이며, 이는 방송통신사업에 대한 규제는 공익성과 대중적 영향력이라는 특수성을 고려해야 하므로, 일반적인 시장 사업자에 대한 규제기준 대신 방송통신 관련법에서 공정경쟁을 촉진하도록 유도하는 것이 바람직할 것으로 판단된다. 또한 뉴미디어 포함 방송영상·광고 정책을 망라하는 원스톱 행정 체계 구축을 통한 규제의 단순·일원화와 관련사업자의 편의 제고가 필요할 것이며,

FTA에 대비하여 규제정책(규제완화)과 진흥정책의 종합적·균형적 추진이 필요할 것이라 사료된다.

두 번째로는 수평적 규제 체계로의 조속한 전환이 필요할 것이다. 2008년 6월 디지털 전환 특별법의 시행에 따라 디지털 방송으로의 전환은 급물살을 타게 될 것이며, 이에 방통 융합시대에 바람직한 규제 모델을 정립하여 산업 발전과 연계하는 등 변화에 부합하는 규제제도 개선책이 요구되어지며, 규제수준의 적정성과 경쟁도입 가능성에 대해 전반적인 논의 등 새로운 형태의 산업구조 등장에 적절한 규제시스템 도입이 필요할 것이다.

세 번째로는 M&A 등 산업 간 융합 활성화와 규제완화에 대한 방안 마련이 필요할 것이다. 즉 방송·통신 융합시대의 공정경쟁 환경 조성 및 이용자 편익 증진을 위한 진입규제 완화가 필요할 것이며, 이해관계자들의 이견이 있을 수 있으나 국민의 복리증진 차원이라는 넓은 시각에서 논의하는 것이 바람직하다 하겠다. 공정경쟁 환경을 촉진하여 기업이 다양한 서비스, 혜택 등을 소비자에게 제공할 수 있게 하는 이용자 편익 증진에 중점을 두고, 신규 진입자에게 진입장벽을 낮추어 유인책을 제공하고 기존 사업자들에게 공정경쟁 환경을 형성해 주는 등 정부의 조성책이 필요할 것이다.

마지막으로 방송통신 융합의 활성화를 위한 망과 콘텐츠에 대한 동등 개방이 필요할 것이다. 디지털 전환으로 동일 망 접근이라는 사항은 비단 국내뿐만 아니라 해외 여러 나라에서도 대두되고 있는 문제점이다. 이에 대해 망사업자를 위한 적절한 인센티브 제공과 망 이용자를 위한 합리적인 수준의 망 이용 조건에 대한 합의가 필요하며, 망 사업자는 망의 투자비용 회수와 재투자를 위한 인센티브가 필요하고, 망 이용자는 서비스로 경쟁할 수 있는 공정경쟁 기반을 요구할 것이다. 또한 신규 미디어에 대한 활성화를 위해 적절한 수준에서의 주요 콘텐츠에 대한 동등한 개방이 선행되는 것이 바람직할 것이다.

이처럼 디지털 전환이라는 것은 방통 융합 환경과는 불가분의 관계가 되고 있다. 결론에서 제시한 방통 융합의 과제를 해결하기 위해서 무엇보다 선결되어야 할 사항은 바로 디지털 전환이라는 사항이며, 원만한 디지털 전환이 이루어질 때, 방통 융합 환경에서의 활성화 측면과 정책적 과제가 해결될 수 있을 것이라 사료된다.

제8장

정보화 격차에 따른 국내 정보통신정책

제1절 우리나라의 정보화

21세기에 우리가 접하게 될 가장 커다란 변화는 아마도 정보통신기술의 발전과 그것에 의해 파생되는 새로운 사회적 변화일 것이다. 이미 저궤도 통신위성, 개인용 휴대전화, 가상현실, 멀티미디어 서비스, 근거리 통신망과 인터넷, 쌍방향 텔레비전 및 개별 신문, 신경망이나 인공지능 컴퓨터 등 다양한 분야에서 현재 놀라운 변화가 일어나고 있고, 이들 정보통신 분야의 발전은 21세기 초부터 우리의 생활을 새로운 정보화 사회로 이끌게 될 것이다.

또한, 지구를 화려하게 수놓고 있는 사회과학적 용어 중 하나는 아마도 '정보화' 일 것이다. 그래서인지 국가적 수준에서는 '정보화정책' 이 이에 발맞추어 시대를 풍미하고 있는 듯하다. 특히 세계화, 정보화, 지방화의 거센 물결은 각 국가의 정보화정책이 이목을 집중시키고 있다.

'산업화는 늦었지만 정보화는 앞서가자' 라는 목표 아래 우리나라는 그 어느 국가보다 신속·강력하게 국가차원의 정보화를 추진해 왔다. 지난 20년간 정보화를 위한 정부와 민간의 지속적인 노력으로 우리나라는 이제 세계 최고의 IT 강국으로 세계가 주목하는 벤치마킹 대상으로 부상하였다. 우리나라는 1994년 인터넷 상용화 이후 1998년까지 300만 명에 머물던 인터넷 이용자 수가 1998년 초고속망 서비스의 본격 개시와 함께 급격히 증가하여 2006년 말 3,301만 명(인터넷 이용률 72.8%)에 이르고, 초고속인터넷 가입자 수는 1,219만 명에 이르고 있다.

세계 최고의 초고속인프라를 구축한 우리나라는 그 어느 곳보다 빠르고 역동적으로 변화를 거듭하고 있다. 정보화를 통한 빠르고 역동적인 변화는 국민생활에도 직접적으로 나타나고 있다. 일상적인 의사소통, 거래, 사교활동은 물론 정치활동까지도 인터넷을 통해 이뤄지고 있으며, '아바타' 라는 또 하나의 가상공간이 보편화된 사회가 만들어져 가고 있다.

이와 같은 한국의 정보통신 발전에 대해 2006년 4월 『뉴욕 타임즈』는 "한국은 세계에서 무선통신이 가장 발전한 나라로, 공상과학 소설에서 나올법한 일들을 현실로 만들어 가고 있다"고 대대적으로 보도하였다. 또한 미국의 『포춘(*Fortune*)』지도 '브로드밴드 원더랜드' 라는 기획기사 속에서 "한국은 미래 디지털 시대에서 큰 영향력을 발휘하게 될 것이다" 라고 지적한 바 있다.

주요 IT 관련 지수에서 발표된 우리나라의 순위를 살펴보면 2005년 5월 IMD 국가경쟁력 지수 중 IT 부문이 포함된 '기술인프라 부문' 에서 한국은 미국에 이어 세계 2위(2003년 27위, 2004년 8위)를 차지했다. 또한 2005년 11월 WSIS(World Summit of Information Society) 회의에서 발표된 디지털 기회지수(DOI: Digital Opportunity Index)에서 한국은 미국, 일본, 덴마크 등 총 40개국의 평가대상 중 1위를 차지하여 또 한 번 세계의 주목을 받았다. 전자정부와 관련한 각국 정부 간 비교평가에 있어서도 2010년 평가에서 1위를 차지하였다. 초고속인터넷 보급률에 있어서는 2007년까지 7년 동안 OECD 국가들 중에서 1위를 차지하는 등 확고한 세계 최고 수준을 유지하고 있다.

제2절 정보와 정보격차

1. 정보화란?

우리 세상이 점점 기술과 산업보다는 정보를 추구하게 되는데, 이 정보가 점점 중요시되고 우리 일생에 꼭 필요한 그런 것이 되어가는 과정이다. 일반적으로 정보가 물질이나 에너지 이상으로 중요한 자원이 되고, 가공·처리가 더 많은 가치를 창조하며 정보를 중심으로 경제가 운영되는 사회를 뜻한다.

또한, 정보화 사회라는 용어는 1962년 F.마흐루프가 미국 사회를 지칭하여 처음으로 사용한 것으로, 통신·컴퓨터·교육·정보서비스 등의 정보관련 산업에 종사하는 사람이 총 인구의 3분의 1에, 이런 산업에 의한 생산이 국민총생산의 3분의 1 이상에 달하는 사회를 의미한다.

지난 약 반세기 동안 인류는 새로운 사회의 출현을 목격하고 있다. SF영화나 상상 속에서 가능했던 일이 현실에서 벌어지고 있다. 예컨대 수천 킬로미터나 떨어진 곳에 있는 사람들이 서로 얼굴을 보면서 회의를 진행하고, 학교에 가지 않고 강의를 듣고, 은행이나 상점에 가지 않고 거래를 할 수 있으며, 정부의 민원 서비스를 가정에서도 받을 수 있다. 10년 전만 같아도 미래학자의 다소 신기하고 황당한 소재들이 벌써 진부한 일상으로 변해가고 있다는 것이다. 이러한 변화가 컴퓨터와 인터넷과 같은 디지털 정보통신기술의 비약적 발전에 의해 진행되고 있다는 사실은 의심의 여지가 없다. 그러나 그것은 기술적 혹은 기능적 측면의 변화에만 머무르지 않고 있다. 경제, 문화, 행정, 정치, 교육 등 사회의 모든 분야에서 조직구성의 원리, 가치와 규범, 관행 등 사회적 측면에서까지 디테일한 변화가 일어나고 있는 것이다.

정보사회의 주요한 특징을 살펴보면, 첫째 인간 커뮤니케이션의 상당 부분이 정보통신기술을 매개로 이루어진다는 것이다. 단말기가 PC든 이동전화든 인터넷을 통해 정보교류와 의사소통이 발생하고, 특히 이동 전화는 음성전달뿐 아니라 복합적인 기능을 수행하는 통신단말기가 되어 24시간 손에서 뗄 수 없는 도구가 되어간다. 사적인 의사소통뿐 아니라 은행거래, 민원서비스전달, 학교수업, 식당예약, 상품구매, TV 시청, 영화감상, 게임, 독서 등 헤아릴 수 없는 종류의 커뮤니케이션이 인터넷을 통해 이루어진다.

둘째, 사회가 보유한 지식의 양이 팽창한다. 정보통신기술의 발달이 정보통신기술 자체에 관한 지식의 증가를 수반함은 말할 것도 없겠지만, 그것은 나아가 사회 모든 분야의 지식을 증가시킨다. 정보통신기술이란 정보를 생산, 처리, 그리고 전달하는 기술이다. 디지털 정보통신기술은 쌍방향적 성격을 가지고 있기 때문에 정보나 지식의 생산에 대중적 참여를 증가시키게 된다. 웹상에 개인 홈페이지가 폭발적으로 증가함이 이를 반증한다. 더구나 정보통신기술은 인간에 의해서든 기계에 의해서든 일단 정보시스템에 투입된 자료로부터 정보와 지식의 생산을 크게 증폭시킬 수 있다.

셋째, 지식의 수명이 짧아진다. 새로운 지식은 현재의 지식과 사이좋게 나란히 존재하는 것이 아니라 기존의 지식을 대체한다. 이제 더 이상 대학에서 배운 지식을 평생 동안 사용할 수 없게 된다. 이러한 경향은 정보통신기술 분야에 특별히 심각하지만 다른 분야라고 해서 예외는 아니다. 직업생활을 하는 데 필요한 실용적 지식은 대부분 수명이 매우 짧아진다. 그 결과 평생교육 혹은 사회교육이 일상화되고, 학교교육을 마치고 직장에 나가는 인생과정이 아니라 인생 전반에 걸쳐 수시로 교육을 받아야 하는 인생과정이 일반화된다. 이 현상을 '학습사회' 라고도 부른다.

넷째, 성찰성이 높아진다. 정보사회에서는 정보와 지식을 사회운영이나 개인생활에 체계적으로 적용하는 경향이 나타난다는 주장이다. 어쩌면 정보사회가 지닌 진정한 의미는 지식의 단순한 팽창이 아니라 성찰성(지식의 적용)의 확대일 것이다.

다섯째, 직업세계에 유연성이 높아진다. 정보기술 덕분에 기계가 신속하게 작업내용을 전환할 수 있으니 과거와 달리 한 개의 생산라인으로부터 색상이나 기능이 다른 여러 종류의 제품을 생산할 수 있으며, 반드시 노동자가 기계나 책상 앞에서 작업해야 할 필요도 없고, 모두가 동시에 한 장소에 근무할 필요도 없다. 나아가 정부나 기업을 운영하는 데 있어 거대한 관료적 조직도 불필요하게 된다. 컴퓨터 네트워크를 통해 시장의 불확실성을 극복하고, 조직 내부 커뮤니케이션의 효율성을 획기적으로 높일 수 있기 때문이다.

여섯째, 국가 간 경계가 약화된다. 정보통신기술은 지구적 수준에서 실시간 거래(real-time transaction)를 가능하게 하고, 지구적 규모의 시장을 작동하게 한다. 자본과 상품 시장은 물론이고 노동시장까지도 지구적 규모에서 움직이게 된다. 즉, 진정한 의미에서 지구경제(global economy)가 출현하는 것이다.

이러한 성격을 지닌 정보사회에서 정보와 지식에 대한 접근 가능성, 그리고 정보와 지식을 활용하는 역량은 국가 간, 기업 간, 혹은 개인 간 경쟁에서 승패의 관건이 될 뿐 아니라 인간의 삶의 질을 결정하는 요소가 된다. 이러한 인식에서 정보격차, 혹은 디지털 정보격차가 사회적 의제로 등장하게 되는 것이다.

2. 정보격차의 개념

정보격차는 '정보의 접근 및 이용이 여러 사회집단 간 동등한 수준으로 진행되지 않는 현상을 지칭하는 포괄적인 용어'이다. 우리나라를 기준으로 가구당 인터넷 보급률이 77.9%에 이를 만큼 정보화 강국이 됐지만, 정보의 활용도를 들여다보면, 실상은 엄청난 격차가 존재하고 있는 걸 알 수 있다. "상위 5%가 전체의 50%를 차지한다"고 할 정도로, 일부 이용자들이 정보를 독식하고 있는 실정이다. 반면, 하위

〈표 8-1〉 각국 행정부의 정보격차 관련 표현

영국	• Our Information Age: The Government's Vision －정보 부자와 빈자 간 단절을 극복하고 모두에게 정보사회의 기회를 제공하는 접근 확대'를 정부의 5가지 주요 정책 중의 하나로 천명
미국	• National Information Infrastructure: Agenda for Action －정보 부자와 빈자로 나누어지는 것을 극복하고, 고도 정보통신서비스를 모든 미국인이 소득, 장애, 지역에 관계없이 쉽고 저렴한 비용으로 입수할 수 있는 환경 조성을 위해 고도화된 보편적 서비스의 실시를 명시 • Falling Through the Net: Defining Digital Divide －새로운 기술에 접근할 수 있는 사람과 그렇지 못한 사람 간의 단절인 digital divide가 미국의 중요한 경제적 이슈임과 동시에 인권 이슈가 됨에 따라 정보 격차 해소를 위해 노력할 것임
캐나다	• Building the Information Society, Moving Canada into the 21st Century －'97년까지 모든 캐나다인들이 저렴한 비용으로 핵심적 통신 서비스에 접근할 수 있게 하기 위한 국가 접근 전략(national access strategy) 수립을 명시
아일랜드	• Implementing the Information Society: A Framework for Action－First Report of the Inter-Departmental Implementation Group on the Information Society －정보 부자와 빈자 간 격차의 확산을 막기 위한 접근 향상정책을 제시하고 이를 더욱 구체화시킨 보고서인 'Discussion Document on IT Access for All'을 발표

50%의 인터넷 데이터 사용량은 전체의 5%가 채 되지 않는다.

이 말은 1990년대 중반 미국에서 처음 사용되었으며, 새로운 정보기술에 접근할 수 있는 능력을 갖고 있는 사람과 그렇지 못한 사람 사이에 경제적·사회적 격차가 심화되는 현상을 말한다. 따라서 정보격차의 주체에 따라 성별 간, 계층 간, 지역 간 정보격차가 존재하며, 격차가 발생하는 정보의 종류에 따라 아날로그 정보 격차와 디지털 정보 격차, 일상생활 정보 격차와 업무 관련 정보 격차가 있을 수 있다. 또한 정보격차의 심화정도에 따라 정보접근 및 이용이 불편한 정보취약, 정보접근이 원천적으로 불가능한 정보단절, 그리고 집단 간 정보보유의 현격한 격차로 인해 발생하는 정보계층화 혹은 정보계급화 등이 있을 수 있으며, 마지막으로 정보 유통의 여러 측면에 따라 정보접근격차, 정보활용격차, 정보생산격차 등이 존재한다. 이와 같이 정보격차는 여러 시각과 차원에서 다양하게 정의되고 있음으로 사용자의 목적과 의도에 따라 한정적으로 개념정의 될 수 있다. 주요 선진국에서 표현된 정보격차를 살펴보면 〈표 8-1〉과 같다.

이를 종합하면 "정보에 접근하여 이를 활용하는 집단이 있는 반면 그렇지 못한 집단이 존재하는 상황"으로 정보격차를 정의할 수 있고, 이러한 정보격차를 반드시 해결해야 할 문제로 인식하고 있음을 알 수 있다.

3. 정보격차에 따른 사회문제

향후 정보화에 따른 정보격차 현상이 해소되지 않는다면 구체적으로 어떤 문제가 발생할 수 있을까? 먼저 생각할 수 있는 것은 **'정보의 부익부 빈익빈 현상'**이다. 정보사회에서 정보 부자는 정보통신기기를 이용 또는 활용하여 앞으로 보다 양질의 보다 많은 정보를 갖게 되고, 정보빈자는 정보 면에서 상대적으로 더욱 가난한 사람이 된다. 문제는 거기서 그치지 않고, 정보 부자가 그러한 지식과 정보 자산에 기반하여 정보빈자에 비해 더욱 우월한 정치적·경제적 혹은 사회문화적인 힘과 영향력을 갖게 되는 데 있다. 따라서 사회적 불평등이 더욱 심화될 수 있는 것이다. 이미 사회경제적 지위가 높고 영향력이 큰 사람들이 정보 부자의 반열에 있고, 그러한 정보 부자들이 정보통신기술에 보다 용이하게 접근하여 얻은 정보와 지식의 힘에 의해 다시 더 높은 지위와 영향력을 갖게 됨으로써 불평등 구조의 악순환이 반복되는 결과를 가져오게 된다. 그에 따라 정보빈자 또는 정보취약계층은 여전히 사회경제적 빈자인 동시에 정보취약계층으로 남아 계속 정보사회의 부적응 집단으로 전락할 위험에 놓이게 된다.

그 다음에 자연스럽게 생각할 수 있는 것이 정보빈자와 정보취약계층이 결과적으로 사회적 부적응을 넘어 어느 시점에 이르러 **'새로운 사회적 불만 세력으로 집단화, 조직화될 수 있다'**는 점이다. 이로써 정보격차가 새로운 사회적 갈등의 중요한 원인으로 비화될 수 있으며 산업사회가 물질적 빈자로서 노동자를 조직화하게 함으로써 사회적 갈등의 핵심 원인을 창출했던 것과 마찬가지로, 정보사회에서는 정보빈자이자 동시에 물질적 빈자인 새로운 사회적 불만세력을 만들어낼 수 있는 가능성이 있다.

산업사회에서의 부적응자들이 여러 가지 사회적 일탈과 병리의 원천이 되었음을 생각해 볼 때, 정보사회에서의 부적응자들 역시 새로운 형태의 사회적 일탈과 사회병리의 생성자가 될 수 있는 것이다. 또한 불평등 구조가 항상 사회적 저항 세력의 타당한 항변 논거가 되어 왔듯이, 정보격차로 인한 불평등 구조 역시 또 다른 사회적 저항과 갈등의 잠재적 원인이 될 수 있다. 정보사회에서는 자신에게 필요한 정보로부터의 소외가 곧 경제적 소외이자 사회문화적 소외이며 나아가 존재 자체로부터의 소외라는 논리를 갖고 있기 때문이다.

또한 정보격차는 **'사회 복지와 인권 차원에서도 심각히 고려되어야 할 문제'**이다. 정보격차는 정보사회의 이상인 정보복지 실현을 위협하는 현상이며, 결과적으로는 정보사회의 기본적인 인권 보장에도 적대적인 현상으로 나타난다. 정보사회에서는 충분한 정보 취득과 이용을 통한 정치 참여와 경제적 안정의 확보도 중요하지만, 인간으로서의 기본적인 삶을 향유하기 위한 최소한의 조건을 갖추게 한다는 점이 더 중요하다. 정보사회에서는 많은 일들이 사이버 공간이나 온라인을 통해 이루어지고 있다.

실제 공간에서 이루어지던 많은 일과 놀이들이 정보공간으로 대체되어 가고 있다. 그러다 보니 필요한 정보통신기기들을 보유하고 이를 제대로 다루는 것이 점차 기본적인 삶을 영위하기 위해 필요한 조건으로 변해가고 있다. 인터넷을 비롯한 정보통신기기에 접근하기 어렵거나 이를 다루지 못하는 것은 현실적으로 가능한 여러 가지 활동과 여가 활용을 제대로 못하게 만드는 결과를 가져오기도 한다.

정보취약계층은 이러한 점에서 정보사회가 주는 여러 가지 긍정적인 혜택으로부터도 소외되는 입장에 놓여 있는 셈이다. 이제까지의 전통적인 사회복지가 물질적 소외로부터의 최소한의 구제에 주된 초점이 맞추어졌다면, 새로운 정보사회의 사회복지는 사회 구성원들에게 그들의 기본적인 행복권을 추구할 수 있는 한 조건으로서 정보기기에의 접근과 이용 및 그들의 기본적인 삶의 영위에 실질적으로 도움이 되는 정보제공 등을 가능하게 함으로써 정보복지를 실현하는 일이 그만큼 중요하게 될 것이다.

그리고 정보격차의 문제는 한 사회 내에 존재하는 문제임과 동시에 국제적인 수준에서도 비슷한 문제들을 예견케 한다. 즉 정보의 부익부 빈익빈 현상은 특정 국가나 사회 내의 여러 계층 간에 존재하는 현상일 뿐 아니라 국가 간에도 엄연히 혹은 더욱 심각하게 존재하고 있다는 점이다. 정보부국과 정보빈국 간의 정보격차 역시 심각한 수준에 있으며, 이러한 정보 불평등이 국가 간 기존의 불평등 구조를 더욱 심화시키는 요인이라는 지적이 만만치 않다. 특히 국제적인 차원에서 수행된 정보격차에 대한 여러 연구에서는 전 세계적인 인터넷 이용자의 꾸준한 증가 추세에도 불구하고 각종 인터넷 도메인은 물론, 호스트 컴퓨터의 97%가 선진국에 위치하고 있음을 지적하고 있다.

또한 사이버 공간에는 영어로 된 웹 문서들이 압도적인 비율을 차지하고 있다는 점도 중요한 문제점으로 지적되고 있다. 이로 인하여 많은 인터넷 이용자들이 자신에게 필요한 디지털콘텐츠를 자국어보다 영어권 웹사이트에서 구하는 혹은 구해야 하는 상황에 놓여 있다. 이러한 상황은 정보가 곧 국력이고 부의 원천인 정보사회에서 선후진국 간의 기존의 격차를 더욱 심화시키고, 디지털 정보사회에서의 새로운 문화종속 현상과 정보제국주의, 언어제국주의 등을 강화시킴으로써 또 다른 국제적 긴장과 갈등을 촉발시킬 수 있다.

제3절 우리나라의 정보격차 현황

1. 정보선도계층과 취약계층 간 정보격차 현황

4대 정보취약계층(장애인·장노년층·농어민·저소득층)과 정보선도계층(일반 국민·20대·사무직·고소득층) 간 정보격차지수는 접근·역량·활용 등 모든 부문에서 전년에 비해 감소한 것으로 나타나, 정보취약계층과 선도계층 간 정보격차가 완화된 것으로 분석되었다. 접근·역량·활용 부문별 정보격차 수준의 종합 측정 요약치인 종합 격차지수를 기준으로 했을 때, 소득 간 격차지수 감소폭이 8.6점으로 가장 크며, 그 다음으로는 연령 간(8.4점↑), 직업 간(7.9점↑), 장애유무 간(7.7점↑) 등의

〈표 8-2〉 선도 및 취약계층 간 부문별 정보격차지수

(단위: 점)

구분	접근격차지수		역량격차지수		양적 활용 격차지수		질적 활용 격차지수		종합격차지수	
	'04년	'05년	'04년	'05년	'04년	'05년	'04년	'05년	'04년	'05년
장애유무 간 (일반국민 대 장애인)	27.0	22.4	58.9	50.0	51.1	41.4	54.5	46.9	42.5	34.8
전년 대비 감소폭	4.6↓		8.9↓		9.7↓		7.6↓		7.7↓	
연령 간 (20대 대 50대 이상)	33.7	26.5	82.3	76.7	74.1	66.4	79.3	70.3	59.1	50.7
전년 대비 감소폭	7.3↓		5.6↓		7.7↓		9.0↓		8.4↓	
직업 간 (사무직 대 농어민)	48.7	42.1	81.7	75.0	76.5	68.0	80.5	74.5	66.2	58.3
전년 대비 감소폭	6.6↓		6.7↓		8.5↓		6.0↓		7.9↓	
소득 간 (고소득층 대 저소득층)	38.9	30.2	50.1	41.7	46.3	38.6	50.7	43.0	44.4	35.85
전년 대비 감소폭	8.7↓		8.4↓		8.7↓		7.7↓		8.6↓	

자료: 한국정보문화진흥원, 백서의 정보격차지수 조사 자료임

순으로 격차지수 감소폭이 크게 나타났다.

- 접근격차지수: 접근격차지수는 전체 국민의 접근지수(접근 부문의 정보화수준 측정 점수)를 100으로 할 때 전체 국민 대비 취약계층의 접근지수 수준을 측정하여 전체 국민과 취약계층 간 접근지수의 격차로 산출된다. 접근격차지수는 100(점)에 가까울수록 전체 국민과 취약계층 간 정보접근격차가 큰 것을 의미한다. 접근지수는 '컴퓨터·인터넷 이용 필요 시 접근가능성', '컴퓨터 기종 및 인터넷 접속 속도', '정보통신기기 보유 정도' 측정 항목을 가중 계산하여 산출한다.

- 역량격차지수: 역량격차지수는 전체 국민의 역량지수(역량 부문의 정보화수준 측정 점수)를 100으로 할 때 전체 국민 대비 취약계층의 역량지수 수준을 측정하여 전체 국민과 취약계층 간 역량지수의 격차로 산출된다. 100(점)에 가까울수록 전체 국민과 취약계층 간 정보역량격차가 큰 것을 의미한다. 역량 부문의 정보화수준을 의미하는 역량지수는 '컴퓨터 사용능력' 및 '인터넷 사용능력' 측정 항목을 가중 계산하여 산출한다.

- 활용격차지수: 양적 활용격차지수는 전체 국민의 양적 활용지수(양적 활용 부문의 정보화수준 측정 점수)를 100으로 할 때 전체 국민 대비 취약계층의 양적 활용지수 수준을 측정하여 전체 국민과 취약계층 간 양적 활용지수의 격차로 산출된다. 100(점)에 가까울수록 전체 국민과 취약계층 간 양적 정보활용격차가 큰 것을 의미한다. 양적 활용지수는 '컴퓨터 및 인터넷 사용여부'와 '하루 평균컴퓨터 및 인터넷 사용시간' 측정 항목을 가중 계산하여 산출한다.

2. 장애유무별 정보격차 현황

장애유무 기준, 정보선도계층인 일반 국민과 정보취약계층인 장애인계층 간 부문별 정보격차지수는 접근·역량·활용 등 모든 부문에서 전년에 비해 감소한 것으로 나타나, 일반 국민과 장애인계층 간 정보격차가 완화된 것으로 분석되었다. 일반 국민과 장애인계층 간 종합 격차지수는 전년 대비 7.7점 감소하였는데, 이는 일반 국민의 종합 정보화수준을 100으로 할 때, 일반 국민 대비 장애인의 종합 정보화수

〈표 8-3〉 일반국민과 장애인 계층 간 부문별 정보격차지수

구분	2004년		2005년		전년 대비 격차지수 하락폭(점)
	격차지수(점)	일반국민 대비 수준(%)	격차지수(점)	일반국민 대비 수준(%)	
접근	27.0	73.0	22.4	77.6	4.6↓
역량	58.9	41.1	50.0	50.0	8.9↓
양적 활용	51.1	48.9	41.4	58.6	9.7↓
질적 활용	54.5	45.5	46.9	53.1	7.6↓
종합	42.5	57.5	34.8	65.2	7.7↓

준이 '04년 57.5%에서 '05년 65.2%로 전년 대비 7.7% 상승한 것을 의미한다.

일반 국민과 장애인계층 간 부문별 전년 대비 격차지수 감소폭은 양적 활용 부문(9.7점↓), 역량 부문(8.9점↓), 질적 활용 부문(7.6점↓), 접근 부문(4.6점↓) 등의 순으로 나타나, 양적 활용 부문에서 일반 국민 대비 장애인 계층의 정보화수준이 가장 크게 상승하였다.

3. 성별 정보격차 현황

남성과 여성 간 부문별 정보격차지수는 접근·역량·활용 등 모든 부문에서 전년에 비해 감소한 것으로 나타나, 성별 정보격차가 완화된 것으로 분석되었다. 남성과 여성 간 종합 격차지수는 전년 대비 3.0점 감소하였는데, 이는 남성의 종합 정보화 수준을 100으로 할 때, 남성 대비 여성의 종합 정보화 수준이 '04년 81.8%에서 '05년 84.8%로 전년 대비 3.0% 상승한 것을 의미한다. 남성과 여성 간 부문별 전년 대비 격차지수 감소폭은 질적 활용 부문(5.3점↓), 양적 활용 부문(3.9점↓), 역량 부문 (2.8점↓), 접근 부문(0.9점↓) 등의 순으로 나타나, 질적 활용 부문에서 남성 대비 여성의 정보화수준이 가장 크게 상승하였다.

<표 8-4> 남성과 여성 간 부문별 정보격차지수

구분	2004년		2005년		전년 대비 격차지수 하락폭(점)
	격차지수(점)	남성 대비 수준(%)	격차지수(점)	남성 대비 수준(%)	
접근	7.5	92.5	6.6	93.4	0.9↓
역량	28.3	71.7	25.5	74.5	2.8↓
양적 활용	23.5	76.5	19.6	80.4	3.9↓
질적 활용	26.0	74.0	20.7	79.3	5.3↓
종합	18.2	81.8	15.2	84.8	3.0↓

4. 연령별 정보격차 현황

연령 기준, 정보선도계층인 20대와 정보취약계층인 50대 이상 장·노년층 간 부문별 정보격차지수는 접근·역량·활용 등 모든 부문에서 전년에 비해 감소한 것으로 나타나, 20대와 50대 이상 장·노년층 간 정보격차가 완화된 것으로 분석되었다. 20대와 50대 이상 장·노년층 간 종합 격차지수는 전년 대비 8.1점 감소하였는데, 이는

<표 8-5> 20대와 50대 이상 연령층 간 부문별 정보격차지수

구분	2004년		2005년		전년 대비 격차지수 하락폭(점)
	격차지수(점)	남성 대비 수준(%)	격차지수(점)	남성 대비 수준(%)	
접근	42.9	57.1	34.2	65.8	8.7↓
역량	89.7	10.3	85.3	14.7	4.4↓
양적 활용	82.3	17.7	76.0	24.0	6.3↓
질적 활용	87.5	12.5	80.5	19.5	7.0↓
종합	70.6	29.4	62.5	37.5	8.1↓

20대의 종합 정보화수준을 100으로 할 때, 20대 대비 50대 이상 장·노년층의 종합 정보화수준이 '04년 29.4%에서 '05년 37.5%로 전년 대비 8.1% 상승한 것을 의미한다. 20대와 50대 이상 장·노년층 간 부문별 전년 대비 격차지수 감소폭은 접근 부문(8.7점↓), 질적 활용 부문(7.0점↓), 양적 활용 부문(6.3점↓), 역량 부문(4.4점↓) 등의 순으로 나타나, 접근 부문에서 20대 대비 50대 이상 장·노년층의 정보화수준이 가장 크게 상승하였다.

5. 직업별 정보격차 현황

정보선도계층인 사무직(전문직 포함)의 부문별 정보화수준을 100으로 하여 사무직 대비 직업군별 정보화수준을 분석한 결과, 사무직과 학생의 부문별 정보화수준은 비슷한 수준이며 사무직 대비 농어민·생산직·주부·무직층의 정보화 수준이 특히 낮게 나타났다. 접근 부문에 비해 역량 및 활용 부문에서 사무직과 타 직업군 간 정보화수준 차이가 컸으며, 농어민·생산직·주부·무직층의 정보 역량 및 활용수준은 사무직의 절반에도 못 미치는 수준으로 나타났다.

정보선도계층인 사무직 대비 취약계층인 농어민의 부문별 정보화수준을 비교했

<표 8-6> 사무직 대비 직업별 정보화 수준

구분	종합 부문	접근 부문	역량 부문	양적 활용 부문	질적 활용 부문
농어민	31.0	51.3	16.0	22.1	15.6
서비스/판매직	73.0	90.5	56.0	68.1	57.5
생산직	61.6	85.3	42.7	53.7	39.1
전문/사무직	100.0	100.0	100.0	100.0	100.0
주부	57.8	82.6	36.3	49.2	37.2
학생	98.9	99.7	104.6	98.4	92.5
무직/기타	44.1	63.9	30.8	36.4	26.0

을 때, 접근 부문의 정보화수준보다 역량 부문의 정보화수준은 3.2배, 양적 활용 부문의 정보화수준은 2.3배, 질적 활용 부문의 정보화수준은 3.3배 낮은 수준이다. 사무직 대비 농어민의 접근 부문 정보화수준은 51.3%인 반면, 역량 부문은 2사무직의 16.0%, 양적 활용 부문은 22.1%, 질적 활용 부문은 15.6% 수준에 불과하였다.

6. 학력별 정보격차 현황

1) 고학력층과 저학력층 간 부문별 격차지수

정보선도계층인 고학력층(대졸 이상)과 정보취약계층인 저학력층(중졸 이하) 간 부문별 정보격차지수는 접근·역량·활용 등 모든 부문에서 전년에 비해 감소한 것으로 나타나, 고학력층과 저학력층 간 정보격차가 완화된 것으로 분석되었다. 대졸 이상의 고학력층과 중졸 이하의 저학력층 간 종합 격차지수는 전년 대비 4.9점 감소하였는데, 이는 고학력층의 종합 정보화수준을 100으로 할 때, 고학력층 대비 저학력층의 종합 정보화수준이 '04년 56.1%'에서 '05년 61.0%'로 전년 대비 4.9% 상승한 것을 의미한다.

고학력층과 저학력층 간 부문별 전년 대비 격차지수 감소폭은 질적 활용 부문(6.1점↓), 접근 부문(5.6점↓), 역량 부문(4.9점↓), 양적 활용 부문(1.8점↓) 등의 순으

〈표 8-7〉 고학력층과 저학력층 간 부문별 정보격차지수

구분	2004년		2005년		전년 대비 격차지수 하락폭(점)
	격차지수(점)	남성 대비 수준(%)	격차지수(점)	남성 대비 수준(%)	
접근	28.1	71.9	22.5	77.5	5.6↓
역량	51.6	48.4	46.7	53.3	4.9↓
양적 활용	50.3	49.7	48.5	51.5	1.8↓
질적 활용	59.5	40.5	53.4	46.6	6.1↓
종합	43.9	56.1	39.0	61.0	4.9↓

로 나타나, 질적 활용 부문에서 고학력층 대비 저학력층의 정보화수준이 가장 크게 상승하였다. 격차지수 감소폭은 전년에 비해 상승한 저학력층의 고학력층 대비 정보화수준을 의미한다.

2) 고학력층 대비 학력별 정보화 수준

정보선도계층인 고학력층(대졸 이상)의 부문별 정보화수준을 100으로 하여 고학력층 대비 학력별 정보화수준을 분석한 결과, 저학력일수록 고학력층 대비 정보화수준이 낮아지며, 중졸 이하 학력층에서 고학력층 대비 정보화수준이 크게 낮아지는 경향을 보였다. 또한 접근 부문에 비해, 역량 및 활용 부문에서 저학력층으로 갈수록 고학력층 대비 정보화수준이 크게 낮아졌다.

정보선도계층인 고학력층 대비 취약계층인 저학력층의 부문별 정보화수준을 비교했을 때, 접근 부문의 정보화수준보다 역량 및 양적 활용 부문의 정보화수준은 1.5배, 질적 활용 부문의 정보화수준은 1.7배 낮은 수준이다. 고학력층 대비 저학력층의 접근 부문 정보화수준은 77.5%인 반면, 역량 부문은 고학력층의 53.3%, 양적 활용 부문은 51.5%, 질적 활용 부문은 46.6% 수준에 그쳤다.

<표 8-8> 고학력층 대비 학력별 정보화 수준

(단위: %)

구분	종합 부문	접근 부문	역량 부문	양적 활용 부문	질적 활용 부문
중졸 이하	61.0	77.5	53.3	51.5	46.6
고졸	81.6	94.4	70.0	77.7	68.6
대졸 이상	100.0	100.0	100.0	100.0	100.0

7. 가구소득별 정보격차 현황

정보선도계층인 고소득층(월 가구소득 400만 원 이상)의 부문별 정보화수준을 100으로 하여 고소득층 대비 소득 계층별 정보화수준을 분석한 결과, 월 가구소득이

〈표 8-9〉 고소득층 대비 소득별 정보화 수준

(단위: %)

구분	종합 부문	접근 부문	역량 부문	양적 활용 부문	질적 활용 부문
기초생활수급층	51.8	62.7	43.0	48.0	39.3
100~199만 원	63.3	78.7	50.6	58.1	45.3
200~299만 원	85.5	94.2	78.9	83.6	72.6
300~399만 원	95.2	99.4	91.6	95.2	87.6
400만 원 이상	100.0	100.0	100.0	100.0	100.0

낮을수록 고소득층 대비 정보화수준이 낮아지며, 월 가구소득 200만 원 미만 거주층부터 고소득층 대비 정보화수준이 크게 낮아지는 경향을 보였다. 또한 접근 부문에 비해, 역량 및 활용 부문에서 저소득층으로 갈수록 고소득층 대비 정보화수준이 크게 낮아졌다.

정보선도계층인 고소득층 대비 취약계층인 저소득층의 부문별 정보화수준을 비교했을 때, 접근 부문의 정보화수준보다 역량 및 양적 활용 부문의 정보화수준은 1.5배, 질적 활용 부문의 정보화수준은 1.6배 낮은 수준이다. 고소득층 대비 저소득층의 접근 부문 정보화수준은 62.7%인 반면, 역량 부문은 고소득층의 43.0%, 양적 활용 부문은 48.0%, 질적 활용 부문은 39.3% 수준에 그쳤다.

8. 종합 분석

전체 국민과 취약계층 간 정보격차 수준이 감소한 결과와 마찬가지로, 정보선도계층과 취약계층 간 정보격차 수준도 전년에 비해 접근·역량·활용 등 모든 부문에서 감소한 것으로 나타나, 정보격차 해소정책이 소기의 성과를 거두고 있는 것으로 분석되었다. 정보선도계층과 취약계층 간 정보격차 수준이 모든 부문에서 전년에 비해 감소했으나, 아직까지 정보선도계층 대비 취약계층의 종합 정보화수준은 40%~60% 수준에 머물고 있는 것으로 나타났다.

장애유무 간(일반국민 대 장애인)·소득 간(월 가구소득 400만 원 이상 대 기초생활수급층)·학력 간(대졸 이상 대 중졸 이하)·성별(남 대 여) 정보격차 수준에 비해 연령 간(20대 대 50대 이상)·직업 간(사무직 대 농어민) 정보격차 수준이 상대적으로 더 크게 나타났으며, 정보선도계층과 취약계층 간 부문별 정보격차 수준을 비교했을 때, 접근 부문의 격차에 비해 역량 및 활용 부문의 격차가 2배 정도 큰 것으로 분석되었다.

제4절 정보격차 해소정책의 문제점

1. 초고속망 구축, 정보이용시설 설치, PC보급 등 정보화에 필요한 기본적 환경은 조성되었으나, 평등한 정보접근 기회실현을 위해서는 정보접근 환경의 고도화 및 다변화가 필요하다.
   1) 일부 농어촌지역(약 10만 가구) 등은 초고속인터넷 서비스를 이용하지 못하고 있는 실정이다.
   2) 전국 읍·면·동 지역의 99.7%(8,263개소)에 설치한 정보이용시설의 특화 및 상호협력체제의 미비로 인해 이용활성화 및 내실화가 미흡하다.
   3) 정보통신보조기기 수요에 비해 보급이 미비한 실정이며, 정보통신기기, S/W 등을 설계·제작하거나 정보통신서비스 제공시에 정보통신 접근성(Accessibility)에 대한 배려가 부족하다.

2. 정보화 교육의 경우, 기초 및 중급 교육 위주로 진행되어 취약계층의 정보활용 활성화, 사회참여 확대, 소득 증대 등 실질적인 정보화 혜택은 미흡한 실정이다.
   1) S/W이용법 위주로 추진된 중급 활용교육은 유·무선 인터넷 기반의 정보생활 영위와 직접적인 연계성이 부족하여 개인 정보화 달성 및 성과창출에는 다소 미흡하다.
   2) 정보화교육 희망자 중심의 교육을 진행함에 따라 정보사회 참여의지가 없는 계층의 편입을 유도하는 장치가 부족하다.
   3) 실생활에서의 정보활용을 통해 삶의 질을 개선하는 데 필요한 장애인, 노인

등에 특화된 다양한 콘텐츠 개발·보급이 부족하다.

3. 정보격차 해소 국제협력사업의 경우, 수혜 대상 국가에 비해 사업규모가 적어 수요에 적절히 대응하지 못하고 있다.

  1) IT 강국으로서 한국의 위상에 걸맞은 국제사회의 정보격차 해소지원 및 IT 시장 선점을 위한 국제협력 노력이 주요 선진국에 비해 부족하다.

4. 부처 간 업무협력 체계 부족으로 정책집행과정에서의 통합·조정이 이루어지지 못함으로써 정책 사각지대·중복지대가 발생하고 있다.

  1) 부처 간 상호 업무협의 및 미비점 보완 등을 종합·조정할 수 있는 시스템적 관리체계가 미비하다.

  2) 정책집행 이후 면밀한 평가 피드백을 통한 개선과제 도출 등의 사후 평가 작업이 적어, 효과적인 정책으로의 진전이 미흡하다.

  3) 사회적 이슈인 정보격차를 효과적으로 해소할 수 있는 기업, 시민단체 등 민간의 적극적인 참여가 부족하다.

제5절 선진국의 정보통신정책 및 정보격차

1. 유럽

전 세계 인구의 12.3%가 분포해 있는 유럽은 역내 전체인구 중 38.9%가 인터넷 이용자이며, 이는 전 세계 인터넷 이용자 중 28.3%에 해당한다. 정보통신기술을 통하여 '모두를 위한 정보사회(An Information for All)'를 지향하는 유럽사회는 미국과의 정보격차를 좁히기 위해 유럽연합(EU) 등 역내 국가 간 연합 차원에서 'eEurope' 등의 정보화 종합계획을 구상하고, 이에 기반하여 개별 회원국의 전략을 연계하는 방식으로 정보격차 해소를 추진하고 있다.

1) 덴마크

덴마크는 최근 WEF와 EIU에서 실시한 네트워크준비지수 및 전자준비 지수에서 각각 세계 1위를 차지한 정보선진국으로서 '모두를 위한 정보통신기술(ICT for all)'을 슬로건으로 하는 정보격차 해소의 중요성을 정책전반에서 강조해왔다. 특히 2006년도 덴마크의 정보격차 해소정책 목표는 'IT and Telecommunications Policy Report 2006'에 잘 반영되어 있는데, 공공지식서비스에 대한 접근성 제고, ICT 역량 측정 지표 마련, 국가 이러닝(e-Learning) 전략 수립, 안전한 인터넷 이용 전략 추진을 목표로 정보격차 해소정책을 추진하였다.

취약계층으로서 장애인을 위한 장애인 전용 소프트웨어 개발에 관심을 가지고 음성을 인식하여 기계가 받아 적는 형태로 구현된 STT(Speech-To-Text) 기술개발을 추진하였으며, 정보의 신속하고 광범위한 검색을 위하여 대국민 지식포털서비스 구축을 위한 이니셔티브를 추진하였다. 또한, 국민의 ICT 리터러시 향상을 위하여 교육부, 과학부 등의 정부부처와 각 대학 간 공동협력망을 구축하여 이러닝의 포괄적 확산을 위한 노력을 경주하고 있다.

2) 영국

영국의 조사기관 포인트 토픽(Point Topic)은 2006년 6월, 영국의 정보격차가 심화되고 있다는 조사 결과를 발표했다. 이 조사에 따르면, 영국 전체 가구의 44%(1,120만 가구)가 인터넷서비스에 가입하지 않았으며, 이들 가구의 70%가 인터넷에 관심이 없거나 향후 서비스 가입의사조차 없는 것으로 나타났다. 이러한 조사결과는 2005년 중반 50%에서 늘어난 것으로서 인터넷 보급이 확산됨에 따라 초고속인터넷 환경의 사각지대에 놓인 소외계층의 저항감이 더욱 심해질 것으로 전망된다.

포인트 토픽은 또한 소외계층의 인터넷 비이용 이유를 인터넷의 필요성이나 흥미 부족, 컴퓨터가 없거나 인터넷 이용요금 납부능력 부재, 인터넷 사용법을 몰라서 등의 세 가지 유형으로 분류했다. 그러나 세 가지 문제가 모두 해소될 경우에도 인터넷 사용의 의지를 표한 응답자가 16%에 불과한 것으로 조사됐다. 정보격차의 문제점에 대한 인식은 그 이전의 연구에서도 찾아볼 수 있다.

영국의 정보격차 현황 및 미래를 전망한 보고서 *The Digital Divide in 2025*(The Future Foundation, 2004)에서는 2025년경 영국에서 2,300만 명이 정보 소외계층으로 남아 있을 것이며, 고령층 증가로 이러한 정보소외 경향이 더욱 지속될 것으로 전망했다. 또한, 상대적으로 저소득층의 정보격차 해소는 완화되는 반면 장애인의 정보화 배제상태는 심화될 것이라고 제시하고 있다. 이러한 취약계층의 정보격차 심화 전망에 대한 경각심을 인식한 영국 정부는 지난 2005년 정보격차 해소 3개년 계획인 「Connecting the UK」를 발표하는 등 정보격차 해소를 위한 국가적 노력을 경주하고 있다. 특히, 2006년도 영국 정부는 계획을 보다 구체적으로 실행하기 위한 실천계획들을 구상하여 지역 및 장애인, 고령층 등 취약계층 정보격차 해소를 위한 세부계획들을 추진했다.

3) 스웨덴

스웨덴은 네트워크준비지수 세계 2위(WEF 발표, 2007.03), 전자준비지수 세계 2위(EIU 발표, 2007.04) 등 최근 매섭게 정보화 질주를 하고 있는 북유럽 국가의 트렌드에 동참하여 IT를 통한 국가사회적 통합발전을 도모하고 있다. 또한 스웨덴 정부는 2006년도 정보통신정책 추진방향을 전년도의 '모두를 위한 지속가능한 정보 사회'에서 '정보사회를 위한 정책(From IT Policy for Society for IT Society)'으로 전환함으로써 모든 스웨덴 국가 내 정부부처가 정책수립과정에서 IT의 중요성을 포함할 것을 강조하였다.

또한, 2006년 국가정보화전략상 액션플랜을 통하여 정보격차 해소의 중요성을 강조하면서, 정부 차원에서 각 정부 부처별 정보화정책 추진 과정에서 반드시 장애인, 고령층, 서로 다른 언어와 문화를 가진 집단, 성 평등, 교육 및 민주적 절차를 포함할 것을 지시하였다. 다른 유럽 국가들보다 ICT에 대한 국가적 투자가 높은 나라인 스웨덴은 모바일, PC 및 인터넷접근성과 함께 최근 브로드밴드 접근성이 크게 향상되고 있으며, 인터넷을 통하여 국제거래뿐만 아니라 상업 및 사회적으로 많은 온라인서비스가 제공되면서 기존 소규모 소매상, 은행 및 우체국 등의 규모는 축소되는 추세이다.

이러한 기존 거래형태의 변화와 함께 고령층이 주로 이용해 온 건강센터 및 고령층에 대한 지역서비스 방식도 변화하여 정부차원에서 24시간 온라인 서비스를 추진하고 있으며, 이에 따라 새로운 ICT에 대한 접근성은 사회적인 기본 요소가 됐다. 특히, 고령층의 정보격차 해소를 위하여 운영되고 있는 스웨덴 시니어넷(SeniorNet Sweden)은 55세 이상 장노년층을 대상으로 하는 비영리적·비정치적 네트워크 커뮤니티로서 전체 가입자 중 70세 이상이 20%를 차지한다.

2. 북미

1) 미국

미국은 1996년 클린턴 정부 이후 정보화에서 배제된 청소년들은 고용과 교육의 기회를 얻지 못할 것이라는 주장 아래 정보격차 해소를 위한 연방차원의 노력을 강력하게 전개해 왔다. 학교, 공공도서관, 병원 등에서 저렴한 비용으로 인터넷에 접속할 수 있는 정책들을 추진해 왔고, 저소득 가정에 대하여 컴퓨터와 인터넷접속 등의 환경마련을 위한 자금지원을 해왔다. 또한 지역정보접근센터에 대한 정보화교육 지원업체에 대하여 세금감면을 실시하기도 하였다.

그 결과 미국의 10대 청소년들 대부분이 인터넷을 이용하게 되었으며, 지난 2006년 미국의 생활실태 조사연구기관인 퓨인터넷(Pew Internet)의 조사에 따르면 12~17세 청소년 중 90% 이상이 인터넷을 이용하는 것으로 나타났다. 미국 내 인종별 인터넷 이용도 향상됐다.

- IT를 기반으로 높은 교육수준을 달성하고 시민의 사회참여 능력을 향상시켜 지역경제의 높은 성장 실현
- 모든 가정에서 초고속 통신망에 연결된 최신 컴퓨터 및 IT 활용능력을 갖춤으로써 일자리 창출, 원격교육, 정부 자원에 대한 자유로운 접근 및 커뮤니티 결성 등의 개선효과
- 학교, 공공 인터넷이용센터, 대학 등에서 지역 내 정보화 능력 향상을 위한 협력관계 구축

2) 캐나다

캐나다 정부는 브로드밴드 접속으로 발생하는 경제사회적 혜택의 중요성을 크게 인식하면서 민간 및 공공분야에서 새로운 ICT 서비스 및 응용을 위한 브로드밴드 정책 수립에 주목하고 있다. 특히, 캐나다의 정보소외 지역인 시골과 북부 지역에 대하여 브로드밴드 접근성 향상정책을 실시함으로써 교육 및 건강복지, 사업기회, 낙후지역 발전 및 문화향유 기회제공 등 다양한 정보기회를 기대하고 있다. 캐나다 정보통신정책의 성과분석 보고서(*Telecommunications Policy Review Panel Final Report 2006*)에 따르면, 다음과 같이 캐나다의 정보격차 해소정책 방향을 요약할 수 있다.

먼저, 2010년까지 유비쿼터스 브로드밴드 국가 실현을 위하여 캐나다 내 가구의 98%를 브로드밴드 접속가구로 만들겠다는 것이다. 그러나 전문가들은 이를 위한 선결조건으로 시골이나 낙후지역에 대한 정부의 투자와 정책지원이 적극적으로 경주될 필요가 있다고 제언한다. 또한 정부의 정책방향은 경제적 낙후지역의 브로드밴드 확장에 집중될 수 있도록 전문적이고 새로운 정부지원 프로그램이 다양하게 마련되어야 할 것이라는 데 의견을 모으고 있다.

3. 아시아·오세아니아

1) 일본

일본의 정보화정책은 MIC(Ministry of Internal Affairs and Communications)에서 담당하는데, 여기서 e-Japan 정책에 이어, 2004년에 u-Japan 정책을 선언하였다. u-Japan 정책에는 2010년까지의 중기 ICT 정책 비전으로 '세계 최고의 IT 선도국으로의 성장'을 표방하고 있다. 이와 같은 u-Japan 정책 실현에 따르는 경비 삭감 효과를 경제적 측면에서 보면, 연간 마을별 50.1만 엔(인구밀도가 높은 마을의 경우에는 530만 엔)에 이를 것이라고 전망하였다.

특히, e-Japan 추진을 통해 일본 내 초고속인터넷 서비스 보급률이 2005년 말 93.4%로 성장하여 인터넷 가입자 수 2위를 달성하였으나, 급속한 인터넷 인프라 지원에 따라 발생하는 정보격차의 문제를 절감하여 u-Japan을 통해 오는 2008년까지 브로드밴드 제로 마을 해소 및 2010년까지 전국 모든 지역의 브로드밴드를 실현하고자 정책을 수립하였다.

즉, 일본은 2008년까지 모든 현과 시에 브로드밴드 기반을 조성하고 2010년까지 전국 브로드밴드 기반 완료 및 90% 이상 차세대 쌍방향 브로드밴드 네트워크 보급 달성을 추진하였다. 또한 지역 수요에 맞는 ICT 정책의 틀을 마련하기 위한 기금 조성 및 지역 자원의 활용도 개선을 지원하여 지역 내부 인트라넷 기반구조를 구축하고 실행 및 추진하고자 하였다.

한편 연구개발을 촉진하기 위하여 2005년 7월 정보통신위원회가 발표한 UNS(Ubiquitous Network Society) 전략 프로그램에 기반해 연구개발을 장려하였고, 차세대 IP 네트워크·무선 브로드밴드 등 차세대 네트워크 기반 안착을 위한 국제 표준화 촉진 및 RFID태그 활용 및 센서 네트워크 기술 등 유비쿼터스 기술을 활용, 안전한 인터넷 이용환경을 위한 보안기술 개발을 촉진하였다.

일본의 이러한 UNS 전략은 유비쿼터스 기술을 통하여 정보격차 해소와 적극적인 사회문제를 해결하겠다는 것이다. 즉, 유비쿼터스 네트워크 기술을 활용하여 연령, 신체적 조건, 언어, 문화 등의 장벽을 초월하여 모든 사람들이 ICT를 활용하여 원활한 커뮤니케이션을 가능하게 하고, UNS 전략에 포함된 ICT 인프라 개발 및 ICT 기술을 활용하여 고령화 및 저출산 등과 관련하여 발생하는 사회문제를 극복할 수 있는 방안을 모색하겠다는 것이다.

2) 호주

호주 정부는 2002년에 발표한 전자정부 전략 'Better Services, Better Government'의 중간성과를 점검해 수정·보완하여 새로운 환경에 전략적으로 대응하기 위한 2010년 전자정부 비전 달성을 위해 '2006 e-Government Strategy'를 발표하였다. 주요 내용을 보면, 빠르고 편리한 전자정부 서비스 제공을 통해 이용자의 만족도를 향상하고, 신속한 정부서비스 제공으로 국가사업 수행절차의 혁신을 주도하며, 많은 사람들의 전자정부 서비스 이용을 선도하여 효율적 정부를 실현하고, 2010년 전자정부 완성을 위한 공공부문의 서비스 역량을 종합적으로 개선하고자 하였다.

호주의 지역정보격차 해소정책은 브로드밴드 정책을 들 수 있다. 정부차원에서 지방, 시골 및 원거리 지역 간 정보격차 해소를 위해, 인터넷 서비스 업체에 대해 예산을 지원하는 '브로드밴드 정책(Broad Connect)'을 추진하고 있는데, 이 브로드밴드 전략은 2005년 8월에 발표된 호주 정보화 종합대책 'Connect Australia'의 일환으로 추진하는 것이기도 하다. 그 예산 지원 규모는 정보화 전략 예산 11억 달러 중 8억 7천 8백만 달러를 지원하기로 하였다.

Connect Australia의 내용을 살펴보면, 호주 역사상 최대 규모의 지역 정보격차 해소 프로그램으로 지방·시골 및 원거리 지역의 사람들에게 브로드밴드 망을 제공하여 휴대전화 이용권 확대 및 새로운 지역 정보통신 네트워크를 구축하고, 원거리 원주민 사회에 대한 핵심 정보통신서비스 환경을 제공하기 위한 정부전략이다. 한편, 장애인 정보접근 정책으로 NRS(National Relay Service)가 있는데, 호주 정부는 청각 및 언어장애인들에게 호주 릴레이 서비스를 제공, 통신 장치를 통해 커뮤니케이션 문제 해결을 위한 지원한다.

제6절 정보격차 해소의 성과 및 노력사항

우리 정부는 우선 초고속 정보통신망을 구축하고 정보이용시설을 설치, 정보통신기기의 보급 등을 통해 기본적인 취약계층의 정보접근 환경 조성에 기여하였다. 그리고 '1,000만 명 정보화교육(2001~2002.6)' 및 '2단계 정보화교육(2002.7~2006. 12)'을 통해 2,560만 명을 교육하여 정보사회 조기실현과 IT강국으로의 발전에 기여하였다. 또한 정보격차 해소를 위한 국제협력 강화를 통해 글로벌 정보격차 해소 리더로서 위상을 강화하였고 정보격차 해소정책을 체계적이고 효율적으로 추진하기 위한 기본 여건을 조성하였다는 점에서 그 성과를 찾아 볼 수 있겠다.

* 향후 노력사항은

1. 정보격차 해소정책을 통한 사회적 과제해결에 적극 대응해야 한다.
   - 정보격차 해소를 통한 고령화, 경제 양극화, 낮은 국가정보화 투자성과 등 사회적 과제 해결에 적극적으로 대응하여야 한다.
   - 취약계층의 취업 및 소득창출 기회, 사회참여 확대 등 정보화의 실질적 혜택을 주는 정책과 전 국민이 건전하게 인터넷을 활용하도록 유도하는 정책을 병행 추진하여야 한다.

2. 정책 연계 강화를 통해 정책 중복 및 사각지대를 해소해야 한다.
   - 공공 및 민간부문의 추진과제나 사업방식, 실적관리 등에 있어서의 면밀한 상호 연계성 확보를 통해 정책 및 관련 정보를 공유함으로써 정책의 효율적 추진을 위한 체계가 구축되어야 한다.

3. 정보격차 발생을 사전에 예방할 수 있는 체계로 전환해야 한다.
   - 정보격차 문제에 대한 사후적 해소정책에서 사전에 예방할 수 있는 정책으로 전환하기 위해 법·제도적 정비를 추진하여야 한다.
   - 유비쿼터스 사회 진입에 따른 새로운 유형의 격차 발생에 대비한 적극적 예방정책 수립을 위한 연구기능이 강화되어야 한다.

4. 정보격차 해소를 위한 민간협력을 확대해야 한다.
   - 정부주도의 사업방식에서 탈피하여, 기업·비영리기관 등 민간부문이 함께 정보격차 해소를 추진할 수 있도록 민간협력 체계 구축 및 "나눔의 IT문화" 확산 등을 통해 민간의 적극적 참여를 유도하여야 한다.

제2부

전자정부의 행정과 정보보안

제9장

정보사회와 행정

제1절 정보사회의 의미

1. 정보사회

정보사회는 컴퓨터와 통신기술 등 정보기술(information technology)의 발전으로, 정보의 처리·축적·전달 능력이 획기적으로 증대되면서 정보의 가치가 산업사회에서의 물질이나 에너지처럼 중요해지는 사회이다. 컴퓨터의 발전과 함께 정보사회를 가능하게 하는 요인으로는 첫째, 정보처리 기술의 발전과 항공우주, 합성 석유화학, 반도체, 혁신적인 통신산업 등 새로운 산업의 출현, 둘째, 정보매체의 탈 획일화, 셋째, 컴퓨터의 발달로 지적 정보가 가득 찬 환경의 출현, 넷째, 사무부문의 자동화 등을 제시하였다.

이런 정보사회의 촉진 요인은 정보사회에 대한 사회적 수요를 의미하는 필요적 요인(needs)과 정보사회를 가능하게 할 수 있는 정보기술의 발전과 같은 원인적 요인(seeds)을 들 수가 있다. 정보사회의 발전을 위한 필요적 요인은 국민의 욕구 및 가치관의 다양화, 산업사회의 성숙화, 경제 소프트화의 진전, 합리적이고 창의적인 의식 수준의 발전 등과 같은 것이다.

원인적 요인은 정보전달 및 처리수단의 고도화, 다양화, 사회 네트워크화를 가져올 수 있는 전자공학과 통신 기술의 발전이 요구된다. 컴퓨터와 통신기술 등 정보기술의 발전으로, 정보의 처리·축적·전달 능력이 획기적으로 증대되면서 정보의 가치가 산업사회에서의 물질이나 에너지처럼 중요해지는 사회가 곧 정보사회다. 이러한 정보사회의 필요적 요인은 국민의 욕구 및 가치관의 다양화, 산업사회의 성숙화, 경제소프트화 진전, 합리적이고 창의적인 의식수준의 발전 등이며, 원인적 요인으로는 정보전달 및 처리수단의 고도화, 다양화, 사회네트워크화 등 정보기술의 발달을 포함한다.

2. 정보사회 행정의 개념 요약

1) 정보사회와 행정변화의 영향 요인

(1) 행정 외부적 영향

① 컴퓨터 하드웨어의 발달: 반도체의 급속한 발전으로 마이크로 컴퓨터의 처리 능력이 급격하게 향상되고, 분산형 컴퓨터, 네트워크 컴퓨터 등이 출현하였다.
② 컴퓨터 소프트웨어의 발달: 응용프로그램과 운영시스템의 연결 정보기기와 소프트웨어 사이의 연결이 통일된 소프트웨어 및 네트워크의 발전을 이룩함. 광역 LAN, 대규모 VAN, CATV의 광대역 네트워크가 형성되었다.
③ 데이터베이스의 발전: 공동통신망을 통한 보편적 정보이용이 가능해지고, 데이터베이스가 통신망과 연결되었다.

(2) 행정 내부적 영향

① 행정구조와 기능의 확대: 행정기능의 확대와 업무량의 증가에 따라 행정업무를 효율적이고 과학적으로 처리해야 하는 바, 행정업무의 광역화, 국제화에 따

른 지역적 한계를 극복하였다.

② 분권화와 민주화: 분권화에 의한 조직 내의 민주화는 보편적 조직현상으로서 정책결정에 관련된 정보를 획득하려고 한다.

③ 행정공개와 합리성: 정부와 민간 및 국민들 간의 직접적 정보교환과 의사전달로 정부와 기업의 정보자료들이 공개적 공적 자료로 전환되고 사회의 개방화와 정책결정의 합리성 추구는 관련 요인들을 체계적이고 논리적으로 분석할 수 있는 수단과 도구를 요구한다.

④ 능률성과 효과성: 정부의 역할에 대한 기대가 커짐에 따라 행정기구의 팽창과 동시에 정부의 확대에 대한 비판과 통제기능의 증가에 따라서 효율적인 인력관리 및 능률적인 예산 사용을 요구한다.

2) 행정전산화의 필요성

(1) 정책과정의 합리화

① 정보사회가 진행됨에 따라 정부는 정보공개를 전제로 한 개방적인 업무처리를 해야 한다.

② 국민의식 수준의 향상에 따라 행정과 정책과정의 신속한 정보화가 필요하다.

③ 정책과정에의 참여와 대응성 향상에 대한 필요성이 증대한다.

④ 구체적인 정책목표의 설정, 대안의 탐색과 작성, 대안의 분석, 대안의 평가와 선택의 과정을 합리적으로 수행한다.

⑤ 정책을 합리적으로 집행하기 위해 과학적 관리기법을 이용하여 집행의 효율성을 높인다.

(2) 행정업무의 능률성 증대

① 반복적인 업무를 기계화함으로써 인력, 예산, 시간 및 공간의 비용을 절감한다.

② 행정정보의 공동활용 ─ 단순한 육체노동을 감소시키고 전문적인 업무에 종사할 수 있는 시간을 증가시킨다.

(3) 행정서비스 질의 향상

① 행정업무처리의 신속화를 가능하게 한다.
② 형평성의 제고로 누구에게나 동등하게 행정서비스를 한다.
③ 부패근절과 친절한 대민서비스를 증대시킨다.
④ 민원처리의 정확성 제고와 다양한 대민서비스를 개발한다.

(4) 행정업무의 개선

① 창구서비스를 종합화 및 일원화한다.
② 인접지 행정서비스를 가능하게 한다.

제2절 정보사회와 행정

1. 행정정보화의 요인

1) 행정 외부적 영향

1946년 에니악(ENIAC: Electronic Numerical Integrator And Calculator)컴퓨터가 개발된 이후 컴퓨터를 중심으로 하는 정보기술은 급격한 발전을 거듭하여 왔다. 특히 반도체와 통신기술이 발달되고, 정보처리 소프트웨어가 다량으로 개발됨에 따라 컴퓨터의 활용과 응용범위가 점점 확대되어 왔다. 컴퓨터의 성능은 1976년까지는 매년 1.5배씩 증가하여 그 성능은 해가 거듭됨에 따라 아주 강력해지고 있다. 이와 같은 컴퓨터의 발전과 더불어 통신기술과 정보처리 소프트웨어 기술도 발전하여 컴퓨터 상호 간의 연결과 LAN(Local Area Network), VAN(Value Added Network), 행정전산망과 같은 정보망을 형성하는 데 결정적인 역할을 하였다.

정보기술의 발달은 다음의 네 가지 특성을 가지고 있다.

첫째, 정보기술은 기억·보관할 수 있는 기억매체를 제공한다.

둘째, 원격통신에 의해 시간과 공간의 제약에서 벗어나 인간의 간접 경험의 범위를 확대시킨다.

셋째, 조직과 환경에 관한 정보를 대량으로 저장·분석·평가할 수 있게 하고, 조직목표를 효율적으로 달성할 수 있도록 관리와 의사결정의 자동화를 가져온다.

넷째, 정보기술은 주어진 문제에 대한 대안을 논리적으로 비교 검증하여 줌으로써 여러 대안 가운데 최적의 대안을 선택할 수 있도록 해 준다.

이러한 정보기술의 특성은 정보사회를 구성하고 있는 컴퓨터 하드웨어, 소프트웨어, 네트워크와 데이터베이스와 같은 정보기반 구조(information infrastructure)의 바탕 위에서 충실히 발달될 수 있는 바, 그 구체적 내용은 다음과 같다.

첫째, 컴퓨터 하드웨어는 반도체의 급속한 발전(IC-LSI-VLSI-Ultrs-LSI)으로, 저가 고성능의 컴퓨터가 계속 출현하고 있다. 특히 마이크로 컴퓨터의 현저한 처리능력 향상과 분산형 컴퓨터, 네트워크 컴퓨터의 출현은 고도의 정보화를 촉진시키는 요인이 되고 있다.

둘째, 컴퓨터 소프트웨어는 각종 정보관련 기구와 구체적인 정보처리 업무를 연결시키는 역할을 담당하는 것으로, 응용프로그램과 운영시스템(O/S)과의 연결(interface)이나 정보관련 시기와 소프트웨어 사이의 연결이 통일된 프로그램으로 작동할 수 있도록 한다.

셋째, 네트워크의 발전은 오늘날 광역 LAN, 대규모 VAN, CATV의 광역네트워크 등의 발전으로 개별적인 통신망뿐만 아니라 광역적인 통신망 체계를 구축할 수 있게 되었다.

넷째, 데이터베이스의 발전단계는 단순히 인쇄물 접적상태인 전 데이터베이스 단계, 컴퓨터 파일화로 되어 있으나 사용자나 용도가 제한된 폐쇄형의 제1세대 데이터베이스 단계를 지나, 오늘날은 공동통신망을 통해 보편적인 정보 이용이 가능하고 하나의 정보기반으로의 태동이 이루어지는 제2세대 데이터베이스를 일반적 상업 데이터베이스라고 하며, 앞으로 제2.5세대와 제3세대의 데이터베이스가 개발될 전망이다. 이 단계에는 데이터베이스를 통신과 연결시킴으로써 더욱 통합된 형태로의 고도화된 종합정보시스템(ISDN: Integrated Service Digital Network)이 구성될 전망이다.

2) 행정 내부적 영향

컴퓨터의 발달로 정보기술의 활용은 정부와 기업에서 점점 더 일상화되고 있다. 행정의 경우 행정의 반복적인 업무나 단순 수작업 및 계획서 작성 등에 컴퓨터의 활용이 증대되고 있고, 행정 내부와 외부환경에 관한 정보를 대량으로 자료화하여 업무 수행에 활용하고 있다. 이런 컴퓨터의 활용은 행정 외부적인 정보 기술의 발달에도 기인하지만 행정 내부적인 필요성에 의해서도 크게 증대되었다. 행정적인 필요를 행정구조와 기능의 확대, 분권화와 민주화, 행정공개와 합리성, 능률성과 효과성 측면에서 고찰해 볼 수 있다.

(1) 행정구조와 기능의 확대

현대사회에서는 정치·경제·사회·문화 등 모든 면에 국민들의 행정에 대한 요구가 팽창하여 행정기능의 확대와 업무량의 증가를 가져왔다. 특히 경제, 과학기술, 사회, 복지 분야에서 새로운 행정기구와 기능의 설정 현상이 두드러지게 나타나고 있다. 또한 국민들의 의식 수준과 기대 수준이 높아짐에 따라 직접 국민들과 대면적인 업무를 담당하는 일선기관에서의 업무 처리 변화가 요구된다.

이에 따라 행정업무를 좀 더 효율적이고 과학적으로 처리하기 위하여 정보기술이 원용되고 행정업무의 광역화, 국제화에 따라 지역적 한계를 극복하고 광역권을 상호 연결할 수 있는 정보통신기술이 필요하게 되었다.

(2) 분권화와 민주화

오늘날 조직 구성원의 지식수준이 높아지고 독립심, 자율성이 증대함에 따라 분권화에 의한 조직 내의 민주화는 보편적인 조직현상으로 나타나고 있다. 정보의 흐름이 증대되고 행정구조와 기능이 확대될수록 권한을 상층부에서 하층부로 위임하는 분권화 경향이 높아지게 된다. 분권화 현상은 다양해지는 행정수요와 급변하는 행정환경에 신속하고 적절하게 대응하기 위해서 해당 업무를 가장 잘 파악할 수 있는 실무 담당부서에서 권한을 행사하는 것이 더욱 효과적이기 때문이다.

또한 시민의 의식 수준이 높아짐에 따라 정책결정에 참여하려는 요구가 확대되고 있다. 이런 분권화 경향과 민주화 요구는 정책결정에 관련된 정보를 획득하려는 노력으로 나타나며, 따라서 분권화와 참여확대 현상은 이를 효과적으로 수행할 수 있는 정보기술을 발달시키게 된다.

(3) 행정공개와 합리성

정보사회가 발전하여 정보망이 구축될수록 정부와 민간 및 국민들 간에는 직접적인 정보교환과 의사전달을 증진시켜 나가게 된다. 이렇게 되면 정부와 기업의 모든 정보자료들이 점점 공개적인 공적 자료로 전환되어, 사회는 더욱 개방적인 방향으로 나아가게 된다. 이것은 정보기술의 활용을 가속화시킬 것이고, 정보기술의 활용은 정보사회를 촉진하여 조직을 더욱 개방적인 상태로 만들 것이다.

또한 공개적인 업무처리는 특히 정책결정의 분야에서 나타난다. 정책결정의 합리성 추구는 수많은 관련 요인들을 체계적이고 논리적으로 분석할 수 있는 분석수단과 도구를 요청한다. 정책결정 및 행정 전반적인 영역에서의 합리성을 증진시키기 위해 필요한 정보기술이 도입되어야 한다.

(4) 능률성과 효과성

정부의 역할에 대한 요구가 확대됨에 따라 행정기구의 확장, 공무원 수의 증가, 재정규모의 팽창으로 국가 내에서 행정이 담당하는 경제적·사회적 역할 등이 커지게 된다. 이에 반해 국민의식 수준의 향상, 정치의 민주화, 이익집단의 다원화, 언론의 발달 등은 이런 정부의 확대에 대해 비판과 통제기능을 증가시켜 효율적인 인력관리, 능률적인 예산사용 등을 요구하게 된다.

2. 행정전산화 체계의 필요성

1) 정책과정의 합리화

정보사회가 진행됨에 따라 정부의 업무는 정보공개를 전제로 한 개방적인 업무처리의 방향으로 나아가게 되고, 또한 국민의식 수준의 향상에 따른 민주화의 요구는 행정과 정책과정의 신속한 정보화를 촉진시킨다. 국민소득 수준과 국민의식 수준이 높아짐에 따라 국민들의 요구가 다양해지고 또한 욕구가 강력히 표출됨에 따라 정책과정에의 참여와 대응성 향상에 대한 필요가 증대된다. 이런 필요를 적절하게 충족시키기 위해 행정정보의 데이터베이스화와 국민의 행정정보에의 용이한 접근제도 및 이를 위한 효과적인 행정정보체계의 구축이 요청된다.

행정정보체계가 구축됨으로써 현대사회의 다양한 국민들의 욕구 분출에 대한 정보를 신속히 수집 분석하여, 반드시 해결해야 할 사항을 정책의제의 대상으로 삼는다. 아울러 정책의제에 대해 행정정보체계를 통해 다양하게 축적·저장된 행정정보를 가지고서 구체적인 정책목표의 설정, 대안의 탐색과 작성, 대안의 분석, 대안의 평가와 선택의 과정을 합리적으로 수행한다. 구체적인 정책이 설정되면 이 정책을 효과적으로 집행하기 위해 OR, PERT, CPM 등의 과학적 관리방법을 이용하여 집행의 효율성을 높일 수 있다. 집행과정에서도 과학적인 모니터링 방법 등을 활용할 수 있다.

즉 행정전산화는 정책의제형성-정책결정-정책집행-정책평가로 이어지는 정책과정을 합리화하기 위하여 필요하다. 이를 약술하면 다음과 같다.

첫째, 행정전산화는 정책과정의 민주화와 효율화에 기여한다. 행정의 전산화는 모든 행정자료를 디지털화하여 행정 내·외부에 공개함으로써 국민의 민주적 참여와 행정의 투명성에 의한 정책과정의 민주화와 효율화를 추구하게 된다.

둘째, 행정전산화는 정책의제설정과정의 합리화에 기여한다. 정책이란 사회문제를 해결해 가는 과정으로 정부가 무엇을 할 것인가를 결정하는 정책의제를 설정함에 있어 객관적이고 논리적인 방법을 제공한다.

셋째, 행정전산화는 정책결정과정의 합리화에 기여한다. 행정전산화는 데이터베이스 구축에 의하여 정책결정과정 전반에 걸친 합리화에 기여한다.

넷째, 행정전산화는 정책집행과정의 합리화에 기여한다. 정책집행과정에서 OR(Operation Research), CPM(Critical Path Method) 등의 기법 활용을 용이하게 하여 정책집행과정의 합리화에 기여한다.

다섯째, 행정전산화는 정책평가과정의 합리화에 기여한다. 행정전산화를 통하여 다양한 정책결과를 데이터베이스화하고 이를 공개함으로써 정책평가과정에서 일어날 수 있는 부조리를 감소시킬 수 있게 한다.

2) 행정업무의 능률성 증대

행정전산화는 중복되거나 반복적인 업무를 기계화함으로써 인력, 예산, 시간 및 공간의 제반 비용을 절감시킨다. 또한 행정정보 네트워크를 통해 한정된 자원으로 만들어진 행정정보를 공동 활용함으로써 업무의 저장과 재생으로 인한 인적·물적 자원의 중복 투자를 방지하여 자원과 예산의 절감을 가져온다.

행정전산화의 효과는 행정업무의 추상성, 포괄성, 장기성 등으로 인해 객관적인 측정이 어려우나, 정보자료의 수집·저장·산출 등과 같은 정보자료처리의 단순한 육체적 작업을 감소시킨다. 대신 정보자료를 활용하여 분석하는 업무인 기획, 연구개발, 디자인 개발 및 고도의 정보활동 등과 같은 전문적인 업무에 전념할 수 있는 시간을 증가시킴으로써 조직구성원들의 업무 내용을 향상시켜 준다. 또한 행정정보체계는 정보처리뿐만 아니라 구조적이고 반복적인 관리자의 의사결정을 자동화함에 따라 중간관리층의 인원수와 역할을 상대적으로 감소시킨다.

3) 행정서비스의 질 향상

행정정보체계는 행정업무의 신속성과 정확성을 증진시키고, 공평한 민원처리, 부패 근절, 처리 서식의 간소화로 업무처리의 효율성을 높여 국민에 대한 행정서비스가 개선·향상될 수 있게 한다. 사회 전반적인 쌍방향의 뉴미디어 보급과 정부 내의 공동이용 데이터베이스 구축으로 완전한 종합창구가 실현되면 되면 각 가정에서도 행정서비스를 받을 수 있는 재택(在宅) 서비스가 가능해진다. 행정서비스의 질적 향상의 내용을 보면 다음과 같다.

첫째, 행정전산화는 '행정업무 처리의 신속화' 이다. 행정정보체계의 구축으로 인해 수작업시의 사무처리 속도보다 신속한 업무처리가 가능해진다. 더 나아가 사회 정보 시스템의 구축단계인 정부와 민간 간의 공동 정보이용 단계에 이르게 되면 전 사회적인 행정서비스를 제공하게 된다.

둘째, 행정전산화는 '형평성의 제고' 이다. 행정정보체계 구축으로 대민 서비스 면에서 누구나 행정에 대한 접근이 용이하게 되고, 필요에 따라 서비스를 신속하게 제공받을 수 있게 된다.

셋째, 행정전산화는 '부패 근절과 친절한 대민 서비스' 의 증대이다. 행정정보체계가 구축되면 대민 관계에서 행정공개제도가 정착하게 되어 행정의 부패와 부조리가 줄어들고 친절한 대민 서비스가 이루어진다.

넷째, 행정전산화는 '민원처리의 정확성 제고와 다양한 대민서비스 개발의 가능성' 을 제고한다. 필요한 사람에게 필요한 서비스가 제공될 수 있으며, 행정정보뿐만 아니라 기업정보, 생활정보, 법률정보 등 다양한 정보서비스가 가능해진다.

4) 행정업무의 개선

행정전산화는 행정사무자동화(POA: Public Office Automation)와 행정정보체계의 구축 등 행정 내부의 변화와, 가정과 기업의 뉴미디어의 보급과 통신체계의 구성 등의 외부환경의 변화로 인하여 행정서비스의 내용이 다양해짐과 동시에 행정서비스의 제공방법도 변화하게 된다. 행정서비스의 제공방법의 변화를 살펴 보자.

첫째, 행정전산화는 '창구 서비스의 종합화·일원화'가 이루어지게 된다. 행정사무 자동화로 통신사무의 처리에 뛰어난 위력을 발휘하는 온라인 시스템은 행정업무의 종합 창구화를 가능하게 한다.

둘째, 행정전산화는 '행정서비스를 주민들이 좀 더 가까운 주변에서 받을 수 있게 하는 인접지 행정서비스'이다. 행정정보체계를 통한 각 지역별 단말장치의 설치는 이 장치를 조작할 수 있는 사람이면 그 자리에서 각종 증명서 발급 및 행정정보의 활용이 가능해지게 된다.

셋째, 행정전산화는 '행정 구비서류와 서식의 간소화'를 가져온다. 행정정보체계가 추진됨에 따라 각 부처 간에 공통적인 정보체계를 구축할 수 있도록 행정서식이 통일되고, 기존 정보체계 속에 입력된 자료들에 대한 중복적인 서류들을 간소화하게 된다. 또한 정보 데이터베이스를 통해 신속하고 정확하며 능률적인 업무 수행을 가능하게 한다.

넷째, 행정전산화는 '행정결정권한의 체계화와 단순화'를 가져온다. 행정결정권한이 지나치게 분산되는 경우 종합적인 정보망을 구성할 수 없게 된다. 따라서 조직의 각 부분들이 명확한 업무 내용과 책임영역하에 효율적인 업무 수행을 할 수 있도록 행정결정권한을 체계적으로 구성한다.

3. 행정정보화의 의의

행정정보화란 오늘날 눈부시게 발전하고 있는 정보통신기술을 행정과정에 도입하여 활용함으로써 행정업무 및 주민서비스의 효율성을 향상시키는 것이라고 할 수 있다. 종래의 행정정보화는 일반적으로 행정조직 내부의 업무 합리화를 통하여 행정업무를 줄이고 행정비용을 감소시키는 데 초점이 맞춰졌었다. 그러나 최근 들어 정보통신기술의 발달, 특히 인터넷 및 정보표현기술의 발달로 인해 행정서비스의 직접적인 수혜자인 주민, 즉 이용자 위주의 공공서비스의 확립 필요성이 제기되면서, 행정정보화는 행정업무의 전문화·효율화의 촉진에 그치지 않고, 주민에 대한 서비스의 질적·양적 개선을 위한 중요한 수단으로 인식되고 있다. 또 정보화를 통하여 과거에는 제공하기 어려운 많은 서비스도 제공할 수 있는 가능성을 열었다.

따라서 행정정보화를 통하여 사회나 주민의 요구에 신속히 대응할 수 있는 효율적인 행정의 실현과 실질적으로 주민의 요구가 행정에 반영될 수 있도록 하여야 한다. 또한 행정서비스 제공시스템을 구축하고 정보공유를 통해서 주민과 행정과의 원활한 관계의 정립 등 행정업무 및 조직을 개혁하는 수단으로 정보화가 중요한 역할을 담당하게 된다. 특히 행정정보화는 정보통신 네트워크의 고속화 및 대용량화와, 정보처리와 통신미디어의 융합으로 문자·음성·화상 및 3차원 영상정보 등이 서로 인터넷 웹으로 통합되는 방향으로 진행되고 있다. 현재 경제사회 활동과 국민생활을 위한 사회간접자본으로서 초고속정보통신 구축사업이 구체화되면서 행정정보화는 더욱 가속화되고 있는 실정이다.

4. 정보화와 행정수요의 변화

고도산업사회가 전개됨에 따라서 사회가 다양화, 개성화, 민주화되어 가면서 이에 따른 행정수요에도 변화가 일어나게 된다. 이와 같은 행정수요의 변화에 대응하기 위한 방법은 여러 가지가 있지만 그중에서 가장 중요한 것 중의 하나가 정보화이다. 따라서 변화하는 행정수요와 정보화의 관계를 살펴보면 다음과 같이 요약될 수 있다.

1) 행정수요 확대와 정보화

사회가 발전하고 복잡해짐에 따라 도시, 교통, 환경, 복지 등의 사회문제가 더욱 다양해지고, 이들 문제해결에 대한 요구가 증대됨에 따라 이들 문제를 해결하려는 정부의 조직과 인력이 더욱 많이 요구되고 있다. 그러나 사회의 일반적인 동향은 작고 효율적인 정부를 요구하고 있다. 다시 말하면 행정수요는 확대되는 반면에 이를 해결하기 위한 조직과 인력은 점차 축소되는 방향으로 진행되기를 요구하는 상황에 부딪히게 되었다. 이와 같은 시대적인 요구를 해결하기 위한 방안은 기존의 반복적인 행정업무를 전자정보로 전환하여 네트워크화함으로써 행정능력의 효율성을 제고시키는 방안이 대두되게 되었다.

도시, 환경, 교통 등의 사회문제에 대한 정보를 데이터베이스화하여 행정정보시스템 혹은 도시정보시스템을 구축하여 활용함으로써 행정서비스를 신속하고 효과적으로 제공할 수 있는 길을 열었다. 동시에 보다 나은 정보와 서비스를 제공하기 위한 프로그램의 개발과 활용에 많은 노력을 투자함으로써 행정조직 내부는 업무를 컴퓨터 네트워크가 대신하게 됨으로써 정부는 점차 작고 유연하게 되고, 그 대신 대 주민 서비스에 대한 영역을 점차 질적, 양적인 면에서 향상되고 발전되는 방향으로 진행되게 되었다.

2) 정책결정과 정보화

현대의 사회문제는 매우 복잡하고 다양하기 때문에 상식이나 단순한 경험으로는 해결할 수 없는 전문적인 지식이 필요하며, 이를 해결하기 위한 정책을 결정하는 데 있어서도 과학적, 실증적인 분석이 요구된다. 따라서 이와 같은 정책결정을 효과적으로 지원하기 위해서는 전문적인 계량기법이나 분석프로그램이 필요하다.

정책결정을 지원하는 대표적인 프로그램에는 의사결정지원시스템(Decision Supporting System), 전문가시스템(Expert System) 등이 있으며(하미승 1997), 최근 들어서 지리정보시스템(Geographic Information System), 도시정보시스템(Urban Information System) 등 다양한 프로그램이 개발되어 있다. 특히 가상현실프로그램(Virtual Reality Makeup Language)의 개발은 컴퓨터 모니터에서 실제현실을 재현하고 정책과정을 미리 시뮬레이션(Simulation)할 수 있는 기술이 개발되어서 활용되고 있는 실정이다.

3) 지방화와 정보화

사회가 복잡 다양해지고 동시에 정치적으로는 분권화와 지방화 과정을 겪으면서 정보의 분산 및 교환에 대한 요구가 증대되고 있으며, 또한 다양한 요구를 수용하기 위해서는 그에 필요한 정보를 전자정보화하여 활용하는 것이 요구된다. 또한 중앙정부와 지방정부 혹은 지방정부 간에 정보의 교환 및 업무의 협조를 위해서는 각 영역별·지역별로 정보를 데이터베이스화하여 네트워크로 연계함으로써, 업무수행의 효율화는 말할 것도 없고 국가 차원에서도 정보를 체계적으로 활용할 수 있게 된다.

4) 행정의 민주화와 정보화

현대 행정은 민주화를 추구함으로써 행정과정에 주민이 직접 참여할 수 있도록 하고, 또한 대외적으로는 주민들에게 서비스행정으로 전환됨에 따라서 주민들에게 필요한 정보를 공개하고 사안에 따라서는 직접 주민들의 의견을 수렴하는 절차가 필요하게 된다. 이와 같이 주민들에게 정보를 공개하고 정책결정에 있어서도 민주적인 절차를 수용하기 위해서는 행정정보들이 디지털 자료로 전환되어 인터넷에서 쉽게 활용될 수 있도록 하여야 한다. 특히 정보기술의 눈부신 발전으로 인해 전자정부의 구현이 가능하게 되었으며, 또한 전자투표로 주민의 의견을 수렴할 수 있게 되었다. 따라서 행정의 민주화를 보다 효율적으로 추진하기 위한 행정의 정보화 과정이 필연적으로 요구된다.

5) 행정의 국제화와 정보화

정치적으로 민주화되고 지방화됨에 따라서 지방정부가 중앙정부를 거치지 않고 다른 나라의 지방정부와 접촉을 하거나 또한 해외자본의 유치 및 수출입활동 등의 사례가 생겨난다. 이를 효과적으로 지원하기 위해서는 이에 필요한 인허가 절차 혹은 해당 지방정부의 정책 및 정보를 전자정보화하여 인터넷 웹사이트에 등재함으로써 외국에서도 필요한 정보를 얻을 수 있게 하며, 또한 이와 같은 정보를 바탕으로 국제적인 협력이 가능하게 된다. 또한 가까운 장래에 국제적인 전자상거래가 보편화될 경우 이를 지원하기 위해서는 세금, 인허가 절차, 조직 및 기관과의 업무협조 등에 관한 정보화를 추진하여야 할 것이다.

5. 행정정보화의 현황 및 문제점

1) 행정정보화의 필요성

오늘날 눈부시게 발전하는 정보통신기술의 발달 과정 속에서 다양한 주민들의 요구를 능동적으로 수용하고 대처하기 위해서는 지금까지처럼 경직되고 주민들의 접근이 어려우며 또한 민원업무를 수행하는 데 많은 시간이 소요되는 현재의 행정서비스 공급방법은 여러 가지 측면에서 많은 문제점을 지니고 있다. 또한 공공행정의 대국민 서비스에 있어서 주요 장애 요인으로 손꼽히는 것은 행정절차가 복잡하고 경직되어 있으며 정보에 대한 접근이 곤란하다는 점이다. 특히 관료들의 불친절 및 비효율적인 업무의 수행으로 주민과 행정기관 간에 불신뿐만 아니라 정부의 공공서비스는 민간서비스에 비하여 그 질이 낮다고 평가되고 있다.

이러한 민간과 공공서비스의 질의 차이는 여러 가지 요인이 있지만 정보통신기술의 활용 정도가 중요한 요인 중의 하나이다. 민간기업에서는 소비자들에게 상품정보나 회사에 대한 정보를 신속하게 제공하기 위해 정보통신기술을 적극적으로 활용하고 있지만, 공공기관에서는 이와 같은 노력들이 상대적으로 적었다. 따라서 서비스의 양적·질적인 면에서 민간기업의 수준보다 떨어지게 되었다.

때문에 정보통신기술을 적극적으로 활용하여 주민들에게 필요한 정보를 신속히 제공하여야 할 필요성이 크게 부각되고 있으며, 정보통신기술의 발전은 정보의 전달·처리·유통·축적을 획기적으로 증대시킴으로써 행정기능의 새로운 변혁을 가능하게 해주며 새로운 행정 패러다임의 창출을 가속화시키고 있다. 특히, 사회가 지식정보사회로 전환되면서 정부도 지금까지의 공급자 중심의 관료정부에서 수요자 중심 혹은 주민 중심의 정부로 변해가고 있다. 따라서 일방적인 정보의 전달이나 제공에서 벗어나서 정부와 주민 혹은 행정과 시민 간에 상호의사교류를 통하여 정책결정과정 및 집행에서 합리성을 제고시키며 이용자 중심 혹은 주민 중심의 정부를 구현하는 데 필요성이 크게 증대되었다.

국민위주의 정부는 정보통신기술과 데이터베이스 구축기술을 이용하여 다양한 행정서비스의 구축을 가능하게 해준다. 이는 행정서비스가 다양화하고 또한 서비스의 질을 고도화할 수 있는 중요한 기반을 제공한다. 따라서 이와 같은 수요자 중심 혹은 국민위주의 정부를 구현하기 위해서는 우선 정보통신기술이 유효한 행정수단으로서 다양하게 활용되는 행정의 정보화가 전제되어야 한다.

2) 행정정보화의 현황 및 문제점

다른 분야와 마찬가지로 정보화 시대의 변화에 능동적으로 대처하기 위해 행정정보화가 빠른 속도로 진행되고 있다. 선진국들은 단순히 행정자료의 데이터베이스 구축이나 주민서비스의 제공차원을 넘어서 지금까지의 행정의 개념을 변화시키는 인터넷 가상공간에서 전자정부의 구축에 박차를 가하고 있다. 우리나라도 최근 행정정보화에 많은 노력을 기울이고 있으며 전자정부를 구축하려는 시도가 나타나고 있다.

　1986년 전산망 보급 확장과 이용 촉진에 관한 법률이 제정된 이래 행정전산망 제1단계사업(1987~91)으로 행정전산망 기본계획이 수립되고 주민등록 및 토지대장 전산화 사업이 추진되었다. 또한 기관과 조직이 전국전산망으로 연계되어 종전의 기관 단위의 민원서비스 체계에서 전국단위로 행정서비스를 창출할 수 있는 체계를 구축하였다. 이 시기는 행정정보화를 효과적으로 수행하기 위한 준비기간이라고 할 수 있다.

　1992년부터는 제2차 행정전산망 기본계획을 바탕으로 '행정의 능률성 제고와 작업정부'를 목표로 우체국종합서비스, 기상정보관리, 수출입통관자동화 등 주로 전국 규모의 서비스가 필요한 분야에 집중적으로 투자되었으며, 특히 1994년 우루과이라운드(UR)협상의 타결로 본격적으로 세계화·개방화 시대로 접어들게 됨에 따라 경제 및 통상업무, 농업기술 및 환경보전 등의 분야에 집중적으로 투자되었다. 이 시기가 본격적인 행정정보화를 수행하기 위한 데이터베이스 구축시기라고 할 수 있으며, 실질적으로 토지 및 주택, 주민, 법령 등 국민의 생활과 밀접하게 연관이 있는 분야의 자료들이 디지털 자료로 전환되어 향후 행정정보화를 준비하는 시기였다. 또한 이 시기에는 정부나 공공기관에서 행정정보화에 필요한 컴퓨터와 네트워크 등의 하드웨어를 구축하는 데 많은 노력을 기울였다.

　더구나 1997년에는 정보화를 앞당기기 위해서 국가초고속망 2단계 추진계획을 수립하고 본격적으로 정보화 시대에 대비하기 위한 인프라 구축에 투자를 하기 시작하였으며 전자정부 구축을 위한 실천작업도 시작되었다. 실질적으로 1998년부터 본격적으로 행정정보화가 실천되는 단계로 볼 수 있으며 따라서 2000년부터는 단순한 행정자료의 정보화 차원을 넘어서 전자정부를 구축하여 가상공간에서 필요한 행정업무를 원격으로 해결할 수 있는 시스템을 구축하려는 시도가 강화되었다.

제3절 행정정보화의 발전 방향

1. 행정서비스의 향상과 삶의 질 제고

산업사회에서 정보사회로의 패러다임 대전환에 따라 세계화, 정보화, 지방화 등 정책환경이 크게 변화되었고 이와 관련하여 행정의 기능 및 역할도 이와 같은 변화에 대응하여 새롭게 정립되어 갔다. 행정에 있어서 선진국의 일반적인 발전방향은 정보화의 가속화, 규제행정에서 서비스행정으로의 전환, 작고 유연한 정부, 경쟁원리의 도입 등 정보화 패러다임에 기반을 둔 작고 효율적인 정부를 추구하는 것이었다. 또한 동시에 행정의 궁극적인 목적은 국내적으로는 국민의 삶의 질의 향상시키고 국제적으로는 국가의 대외경쟁력을 제고시키는 데 있다 하겠다.

행정정보화는 행정의 궁극적인 목표를 달성하기 위한 수단으로서 대국민 행정서비스를 신속하고 정확하게 전달하고, 또한 국민들이 효과적으로 활용할 수 있도록 하며 공개행정 및 주민과 함께 지역이나 도시로 발전할 수 있도록 하는 것이다. 이러한 한국 행정의 궁극적인 목표를 달성하는 수단의 하나로서 국민이 필요로 하는 행정서비스를 신속, 정확 그리고 편리하게 제공할 뿐만 아니라 불투명하고 비정상적인 행정관행을 제거하는 데 기여해야 한다. 뿐만 아니라 행정전산화는 행정절차를 간소화하며, 경제활동의 저해요인인 교통문제와 환경문제 등의 사회문제의 해소에 기여하며 산업전반의 경쟁력을 향상시키는 데 유효한 수단이 된다. 이러한 목적으로 추진된 초기의 행정전산망사업은 행정업무나 활동의 능률화에 초점을 두었으나 행정환경이 변하면서 행정의 개방화와 시민의 참여요구의 증대에 적절히 부응하는 일이 보다 더 중요해지고 있다.

한편 공공기관에 의해 수집·분석되어 정리된 공공정보의 공용화가 가능해진다면 대민 서비스를 종합하게 되므로 공공서비스의 절차·시간·단계의 감축효과를 얻을 수 있다. 대민 서비스 측면에서 기대되는 효과로는 민원인 및 고객의 대기시간이 대폭 단축될 것이고, 지역과 관계없는 광역서비스가 제공될 것이며, 전산망을 통한 새로운 서비스의 창출이 기대된다. 또한, 공공기능이 정책기능위주로 변할 것이며, 부처 간의 정보공유·교환에 의한 내부 효율성 제고 이상의 성과를 기대할 수 있으며, 국가경쟁력의 제고에 지대한 역할을 할 것이다.

2. 지식기반사회의 전자정부

정보화 사회는 공공과 민간의 역할 구분이 모호하고 또한 지역 간·조직 간의 구분이 모호해져서 서로 기능과 역할이 통합되는 형태로 전환하게 된다. 이와 관련하여 주요선진국은 공공행정에 있어서도 새로운 형태의 정부를 추구하고 있으며 그 대표적인 예가 '기업형 정부, 고객지향형 정부'의 실현을 추구하고 있다. 이는 주민 행정서비스에 있어서 정보통신을 이용한 원스톱-논스톱 행정서비스 구현을 추구하고 있다. 이러한 새로운 차원의 행정서비스를 가능하게 하는 것은 정보통신기술의 활용에 기반을 두고 있으며, 행정업무의 전산화와 웹 기반 정보제공서비스시스템이 새로운 개념의 행정서비스체계를 창출하고 있다.

특히 행정업무의 전산화를 최대한 실현하여 신속하고 정확하며 안정적인 대국민 행정서비스를 제공하기 위해 지금까지는 전혀 볼 수 없었던 전자정부를 구축하여 새로운 서비스 제공시스템을 구축하는 방향으로 발전하고 있는데 이와 같은 정부체제는 기존의 관료제의 병리를 상당 부분 해결할 수 있으며, 특히 조직의 경직성 및 행정서비스의 지체 등을 획기적으로 개선하여 실시간 행정서비스 제공이 가능한 체제로 전환된다.

이러한 전자정부는 아직 초기 단계이기 때문에 어떤 형태로 나타나게 될지 아직까지 의견이 일치된 바 없다. 그렇지만 일반적인 전자정부에 대한 개념적 접근은 크게 두 가지로 대별될 수 있다.

첫째, 기술결정론적인 입장에서 '정보기술을 이용하여 업무처리를 디지털화한 정보를 바탕으로 수행하는 정부' 또는 '정부의 업무나 서비스의 제공이 데이터베이스와 네트워크를 통해 이루어지는 정부'로 규정하는 것이다.

둘째, 가치지향적인 측면에서 '정보기술을 활용하여 효율적이고 고객의 수요 실시간에 서비스를 제공할 수 있는 정부' 또는 '정보기술을 이용하여 정부조직 내, 조직 간, 정부와 민간 간에 정보를 공유하고 업무 효율, 서비스의 질 및 투명성을 제고하는 정부'로 규정하는 것이다. 그렇지만 어느 측면에서는 전자정부는 정보기술의 활용이 필수적이며 또한 동시에 그 효과는 고객 지향적이고 행정서비스의 질적·양적 향상을 추구하게 되며, 또한 일방적인 정보의 제공에서 벗어나서 쌍방형 의견교환 혹은 주민과 정부가 함께 참여하는 행정으로 전환되게 된다.

이와 같이 미래형 정부형태인 전자정부를 효과적으로 구현하기 위한 방법을 살펴보자.

첫째, 전자정부구현을 위한 사회간접자본인 정보인프라의 구축이 선행되어야 한다. 정부부처 간 그리고 공공부문과 준공공부문과의 정보네트워크의 구축과 동시에 각 조직 및 부처에서 수행하고 있는 업무의 디지털화가 선행되어야 한다. 이와 같은 측면에서는 전자정부도 다른 사회조직과 마찬가지로 일면 네트워크화된 정부라고 할 수 있다. 이러한 정보네트워크는 단계적으로 민간부문까지 확대되게 되며, 인터넷이 그 문제를 동시에 해결할 수 있는 방향을 제시하고 있다.

둘째, 이와 같은 정보인프라와 데이터베이스를 바탕으로 실질적으로 전자정부가 제 기능을 발휘하기 위해서는 정보 이용의 용이성과 동시에 국민들의 정보화에 대한 기술적인 능력과 정보화 마인드의 확보가 선행되어야 한다. 따라서 우선 정부 업무의 데이터베이스가 시민들이 이용하기 쉽게 효과적으로 구축되어야 한다. 최근 들어 이용자들이 쉽게 활용할 수 있는 정보시스템 구축기술이 발달되어 활용되고 있다.

전자정부에서는 행정문서를 전자적으로 유통·보관하며 전자결재, 영상회의시스템을 운영하면서 자동화, 단순화, 연속화된 정보시스템을 통해 보다 신속하고 정확하게 업무처리를 할 수 있게 되어 업무의 생산성을 극대화할 수 있다.

또한 여러 기관이 연계된 복잡한 민원업무도 조직 간의 네트워크를 이용하면 일회에 일괄 처리될 수 있는 원스톱 서비스가 제공되고, 정부정보의 공개와 다양한 정보서비스를 제공하고 국민의 의견을 신속히 반영하는 열린 정부가 실현될 수 있다. 더구나 향후 국가초고속망 구축의 본격화로 장기적으로는 정부의 활동이나 정부가 제공하는 서비스가 음성이나 문자에 의한 것만이 아니라 화상·영상·유선 및 무선에 의한 다양한 서비스가 개발되고 이용될 수 있어서 국민의 다양한 행정서비스 수요를 충족시킬 수 있게 될 것이다. 특히, 최근 들어 급속히 발달되고 있는 원격탐사기술 및 위성기술이나 지리정보시스템(GIS: Geographic Information System), 가상현실구축프로그램 등 다양한 신기술을 초고속망과 연계시킴으로써 제공될 수 있는 서비스로는 교통관제시스템·지하 매설 물 관리·가상관제시스템·환경관리 등 국민의 일상생활 또는 안전과 긴밀한 관련이 있는 서비스이다.

이와 같은 정보기술의 발달과 행정수요의 다양화가 서로 결합되어 사회 전반에 걸친 근본적인 변화를 초래하게 되고, 특히 행정조직의 하위체계에도 많은 변화를 가져오게 된다. 하위행정조직은 지금까지의 조직자체의 업무를 수행하는 기관으로서의 기능을 수행하였지만 향후에는 이와 같은 업무는 정보시스템과 컴퓨터 네트워크가 대신하게 되고 행정조직원들은 보다 창의적이고 생산적인 업무에 종사하거나 주민들의 일상생활과 연계된 현장서비스 행정의 대폭적인 확대가 예상된다.

따라서 가까운 장래에 공공부문의 관리개혁이 상당 부분 정보기술의 지원 없이는 불가능한 것으로 판단되며, 이에 따라 선진국들은 정보화 사회에 대응하여 국가정보통신기반 구축에 막대한 재원을 투자하는 동시에 행정정보화를 통한 행정의 생산성과 서비스 질을 향상시키기 위한 노력을 기울이고 있다. 정보기술의 발달은 그 자체가 행정변화의 촉매제로 작용하는 동시에 지금까지의 행정수행에서 거의 불가능하거나 막대한 예산과 시간이 소요되는 분야도 쉽게 제공될 수 있게 하고 있다. 예를 들면, 오늘날 정보통신의 발전으로 시간과 공간의 제약 없이 정보의 교환이 가능해짐에 따라 종래의 행정기능 및 행정업무처리방식의 근본적인 변화가 요구된다.

행정업무의 많은 부분이 정보를 처리하는 업무라는 점에서 행정의 발전적인 변화는 곧 행정정보화의 실현을 통해 이루어질 수 있으며, 특히 점차 다양해지고 증가하는 행정수요와 이에 따른 재정적 한계로 인한 불균형관계를 극복하고 보다 나은 행정서비스의 효율적인 생산과 공급이라는 정책과제를 수행해야 하는 것은 행정정보화를 필연적으로 실현해야 하는 이유가 되고 있다. 이러한 행정환경의 변화는 미국의 액세스 아메리카(Access America) 프로젝트를 비롯하여 영국, 캐나다, 호주, 일본, 싱가포르, 그 밖에 많은 국가들이 전자정부를 구현하여 효과적인 정보서비스를 제공하기 위해서 인적·물적 재화의 투자에 총력을 기울이고 있다.

정보화시대에 있어서 행정의 모습을 보면, 지금까지 규제와 통제, 복잡한 행정절차에서 보다 투명하고 신속하며 효율적인 정부로서 국민을 가장 중요한 고객의 개념으로 격상시켜 대민 서비스를 강조하는 정부의 실현이 강조되고 있다. 우리나라도 행정정보화 기본계획에서 고도정보사회에서의 정부는 정보통신기술을 활용하여 최소의 비용으로 최고의 서비스를 생산하는 정부로의 변화 필요성을 인식하고 있다. 행정과 정보화의 결합으로 특징되어지는 작지만 능률적인 전자정부의 구현을 중요한 정책목표로 설정하고 있는 것도 결국 정보화를 통하여 이러한 여건변화에 행정이 효율적으로 대응하고 그 결과 국민우선의 정부구현을 가능하게 하겠다는 것으로 이해할 수 있다.

정보기술의 측면에서 전자정부는 대부분의 행정업무가 데이터베이스 구축기술을 이용하여 정보가 디지털 정보로 전환되고 이들 정보가 온라인 정보통신기술에 의하

<그림 9-1> 전자정부의 구현과 내용

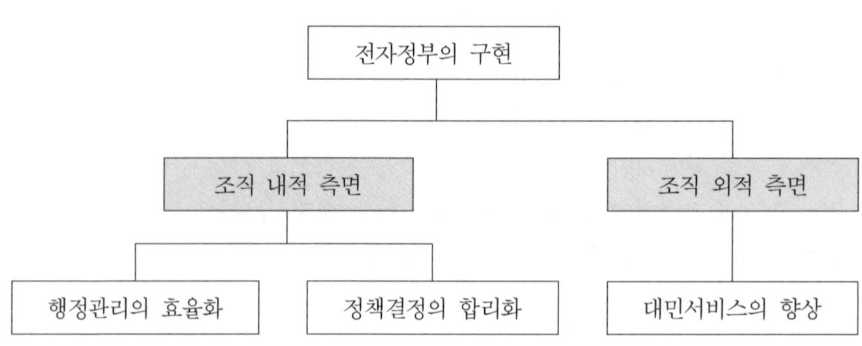

여 온라인상에서 처리되는 것을 의미한다. 따라서 전자정부는 공통의 정보통신기반을 매개로 국민과 정부 간의 의사소통이 보다 용이하고 신속하며 네트워크로 연결된 각종 행정서비스가 언제, 어디서나 가장 적절한 방법으로 제공될 수 있는 정부로 이해되고 있다.

실질적인 전자정부의 구현 및 활용에 대해서는 정부조직 내적인 측면은 우선 행정관리의 효율화라는 차원과 정책결정의 합리화라는 차원으로 구분할 수 있다. 행정관리의 효율화를 위한 차원은 정보기술의 활용을 통한 정보관리를 실현하여 행정관리의 효율화를 이루는 것이며, 정책결정의 합리화는 정책결정에 유용한 정보를 체계적으로 지원해줌으로써 정책결정자가 합리적으로 정책을 결정할 수 있도록 하는 데 있다.

우선 정부조직 차원에서 행정관리를 효율적으로 시행하고 이를 통해 생산된 정보를 효과적으로 정책결정에 지원하여 활용할 수 있도록 하는 것이 중요하다. 이러한 정부조직의 내적인 조건이 만족될 경우 다양한 행정수요에 대응할 수 있는 조직외적인 대민 서비스의 향상으로 연결될 수 있다. 따라서 전자정부의 구현은 이러한 단계를 종합적으로 실현 가능하게 할 수 있는 정부를 의미하는 것으로 이해할 수 있다.

이러한 입장에서 볼 때, 전자정부로의 방향은 정보기술을 이용한 행정의 변화를 전제로 하는 정보사회의 새로운 행정의 모습을 상징적으로 표현하고 있는 것으로 이해할 수 있으며, 보다 구체적으로는 정부는 정보의 공급자로서 조직내적인 정보의 관리차원과 조직외적인 사용자 중심의 서비스목적의 차원을 종합적으로 고려해야 할 것이다. 행정정보시스템이 이와 같이 행정관리를 효율화하고, 정책결정을 합리화하는 데 중요한 역할을 수행할 뿐만 아니라 나아가 대민 서비스를 향상시킬 수 있다는 믿음은 정보화를 통한 행정개혁이 국가적 과제로 볼 수 있을 만큼 중요하게 취급되어야 한다는 것을 의미한다.

그러므로 행정정보화의 추진은 정보화 사회에 있어서 행정의 변화를 전제로 하는 것이며, 단순히 각 행정기관이 최신의 정보기술을 도입하고 그것을 목표로 하는 것을 의미하지는 않는다. 오히려 정보기술을 이용한 정보의 관리와 활용에 초점이 있는 것이다. 이러한 전자정부의 개념하에서 볼 때, 정보의 공동활용은 중요한 목표가 되며 정보기술의 발달에 따른 정보의 공유가 상하계층 간 혹은 조직 간에 자유롭게 공유될 수 있어야 한다.

따라서 정보자원의 관리와 활용은 전통적으로 조직에서 주요 업무로 간주되어 왔던 인적 자원이나 재정적 자원과 함께 행정의 중심업무로서 강조되고 있으며, 이의 원활한 활용 없이는 행정의 경쟁력 확보나 생산성의 제고는 힘들게 되었다. 따라서 정부는 정보를 어떻게 관리하고 활용하느냐에 따라 정보화 사회에서 성공적으로 적응할 수 있는지의 여부가 결정될 뿐만 아니라 정부가 구현하는 전자정부를 실현할 수 있다.

3. 전자정부는 행정부패 축소

전자정부를 통한 행정의 투명화는 공무원의 재량권을 축소시키는 결과를 초래한다. 재량권이 행사되는 이유로 관료에 의한 행정과정의 독점하고 행정업무의 복잡한 절차로 인한 관료의 횡포 등이 자행될 수 있다. 전자정부에 의한 과정의 공개는 행정 관료가 과정을 독점하여 횡포를 부릴 수가 없도록 한다. 특히, 법령의 내용이 공개되고 이에 대한 관료의 해석이 어떻게 되는 지를 전자정부를 통해 알 수 있게 되면 관료의 재량권 행사의 폭과 횟수는 줄어들 수밖에 없다. 그런가 하면 행정과정의 공개를 통한 투명화는 상대적으로 복잡할 수밖에 없는 행정 절차의 모든 면을 행정 관료만이 알고 있는 독점적인 정보가 아니라 국민들도 알고 있는 공유된 정보로 전환시킬 수 있다. 결국, 행정과정의 투명화를 가능하게 하는 전자정부는 행정부패의 발생 가능성도 줄일 수 있는 수단이 되는 것이다.

제4절 정보화가 행정에 미치는 영향

1. 행정조직에 미치는 영향

정보화가 행정조직에 미치는 영향은 행정구조적 측면의 변화와 행정조직의 활동적 측면의 변화가 발생한다. 이를 설명하면 다음과 같다.

첫째, 행정구조적 측면의 변화로 Leavitt와 Whisler의 1958년 발표논문에서 계층적 관료제는 중간계층의 수가 대폭 감소하고 수직적 조직에서 수평적 조직으로 변화한다고 하여, 조직의 형태가 피라미드형에서 종(鍾) 위에 럭비공을 올려놓은 모습으로 변화한다고 하였다.

둘째, 행정조직의 활동적 측면의 변화로 행정의 전산화는 중간관리자가 줄어들고 정책결정을 담당하는 상위직급과 단순히 정보를 수집하고 관리하는 하위직급 간의 직접적 업무가 늘어나면서 행정조직의 집권화와 분권화가 동시에 추진된다. 이에 따라 생산, 관리, 서비스제공, 문제해결에 효율성을 제고하며 합리적 관리를 지향하는 관료나 관리자에 의한 정책결정과정의 지배가 나타나며, 기술관료의 영향력이 강화되어 기술관료 엘리트주의가 발생한다. 또한 관료, 기술자, 정치인 등 모든 계층의 이익증대를 추구하는 조직적 다원주의와 컴퓨터시스템을 활용하는 관료들의 입지가 강화되어 기술관료의 강화정치가 발생한다.

2. 행정업무에 미치는 영향

정보시스템의 구축으로 다음과 같은 변화가 생겨난다.

첫째, 일선관료의 업무변화는 육체적 업무 감소, 정신적 업무 확대, 자료입력과 같은 단순 업무 증가, 가정 민원제도, 무인행정사무실, 전자우편, 통합고지서 발행 등의 변화가 나타난다.

둘째, 하위 및 중간관리자의 업무변화는 정보의 수집, 처리, 저장 등 정보처리 업무는 크게 감소하고 정보활용 업무 증가로 인한 분석력, 판단력, 창의력 있는 관리자의 자질이 요구된다.

셋째, 최고관리자의 업무변화는 컴퓨터시스템 활용에 의한 영향은 크지 않다고 볼 수 있다. ES(전문가시스템: Executive System), DSS(의사결정시스템: Decision Support System) 등을 활용하는 비구조화된 업무, 즉 창의력, 경험, 직관 등 초 합리성을 요구하는 업무가 최고관리자의 자질로 요구되기 때문이다.

3. 행정과 사회환경에 미치는 영향

행정정보화는 국정감사방식의 전환, 전산감사 등의 국회활동과 판례의 전산화와 사법부에 대한 행정통제가 용이해지는 등의 법원활동의 변화에도 영향을 미친다. 그리고 가정, 공업, 교육, 기업, 문화, 의료, 복지 등 사회 각계각층의 변화에도 영향을 미친다.

교육부문에서는 사이버교육 및 재택교육이 실현되고 교통분야에서는 지리정보시스템이 실현되고, 경제분야에서는 전자상거래가 실현되며, 의료분야에서는 원격진료시스템 등이 활용되면서 사회 전반에 걸쳐 생산성이 향상된다.

제10장

전자정부 행정서비스 변화와 행정정보

제1절 전자정부에서 행정서비스의 변화

1. 정부서비스의 패러다임 변화

지금은 웹 2.0 시대라고 한다. 웹 2.0은 웹 1.0이 발전한 것으로 웹 1.0과 달리 일방적 정보 전달을 벗어나 인터넷상에서 양방향으로 정보를 주고받고 공유하는 새로운 패러다임이다. 또 한 가지 결정적 차이는 기존 웹 1.0이 하나의 서비스였다면, 웹 2.0은 웹 자체가 하나의 기반이 되어 정보나 서비스가 서로 연계되고, 이를 통해 더욱 다양한 정보와 서비스를 이용할 수 있다는 것이다. 급변하는 정보사회의 패러다임에 맞춰 정보기술융합 기반의 전자적 행정업무와 민원서비스 대상이 확대되는 등 정부의 형태와 기능, 역할 등도 급속히 진화하고 있다. 전자정부(e-Gov)는 행정서비스의 전자화·효율화를 추진하고, 국민이나 기업의 편리성 향상과 사회 전반의 효율성을 추구하고 있다. 전자정부가 성숙하면서 인터넷 양방향성을 활용해서 적극적인 정부의 정보 공개나 정책결정에 시민참여를 촉진하는 열린정부(open-Gov)로

<표 10-1> 인터넷 진화에 따른 정부서비스의 패러다임 변화

구분	1995년	2000년	2005년	2010년	2015년	2020년
	Government 1.0		Government 2.0		Government 3.0	
	World Wide Web		Web 2.0		Real-World Web	
접근성	정부 중심		시민 중심		개인 중심	
	First-Stop-Shop 단일접속창구(포털)		One-Stop-Shop 정부서비스 중개기관을 통해서도 접속		My Gov 개인별 정부서비스 포털	
서비스	일방향 정보 제공		양방향 정보 제공		개인별 맞춤정보 제공	
	제한적 정보 공개		정보 공개의 확대		실시간 정보 공개	
	서비스의 시공간 제약		모바일 서비스		중단 없는 서비스	
	공급 위주 서비스		정부·민간 융합서비스		개인별 맞춤형 서비스	
	서비스 전자화		신규서비스 가치 창출		서비스의 지능화	
채널	유선 인터넷		유무선 인터넷		유무선 모바일 기기 통합 (채널 통합)	
업무통합	단위업무별 처리		프로세스 통합 (공공·민간 협업)		서비스 통합	
기반기술	브라우저 웹 저장		브로드밴드 Rich Link/Content Models		시맨틱 기술 센서네트워크	

출처: 한국정보화진흥원, "3대 IT신기술에 기반한 정부서비스 선진화 방향," 「IT정책연구시리즈」 제12호 (2009.12)

변화했으며, 점차 시민참여를 주축으로 정책성과를 향상시키고, 시민의 영향력을 확대시켜서 시민과 협력·상생하는 스마트 정부(smart-Gov)로 진화 중에 있다(한국정보화진흥원, 2010.12).

웹 2.0 기술에 근간을 둔 Government 2.0이 새로운 패러다임으로 부상함에 따라 공공정보의 공유와 활용을 통한 가치창출이 기대되고 있다. 현재 인터넷은 웹 2.0을 기반으로 다양한 정보의 공유 및 참여 확대 중심의 서비스가 제공되고 있으며, 시맨틱 웹[1] 기반의 지능형 웹 서비스로 진화되고 있다. 따라서 정부서비스도 인터넷의 진화와 더불어 시민참여 중심의 양방향 서비스, 개인화·지능화가 가능한 정부서비스로 패러다임 변화가 전망된다. 그리고 주요국의 공공정보 개방과 활용정책 추진 현황에 대하여 살펴보도록 하겠다.

2. 미래 정부의 공공서비스 변화

1) 공공정보 서비스의 고도화

급격하게 변하고 있는 시장 환경의 영향과 웹 2.0의 영향으로 정부는 보다 미션이 강화되고 부처 간 협력에 대한 압력이 증대되며 성과 지향적인 정부의 모습으로 변화할 것으로 전망하고 있다. 이처럼 미래의 정부 모습으로 지칭되는 Government 2.0은 내부적으로는 정보 공유 및 커뮤니케이션의 활성화로 인해 부처 간 협업이 증대되고 보다 효율적인 행정 업무 수행이 가능해질 것이고 대 국민 서비스 차원에서는 웹 2.0 기술을 활용한 공공정보 서비스의 고도화와 새로운 전자정부 서비스 제공이 용이해질 것으로 보인다.

2) Government 2.0 시대의 공공서비스 변화

(1) 웹 2.0이 공공부문에 미치는 영향

웹 2.0은 블로그, 위키, 사용자 중심의 콘텐츠 태깅(tagging)과 같은 기술을 적용하여 정부와 국민들이 상호작용하는 방식이 된다는 측면에서 정부의 역할과 서비스 전달 방식에서 커다란 변화를 가져온다. 예를 들면, 정부의 정책이나 법안을 제안하고 공유하기 위하여 커뮤니티 블로그나 정책 관련 위키(Wiki)를 활용함으로써 국민들이 정책결정에 참여할 수 있는 가능성이 높아지고 있다. 또한, 오늘날 시장에서 고객들의 구매상품 평가가 온라인 구매 행위에 중대한 영향을 미치고 있듯이 국민들은 블로그나 투표를 통하여 정부의 서비스를 평가하고 피드백함으로써 향후 정부

---

1) 시맨틱 웹(Semantic Web): 컴퓨터가 정보자원의 개념을 이해하고 논리적 추론까지 할 수 있는 차세대 지능형 웹.

가 새로운 서비스를 기획하는 데 영향력을 행사하게 될 것이다.

웹 2.0 기술은 정부와 민간부문의 데이터와 서비스의 통합을 가능하게 함으로써 완전히 새로운 행정 서비스와 비즈니스를 창출하고 있다. 예를 들면, 정부는 위치기반 서비스와 토지 정보, 건물 정보, 자동차등록 정보와 같은 공공정보를 조합(mash up)하여 세금 징수, 교통사고, 인력관리 등을 효율적으로 처리를 할 수 있다. 또한 온라인 여행 서비스와 의료시스템과 통합함으로써 일반 소비자들이 여행 상품 예약 시보다 편리하고 중단 없는 서비스를 제공받을 수 있게 될 것이다. 그동안 전자정부는 이러한 원스톱 서비스를 구현하기 위하여 행정 정보 간의 통합과 연계를 위한 다양한 노력을 기울여 왔다.

(2) 정부에서 국민에게로 권력 이동(Power Shift)

Government 2.0은 국민과 정부와의 관계, 시민 참여의 특성, 그리고 교육, 교통, 개인정보보호, 국가안보 등과 같은 다양한 행정 서비스 부문에서 과거의 정부보다 국민 중심의 서비스를 제공할 것으로 보인다.

첫째, 미래 정부에서는 IT의 발전으로 인해 비교적 저렴한 비용으로 개인 맞춤형 서비스와 정보를 국민들에게 제공할 수 있게 되고, 공공부문의 개방이 확대되어 국민들의 참여와 정부의 정책에 대한 모니터링이 확대됨에 따라 정부의 역할은 축소되고 정부에서 국민으로 권력이동이 될 것이다.

둘째, 디지털화의 가속화로 국민들의 참여 방식이 변화할 것이다. 인터넷이 다양한 방식으로 정치적인 문제에 대해 토론하고 참여할 수 있는 기회를 제공함으로써 디지털 시대에 적합한 새로운 참여 방식을 선택할 수 있다. 정부 정책에 대한 정보의 공유와 참여의 활성화, 정부 활동에 대한 모니터링과 분석 기술의 발전으로 국민들의 역할 또한 기존의 행정 서비스의 소비자로서의 역할에 머무르지 않고 정부 서비스 제안자로서 역할이 변화할 것으로 보고 있다.

셋째, 교육 혁신의 측면에서 미래에는 교수-학습 방식, 학교 운영 방식 더 나아가 학교의 역할까지 변화하게 될 것이다. 특히 교육현장에서 적용되는 사례들이 늘어남에 따라 집단 지성을 활용한 보다 많은 지식을 공유하고 학생과 교사 간의 상호작용 방식이 변화하게 되어 기존의 공공 교육의 체계와 구조를 근본적으로 변화시키고 있다.

넷째, 미래 교통 서비스 측면에서 변화된 모습을 살펴보면 정보 기술은 도로를 움직이지 않는 평판에서 살아 있는 동적인 운송 네트워크로 바꾸고 있다. 구글 맵스와 같은 웹 서비스 기반 지리 정보를 활용하여 교통 정체 상황, 교통 통제지역, 날씨 정보와 연계된 운송 정보서비스 등의 사례에서 보듯이 다양한 소스에서 획득한 정보와 서비스를 매쉬업하는 것이 가능해짐에 다라 정부의 교통 관리 서비스는 훨씬 더 지능적이고 풍부한 서비스를 제공하게 된다. 그리고 교통 혼잡 상황에 대한 데이터는 교통관리자들이 응급차나 운전자들에게 교통 혼잡 정보를 실시간으로 알려줌으로써 운전자들은 보다 더 많은 정보를 토대로 운전 경로를 결정할 수 있게 해 준다.

(3) 정부-민간의 경계 불명확성 증대

웹 2.0은 정보에 자유롭게 접근하고 유통시키는 것에서 더 나아가 '웹에서의 데이터 분석과 활용을 고도화' 할 수 있게 한다. 웹상에서 유통되고 축적되는 데이터의 양이 늘어나고 이를 연계하는 기술을 통해 데이터의 추출이 가능하다는 말은 웹이 그 자체로 거대한 데이터베이스가 된다는 것을 의미한다. 이 웹상의 데이터에는 소비자의 웹 이용 형태와 관심사, 상품의 평가, 선호도 등과 같은 귀중한 마케팅 데이터가 포함되어 있기 때문에 이를 활용하여 새로운 가치를 창출하려는 비즈니스가 증대될 것이다.

정부와 민간 간의 연계를 통한 부가가치 창출과 새로운 비즈니스의 창출이 가능해지는 시대가 된 것이다. 기존의 전자정부 서비스를 이제는 공공부문 포털 사이트에서만 제공받을 수 있는 것이 아니라, 민간의 서비스와 검색 엔진과 연계하여 민간의 포털 사이트를 통해서도 제공받는다. 또한 정부의 행정 서비스를 위하여 수집되고, 생산되었던 공공정보를 활용하여 민간 기업이 새로운 콘텐츠와 서비스를 창출하는 것이 가능해진다. 이처럼 웹 2.0 시대의 정부 서비스는 서비스 공급자와 수요자 간의 경계가 불분명하고, 정부와 민간 간의 연계를 통한 서비스의 융합과 비즈니스 생태계를 형성하는 사례가 증가하게 된다.

3) 국외 전자정부 서비스의 사례

(1) 미국 시카고 시의 범죄 정보 서비스 사례: ChicagoCrime.org

미국 시키고 시의 ChicagoCrime.org 사이트는 시카고 경찰청의 온라인 데이터베이스에서 얻은 범죄 데이터를 구글 맵 API와 매쉬업하여 지도 위에 디스플레이함으로써 범죄 정보를 시각화하고 사용자들이 이 사이트에서 상호작용할 수 있도록 해주고 있다. ChicagoCrime.org 사이트에서는 날짜, 치안구역, 우편번호, 행정구역, 도로, 경찰사건 기록부에 등록된 범죄유형별로 실시간으로 범죄상황을 검색할 수 있다.

(2) 구글 맵스를 이용한 부동산 정보 서비스 사례: HousingMaps.com

최초의 매쉬업 서비스는 하우징맵이다. 2005년 초 폴 레이드매처(Paul Rademacher)라는 소프트웨어 개발자가 부동산 정보를 구글의 지도 서비스와 조합하면서 부가가치가 높은 하우징맵 서비스를 제공하기 시작하였고 서비스를 시작한 지 반년 만에 85만 명이 다녀갈 정도로 인기를 얻고 있다. 기존의 부동산 서비스는 주소와 집안 사진 정도만 제공되었을 뿐, 주변 지역에 대한 정보를 확인할 수 없어 직접 방문해야 했다. 하지만 하우징맵을 통해 사람들은 매물로 나온 집주소를 입력해 지도로 위치를 확인할 수 있고, 위성사진을 통해 집 주변이 상가인지 공장지대인지 숲이나 주택가인지, 그리고 학교가 집으로부터 얼마나 떨어졌으며 통학길은 위험하지 않은지, 차가 들어가기에 골목은 좁지 않은지 확인이 가능하다.

(3) 구글의 실시간 도로상황 정보 서비스: Traffic.com

Google의 Traffic.com은 실시간 교통정보뿐 아니라 worldweather.org의 날씨 정보까지 볼 수 있는 지도 서비스이다. 이 서비스가 특히 유용한 것은 도로가 정체되거나 도로가 폐쇄된 정보를 이용자들이 확인할 수 있다.

제2절 공공정보 개방 및 활용정책

1. 공공정보 개방 촉진 확대

세계 각국은 인터넷 양방향성을 활용, 적극적인 정부 정보 공개나 정책결정에 시민참여를 촉진하는 '열린 정부(open government)' 정책을 추진하고 있다. 시민참여를 주축으로 정책성과를 향상시키고 정부 주요 비즈니스의 일부로서 개방된 참여형 정책결정을 촉진하고 있다. 참여형 정책 결정이 정부의 책임을 증대시켜 정책 결정에 대한 시민의 영향력을 확대시키고 시민 능력을 향상시킨다고 인식하고 있다.

OECD는 정부 투명성과 시민참여 확대, 전자정부를 활용한 효율화와 이용자 중심의 참여형 정책 발전을 동시에 진전시킬 필요가 있다고 강조하고 있다(OECD, 'The Government Challenge and Ensuring Economic Recovery,' 2009.4). 정책 개발에 시민참여를 확대해 투명성·공개성을 높이는 것이 필수이며, 이러한 정부 모델로 전환해서 고도의 상호관계를 유지하는 것이 필요하다. OECD는 시민참여 촉진을 위해 시민참여를 한 축으로 해서 정책성과 향상, 효과적인 평가 툴 개발, 기술과 참여형 웹 활용, 참여를 위한 건전한 원칙 채택과 실시 등을 회원국 정부에 요구하고 있다.

특히, 미국 연방정부는 오바마 정권 발족 이후 중점 정책기조로 '열린 정부'에 초점을 두고 적극적으로 대처하면서 크게 변화하였다. 그동안 미국 전자정부법에서 중시한 것은 연방정부에 IT시스템을 도입해 행정서비스 전자화·효율화 추진 및 국민·기업의 편리성을 향상하고 있으나 오바마 정권은 새로운 웹기술의 적극적인 도입으로 정부 정보 공개와 정부의 각종 의사결정 프로세스에 시민참여를 목표로 하는 '열린 정부' 정책에 대처하고 있다.

이처럼 열린 정부가 지향하는 투명한 협력으로 정부신뢰 회복과 민주주의 확립을 위해 최우선시되는 정책이 적극적인 공공정보 개방과 활용 촉진이다. 국민과 정부가 양방향으로 소통하는 열린 정부 구현을 위해 공공정보를 투명하게 공개하고, 시민이 개방된 정보를 활용해 창조적인 아이디어가 가미된 새로운 정책 방안을 제시할 수 있는 장을 제공한다. 또한, 공공정보 개방을 통해 데이터와 시스템 중복을 제거하고 정보 공유를 통해 정부기관 간 공동 활용함으로써 예산절감과 행정 효율화를 추진하고 있다.

2. 주요국의 공공정보 개방과 활용정책 현황

1) OECD

OECD는 공공정보(PSI: Public Sector Information) 개방성과 재활용의 중요성을 인식하고 공공정보를 원활하게 제공할 수 있는 정책적 방안을 강구하고 있다. 이에 따라 OECD는 회원국에게 공공정보의 이용을 촉진하고 접근성 향상을 위한 정책적 지침을 제공하기 위한 권고를 채택하고 있다. 권고는 회원 국가들이 공공정보와 콘텐츠를 효율적으로 폭넓게 활용하고 접근성을 향상시킬 수 있도록 일반적인 프레임워크를 제공한다. 공공정보의 새로운 활용방안 개발과 효율적 확산, 폭넓은 활용과 접근을 통한 사회경제적 이익 향상과 PSI에 대한 재투자를 촉진하기 위해 권고를 하고 있다.

2) 유럽위원회(EC)

EC는 EU 공공정보 재활용 지침 개정과 함께 EU 국가의 공공정보 재활용 가속화를 위해 '공공분야 데이터 재활용 컨설팅위원회'를 설치하고 EU 각국 정부가 효율적이고 차별 없는 조건으로 투명하게 활용 가능한 공공정보로 콘텐츠시장을 촉진할 수 있도록 재활용 지침을 재검토하고 있다. 또한 공공정보를 더욱 원활하게 개방해서 재활용이 가능하도록 시민과 각 분야 이해관계자들의 다양한 의견을 수렴하고 있다.

3) 영국

영국은 EU 국가 내에서도 가장 선도적이며, 적극적으로 개방과 이용, 재활용을 위한 다양한 정책을 추진하고 있다. 2001년에 이미 공공정보등록소에 정부기관 보유 정보자산의 메타데이터(소재정보)를 비공개했던 정보까지 포함해 공개하는 등 적극 대처하고 있다. 2007년에는 공공정보 공개를 추진하고 이를 토대로 정부 대응책을 동시에 공표하고 연구에서 제언된 정책 추진을 위한 TF팀을 설치하였다.

또한 2010년 1월에는 국민에게 정부 데이터 접근성 확대와 정부 투명성 제고, 가치 있는 공공정보를 제공하여 정부와 관련 산업의 기능을 더욱 효율화한다는 기본적인 목적을 가지고 'data.gov.uk' 사이트를 오픈하였다.

4) 미국

미국 연방정부는 각 부처와 기관·지역정부의 공공정보를 제공해 국가 공공정보 이용의 접근성을 높이고, 이용을 촉진할 수 있도록 데이터센터 역할을 하는 'data.gov' 포털을 운영하고 있다. 현재 교통·의약품·안전·범죄·비만·고용·보건 등 다양한 분야에 걸친 공공정보와 데이터를 data.gov를 통해 제공하고 제공된 데이터세트를 활용한 애플리케이션 개발을 적극 장려해 현재 민간에서는 이 데이터세트와 연관된 신규 애플리케이션을 개발하고 이와 함께 모든 시민이 정책 결정 과정과 공공서비스 제공에 참여할 수 있는 사이트인 Challen.gov도 미국 PSI 재활용의 모범사례라고 할 수 있다.

5) 뉴질랜드와 호주

뉴질랜드와 호주 정부 또한, 공공정보의 접근성 확대와 재활용을 통한 경제적 부가가치 창출을 위해 공공정보 공개 포털을 구축 및 운영하고 있다. 시민 누구나 원하는 공공정보에 쉽게 접근하고, 정책추진에 시민들의 의견 수렴이 가능하도록 'data.govt.nz' 개설하였으며, 'data.australia.gov.au'는 호주 정부의 데이터세트로서, 정부 데이터를 활용해 새로운 것을 창조해 낼 수 있도록 재활용을 촉진하고 있다.

6) 일본

일본은 미국이나 유럽·호주 등 각국 정부에서 추진하고 있는 적극적인 정부 정보 공개와 함께 시민과 소통하는 열린 정부를 실현하고 있다. 공공정보 접근성 향상과 이용, 재활용을 통한 경제 활성화 등의 정책에 공감대를 형성하고 있다. 그러나 현재 중앙정부나 자치단체에서 보유하고 있는 공공정보가 충분히 재공, 공개되지 않아서 공공정보의 공유나 활용이 미흡한 상황이며, 이에 따라 '새로운 정보통신 기술전략'에서는 행정정보의 공개와 제공, 시민의 정책결정 참여 등 공공정보의 활용을 가속화하는 의지를 피력하고 있다.

현재 각 부처나 지자체, 행정관련 기관의 적극적인 공공정보 공개와 제공, 시민의 정책결정 참여 촉진 등 열린 행정을 목표로 'openlabs.go.jp' 사이트를 개설하였으며, 본 사이트에서는 인터넷을 활용한 열린 정부 실현을 목표로 다양한 실증과 함께 관련된 정보의 수집과 제공도 추진하고 있다.

제3절 한국의 공공정보 개방과 활용정책

1. 공공정보 개방과 활용정책 방안

우리나라는 정보화와 전자정부 사업의 촉진, 정보통신기술(ICT: Information and Communication Technology) 융합의 활용이 가속화되면서, 유용하게 활용할 수 있는 공공정보의 종류와 양이 지속적으로 증가하고 있다. 이에 따라 공공정보가 공무상의 활용뿐만 아니라 자유로운 활용을 통해 새로운 비즈니스를 창출해 낼 수 있는 중요 국가 자산으로 부상하고 있으며, 공공정보를 새로운 서비스나 상품 개발의 원천정보로 활용해 새로운 비즈니스 모델을 창출하는 기업이 점차 증가하고 있는 추세에 있다.

그러나 공공정보 접근의 어려움, 공공기관 정보공개 의지와 활용 인식 부족, 정보공개 제도 미비 등 공공정보 활용해 관한 문제점이 지적되고 있으며. 이러한 인식에서 관계 부처 공동으로 '공공정보민간활용촉진종합계획'을 수립해서 발표하고, 공공정보 개방과 재활용 의지를 천명하고 있다. 본 계획에서는 재활용을 위한 공공정보 공개, 공공정보 활용 확대 유도, 공공정보 재활용을 통한 신규 비즈니스 창출 제고 방안을 마련하고, 또한 공공정보 소재안내와 접근성 강화 방안, 공공정보 제공과 활용을 위한 제·도 정비, 그리고 민간 활용 지원을 위한 다양한 정책 방안을 제시하고 있다.

공공정보 개방과 활용 과정에서 발생하는 공공·민간의 다양한 애로사항 해결을 지원하기 위해 '공공정보 활용 지원센터(PISC: Public Information Support Center)'를 설치, 운영하고 있다.

PISC는 공공정보 개방·수집·활용과 관련된 애로사항을 통합 접수해서 상담, 지원하는 전담창구로 공공정보 수요자(민간)와 공급자(공공) 지원을 병행, 공공정보 개방과 민간 활용 활성화를 동시에 유도하며, 기업 등이 필요로 하는 공공정보에 간편하게 접근하고 수집할 수 있도록 정보목록서비스, 신청안내, 보유기관 연계 등을 지원하며, 공공기관 등이 보유한 공공정보를 용이하게 개방할 수 있도록 품질개선, 저작권 파악, 정보제공 대행 등을 지원하고 있다.

국가기관·지자체·공공기관이 공공정보를 효율적으로 제공하고 공공정보의 민간

활용을 촉진하는 데 필요한 세부사항을 규정하기 위한 '공공정보 제공지침'을 고시하였으며(2010.7, 행정안전부), 공공정보 제공기반 마련을 위해 공공정보 제공절차와 방법 등 공공 기관이 준수해야 할 공공정보 제공지침을 마련하고 보급하고 있다. 이 지침에는 공공정보를 효율적으로 제공하기 위한 세부사항을 정하고, 공공정보 활용촉진을 위한 의무를 규정하고 있다.

2. 공공정보 개방과 활용 현황

웹 1.0 시대의 정부 포털 사이트가 일방적으로 정보를 제공하고 다양한 웹사이트를 연결하는 단일 접속창구 역할을 한다면 웹 2.0 시대의 정부 포털 사이트는 보다 강력한 검색 엔진과 다양한 웹 2.0 기술의 적용으로 보다 나은 서비스 제공은 물론 국민과의 양방향으로 상호작용하는 방식을 구현함에 따라 이제 국민은 정부 서비스의 소비자가 아니라 정부 서비스를 제안하고 기획하는 영향력 있는 참여자로서의 역할로 변화하게 만든다. 이와 같이 웹 2.0은 국민들이 정부의 행정 프로세스에 참여하여 영향력을 행사하는 방식을 변화시킬 뿐 아니라, 정부 조직이 행정 서비스를 전달하고 제공하는 방식에 영향을 미치고 있다. 이러한 미래의 정부 모습인 Government 2.0의 구현을 위해서는 공공정보의 재이용 및 상용화를 보다 적극적으로 추진할 필요가 있다.

그렇지만 Government 2.0 서비스는 국민들이 다양한 방식으로 공공 정보를 이용하는 사람들로부터 개인 정보가 보호된다는 확신이 있어야 가능하다. 하지만 정부에서 개인정보 보호나 국가안보를 이유로 공공부문에 이러한 최신 기술을 이용하지 못하도록 강제하는 것이 아니라 이를 체크하고 조정하는 체계를 구축함으로써 국민들이 공공정보에 대한 접근과 재이용을 활성화할 수 있는 기반을 구축할 필요가 있다.

그리고 웹 2.0의 확산으로 지리정보, 교통정보 등 다양한 공공정보의 유통, 확산, 재가공의 기회가 증대됨에 따라 공공정보의 신뢰성과 최신성을 확보하는 문제가 중요해지고 있다. 그러나 우리나라 정부 부처 홈페이지 관리실태를 보면 UN 전자정부 평가 1위라는 위상이 도저히 믿기지 않는다. 전자정부를 표방하는 정부의 모습이라고 볼 수 없을 정도로 관리가 부실하고 엉터리 정보가 수두룩한 것으로 나타났다. 관계법령이 10차례나 개정돼 바뀌었으나 이전 제도를 '새소식'이라고 소개하는가하면 동일한 사안에 대해 서로 다른 통계를 제공해 혼선을 주고 있다. 행정안전부 각 실·국의 주요 업무에 대한 정보를 전달하기 위해 만든 '실·국 홈페이지'에도 철 지난 '새소식'들이 가득했다. 행정기관이 보유한 다양한 정보를 디지털화해 공유함으로써 행정의 생산성을 높인다는 전자정부의 모토가 무색할 정도이다(국민일보, 2011.4.30).

2010년도 중앙부처 정보 공개 결과를 보더라도 힘 있는 부처나 부서일수록 정보공개비율이 낮은 것으로 분석되었다. 2010년 청와대가 정보 공개 신청을 받은 994건 중 전부 또는 부분적으로 공개한 정보는 59건(5.9%)에 불과했다. 청와대에 이어 총리실도 실질 공개율이 10.4%에 불과했고, 감사원(16.8%), 대검찰청(18.9%), 방송통신위(22.5%), 관세청(21.7%), 법무부(30.7%) 등으로 나타났다. 현 정부 들어 행정기관의 정보 공개를 지도·감독하는 정보공개위원회가 대통령 직속에서 행정안전부 산하로 격하돼 위상과 역할이 크게 축소되었고, 각 부처에서 정보 공개 여부를 판단하는 정보공개심의회도 제대로 열리지 않은 것이 주요 원인이라고 분석하고 있다(조선일보, 2011.4.25).

시민이 능동적으로 참여하여 정부와 양방향적 관계로 정립되는 단계로 진화하는 새로운 패러다임으로 변화하고 있으며, 나아가 개인별 맞춤 정보의 제공이 가능한 웹 3.0으로 진화하고 있는 시점에 있다. 시민이 원하는 정부 정보와 서비스를 투명하게 실시간으로 제공해 시민과 협업체계를 구축해야 할 것이며, 이것이 스마트 정부 실현의 기초를 제공한다는 점을 인식해야 한다. 해외 각국은 이미 정책 선진화의 실마리를 찾고 정부 신뢰성 회복, 시민과의 소통·협력 강화, 더 나아가 새로운 부가가치를 창출하는 원천이 될 공공정보를 폭넓게 개방하는 것이 중요하다는 것을 인식하고, 공공정보 개방이 참여·공유·투명성을 제고시키는 것에서 더 나아가 공공정보를 재활용했을 때 생성되는 새로운 시장과 막대한 사회 경제적 가치의 잠재성에 주목하고 있다(한국정보화진흥원, 2010.6).

우리나라는 2010년 6월에 스페인 바르셀로나에서 열린 세계전자정부 올림픽대회에서 참가국가 198국 중에서 전자정부 세계 1위를 차지하였고 일본은 12위를 차지하였다. 또한 앞으로 추진될 '스마트 전자정부'는 선진화된 IT기술과 정부 서비스 간 융·복합을 통해 언제 어디서나 매체에 관계없이 자유롭게 국민이 원하는 정부 서비스를 이용하고, 국민의 참여·소통으로 진화하는 선진화된 정부를 지향하고 있다.

정부 형태와 기능의 급속한 진화는 정부서비스 창출에 시민의 영향력을 확대하고 있으며, 공공정보 개방·활용은 이런 패러다임을 가속화하는 기폭제이므로 공공정보 개방을 행정서비스 최종단계로 생각하는 인식의 대전환이 필요하다.

3. 행정정보공개 운영 현황

1) 정보공개 추진 현황

정부는 2004년 법 개정을 통해 전자적정보공개의 근거를 마련하는 등 제도개선과 함께 국민이 보다 편리하고 신속하게 공공기관의 정보에 접근할 수 있도록 시스템을 구축하였다. 2006년 4월에는 통합정보공개시스템(www.open.go.kr)을 개통하여 온라인을 통한 서비스를 본격적으로 제공하였다. 시스템 구축 이후 2차에 걸친 고도화 사업을 통해 2009년 1,288개 중앙행정기관, 지방자치단체, 교육청 및 소속기관 등 정보공개 대상기관의 정보목록 검색, 정보공개 청구, 수수료 납부, 공개자료 열람까지 원스톱 서비스를 제공하고 있다.

2) 공공기관의 정보에 대한 국민의 청구권 증가 추세

2009년도의 정보공개 청구 건수는 398,163건으로 291,339건이 청구된 2008년도에 비해 37%가 증가된 것으로 나타났다. 이는 국민의 알권리 욕구 증가와 함께 2006년 4월부터 서비스 중인 온라인 정보공개 청구가 활성화된 것에 기인한 것으로 분석된다.

정보공개시스템이 운영되기 이전인 2005년의 청구 건수가 130,841건에서 2009년에 398,163건으로 204%가 증가하였는데 이 중 직접 출석하여 청구한 건수를 제외하고 정보통신망을 이용한 청구 건수는 2005년에 44,099건에서 2009년에 260,768건으로 491%가 증가하였다.

3) 행정의 투명성

행정의 과정이 투명하게 공개된다면 행정관료들이 국민들 위에서 군림하거나 밀실에서 업무를 처리하지 못할 것이다. 행정과정의 투명성은 행정과정을 합리적으로 만들 뿐만 아니라 그렇지 못한 경우에 반드시 발생하는 행정부패의 가능성을 예방하기 때문이다. 행정과정의 합리화와 행정부패의 방지는 정부의 행정서비스에 대한 국민의 만족도와 신뢰를 높이는 결과를 초래하게 된다.

4) 통합 정보공개시스템의 구축

(1) 시스템 구축의 목표
- 정보공개청구시스템 구축: 정보의 공개 청구, 처리상태 확인, 수수료 납부, 공개정보 열람 등의 서비스 제공
- 정보공개관리시스템 구축: 온라인과 오프라인 정보공개 청구 통합관리를 포함하여 정보공개 업무처리
- 통합목록관리시스템 구축: 각 기관의 정보목록을 수집하여 통합목록을 생성하기 위한 통합목록관리시스템을 구축하여 키워드 검색

(2) 기대 효과
- 통합목록 검색을 통한 청구대상 정보검색 비용 절감: 연간 약 7억 7천만 원
- 온라인 정보공개를 통한 기관 직접방문 비용 절감: 연간 약 34억 원
- 정보공개 업무 전 과정 전자화를 통한 청구처리 비용 절감: 연간 약 148억 원

제4절 전자정부와 행정개혁

1. 정부혁신의 필요성

정부는 어떠한 형태의 조직보다 사업집행에 필요한 물적·인적 자원을 동원하는 데 큰 어려움을 겪지 않는다. 일단 정부가 법령을 제정하여 집행하면 국민은 복종하게 되어 있기 때문이다. 그렇기 때문에 자원의 수집에 적극적이지 않고 오히려 수동적이다.

정부조직은 변화에 느리게 반응하는 조직 중 하나이다. 정부조직의 외부환경은 크게 변화하였지만 조직 내부에는 여전히 산업사회의 관료제적인 타성이 남아 있어 변화의 장애가 되고 있을 뿐만 아니라 정부의 경쟁력 제고에도 도움이 되지 못한다. 환경이 변한 만큼 지금까지 경직되고 변화에 무감각했던 정부도 그 변화한 환경에

살아남기 위해서는 더 이상 변화의 흐름에 예외일 수는 없다. 그러므로 정부부문에서도 과거와는 다른 혁신을 이룩하여 새로운 환경에 적응해야 할 필요가 있다.

2. 정보기술을 활용한 행정혁신

정부조직은 앞에서 살펴본 바와 같이 소위 말하는 파산의 위험이나 효율화, 능률화의 유인이 적고 변화에 대한 반응성이 다른 유형의 조직에 비해 크게 떨어져 진정한 의미의 정부혁신을 이루지 못하고 있다.

혁신 작업은 기존의 정부개혁의 모습과는 다르게 전개되어야 한다. 이를 위해 요청되는 기술이 바로 정보기술이다. 정보기술은 현재의 정보가 가지고 있는 여러 가지 문제를 그 어떤 수단이나 방법보다도 가장 효과적으로 해결할 수 있는 기술이다. 따라서 정보기술과 정부의 혁신을 효과적으로 연결시키면 정부 부문의 내부적 행정 효율성을 제고하고 대국민 서비스에 충실할 수 있는 고객지향적인 전자정부로의 변화를 가져올 수 있다.

3. 행정의 투명성과 부패방지

우선 관료가 권력을 독점하고 재량권이 많을수록 부패가능성이 높아지며, 통제수단을 통하여 책임성을 높일수록 부패는 줄어든다. 따라서 행정처리 과정에 대한 정보공개를 통하여 행정을 투명하게 한다면 재량권을 줄이고 시민감시를 통하여 책임성을 높임으로써 부패를 효과적으로 통제할 수 있을 것이다.

행정의 투명성은 행정의 의사결정 및 행정서비스 제공과 관련된 적절한 모든 정보를 시민 누구나 적시에 접근가능하고 정보가 자유롭게 유통되는 정도라고 할 수 있다. 투명성의 개념에는 다음 세 가지 요소가 포함되어 있다.

첫째, 누구나 평등하게 정보에 쉽게 접근 가능하여야 한다.

둘째, 시민이 정보를 얻고자 하는 분야에서 타당하고 적절한 모든 정보가 제공되어야 한다.

셋째, 정보가 제공되어야 할 시기에 질 높은 정보가 신뢰성 있게 제공되어야 한다.

4. 스마트 전자정부시대

1) 스마트 전자정부

행정안전부는 2010년 UN 전자정부 평가 1위 이후, '세계 최고의 전자정부' 위상을 지속하기 위한 '스마트 전자정부(Smart Gov) 추진 계획'을 수립하여 발표하였다. 행안부의 이번 추진계획은 기존 전자정부 서비스가 스마트폰, 태블릿 PC, 소셜 네트워킹, 클라우드 컴퓨팅 등 모바일 환경으로의 급격한 변화와 첨단 IT기술의 발전을 반영하지 못하고 있다는 판단에 따른 것이다. 앞으로 추진될 '스마트 전자정부'는 진화된 IT기술과 정부 서비스의 융·복합으로 언제 어디서나 매체에 관계없이 국민이 자유롭게 원하는 서비스를 맞춤형으로 이용하고, 참여·소통할 수 있는 선진화된 정부를 지향하고 있다.

〈그림 10-1〉 스마트 정부의 효과―누구든지 평등하게 정보에 쉽게 접근

2) 스마트 정부의 미래 모습

- 스마트 치안: 범죄다발지역 등에 대한 범죄지도 구축, 미아발생·강력범죄 등 현장상황을 CCTV 통합관리센터 등과 연계하여 신속 대응한다.
- 스마트 재난안전: 상습침수, 산사태 등 국민안전을 위협하는 지역에 센서 등을 설치하여 상시 모니터링 및 실시간으로 상황을 전파한다.
- 스마트 생활민원: 도로파손 등 일상생활에서 불편한 민원을 스마트폰(사진/동영상) 등을 활용하여 현장에서 즉시 신고하고, 공무원은 신속하게 처리 후 그 결과를 사진/동영상과 함께 즉시 피드백한다.
- 스마트워크: 사무실 외 출장, 회의, 이동 중에도 모바일 오피스, 원격 영상회의, 스마트워크센터 등을 통해 끊김 없는 업무를 수행한다.
- 스마트 전자정부 인프라: 국민이 원하는 서비스를 언제 어디서나 맞춤형으로 이용할 수 있도록 유·무선 네트워크 고도화 및 부처별·기능별 서비스를 연계·통합한다.

제11장

투명행정 사례와 온라인 공개시스템

제1절 서론

현재 행정정보공개는 모든 공공기관에서 실시되고 있는 제도 중 하나이다. 그만큼 정부의 정보에 대한 국민들의 알권리가 중시되고 있으며 그에 발맞추어 정부의 인식도 발전해가고 있는 것이다. 그동안 우리나라 정부는 정보를 유출하는 것에 대해 철저하게 보안에 부쳐 왔고, 정부의 정보란 베일에 싸여 있어 그 누구도 접근하지 못하는 비밀스러운 것이었다. 국민이 정부의 활동에 대해 알려고 하는 것조차 인정되지 않았다. 그러한 시절 정부의 부패는 그 양태가 다양한 만큼 그 원인도 다양했다.

따라서 부패를 근원적으로 척결하기 위해서는 그 원인에 따라 다양한 정책을 수립해야 했다. 다양한 부패의 원인 중에서 정보의 부족 혹은 국민과 정부 간의 정보의 비대칭성에 기인하는 부패의 문제를 해결하기 위해 행정정보공개제도가 실시된 것이다. 지금까지 정보공개로 인해 부패방지 측면에서 많은 성과를 이루고 있다. 앞으로도 보다 투명하고 바람직한 행정국가를 이룩하기 위해 국민의 알권리를 존중해주는 적극적인 행정정보공개제도는 그 필요성이 점차 증대되고 있다.

정보화와 과학기술이 발전하며 전자정부라는 개념이 생겨났고 그로 인해 온라인 상에서 이루어지는 정보공개가 더욱 활성화되고 있다. 국민이 알권리를 행사하기에 더 쉬워진 것이다. 이 장에서는 먼저 행정정보공개제도에 대해 간단히 살펴보고 정보공개제도 중 정보제공에 해당하는 대표적인 사례인 서울시의 공개시스템(Open System)을 중점적으로 고찰해 볼 것이다. 공개시스템과 행정정보공개의 관계가 명확한 것은 아니지만, 이 글에서는 공개시스템의 범주를 행정정보공개의 하나로 보면서, 공개시스템이 기존의 행정정보공개와 다른 점만을 짚고 넘어가도록 하겠다.

행정정보공개의 대표적인 시스템인 서울시 공개시스템을 통해서 국민과 정부 간의 정보 공유를 확대할 수 있는 방법과 투명한 행정으로 나아가기 위해 앞으로 민원처리 공개시스템이 나아갈 방향에 대해 생각해 보기로 하자.

1. 행정정보공개제도란

「공공기관의 정보공개제도」란 공공기관이 직무상 작성 또는 취득하여 관리하고 있는 정보를 수요자인 시민의 청구에 의하여 열람, 사본 복제 등의 형태로 청구인에게 공개하거나 공공기관이 자발적으로 또는 법령에 의하여 의무적으로 보유하고 있는 정보를 배포 또는 공표 등의 형태로 제공하는 제도를 말한다. 전자를 「청구공개」라 한다면 후자는 「정보제공」이라 할 수 있다.

공개형태에는 두 가지가 있는데 다음과 같다.

- 청구공개: 공공기관이 직무상 작성 또는 취득하여 관리하고 있는 정보를 청구인의 청구에 의하여 공개하는 제도이다.(예: 공문서의 열람 복사청구 등)
- 정보제공: 행정정보를 보유한 공공기관이 자발적으로 또는 법령상 의무적으로 정보를 제공하는 제도이다.(예: 인터넷을 통한 정보 제공, 간행물의 배포, 시정 자료관 운영)

2. 서울특별시 민원처리 온라인 공개시스템이란

서울시 민원처리 온라인 공개시스템(Open System: Online Procedures Enhancement for Civil Application)은 정보 기술을 활용하여, 민원 처리의 접수에서부터 최종 처리까지의 전 과정을 실시간으로 인터넷을 통하여 공개하는 행정정보공개제도 중의 하나이다.

서울시의 공개시스템은 지역 주민들이 시청이나 구청 등 관공서를 직접 방문하지 않고 서울특별시 인터넷 홈페이지를 통해 어느 곳, 어느 때이든지 관계없이 원하는 민원업무를 처리할 수 있도록 고안된 정보시스템이다.

초기 시작은 26개 주요 민원업무에 대하여 접수에서부터 최종 결재까지 처리 절차에 따라 주요 사항을 해당 각 부서에서 입력하고 민원인 인터넷을 통해 민원이 처리되는 과정을 확인해 볼 수 있다. 현재 서울특별시 인터넷 홈페이지(http://www.metro.seoul.kr)를 통해 운영되고 있다. 그러나 현실적으로 수천 가지의 민원업무를 수행하고 있는 서울시에서 모든 행정업무를 동시에 공개하는 것은 불가능하다. 따라서 부정과 부패의 억제에 가장 큰 효과가 있을 것으로 판단되는 행정업무를 중심으로 공개하고 있으며 점차 그 대상을 확대해 나가고 있다.

공개시스템 공개대상 업무의 선정은 다음과 같은 업무 선정 기준을 따른다.

- 과거 비리가 발생되어 사회적으로 물의를 일으킨 업무
- 업무처리과정이 복잡하여 특혜시비의 소지가 있는 업무
- 공개를 함으로써 외부 이권개입을 차단할 수 있는 업무 등

현재 공개되는 10개 분야, 54개 업무별(현재 운영되는 54개 민원업무의 구체적 내용은 다음과 같다), 건별 민원처리 전 과정을 실시간으로 접수, 검토, 처리결과, 앞으로 예정 사항을 결재 진행 상태별로 입력하고, 처리부서와 담당자, 해당공개 업무에 대한 업무 내용, 구비 서류, 업무처리 절차 및 관련 법규를 공개하고 있다.

서울시는 분산되어 있던 민원처리 정보를 단일 창구에서 모두 확인할 수 있는 '종합민원관리시스템'을 2010년 1월 1일부터 서비스를 개시하였다. 이 '종합민원관리시스템' 구축으로 시민들이 서울시 홈페이지에 접속해 접수 번호와 신청인을 입력하면 자신의 민원처리 현황을 확인할 수 있게 되었다. 대상민원은 진정과 건의를 포함한 서식민원이 총 413종이다. 민원 처리과정도 접수-수령-담당자 지정-기안-결재-결과처리로 정형화되었으며, 자신의 민원이 어느 단계에 있는지 볼 수 있고, 또한 자신의 민원처리과정에 대한 만족도를 즉시 피드백할 수도 있다.

제2절 온라인 공개시스템 도입 배경

행정이라 하면 국민들에게 부정부패, 관료주의를 가장 먼저 연상시킬 만큼 그 익명성과 불투명성으로 인해 신뢰받지 못하는 분야이다. 이를 획기적으로 개선하기 위해 당시 고건 서울시장은 부패척결을 최우선과제로 시정을 이끌었다. 그러나 1998년 시의원 중 한 명이 부정부패에 연루되는 사건이 발생하면서 반부패를 최우선 목표로 하던 고건 전 서울시장은 매우 곤혹스러웠다.

기대를 갖고 있던 시민들의 신뢰를 다시 회복하기 위해서 당시 고건 서울시장이 제시한 부패방지 척결 대책은 '원인 제거(규제 개혁, 부조리 악순환 차단), 처벌(일벌백계주의, 부조리 신고엽서제도), 민관공조(시민 옴부즈맨 제도), 행정의 투명성 확보'인데 특히 행정의 투명성 확보는 행정과정을 시민에게 노출시킴으로써 그 일환으로 인터넷을 통해 정책현황을 공개하는 방안을 제안함에 따라 서울시는 1999년 1월 25일, 고건 서울특별시장이 비리 척결 대책으로 시스템 개발의 일환으로서 민원처리 온라인 공개시스템을 의욕적으로 도입하였다.

1. 공개시스템의 목적

1) 행정의 부정부패 예방

민원처리 온라인 시스템을 도입함으로써 시민들의 감시를 통해 시정의 투명성을 확보하고, 민원처리 업무에 신뢰성과 공정성을 확보함으로써 행정의 부정부패를 사전에 차단한다는 목표를 두고 있다. 또한 서울시 반부패시책의 특징은 『원인요법』, 『처벌요법』, 『행정의 투명성 확보』, 『민관공조』 등 4가지 근원적인 대책을 시스템적으로 다이내믹하게 병행 실시하여 시너지효과를 극대화시키는 데 있다.

2) 행정의 신뢰성을 증진

민원처리온라인시스템을 도입하는 것은 행정에 대한 국민의 신뢰성을 증진시키기 위해서이다. 당시 서울시를 설명할 때면 복마전(伏魔殿: 마귀가 숨어 있는 집이나 굴)이란 단어가 항상 따라붙을 정도로 서울시는 국민들로부터 신뢰성을 되찾는 것이 큰 의무였다. 그러나 행정에 대한 신뢰성을 증진하기 위해서는 서울시의 공무원

<그림 11-1> 서울시 반부패 시책 개요

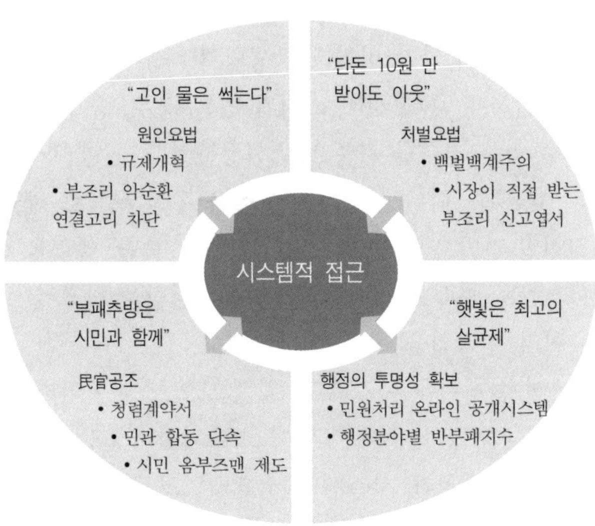

들과 시민의 상호 커뮤니케이션이 필수적이었고 따라서 서울시는 행정처리 과정 전반과 그 결과를 시민들에게 정확하게 공개·전달하는 방안을 채택하였다.

3) 행정의 접근성을 향상시킨다

시청이나 구청을 방문하지 않고 민원을 접수하고 처리 과정과 결과를 알 수 있다면 국민은 보다 쉽고 저렴한 비용으로 행정서비스를 향유할 수 있을 것이다.

민원을 제기한 시민은 자신의 민원이 어떻게 처리되고 있는가에 대해 시스템을 통하여 정확한 정보를 얻는 동시에 이에 사용되는 공무원의 시간을 절약해 줄 수 있다.

2. 공개시스템 실제 추진 과정

민원처리온라인시스템의 프로그램 개발과 공개대상 업무 선정은 1999년 1월 26일부터 본격적으로 시작되었다. 시행 초기 실무 부서에서는 온라인 시스템 도입을 반대하였는데 행정업무의 처리는 당연히 행정부처 고유의 권한이라는 고정 관념 때문에 업무 공개 자체를 반대했다.

따라서 공개대상 업무의 선정에 있어서 자체적인 감사 내용과 민원 편람을 토대로 위에서 제시한 바와 같이 과거 비리가 발생되어 사회적으로 물의를 일으킨 업무, 업무 처리 과정이 복잡하여 특혜 시비 소지가 있는 경우, 공개를 함으로써 외부 이권 개입을 차단할 수 있는 경우를 기준으로 선정하였다. 공개시스템 시행의 목적은 애초에 행정업무의 효율화보다는 부정부패 근절을 우선 목표로 하였으나 비록 공무원 조직 내의 조직적인 반발은 없었으나 보이지 않는 불만, 알력을 해소하는 데에는 시간이 걸렸다. 시스템 구축과 설계는 LG EDS에서 담당을 하고 실질적 데이터 입력은 서울시청 공무원의 수작업을 통해 이루어졌다.

따라서 사실상 실제 설계비용은 2,800만 원 정도만 소비되었지만, 방대한 자료를 입력하는 데에 공무원들의 노력이 매우 많이 소요되었다. 그 결과 1999년 4월 15일 26개 업무를 대상으로 민원공개 시스템이 시행되었고 점차 업무가 확대되어 현재 1,800여 종의 민원업무를 사이트에서 확인해 볼 수 있다.

3. 공개시스템의 운영실태

시청이나 구청에 인허가 서류를 제출한 민원인과 공개업무에 대한 정보를 얻고자 하는 시민은 서울시 홈페이지(http://www.seoul.go.kr)에서 「민원처리 공개시스템」을 선택하거나, 민원처리 온라인 공개시스템(http://open.seoul.go.kr/) 홈페이지를 직접 클릭하여 공개대상 목록에서 찾고자 하는 업무를 선택하여 보면 된다. 컴퓨터를 모르거나 인터넷을 사용할 줄 모르는 시민은 가까운 동사무소나 구청에 가면 직원의 안내를 받아 조회할 수 있다.

- 공개시스템 사이트 메뉴 소개
  ① 공개목록 보기: 신청된 민원업무 중 공개분야별로 공개민원을 열람할 수 있다.
  ② 자기민원찾기: 신청자별로 자신이 낸 민원의 처리 과정을 볼 수 있다.
  ③ 자료검색: 민원자료를 내용별로 검색할 수 있다.
  ④ 업무소개: 공개분야별 민원처리과정에 대한 정보를 제공한다.
  ⑤ 관련법규: 민원분야별 관련 법규를 검색할 수 있다.

〈그림 11-2〉 민원처리 공개시스템

건설분야

건설기술용역 및 허가계약, 공사시행 서비스

교통분야

교통영향 평가 및 요금조정, 인가.처분

도시계획분야
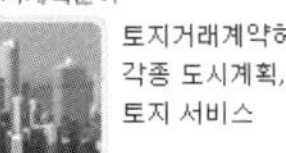
토지거래계약허가 및 각종 도시계획, 토지 서비스

문화관광분야
관광사업 등록 및 심의, 추진, 계약 처분

보건복지분야

보육시설 신고 및 계약, 처분, 의료관련 서비스

산업경제분야

제조담배소매인지정 및 도시가스, 석유판매관련

상수도분야
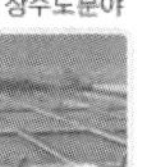
급수공사신청

소방분야
소방시설업등록 및 확인, 신청, 검사

정보화분야

정보통신공사 사용전 검사

주택건축분야

건축사행정처분 및 사업신청, 심의, 각종 인허가

행정분야

물품 구매

환경분야

공원용지매입 및 처분, 등록, 허가

위원회관리분야

위원회운영

4. 공개시스템의 특징

– 접수에서 결과까지의 전 과정 공개

민원의 접수 시점에서 해당민원의 최종 결과까지의 전 과정을 보여준다는 점에서 공개시스템은 큰 특징을 갖는다. 각 단계별로 처리 과정을 공개한다는 것은 누가 어떤 단계에서 불합리한 결정을 하였는지 누구라도 쉽게 알 수 있어, 부정이나 부패가 발생할 수 있는 원인을 없애는 데 기여를 한다. 또한 공개시스템에 접속한 시민이라면 누구나 민원처리의 내용을 볼 수 있다. 이에 따라서 감시와 감독의 효과가 커지고, 부정과 부패의 가능성은 더욱 최소화될 수 있으며, 발생한 부패의 적발 또한 용이해진다.

– 공개 내용

서울시는 공개시스템을 통해 시민에게 다양한 정보를 제공한다. 업무내용, 구비서류, 업무처리 절차 및 관련서류 등을 공개하여 민원인의 이해를 돕고 있다. 결재 진행 상태에 따라 해당 민원의 접수일, 검토 결과, 처리 결과, 앞으로의 예정사항에 대한 정보를 확인할 수 있을 뿐 아니라 해당 민원의 처리부서와 담당자의 이름, 이메일주소와 전화번호 등을 공개하고 있다.

– 실시간 공개

서울시의 공개시스템은 결재가 난 후 업무시간 기준 8시간 이내에 공개시스템에 담당자가 입력하도록 되어 있다.

– 하드웨어가 아닌 소프트웨어

대부분의 정보화 사업이 하드웨어적인 네트워크 구축이나, 데이터베이스 구축 등에 초점을 두고 정보화의 기반을 마련하는 데 역점을 두었다면, 서울시의 공개시스템은 기존의 정보기술을 전략적으로 활용하는 소프트웨어적인 접근이라 할 수 있다. 인터넷 이용인구가 3천만 명을 넘어선 우리나라에서, 인터넷을 활용하여 시민들이 쉽게 민원처리 정보에 접근할 수 있도록 한 것은 정보기술의 전략적 활용으로 볼 수 있다.

5. 공개시스템의 성과

종전에는 민원의 신청자가 자신의 민원이 제대로 신청되고 접수되었는지 알기 위해 담당공무원을 직접 만나거나 소위 '급행료'라고 하는 금품을 수수하는 것이 관행처럼 되어 있었다. 서울시의 공개시스템 도입으로 민원인은 시·구청에 인·허가 민원을 접수하면 처리과정을 인터넷을 통해 확인할 수 있으므로 담당 공무원을 만날 필요가 없으며, 인터넷에 접속만 하면 언제 어디서든 실시간으로 처리내용을 확인할 수 있으므로 궁금증을 해소할 수 있다. 따라서 행정의 투명성이 확보되었고, 시민들은 공개시스템을 통하여 행정처리의 신속성과 공정성에 대하여 믿음을 갖게 되었다.

〈표 11-1〉 시민과 공무원의 설문조사

	서울시 공무원	시민
컴퓨터를 가진 사람만 쓸 수 있으므로 부자에게만 유리함	149 (7.1%)	26 (5.2%)
최소한 컴퓨터를 사용할 수 있는 사람에게는 유리함	868 (41.2%)	181 (36.2%)
정보가 공개되니 모든 사람에게 고르게 분배되는 서비스임	616 (29.2%)	116 (23.2%)
관청에 가지 않고도 결과를 알수있어 서민들에게 유리함	467 (22.1%)	159 (31.8%)
민원처리 공개로 비리가 없어지니 부자에게 상대적으로 덜 불리함	9 (0.4%)	14 (2.8%)
잘모르겠다		4 (0.8%)
	2,109 (100%)	500 (100%)

제3절 공개시스템의 문제점

서울시 민원처리시스템의 운영성과에도 불구하고 아직까지 공개시스템 운영에 대한 문제점이 지적되고 있다. 이러한 문제점은 시민과 시청 공무원, 이렇게 두 가지 입장에서 살펴볼 수 있다. 시민이 느끼는 문제점은 시스템 이용시민의 인터뷰와 설문조사에 근거해 살펴보았으며, 시청 공무원이 느끼는 문제점은 시청 공개시스템 담당자의 인터뷰를 중심으로 살펴보고자 한다.

1. 시민의 입장

1) 원하는 자료를 찾기 어려움

많은 시민들이 가장 큰 문제점으로 느낀 점이 바로 홈페이지에서 원하는 자료를 찾기가 어렵다는 것이다. 인터넷 문화에 익숙한 젊은 층은 정보검색을 쉽게 할 수 있으나 실제로 민원을 신청하는 대부분이 높은 연령층에 속하기 때문에 이러한 문제점이 발생한 것으로 보인다.

이를 통해 인터넷에 익숙하지 않은 시민들을 위해 보다 편리하고 알기 쉬운 서비스를 제공해야 한다. 또한 민원처리에 대한 정보를 찾을 때 자주 신청되는 민원의 종류와 처리되지 않는 대상의 민원목록들을 따로 분류하여 제시해주어 더 쉽게 민원관련 정보를 찾을 수 있도록 해야 한다.

2) 시스템에의 연결이 오래 걸림

시스템의 성격상 민원신청이 한꺼번에 이루어질 수 있으며 민원의 양 자체가 매우 많으므로 동시에 접속하는 사람이 많을 수 있다. 이 때문에 시스템에의 연결이 오래 걸려 시민들이 불편을 느끼고 있다. 그러나 현재는 시스템 및 네트워크의 발달로 쉽게 해결될 수 있으며 신기술 도입 등 예산상의 문제로 남아 있다.

3) 신청한 민원이 온라인 공개시스템의 공개대상에 해당되지 않음

민원의 내용은 여전히 공개대상이 되지 않으며 그 처리과정만 공개하고 있어서 공개대상에 제한이 있다. 투명성 제고 차원에서 더욱더 광범위하고 자세한 정보를 공개해야 한다.

4) 홍보가 절대적으로 필요

공개시스템이 시작된 후에도 여전히 이 시스템에 대해 알지 못하는 시민들이 많다. 이는 시민참여를 통한 행정투명성 고양을 목적으로 삼는 이 시스템의 존립자체에 위기로 적용할 수 있는 큰 문제점이다. 일반적으로 그동안 공개시스템에 대해 알지 못하였으며 어떻게 사용하는지에 대해 무지한 상태에 있었다. 그만큼 홍보가 절대적으로 부족한 실정이다.

5) 공개되어지는 업무의 접수와 처리는 오프라인으로 이루어지는 것

대부분의 민원신청은 여전히 구청이나 시청에 직접 방문하여 신청하여야 하며 온라인 신청 역시 그 처리과정이 복잡하고 절차가 까다롭기 때문에 효율성이 부족하다고 볼 수 있다. 업무의 접수와 처리결과 확인까지 민원인이 시청이나 구청을 방문하지 않고 가정이나 직장에서 인터넷을 통하여 민원을 제출하고 결과를 받아 보는 원스톱(ONE-STOP) 종합민원 서비스 체제를 구축하여 전자민주주의를 구현하는 것이 필요하다. 또한 정보를 일방적으로 시민에게 제공하고 있는 방식이기 때문에 쌍방향의 커뮤니티가 가능한 시스템으로의 변화가 요구된다.

6) 주민등록번호 관리 실태 허술로 인한 개인정보 노출의 불안감

개인정보보호 부분에 대한 치명적인 인권문제 등 시민들의 개인정보가 유출되는 상황이 발생하면 시민들은 그에 따른 불안감과 불신으로 온라인상으로 민원신청이나 민원을 확인하는 것을 꺼릴 수 있게 된다.

2. 시청의 입장

1) 업무의 부담감

건축과 인허가, 시설, 공사 등 분야의 공무원들은 민원처리온라인시스템에 대해 불만을 표하고 있다. 만나본 공개시스템 담당 공무원 역시 업무의 비중이 크고 부가적인 업무이기 때문에 시스템 유지에 많은 노력이 요구된다고 하였다. 즉 시민들의 이용도가 높은 만큼, 본래의 업무에다가 시스템으로 처리해야 할 일이 가중되어서 크게 부담이 되는 것이다. 하지만 민원처리온라인공개시스템은 부조리 해결차원에서 시작되었기 때문에 시스템 자체를 그만 둘 수는 없는 것이 자명한 논리이다. 다만 다소의 부담을 덜어주기 위해 시민들이 직접 제출한 전자문서를 통한 결재나 공무원 인력증원 등의 다양한 방법이 모색되어야 할 것이다.

2) 정보격차 발생(Digital Devide)

이 부분에서는 서비스의 활용에서 보편적인 사용이 이루어지지 않아 노인, 저학력자, 장애인 층의 정보격차가 발생하는 문제점을 제시하고 있다. 즉 현재 젊은 네티즌들은 대체로 많은 이용을 하는데 반해 노인층, 저학력자, 장애인 등에서는 거의 사용을 하고 있지 않아 실질적인 정부서비스를 이용할 수 있는 시스템이 갖춰져야 하는 문제가 시급하다고 보았다.

3) 시민들의 무관심

오히려 시청의 입장에서는 자신들의 여건에서 최선의 홍보를 하고 있다고 밝혔다. 많은 시민들이 홍보에 무관심하고 시스템의 사용에 대해 알려고 하지 않는다고 하였다. 이는 시민들의 입장과는 매우 상반된 의견이어서 당황스러웠다. 정부와 국민과의 관점이 이렇게 다를 수 있구나 라는 생각이 들었다. 보다 적극적이고 실제 주민의 관심을 끌 수 있는 참신하고 효과적인 유인책을 마련하는 것이 중요할 것이다.

3. 나가야 할 방향

1) 다양한 방법의 결제제도 운영

현재 온라인과 오프라인을 통한 정보공개 청구가 모두 가능하게 되어 있어, 시민들의 편의성을 도모하고 있다. 그러나 수수료는 계속 지적되어온 대로, 오프라인 및 특정 은행을 통해서만 결제가 제한되어 있기에 결제방법을 다양화할 필요(신용카드, 핸드폰, 교통카드 등등)가 있겠다.

2) 처리절차를 한눈에 볼 수 있는 홈페이지 구성

사기업의 배송 서비스의 경우 상품의 출발지, 경로, 운송 담당자 등과 관련한 과정과 진행상황, 담당자의 연락처 등이 세세하게 공개된다. 대한민국 전자정부 홈페이지의 '인터넷 정보공개' 사이트도, 정보공개 신청을 받으면 신청자에게 이메일을 통해 신청 접수사실을 통보함과 동시에 홈페이지에 그 과정을 상세히 보여줌으로써 시민들의 궁금증을 해소하여 국민의 알권리 증진을 할 수 있어야 한다.

3) 시민들의 의문점의 해결방안 마련

FAQ 페이지를 마련하여 평소 질문이 많은 사항에 대해서는 설명을 미리 해줘야 할 것이다. 의문이 풀리지 않을 경우에도 상담을 할 수 있는 온라인 질문 코너 등을 마련해두면, 좀 더 쉽게 양측의 불편을 해소할 수 있을 것이다.

4) 기존자료의 공개방식 개선

이미 만들어져 있는 자료를 따로 한글파일 등으로 변환시키지 않은 경우, 전자우편으로는 자료를 받을 수 없다. 기존의 자료를 재입력하는 데 드는 시간을 절약하기 위하여 담당 공무원들은 사본을 우편으로 보내거나 청구인이 직접 와서 열람할 것을 요구한다. 기존 자료를 스캔하는 등의 방법으로 전자문서로 전송하는 등 시간과 비용을 줄일 수 있을 것이다.

5) 공개시스템의 대중화

우리가 시청에 방문을 문의했을 때, 시청에서 근무하는 공무원들조차 공개시스템이 무엇인지 모르는 것을 발견했다. 서울시가 독자적으로 개발한 공개시스템이 국내외적으로 큰 호평을 받고 있으며 실제로 그 우수성은 뛰어나지만 국내에 있는 일반 시민들에게 크게 알려지지 않아 그 실용성이 떨어지는 점이 매우 아쉽다. 공개시스템에 대한 서울시와 정부 차원의 계속되는 홍보를 통하여 시민들의 많은 참여를 도모하여 행정의 투명성을 더욱 높이도록 해야 할 것이다.

4. 결론

서울시 공개시스템이 1999년부터 도입된 이후 행정처리의 접수에서부터 결과까지의 전 과정을 담당자의 인적사항까지 함께 실시간으로 공개하여 민원 행정처리의 투명성이 증대되고 부정과 부패가 발생할 가능성이 줄어들었으며 그 결과 부정과 부패의 방지에 긍정적인 효과를 가져왔다는 사실을 많은 조사와 연구결과 등을 통해 객관적으로 알 수 있었다.

인터넷과 컴퓨터의 적극적인 활용을 통해서 민원 처리의 과정을 보여 줌으로서 정보의 비대칭성과 불공정성 등을 극복하고 투명행정을 구현할 수 있게 된 것이다. 이와 같은 획기적인 행정 혁명인 공개시스템은 가지고 있는 적지 않은 문제점에도 불구하고 전 세계 많은 나라들이 큰 관심을 가지고 벤치마킹을 하러 서울시를 방문할 정도로 세계의 주목을 받고 있으며, 국내의 많은 전문가들에게도 큰 호평을 받고 있다.

실제로 시민들과 공무원들을 상대로 한 많은 조사는 공개시스템으로 인하여 행정의 투명성이 증대되어 부패지수를 감소시키는 데 큰 공헌을 하였다고 나타난다. 그러나 중요한 것은 이러한 양적인 성장과 개선에만 치우쳐서는 안 되며 민원 처리의 내용, 즉 민주성과 형평성의 증대라는 질적인 측면의 향상에 대한 추가적인 연구가 이루어져야 한다.

행정의 궁극적인 목적은 시민들의 입장에서 행정이 운영되는 것이며 그러기 위해서는 시민들의 편의를 일순위로 하여야 한다. 공무원 입장에서의 업무처리의 신속성이나 효율성만을 위하기보다는 시민의 입장에 서서 위에서 지적한 많은 문제점을 해결하여 형평성과 민주성을 증진할 수 있는 더욱 많은 심층적인 연구가 병행되어야 할 것이다.

제12장

스마트폰 시장 현황

제1절 스마트폰의 등장

1. 수평적 경쟁 도입

'스마트폰'은 이제 성별과 연령에 상관없이 대화의 주제가 됐다. '모바일 코리아'라는 신조어가 등장할 정도로 아이폰으로 시작된 스마트폰의 확산은 광속에 가까웠다. 2010년 11월 기준하여 1년 사이 스마트폰 사용자가 570만 명으로 늘어났으며, 스마트폰 사용자가 계속 폭증하여 2011년 5월 30일 현재 1,000만 명으로 전체 예상 가입자 5,000만 명의 20%에 해당된다. 통신사별로는 SK텔레콤이 510만 명, KT가 380만 명, LG는 110만 명이다. 이런 추세라면 2011년 말에는 2,000만 명 정도이고 2015년쯤이면 대부분이 스마트폰으로 전환할 것으로 보인다. 그리고 무선데이터 사용량은 세계적으로 가장 빠른 성장세를 기록했다.

그렇지만 이렇게 아이폰으로 시작된 다양한 스마트폰의 확산과 모바일 서비스들의 확대는 또 다른 문제점도 야기할 수 있겠다. 즉, 글로벌 기업의 플랫폼 독과점 문제, 과도한 개인통신 비용 지출과 인프라 중복투자, 모바일 정보접근성의 양극화 등이 심화될 수 있다는 우려의 문제점 등이 그것이다.

아이폰 도입으로 시작된 지난 1년간 대한민국 모바일 시장의 다양한 변화는 다음과 같다. 아이폰 등장이 가져온 가장 큰 변화 중 하나는 국내 모바일 산업계에 새로운 생태계가 생성되었다. 아이폰이 국내에 상륙하기 전까지는 국내 모바일 시장은 이동통신 3사를 비롯하여 2~3개의 휴대폰 제조사가 구축한 패쇄적인 구조로 유지되었다. 그러나 아이폰의 등장으로 이 폐쇄적인 구조는 변화되어 개방과 공유를 통한 수평적 협력을 하게 되었다.

2. '스마트한' 라이프스타일의 변화

'스마트 라이프'로 요약되는 작금의 변화는 아침 기상에서부터 출퇴근 및 다양한 모임 등의 일상사에서 읽히고 있다. 이제는 출퇴근 시 스마트폰으로 새로운 뉴스를 검색하고 메일을 주고받거나 동영상 콘텐츠를 즐기는 모습이 너무나 자연스럽다. 자신이 타야 할 버스의 도착시간을 확인하고 오후에 비올 것에 대비해 우산을 준비하는 것도 대중화된 일상이 되고 있다.

스마트폰의 주된 이용 장소는 이동 중인 교통수단(77%)과 길거리 등 실외 장소(59.4%) 등이며, 하루 평균 인터넷 이용시간도 59.4분에 달하며 1시간 이상 이용하는 경우도 41.6%에 이르고 있다. 이제 어느 곳에서나 무선인터넷에 접속하여 원하는 정보를 이용하게 되어 무선데이터 이용이 폭발적으로 증가하고 있다. 우리나라의 1인당 월평균 스마트폰 트래픽은 271Mbps로 세계 평균 85Mbps의 3.2배에 달해 세계 최고 수준으로 늘어났다.

특히 스마트폰의 확산이 가져온 라이프스타일의 변화 가운데 으뜸은 달라진 '소통' 방식이다. 스마트폰 확산에 힘입어 사용자와 사용빈도가 급격히 늘어난 소셜네트워크서비스(SNS: Social Network Service)는 관계 중심의 실시간 커뮤니케이션과 휴먼 네트워크의 중요성을 부각시켰다. 초기에는 주로 친목도모와 일상생활 관련내용, 오락 등에 이용되었지만 최근에는 페이스북 등에서 전문가 수준의 콘텐츠가 공유되며 생산적인 용도로 활용도가 넓어지고 있다.

이 SNS는 단순한 정보의 공유와 확산에 그치지 않고 사용자 사이에 수정과 보완이 이루어지면서 집단형성은 물론이고 여론까지 형성하는 미디어적인 수준에 이르렀다.

3. '스마트워크' 등장으로 유연한 근무

스마트폰이 기업에 적극 도입되어 이동형 사무실이 구현되면서 일하는 방식에도 많은 변화가 나타나고 있다. '스마트워크(Smart Work)' 시대가 성큼 다가왔다는 표현에서처럼 날로 발전하는 정보통신기술을 이용하여 시간이나 장소의 제약을 넘어 유연하게 근무할 수 있게 되었다.

'스마트워크'는 회사에 출근하지 않고도 집 근처에 마련된 스마트워크센터에서 일을 하거나, 회사 밖을 이동 중인 상황에서 업무를 처리할 수 있는 환경이다.

실제로 국내 대기업(포스코 등)이나 공기업, 외국계 기업들이 스마트워크센터를 구축하며 업무의 유연성을 높이는 작업을 시작했고 정부도 전체 노동인구의 30%가 스마트워크에 참여할 수 있도록 한다는 방침을 밝히고 있다. 기업은 스마트폰을 지급해 업무 시스템에 활용하거나 통신연결이 쉬워진 태블릿PC나 노트북과 같은 기기로 회사 밖 현장에서 업무를 끝낼 수 있도록 하고 있다. 이러한 시도들은 유무선 인터넷과 스마트폰 등 모바일 기기 그리고 소셜네트워크서비스(SNS) 등의 발전으로 멀리 떨어져서도 '협업'이 가능하게 되었다.

특히 이러한 변화는 직원의 만족도를 높이고 비용도 줄여 생산성 향상과 새로운 성장동력으로 이어질 것이다. 더욱이 저출산·고령화 사회로 급진전되면서 사장되기 쉬운 고학력 전문직의 여성 및 노년층의 인력을 활용할 수 있는 최적의 방안으로도 평가받고 있다. 또한 출퇴근에 소요되는 시간과 교통수단의 이산화탄소 배출도 줄여 '그린 이코노미(Green Economy)'를 실현시킬 수도 있다.

공공부문에서도 모바일 서비스로 시간과 공간의 제약 없는 공공서비스를 제공하는 '스마트 정부'가 실현되고 있다. 또한 위치정보, 기상정보 등 공공정보 공유를 통한 산업적 파급효과 역시 크다.

4. '스마트폰 1년' 금융을 바꾸다

스마트폰 열풍을 이끈 아이폰이 2010년 11월 28일로 국내 출시 첫돌을 맞았다. 스마트폰은 일반 개인용 컴퓨터(PC)와 비슷한 인터넷 속도와 컴퓨터의 소프트웨어 프로그램에 해당하는 각종 애플리케이션으로 무장하여 '손안의 PC'로 불리며 고객층이 점차 확대되고 있다. 손가락 끝으로 톡톡 누르는 재미에 푹 빠진 고객들을 사로잡기 위해 은행과 보험, 카드사 등 금융회사들이 다양한 웹 개발을 하며 스마트폰을 앞세운 마케팅에 열중하고 있다.

1) 스마트폰 전용 예금에 우대금리 제공

은행권은 스마트폰폰뱅킹이 활성화되는 추세에 맞춰 스마트폰 전용 예금을 잇달아 출시했다. 특히 은행들은 모집이나 관리비용이 종이 통장보다 적게 들어가는 스마트폰 전용예금에 금리를 추가로 얹어주고 있다. 스마트폰뱅킹의 우대금리 원조는 우리은행이다.

'우리스마트정기예금'이 연 4.35%의 파격적인 금리 수준을 준 것을 시작으로 다른 은행들도 이에 가세하였다. 기업은행이 출시한 'IBK스마트펀(fun)' 통장 예금은 1년 만기 예금 금리가 연 4.5%로 '서민섬김통장' 연 4.1%보다 0.4%가 높다(조선일보, 2010.11.29. 7면).

2) 스마트폰으로 보험영업 시대 열리다

보험 가입자들을 위한 스마트폰서비스도 개발되고 있다. 노트북을 활용한 영업지원 모바일 영업을 확충해온 대형 보험사들은 이제 스마트폰을 활용한 영업지원 프로그램을 잇달아 선보이며, 설계사들이 이동 중에도 고객의 요구를 즉각 들어줄 수 있도록 했다.

대한생명이 출시한 '영업지원 시스템'은 고객이 보험상품 설계를 바꾸고 싶을 때 설계사가 스마트폰으로 이를 즉각 반영하도록 했다. 고객의 투자성향이나 중복 가입 여부 등 개인정보도 파악할 수 있고, GPS(위성위치확인시스템)를 통한 고객 위치 파악도 가능하다. 삼성생명도 스마트폰으로 고객 분석과 상품설계, 청약 등 절차를 원스톱으로 진행할 수 있는 인트라넷(intranet, 사내망)을 개통하여 고객들의 편의를 제공하고 있다.

3) 스마트폰 전용 상품

2010년 6월 우리은행을 시작으로 대부분의 시중은행들이 순차적으로 도입한 스마트폰 전용 상품이 '고금리 상품'으로 인기를 끌고 있다. 2010년 11월 젊은층을 대상으로 재미요소를 가미한 'KB스마트폰 예·적금'을 내놓은 국민은행은 매일 300~400계좌씩 꾸준한 판매증가를 보이고 있다. 마케팅을 따로 하지 않아도 고객들의 입소문에 꾸준히 판매가 증가하고 있다고 한다. 국민은행의 경우 10만 계좌 달성에 인터넷뱅킹 상품이 10년 만에 이룬 성과를 스마트폰은 1년 만에 달성하는 것이라고 하였다.

은행들은 현재 판매 중인 상품 이외에 추가로 스마트폰 전용 상품출시를 검토 중이며 우리은행은 스마트폰 상품 지속적으로 할 예정이고, 농협도 스마트폰 관련 추가상품 출시를 한다고 하였다(전자신문, 2011.2.25. 22면).

4) 스마트폰 금융거래 정보보안

스마트폰으로 금융업무를 수행할 때는 '내 개인정보가 유출되지 않을까' 하는 생각을 하며 사용하여야 한다. 금융감독원의 '스마트폰 금융거래 10계명'에 따르면 금융 앱(응용프로그램)은 반드시 공식 배포처에서 다운로드받아야 한다고 하였다. 인터넷 메신저·웹하드·블로그·게시판 등에 올라와 있는 프로그램은 개인정보를 빼가는 악성코드가 있을 수 있으니 주의하여야 한다. 출처가 불분명한 무선랜(Wi-Fi)을 통해 금융거래를 하면 개인정보가 노출될 수 있으니 이동통신망(3G)을 이용한다.

스마트폰을 잃어버릴 경우를 대비하여 스마트폰 메모장에 금융 아이디·비밀번호·계좌번호를 적어두지 말고, 가능하면 '자동 로그인' 기능을 사용하지 않으며 '화면 잠금 기능'을 설정해 두면 스마트폰 분실 시에도 금융사고를 어느 정도 예방할 수 있을 것이다.

제2절 국외 모바일 시장 현황

1. 국외 스마트폰 시장 현황

스마트폰 시장이 본격적인 주목을 받게 된 것은 2007년 이후였다. 그리고 그 변화를 주도한 것은 기존 메이저 5대 기업이 아닌 비휴대폰 제조업체들이었다. 대표적인 기업은 애플(Apple)과 구글(Google)이다. 애플의 스티브 잡스는 '애플이 전화를 재발명한다.' 라고 발표하면서 2007년 6월에 미국에 첫 아이폰(iPhone)을 출시하였다. 아이폰 1세대 가격은 599달러였다. 이때 스티브 잡스는 '휴대폰, 와이드 스크린, iPod, 인터넷 단말이 하나로 된 제품' 이라고 소개하였다. 아이폰은 2007년 미국의 타임지가 '올해의 발명' 으로 아이폰을 선정할 만큼 아이폰은 업계에서 신선한 충격과 폭풍을 몰고 왔다.

연이어 2008년 7월 11일 아이폰 3G가 출시되면서 스마트폰 확산에 기폭제 역할을 톡톡히 했다. 이후에는 구글이 주도하는 스마트폰 플랫폼인 안드로이드가 출시되었다. 안드로이드는 다수의 하드웨어 및 소프트웨어 업체의 연합인 OHA(Open Handset Alliance)가 지원하는 오픈소스 플랫폼이다. 안드로이드 OS를 사용한 첫 번째 휴대폰은 대만의 HTC사가 제조하였으며, T-Mobile에 의해서 G1이라는 브랜드로 제공되었다.

기존 스마트폰의 강자인 노키아와 RIM(Research In Motion)에게는 충격이 아닐 수가 없다. 스마트폰 시장에 거의 존재감이 없었던 삼성전자, LG전자는 스마트폰 시장에서의 성장을 다짐하고 앞으로 더 많은 투자와 많은 모델라인을 제시하고 스마트폰 세계 점유율 1위를 고수하는 것에 초점을 두고 있다. 휴대폰 단말기 제조업뿐만 아니라 SW시장, OS시장, 콘텐츠시장 등 부가사업에까지 미치는 영향을 생각하면 국내 IT산업에 큰 이바지를 할 수 있다고 생각한다.

〈표 12-1〉은 스마트폰 판매량과 성장률 전망이다. 2010년에는 2007년 기준으로 약 30%의 성장률을 보이고 있다.

세계시장에서는 E-mail과 IMS 등의 서비스 등이 일반화되는 통에 스마트폰의 수요는 꾸준히 증가를 하고 있다. 시장에 난무하고 있는 스마트폰 관련 수치를 종합해서 설명을 간략히 하자면 2006년도 전체 휴대폰 시장 출하량의 15%인 1억 2,300만

〈표 12-1〉 세계 스마트폰 시장 전망

(단위: 백만 대, 억 달러)

	2007	2008	2009	2010	CAGR
대수	122	105	187	254	28%
성장률(%)	52.5	24.0	23.4	35.7	
비중(%)	10.4	11.9	15.6	19.4	
금액	387	464	550	671	20%
성장률(%)	43.2	19.7	18.6	22.0	
비중(%)	24.6	29.6	40.8	50.3	
ASP(달러)	317	306	294	264	-6%

* 출처: Mobile Handsets(2008.12)

대 정도를 스마트폰이 차지한 것으로 보고 있다. 이는 전년 대비 75.5% 증가한 것이다. 음성 통신기능이 빠진 순수 PDA시장은 성장률 5.7%로 시장이 점점 위축이 되는 반면 현재 스마트폰 시장은 PDA시장의 4배 규모라고 추정하고 있다.

북미 지역은 2006년 상반기 세계 스마트폰 시장 점유율이 6.3%에 불과하지만 전년 대비해서는 104%의 성장률을 기록했다. Gartner 자료에 따르면 일본은 2006년 상반기 성장률 153%, 출하량 1,160만 대로 유럽과 EMEA(Europe, the Middle East and Africa) 지역을 제치고 가장 큰 시장으로 성장하였고, EMEA 지역의 세계 스마트폰 시장 점유율은 2005년 상반기 42%에서 2006년 상반기 30%로 감소하였다. 미국의 경우는 2005년과 2010년 사이 스마트폰 시장이 약 689만 대에서 3,414만 대로 확대되며 연평균 성장률(CAGR) 47.6%로 세계 스마트폰 시장에서 가장 높은 성장률을 나타낼 것으로 기대되는 시장이다.

스마트폰에서 애플사의 아이폰의 성공신화는 반드시 짚고 넘어가야 한다. 아이폰의 성공 신화는 이제는 누구도 평가 절하할 수 없는 수준까지 왔다. 실제로 얼마 전에 Change Wave에서 발표한 자료에 의하면 RIM은 41%, 애플의 아이폰은 23%, 팜은 9%를 차지했다.

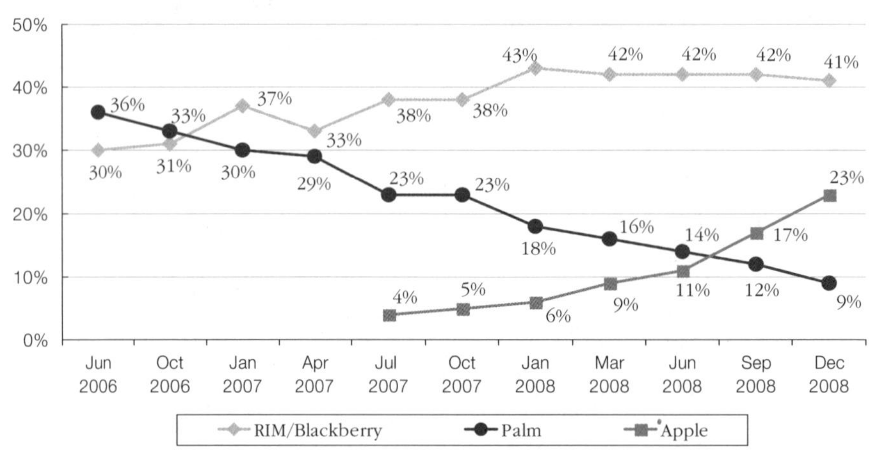

〈그림 12-1〉 전 세계 스마트폰 점유율(단말기 기준)

〈그림 12-1〉은 2008년 12월 기준의 자료이다. 하지만 2009년 11월 현재는 아이폰이 1위를 차지하고 있다.

전 세계 젊은이들은 아이폰에 열광하고 있다. 아이폰의 새로운 모델이 출시될 때마다 단말기 매장 앞에서 줄을 서서 아이폰을 기다린다. 아이폰에 열광하는 가장 큰 이유는 디자인과 애플리케이션이다.

아이폰은 스마트폰에 대한 인식을 바꾸었으면 다른 스마트폰의 시장진입을 용이하게 만들었다. 아이폰의 등장으로 휴대폰 산업에서 플랫폼이 갖는 의미가 재조명되고 있다. 최근 수년 동안 휴대폰 기업들의 주요 관심사로 플랫폼이 빠지지 않았다. 가격, 디자인과 같은 경쟁요소를 바탕으로 차별화하던 휴대폰 기업들이 이 경쟁요소들을 최적화해 담아낼 수 있는 플랫폼에 주목하게 된 것이다. 하지만 아이폰은 플랫폼의 중요성 이외에 콘텐츠와 연계된 애플리케이션의 중요성을 부각시키고 있다. 애플의 OS X 플랫폼은 아이튠스와 결합되어 단말기 판매수익 외에도 영화, 음악 등의 콘텐츠 수수료 등의 수익을 애플에 안겨줄 것이다.

〈그림 12-2〉는 JDPower.com에서 조사한 소비자 선호도이다. 여기서 스마트폰 1위는 당연히 아이폰이 차지하였다. NPD 그룹에서 발표한 미국에서 가장 잘 팔린

<그림 12-2> 스마트폰 소비자 선호도

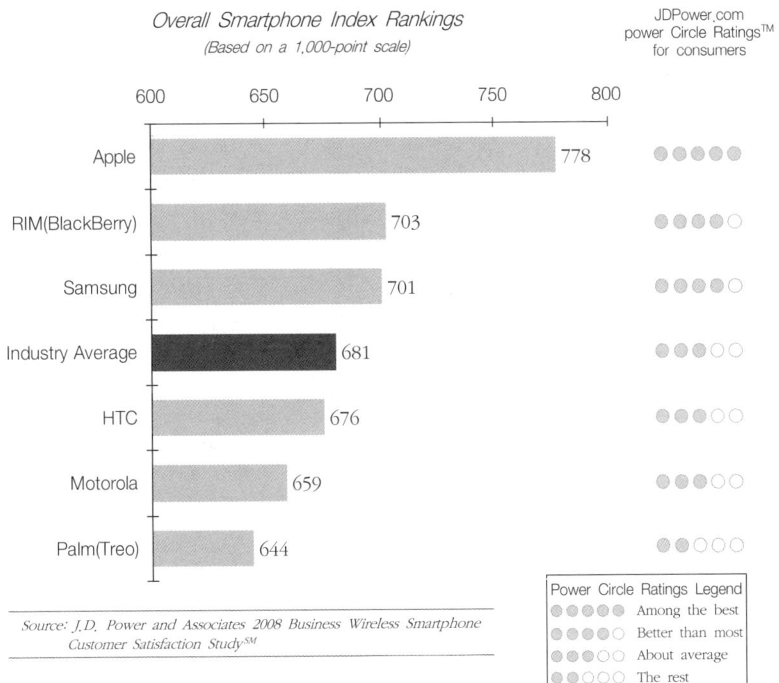

핸드폰에도 아이폰이 1등을 차지하였다. 2008년, 2009년은 아이폰의 해라고 해도 과언이 아니다.

사실 아이폰의 성공은 당연함과 동시에 의외인 면도 있다. 실제 미국인들이 스마트폰을 고를 때 중요시하는 내용을 보면 인터넷 사용성(45%), E-mail 사용성(41%), 외형 디자인과 스타일(39%), 블루투스 호환성(37%), 키보드 스타일(e.g., QWERTY)(37%) 등이 거론된다. 이 중 아이폰은 앞의 3개 항목에서는 월등하지만 뒤의 2개 항목에서는 매우 떨어지기 때문이다. 결국 시장의 성공은 몇 가지 단점보다는 몇 가지 장점으로 이루어진다고 볼 수 있겠다.

휴대폰 시장에서 터치스크린 채용비율은 2008년 4.4%에서 2009년 1분기 10.3%로 빠르게 상승하였고 2013년에는 31.7%까지 늘어날 것으로 예상된다. 이는 전문 리서치기관의 예상치를 뛰어넘는 것이다. 특히 2009년 하반기부터는 기존에 터치시장에의 대응이 미흡했던 해외 업체들도 터치폰 출시를 크게 늘릴 것으로 예상된다. 삼성전자와 LG전자는 상반기에만 각각 29개, 36개의 터치스크린을 채용한 모델을 출시하였다.

<그림 12-3> 세계 터치스크린 휴대폰 탑재율 전망

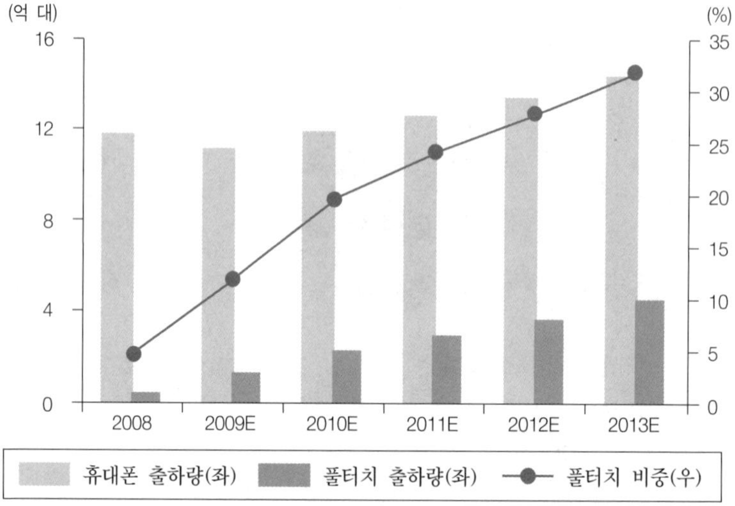

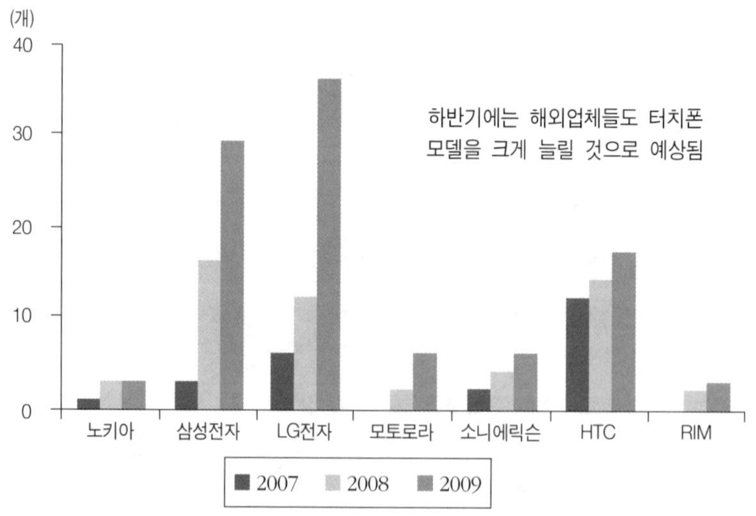

* 자료: 디스플레이뱅크, 한화증권 리서치센터

<그림 12-4> 휴대폰업체들의 터치폰 출하 모델 수 비교

* 자료: Phonearena, 한화증권 리서치센터

〈그림 12-3〉은 앞으로 휴대폰에서의 터치스크린 탑재율을 보여준다. 2009년을 기준으로 빠른 상승세를 보이고 있다.

〈그림 12-4〉는 전 세계 시장에서 삼성전자와 LG전자가 다른 단말기 제조업체보다 많은 터치폰 모델을 출시하고 있음을 보여주는 표이다. 삼성전자와 LG전자가 월등히 앞서는 것을 보여주고 있다.

2. 국외 이동통신사 시장 현황

1) 미국

2008년 전 세계 최악의 금융위기의 상황에서도 미국의 주요 통신사들의 실적은 양호했다. 이는 무선데이터 매출의 실적 향상에 기인한 것으로 발표되었다. 미국의 양대 이통통신사 AT&T와 Verizon Wireless(이하 '버라이즌')의 2008년 3Q 실적 분석을 통해 한국 이동통신업체의 실적과 상반된 결과를 가져온 이유를 분석해 보겠다.

미국 1위 이동통신사인 AT&T는 2008년 3Q 경기부진에도 불구, 무선데이터 서비스 매출의 50.5%에 달하는 고성장과 함께 신규 후불요금제 가입자의 빠른 순응에 힘입어 15.4% 성장한 126억 달러를 달성하였다.

특히 무선데이터 수입은 인터넷 접속, 메시지, 이메일 등의 콘텐츠 성장에서 두드러졌다. 이런 현상은 2008년 7월 독점적으로 공급받기로 한 3G 아이폰이 가장 큰 역할을 한 것으로 판단된다. 3G 아이폰은 기존보다 2배 이상 빨라진 네트워크 속도로 최적의 인터넷 환경을 지원하고 있다. 이와 함께 애플사의 'The App Store'를 오픈하여 다양한 모바일 애플리케이션(Application)을 제공함으로써 3G 아이폰 사용자들의 무선데이터 서비스 이용을 증가시켰다.

3G 아이폰의 다른 매력은 후불요금제 가입자 전체 평균보다 1.6배 높은 ARPU를 가지고 있고 고객 이탈률도 훨씬 낮은 신규 고객들을 가입시키는 효과도 보고 있다. 특히 후불요금제는 데이터 사용량이 높은 High-Value 가입자가 높은 데이터 매출 증가를 가져오는 데 가장 중요한 역할을 한 것으로 판단된다. AT&T는 3분기 동안 3G 아이폰을 무료 240만 대나 개통했으며 이 중 40%는 신규고객일 정도로 아이폰 독점판매에 큰 성공을 거뒀다. 하지만 부정적인 면도 있다. 바로 영업이익이다. 3G 아이폰의 가격이 2년 약정으로 199달러에 책정돼 보조금이 한 대당 375달러, 3분기

동안 총 9억여 달러 비용이 들었기 때문이다.

이런 정책으로 경이로운 판매고를 올릴 수 있었고, 아이폰의 신화를 창조할 수 있었던 것이다. 분기별 영업이익은 손해가 될 수 있어도, 장기적인 비즈니스 모델을 생각하면 매출 증가에 지속적인 효과를 예상할 수 있겠다.

미국 2번째의 이동통신사인 버라이즌 역시 지난 3분기에 12.5% 증가한 127억 달러 규모의 매출을 달성하였으며, 후불요금제 가입자도 207만 증가한 것으로 나타났다. 아이폰 같은 킬러 휴대폰이 없어도 다른 스마트폰 판매를 확대시켜 전체 단말기 판매량의 30%를 스마트폰이 차지하였다. 전년 동기 대비 42.5%의 데이터 매출 상승을 견인하였다.

특히 분기 데이터 매출 가운데 2/3가량을 비 메시지 서비스가 차지하였던 바, 이런 매출 구조는 데이터 ARPU를 13.30으로 상승시켜 업계 내에서 가장 높은 데이터 ARPU를 달성할 수 있었다. 다만 AT&T에 3G 아이폰 가입자를 빼앗겨 이탈률은 증가하였다. 하지만 전반적인 실적에는 큰 영향을 미치지 못했다. 버라이즌은 11월 초 터치스크린을 탑재한 블랙베리 '스톰' 출시로 크리스마스 세일 기간에 대대적인 홍보와 이벤트를 통해 판매 강세를 이어갈 계획이다.

2) 캐나다

캐나다 Rogers Communications는 이동통신, 집 전화 서비스, 케이블 TV, 인터넷 등의 서비스를 제공하는 캐나다 제1위의 통신회사이다. 캐나다의 Rogers Wireless는 2008년 전년 대비 13% 증가한 58억 4,000만 캐나다 달러의 네트워크 수익을 기록했다. 캐나다의 Postpaid ARPU 역시 무선데이터의 큰 성장이 더해져서 2007년에 비해 4% 증가했고 무선데이터 수입 역시 2007년 6억 8천만 캐나다 달러였던 것이 2008년에는 9억 4천만 캐나다 달러를 기록해 약 39%의 성장세를 보였다. 데이터 수익의 비중은 날이 갈수록 점점 더 커지고 있다. 데이터 수익의 경우 네트워크 수익에서 차지하는 비중이 2007년에 13%였던 것에 비해 2008년에는 16%로 증가하였다.

Rogers Wireless의 화려한 2008년 영업 실적은 아이폰의 수혜를 톡톡히 본 결과라고 볼 수 있다. Rogers Wireless는 2008년 7월 애플사의 아이폰 3G를 출시했다. 아이폰 3G의 출시 이후 2008년 하반기 동안 약 385,000대의 아이폰 단말기 가입자를 확보했는데 이 중 35%가 신규 가입자이고 65%가 기존 가입자들이 아이폰으로 기기 변경을 한 경우이다. 아이폰 가입자들의 대부분이 음성과 월 데이터 패키지에 높은

〈표 12-2〉 Rogers Wireless 영업실적

(단위: 만 달러)

	2009	2008			
	1Q	1Q	2Q	3Q	4Q
매출액	$1,544	$1,431	$1,522	$1,727	1,655$
운영수익	710	705	769	693	639

* 자료: Rogers Wireless IR 자료

가입률을 보이고 있다.

아이폰이 Rogers Wireless의 2008년 영업실적에 크게 기여했다고 볼 수 있는 이유도 바로 여기에 있다. 앞에서 이미 언급했듯이 데이터 수익이 전체 네트워크 수익에서 차지하는 비중이 날로 커지는 만큼 Rogers Wireless의 아이폰의 성공적인 런칭이 2008년 그들의 영업 실적에 크게 기여하였음은 물론 앞으로의 수익에도 크게 기여할 가능성이 있다고 보인다.

2009년 1분기 무선(wireless) 네트워크 수익의 증가는 무선 postpaid 가입자 수의 증가와 무선데이터 부문의 매출 증가에 의한 것으로 나타나고 있는데, 특히 무선데이터 수익의 급속한 증가는 스마트폰의 이용증가를 반영하고 있다고 볼 수 있다. 2009년 1분기 Rogers Wireless의 무선데이터 수익은 전년 동기 대비 43%가 증가한 2억 9천만 캐나다 달러에 이르고 있는데 이는 2008년 1분기 데이터 수익이 전체 네트워크 수익에서 차지하는 비중이 약 15%였던데 반해 2009년 1분기 데이터 수익이 전체 네트워크 수익의 약 20%를 차지한다는 점에서 더욱더 중요한 의미를 가진다.

기기(equipment) 판매수익 증가 역시도 스마트폰 판매의 증가가 반영된 것이라고 볼 수 있다. 2009년 1분기 무선 사업부는 360,000대의 스마트폰 단말기 가입자를 확보했다. 이 중 40%는 신규 가입자이고 60%는 기기변경을 한 기존고객들로 나타났으며 이들의 대부분이 음성과 데이터 결합 패키지에 가입되어 있어서 평균 ARPU를 크게 상회하는 ARPU를 기록하고 있다.

3) 호주

싱가포르에 기반하고 호주, 방글라데시 등 총 7개국의 시장에 진출해 있는 SingTel Telecommunications Limited(이하 SingTel)의 호주 자회사인 Optus는 2009년 1분기 아이폰 3G가 창출한 수요 덕분에 2009년 1분기에 좋은 영업실적을 보였다.

Optus의 모바일 사업부는 2009년 1분기 17%의 매출 증가를 기록했고 156,000명의 신규 가입자를 확보했다. 이는 전년 동기 대비 652,000명이 증가한 수치이다.

기기(Equipment) 수익 역시 고성능 단말기 특히 아이폰 3G의 판매량의 증가로 39%의 성장을 보였다. 우량고객의 확보로 Blended ARPU도 작년 대비 4.1%가 성장했는데 SMS와 기타 데이터 수익이 ARPU의 35%를 차지했으며 Non-SMS 데이터 수익이 ARPU의 10%를 차지하고 있다.

<표 12-3> Optus 영업 실적

(단위: 만 달러)

구분	2009년 1Q	2008년 1Q	변화율(%)
발신 서비스 수익	866	754	14.9
수신 서비스 수익	201	189	6.7
서비스 수익	1,068	942	13.3
기기 수익	202	146	38.5
총 모바일 수익(매출)	12,269	1,088	16.7

구분	2009년 1Q	2008년 4Q	2008년 1Q
가입자 수(천 명)	7,789	7,633	7,137
ARPU per month			
- Prepaid	27	28	26
- Postpaid	68	69	67
- Blended	46	47	44
데이터 수익 비중(%)			
- 총 데이터	35%	34%	29%
- non-SMS 데이터	10%	8.7%	6.0%

* 자료: SingTel IR 자료

4) 일본

일본에서는 일본 제3위의 이동통신사인 Softbank가 애플과의 독점적 계약을 통해 2008년 7월 일본 시장에 아이폰 3G를 출시했다. 그러나 출시 전 많은 기대를 불러 모았던 아이폰은 당초의 예상과는 달리 일본 시장에서는 그다지 성공적이지 못한 결과를 내고 있다. 심지어 최근 Softbank는 2009년 5월 말까지 2년 약정 시 8GB 아이폰을 공짜로 주는 행사를 펼치기도 했다.

이렇게 아이폰이 일본에서 인기가 없는 이유에 대해 일본 토종 단말기를 선호하는 일본 휴대폰 시장의 특징이 일본 시장에서의 아이폰 실적 저조의 원인이 되었을 것이라는 의견이 있다. 연간 5,000만 대의 판매가 형성되는 세계 최대의 휴대폰 수요지 중 하나인 일본에는 10개 이상의 일본 토종 단말기 생산업체가 있다. 특징적인 것은 이러한 토종기업들에서 만들어진 일본 토종 단말기에 대한 수요가 매우 높다는 점이다.

세계 1위의 노키아가 일본 시장 점유율이 1% 미만인 데 반해 일본 기업인 샤프의 점유율은 25%에 달하고 있다는 점이 이를 잘 뒷받침해 주고 있다. 또한 3G 아이폰의 경우 일본인들에게 어필할 만한 기능을 갖추지 못했다는 것과 일본에서 적절한 마케팅 포인트를 찾지 못한 것이 실패의 원인이라는 분석도 있다.

3G 아이폰 역시 많은 기능을 내장하고 있기는 하지만 이미 대부분의 일본에서 생산되는 휴대폰 단말기들에도 고해상도 디스플레이, 디지털 TV, 위성 내비게이션 서비스, 뮤직 플레이어, 디지털 카메라의 기능이 포함되어 있다. 심지어 데빗(debt) 카드나 기차표로 휴대폰을 사용할 수 있도록 하는 칩을 포함하고 있는 모델들도 이미 많이 나와 있는 실정이다. 이러한 일본 시장에서 3G 아이폰의 기능은 이미 고성능 단말기들을 많이 접해 온 일본인들에게는 크게 주목을 끌 만한 것이 아니었을 것이다.

마케팅 역시 마찬가지이다. 애플사의 3G 아이폰에 대한 마케팅은 '사용자들에게 좀 더 빠른 인터넷 접속을 제공하는 3G 무선 네트워크의 가능'에 초점을 두고 있다. 그러나 이러한 3G 접속 서비스는 일본 휴대폰 시장에서는 이미 수년 동안 이용 가능했던 평범한 서비스여서 일본 시장에 크게 어필할 수 없었던 것으로 보인다.

5) 인도

인도에서 아이폰이 공급되기 시작한 것은 2008년 8월 Vodafone과 Bharti Airtel의

두 통신사에 의해서이다. 일본과 마찬가지로 인도시장에서 아이폰은 그다지 성공적이지 못한 실적을 보이고 있다. 애플이 국가별 판매량을 제공하지는 않지만 Bharti Airtel의 한 중역이 언급한 바에 따르면, 공식적인 아이폰의 판매량이 2만 대에 못 미치는 것으로 나타났다. 이는 지난해 아이폰 판매 개시 이후, 인도의 휴대폰 가입자가 거의 2천만 명이 늘어난 것과 비교한다면 아이폰의 경우 인도 시장에서의 실패라고 결론지어도 크게 무리는 아니다.

그동안 인도 시장 내에서의 꾸준한 인기를 끌고 있는 노키아의 인도 시장에서의 위치와 8GB가 31,000루피($649.61), 16GB가 36,100루피($756.48)에 달하는 비싼 가격 그리고 아이폰을 데이터 기기가 아닌 주로 음성통화를 하거나 문자메시지를 주고받는 정도의 휴대폰으로 인식하는 인도인들의 IT문화가 그 실패의 원인으로 꼽히고 있다.

제3절 국내 모바일 시장 현황

1. 국내 스마트폰의 현황

2009년 국내 휴대폰의 가장 큰 화두는 스마트폰이다. 2009년 국내 전체 휴대폰 수요는 정체되거나 감소될 가능성이 높은 반면, 스마트폰 시장의 성장은 급속도로 상승하였다. 이는 스마트폰의 수요 기반이 과거에는 기업용 시장이었던 것이 지금은 일반 소비자 기반의 스마트폰 수요가 발생하기 때문이다.

삼성전자는 세계 시장에 50여 개 모델의 풀 터치폰을 선보이고 있다. 삼성전자는 글로벌 풀 터치폰 전략제품의 유기발광다이오드(AMOLED) 탑재 비율을 지속적으로 확대할 것이라며 "앞으로도 소비자의 다양한 요구를 반영하고 감성적이고 세련된 사용자환경을 지원하는 다양한 풀 터치폰을 대거 선보여 글로벌 시장 주도권을 유지할 것"이라고 말했다. 하지만 국내 시장은 전 세계 시장과는 많이 다르다.

국내 무선데이터 시장의 축소는 비싼 요금과 그동안의 부적절한 무선데이터 요금 청구로 인하여 사용자에게 반감이 높은 게 사실이다. 스팸문자, 성인문자 등 이런

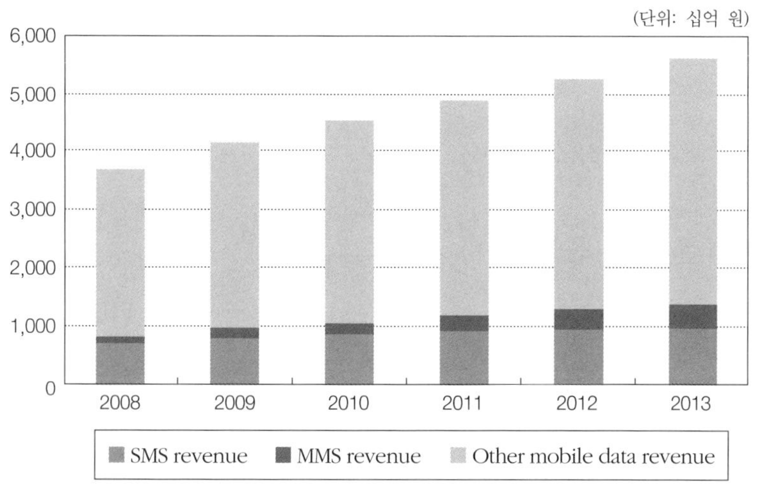

〈그림 12-5〉 비 음성 분야 국내 모바일 서비스 시장 전망

* 출처: IDC2009

부적절한 홍보가 사용자에게는 신뢰감을 떨어지게 하는 원동력으로 작용하였다.

2009년 11월 17일을 기준하여 한국 IDC는 국내 비 음성 모바일 서비스 시장 규모가 4조 1,257억 원에 이르고, 2013년까지 연평균 8.7%의 성장률을 기록하면서 2013년에는 5조 5,815억 원 규모가 형성될 것으로 예측하였다.

국내 이동통신 매출액 중 데이터의 비중은 점점 줄어들고 있다. 이는 전 세계 시장을 비교했을 때 특이한 현상이다. 국외와 비교해서 국내 시장의 수치가 보여주는 흥미로운 점은 음성매출의 추이이다. 전 세계 기준으로 음성데이터 시장은 점차 줄고 있는 것이 사실이다.

망 개방이나 Open Market에서 이루어지는 매출도 있겠지만, 아직 그 규모가 미미하다는 것을 고려한다면, 이통사 외의 정보 제공 사업자가 차지하는 매출은 거의 없다는 것을 뜻한다. 실제 정보이용료 매출 중의 일부분 역시 이통사의 수익이다.

사업자들은 전체적인 매출은 증가하였지만, 실제 사업자들의 이익이 감소하였다. 스마트폰의 시장 확대와 아이폰의 국내출시는 이런 부분을 보완할 수 있는 좋은 기회라고 생각한다.

2009년 11월 28일에 KT에서 아이폰이 출시되었다. 국외 아이폰 출시일 기준 (2007년 1월 9일)으로 3년 정도 기다린 제품이다. 2009년 4월 WIPI(Wireless Internet

Platform for Interoperability) 의무 탑재 규정 폐지화와 2009년 11월 18일 위치기반서비스(LBS: Location Based Service) 통과를 통해 출시하게 되었다. 스마트폰의 바탕은 WCDMA의 가입자에 많은 영향을 미친다. 그리고 이제 사용자가 이용만 하면된다.

2. 스마트폰 시장 동향

1) 스마트폰의 정의 및 특징

스마트폰(smartphone)은 PC와 같은 기능 및 고급 기능을 제공하는 휴대전화이다. 스마트폰은 응용 프로그램 개발자를 위한 표준화된 인터페이스와 플랫폼을 제공하는 완전한 운영체제 소프트웨어를 실행하는 전화이며 전자 우편, 인터넷, 전자책 읽기 기능, 내장형 키보드나 외장 USB 키보드, VGA(Video Graphics Array) 단자를 갖춘 고급 기능이 있는 전화이다. 무선인터넷을 이용하여 인터넷에 직접 접속할 수 있을 뿐 아니라 다양한 애플리케이션을 통하여 자신에게 알맞은 인터페이스를 구현할 수 있으며, 같은 운영체제(OS)를 가진 스마트폰 간에 애플리케이션을 공유할 수도 있다.

기타 단말기와 비교하면 스마트폰은 하드웨어적 성능 측면에서 PC와 유사하나, 디스플레이 크기의 제약이 있으며 PC와 마찬가지로 범용 운영체제 OS를 탑재하여 응용프로그램을 자유롭게 설치하고 제거할 수 있으며, 1GHz급 고속 프로세서, 수 기가바이트(GB)의 메모리, 3~4인치급 터치스크린의 하드웨어 탑재가 기본 사양화되어 하드웨어적 성능이 PC수준에 근접하나, 디스플레이가 4인치 정도로 제약되는 면에서 PC와 차이가 있다. 그리고 애플리케이션 및 콘텐츠의 획득방식이 디지털 오픈장터를 통한다는 점에서 노트북 PC와 차이가 있다.

스마트폰을 이용하면 목적지를 쉽게 찾을 뿐 아니라 근처의 식당과 광관지 정보까지 얻을 수 있고, SNS를 통해 지인과 계속적으로 교감할 수 있다. 요즘 스마트폰에 귀가 아닌 눈을 빼앗긴 사람들을 보는 건 흔한 일이다. 스마트폰이 '스마트' 한 것은 다양한 소프트웨어(SW)가 구동되는 '손안의 PC' 로서의 역할이다.

<그림 12-6> 연도별 스마트폰 출하량 추이와 전체 휴대폰 대비 비중

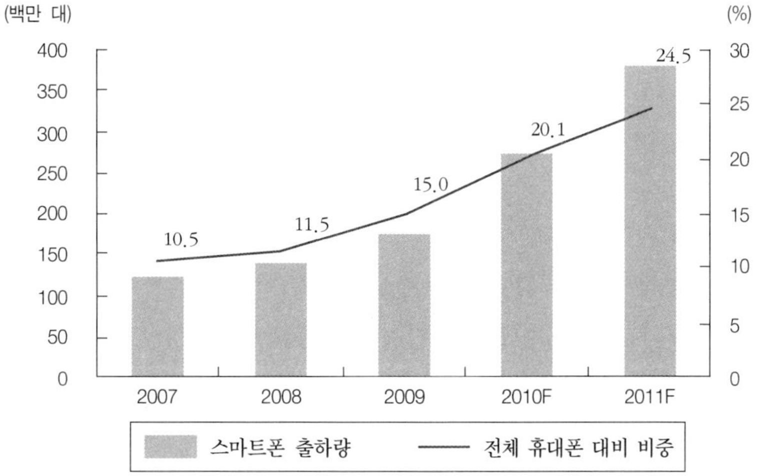

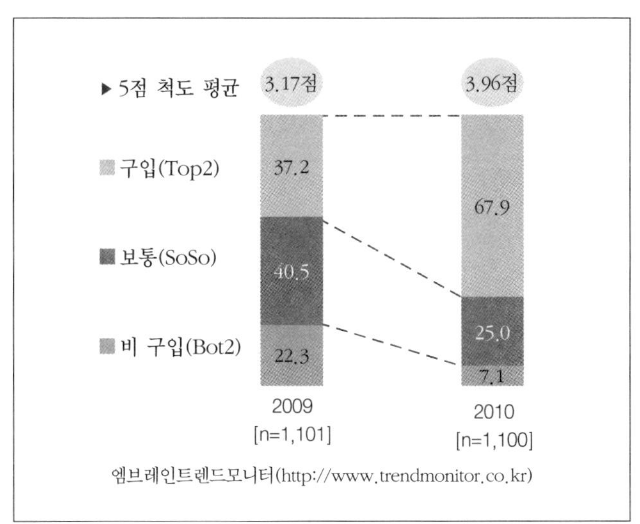

자료: 노근창(2010)

<그림 12-7> 스마트폰 구입 의향

자료: 트렌드모니터(2010.6.2), "스마트폰 이용 관련 조사"

2) 스마트폰 현황 및 전망

2009년 전 세계 스마트폰 출하량은 약 1억 7천2백만 대로 전년 대비 23.7% 성장하였고, 전체 휴대폰 대비 스마트폰 비중은 2010년 20.1%에서 2011년에는 약 24.5%까지 증가할 것으로 예측하고 있다. 이동통신사의 WiFi 등 망 확충 노력의 가시화, 모든 단말 업체들의 스마트폰 라인업 확대, 안드로이드 기반의 단말기 확대, PC 전문업체 등의 단말시장 참여 등의 요인에 따라 스마트폰 비중이 확대될 전망이 일반적이다.

하지만, 스마트폰의 시장 규모 확대에는 한계가 있다는 주장도 있다. 스마트폰이 전체 휴대폰에서 차지하는 비중이 2013년에 약 40%까지 성장할 것이라는 예측이 있는 반면 스마트폰이 계속 확대되기에는 소득계층이 제한적이라는 분석이 있다

3) 스마트폰이 IT 수출에 공헌

2011년 5월 IT 수출은 전년 같은 기간보다 4.7% 증가한 133억 8,000만 달러로 집계되었다. 글로벌 경쟁의 심화에도 불구하고 스마트폰을 포함한 휴대폰 수출 호조로 3개월 연속 130억 달러대 수출실적을 이어갔다. 지식경제부는 2011년 5월 IT 무역수지는 수출 133억 8,000만 달러, 수입 69억 4,000만 달러를 기록해 64억 4,000만 달러 흑자를 달성했다고 발표하였다.

스마트폰 수출이 2010년 5월 이후 13개월 연속 세 자릿수 증가율을 보인데다 단가도 회복됐기 때문이다. 최근 스마트폰 등 모바일 기기 시장 성장으로 모바일 기기에 들어가는 리튬 2차 전지 수출은 전년 동기 대비 30.7% 증가한 2억 4,000만 달러 기록했다(전자신문, 2011.6.8.12면).

3. 스마트폰 통역

우리나라 중소기업이 개발한 스마트폰 실시간 음성통역 서비스가 세계 최초로 제주에서 상용화가 시작되었다. 제주도에서 스마트폰을 활용하여 영어와 중국어, 일본어의 실시간 통역을 통역과 번역의 소프트웨어(SW)를 이용하여 제공하는 '제주 관광 통역서비스' 업무를 2011년 5월 개시하였다.

이에 따라 제주도에서는 외국어를 모르는 내국인과 한국어를 모르는 외국인이 별

도의 통역자 없이 스마트폰으로 자유롭게 실시간 의사소통을 할 수 있게 되었다. 스마트폰에서 제주넷에 접속하거나 안드로이드마켓에서 '제주광관통역비서' 애플리케이션을 내려 받으면 누구나 이용할 수 있으며, 사용자가 언어 설정을 변경하기 위해 입력할 언어와 통역할 언어를 선택(한국어, 일어, 영어, 중국어)하면 양방향 동시통역을 제공받을 수 있다. 제주도에서 상용화를 시작으로 주요자치단체에서도 스마트폰 실시간 음성 통역서비스 제공이 곧 시작될 것이다.

'제주광관 통역서비스' 는 제주도민과 제주도를 찾는 국내외 관광객 누구나 사용할 수 있고, 애플리케이션도 국내외에서 무료로 다운받을 수 있다. 이 애플리케이션에는 해당 국가 언어별 3,400개 문장의 전문 회화가 수록되어 있으며 광광과 비즈니스, 쇼핑, 식사, 공항, 호텔, 교통, 긴급상황 등 상황별 18개 카테고리 분류를 제공하고, 자주 사용하는 회화체 문장을 북마크를 활용하여 손쉽게 검색할 수 있다.

한편 제주도는 '제주관광 통역서비스' 제공으로 중국과 일본, 영어권 관광객 방문 확대 및 지역 경제와 관광산업 활성화에 일조할 것으로 기대하고 있다. 제주도는 도민 및 내·외국인 관광객에게 홍보 영상 제공과 트위터 등 소셜네트워크서비스(SNS)를 통해 전파하는 등 사용 방법을 홍보해 나갈 계획이다.

제13장

전자정부 역기능 방지를 위한 방안

제1절 정보화 사회

1. 서론

우리나라는 약 50년 동안에 매우 많은 변화를 거쳐 왔다. 1960년대 농업사회에서 1980년대 산업사회를 거쳐 2000년대에 정보화 사회로 변천하였다. 시대를 정확하게 나눌 수는 없지만 이러한 사회변화는 통신서비스 발전과 무관하지 않다. 1960년대 유선전화, 1980년대 PC통신, 1990년대 인터넷 및 2000년 후반에 초고속정보통신서비스 제공은 우리를 정보사회로 들어서게 하는 직접적인 계기를 마련해 주었다고 할 수 있다. 최근에는 정보사회에서 나아가 유비쿼터스 사회[1]로 다가가기 위한 다

---

1) 유비쿼터스 사회는 모두가 네트워크로 연결되어 경험의 가치가 상승하는 지능사회이다. 유비쿼터스 사회가 되면 모든 분야가 자동화되어 네트워크로 연결되는데 4가지 자동화가 등장한다. Office Automation, Home Automation, Factory Automation, Car Automation이 그것이다. 최창선 저, 『변화와 도전』(선텔레콤, 2008).

양한 모델이 소개되고 있다.

금세기 최고의 발명품인 컴퓨터 사용으로 우리사회는 산업, 의료, 교육, 도시구조, 근무형태, 교통 등 다양한 산업분야에서 많은 긍정적인 변화가 있어 왔다. 그러나 사회적 편익의 증진이라는 유익한 변화가 있었던 반면, 그 정보기술을 악용하여 사회에 피해를 초래시키는 역기능적인 측면도 함께 공존한다는 사실을 간과해서는 안 될 것이다. 따라서 본 장에서는 정보사회의 문제점과 그 해결방안에 대한 고찰을 통해 앞으로 펼쳐질 U-city사회 건설에 대비해야 할 것이다.

2. 정보사회의 출현

토플러(A.Toffler)가 『제3의 물결』에서 예견한 바와 같이 농업 및 산업시대를 지나 정보의 시대인 정보화 사회2)에 들어섰다. 우리사회는 세 번의 혁명기를 통해 사회적 변화를 가져왔다. 고대사회는 농업혁명을 통하여 농업사회를 형성하였고, 근대사회는 산업혁명을 통하여 산업사회를 형성하였으며, 현대사회에는 정보혁명을 통하여 정보사회를 형성하였다. 이러한 사회적 혁명은 정보와 통신수단의 급속한 발전이 그 원인이 되었다.

농업혁명기에는 유랑생활에서 집단생활로 주거환경이 변하면서 정보 교류의 활성화가 이루어졌고, 산업혁명기에는 증기기관 등에 의한 교통수단의 발전과 전화 등의 통신수단의 발명으로 정보교류 활성화가 이루어졌다. 작금의 정보혁명은 컴퓨터와 인터넷 기술의 발달에 기인한다. 컴퓨터와 인터넷 기술의 발달은 과거에는 상상할 수 없었던 "정보의 바다"를 통하여 엄청난 양의 정보를 교류할 수 있는 사회를 만들었고, 새로운 정보를 추구하는 인간의 욕구를 충족시킬 수 있게 함으로써 사회

---

2) 정보화 사회란 정보통신기술의 놀라운 혁신에 따라 새롭게 등장한 사회를 개념화한 용어이다. 최근의 컴퓨터와 통신기술을 포함한 정보통신기기의 발달, 각종 뉴미디어의 등장, 그리고 소프트웨어 과학의 발전이 과거 어느 때에도 볼 수 없었던 차원에서 혁명적인 혁신이 일어나는 시기를 '정보화시대' 라 하고, 이 과정에서 생성하는 사회를 일컬어 정보화 사회라고 한다. 『한국사회문제』(한국방송통신대학교출판부), p.433.

 * 정보화 사회라는 용어는 1962년 F.마흐루프가 미국사회를 지칭하여 처음으로 사용, 통신·컴퓨터·교육·정보서비스 등의 정보관련 산업에 종사하는 사람이 총 인구의 3분의 1, 그리고 이런 산업에 의한 생산이 국민총생산의 3분의 1 이상에 달하는 사회를 의미한다.

를 변화시키는 원동력이 된 것이다.

3. 정보사회로의 환경변화[3]

정보화 사회는 기존 산업사회의 구조와 틀에서 벗어나 정보의 생활화에 의한 각 계각층의 변화가 신속하게 추진되는 사회이다. 이 사회는 인간, 경제, 정치, 행정, 사회분야에 많은 변화를 가져왔고 다음과 같은 특징을 갖는다.

첫째, 인간은 다양한 정보를 접하면서 그 기호가 수시로 바뀌게 되어 유행의 변화가 빨라지고, 사이버 공간에서의 생활이 많아짐으로써 개인 중심적인 사고와 인간관계에 있어 신뢰가 더욱 중요하게 되었다.

둘째, 정보를 활용할 수 있는 정보통신산업이 발달하면서 경제활동이 지리적 공간에서 사이버 공간으로 점차 옮겨가게 되었고, 전자상거래 활성화, 사이버머니 등 새로운 화폐단위 등장과 함께 개개인의 기호를 맞추기 위해 다품종 소량생산체계로 변화하고 있다.

셋째, 참여민주주의 실현에 대한 요구가 증가하여 다양한 경로를 통한 사회구성원의 정치참여가 활성화되고 있다. 아울러 사이버 공간이 제4의 영토 개념으로 자리잡고, 사이버 공간에서의 국민의 정치참여가 실현되고 정치문화가 개방화되어가고 있다.

넷째, 산업구조가 서비스 산업 및 첨단산업으로 옮겨지면서 도시환경이 개선되었고, 국민들의 여가시간이 늘어 관광·레저 문화가 발달하고 복지사회 구현을 지향하게 되었다.

4. 정보화 사회의 특징

정보화 사회는 컴퓨터와 통신기술이 결합하여 정보의 수집·가공·처리·축적·전달 능력이 획기적으로 증가되면서, 정보의 가치가 중요해지게 되었다. 즉, 정보와

---

3) 고재학, 『정보사회와 행정』(이한출판사, 2004), pp.44-47.

지식이 중요한 재화로 인식되어 정보·통신 기술이 가사, 기업, 행정 등 인간의 갖가지 활동에 도입되어 인간의 제반 사회경제 생활에 혁신적인 변화를 가져왔다. 이러한 혁신적인 변화의 특징을 살펴보면 다음과 같다.

첫째, 정보통신의 발달로 세계 각국의 사람들이 실시간 만남을 가질 수 있게 된다.

둘째, 사이버 스페이스가 생활공간으로 등장하여 현실세계와 교류하게 된다.

셋째, 컴퓨터가 인간을 대신하여 일을 하게 되는 환경이 형성된다.

넷째, 소프트웨어가 중요시되면서 지적, 정신적, 문화적 중요성이 강조된다.

다섯째, 과학의 질적 발달로 무인화, 자동화, 시스템화되고 문화의 다양성과 개성이 강조되면서 다품중 소량생산체계로 변화된다.

여섯째, 근로자의 창의와 자율적 통제가 강조되어 노동의 시간이 줄어들고 삶의 질을 높이는 노동자의 취미생활과 여가생활이 요구된다.

일곱째, 사회조직이 분권적, 수평적, 다양성의 원리로 이동되면서 조직개편과 구조조정이 정보사회에 맞게 개선된다.

여덟째, 다양한 정보를 접하는 인간의 욕구가 다양화되고, 인간의 삶의 질을 중요시하게 된다.

아홉째, 기술과 통신의 발달은 정보의 시너지효과를 가져와 정보가 폭증하게 된다.

열째, 정부의 정보공개로 시민참여가 늘면서 정치적으로 참여민주정치가 실현된다.

이러한 정보화의 물결은 사회생활 전반에 걸쳐 커다란 변혁을 가져왔고, 첨단 정보통신기술의 혁신적인 발전으로 새로운 사회구조와 삶의 방식이 출현되었다.

제2절 사회 구조적 역기능

1. 사회 구조적 역기능의 개념[4]

우리사회의 정보화가 급속히 진점됨에 따라 생활 모든 부문에 많은 편익을 가져다 준 반면, 이러한 정보화의 열매 뒤에는 무서운 위험이 도사리고 있다. 이것이 바로 정보화에 따른 여러 가지 역기능이다. 정보기술의 발전에 대응하여 사회의 법이나 제도가 적절하게 발전하지 못하는 '문화지체(cultural lag)'가 나타나고, 문화지체는 다중적인 문화체계 내에서 상호 관련된 두 부분의 속도가 상이하여 양자 간의 적응의 문제가 야기되는 경우에 발생한다.[5]

즉, 정보통신기술의 비약적인 발달로 인해서 인간이 그 발달속도에 적응할 수 없게 되어 나타나는 현상을 말한다. 문화지체의 대표적인 예는 정보 불평등과 정보격차(information gap)라 할 수 있다.

2. 정보 불평등과 정보격차

정보사회에서의 불평등 문제는 개인이 접하는 정보량의 많고 적음에 달려 있지 않고 그 질적 우수성과 접근가능성, 신속성 등에 달려 있는 문제이다. 누구한테나 접근 가능한 정보가 다량으로 배포되고 있으나 그 실질적 이용에서는 자유롭지 못하다. 이것이 오늘날 정보화 사회의 불평등이 지닌 특성이다. 각종 정보기술과 정보통신 네트워크, 그리고 데이터베이스 등 정보화 사회 내 중심적인 사회자원의 이용에서 발생하는 불평등을 말한다. 즉, 지식 및 정보에의 접근과 이용, 그리고 점유수준에서의 격차로 인해 불평등이 발생하고 구조화되는 것이다. 크게 보아 정보화 사회의 불평등은 성, 세대, 계층, 지역이라는 네 가지 차원에서 파악해 볼 수 있다.

---

4) 역기능이란 고유의 기능을 가지고 있는 사회의 여러 제도·기구 등이 본래의 목적에서 벗어나 반작용을 일으켜 바람직하지 못한 방향으로 나아가는 개념으로, 인간의 욕구충족이나 목표달성을 방해하는 작용이나, 시스템의 존속·발전에 있어 마이너스로 작용하는 따위의 활동을 말한다.

5) 정보통신정책연구원, 『정보사회와 정보화정책』(법영사, 2005), p.327.

여기에서 특히 계급 및 계층 간의 불평등은 단순히 경제적 측면에서만이 아니라 교육수준, 문화, 사회적 네트워크 등의 사회적 측면을 포함하기 때문에 계급 및 계층 간 사회적 불평등 조건이 정보격차로 이어질 개연성을 충분히 지니게 되는 것이다. 더욱이 급속히 진행되는 정보화과정은 기존의 정보격차가 줄어들기도 전에 다시 새로운 정보 격차를 만들어내고 있다. 이미 존재하고 있는 정보기술 이용의 불평등, 즉 지식·정보의 격차가 존재하는 상황에서 새로운 정보기술의 채택은 높은 수준의 지식·정보를 가지고 있는 집단이 새로운 정보기술에 접근하는 것을 상대적으로 용이하게 할 것이기 때문이다.

최근 들어 컴퓨터통신 가입자 수나 인터넷 접속자 수가 급격히 증가하고 있지만, 그것이 대부분 상업적 통신망을 중심으로 확대되고 있기 때문에 앞으로 비용지불능력이 없는 사람들의 경우 정보기기에의 접근이나 사용에 있어서 더욱 뒤떨어질 가능성이 매우 크다.

3. 해결 방안

이를 해소하기 위해 우리가 생각해 보아야 할 것이 교육이다. 실제로 정도의 차이는 있겠지만 대부분의 사회에서 개인의 교육수준은 그 사람의 소득에 대해 다른 어떤 변수보다도 더 큰 영향을 미치는 것이 사실이기 때문이다. 정보사회에서 정보격차에 따른 사회 불평등을 완화하기 위한 정책을 고려하는 경우 교육의 중요성은 더욱 커진다.

정보격차를 완화하기 위해 모든 사람들에게 동등한 정보접근 및 이용을 위한 기회를 보장해 주자는 보편적 서비스(universal service)정책에서 교육은 여전히 중요한 의미를 지니는 것이다. 보편적 서비스의 확대는 전체사회 구성원에 대한 공동체적 일체감과 계급·계층 간 문화적 통합을 증대시키는 효과를 지니고 있을 뿐만 아니라 네트워크에 접속하고 참여하는 사람이 많으면 많을수록 사회전체 차원에서 정보 자원을 더욱 효율적으로 이용할 수 있게 되는 효과도 얻게 되므로 사회 전체적으로 볼 때 경제적 효율성을 높이는 데도 기여한다고 할 수 있다.

제3절 행위자 차원의 역기능[6]

1. 행위자 차원의 역기능의 개념

행위자 차원의 역기능은 정보기술의 이용자 차원에서 나타나는 역기능을 말한다. 주로 이용자들이 정보기술을 오용하거나 남용함으로써 나타나는 결과이다. 행위자 차원의 역기능은 서로 관련된 사회체계 부분들 간의 비정합성에서 비롯되는 구조적 차원의 역기능과 관련되어 있으면서 분석적으로 구분될 수 있는 역기능으로서, 그 해소를 위한 대응책도 구조적 차원의 역기능의 경우와는 다른 시각에서 제시될 수 있다.

행위자 차원의 역기능에는 개인정보의 침해와 유출, 불건전 정보의 유통, 게임과 채팅 등에 대한 중독, 사이버 폭력, 해킹과 바이러스 유포, 반사회적 사이트 등 다양한 범주가 포함된다. 이에 위의 다양한 사례를 분류하고 유형화하여 개인정보 침해, 사이버 범죄, 유해정보 유통, 온라인 중독으로 구분하였다.

2. 정보사회 역기능의 유형

1) 개인정보 침해

개인정보[7]는 특정 개인을 식별할 수 있게 함으로써 그 개인의 안녕과 이해관계에 영향을 미칠 수 있는 모든 정보라고 정의할 수 있다. 이러한 개인정보는 크게 이름, 주민등록번호, 전자우편 주소 등과 같은 정태적·기술적 정보와 병력기록, 주거기록, 통화기록 등과 같은 동태적·추론적 정보로 구분된다.

---

6) 정보통신정책연구원, "정보사회의 역기능과 정보문화의 발전," 『정보사회와 정보화정책』(법영사, 2005), p.328.

7) 공공기관의 개인정보보호에 관한 법률 제2조 제2항에서 "개인정보"라 함은 생존하는 개인에 관한 정보로서 당해 정보에 포함되어 있는 성명·주민등록번호 등의 사항에 의하여 당해 개인을 식별할 수 있는 정보(당해 정보만으로는 특정개인을 식별할 수 없더라도 다른 정보와 용이하게 결합하여 식별할 수 있는 것을 포함한다)를 말한다.

동태정보는 정태정보가 축적되면서 새롭게 만들어진 것으로, 개인의 성향이나 행동 유형의 분석을 가능하게 해 주는 추론적 정보라고 할 수 있다. 정보기술은 정태적·기술적 정보의 축적을 용이하게 함으로써 방대한 동태적·추론적 정보의 생산을 가능하게 해 주고, 독립적으로 생성된 데이터베이스가 정보의 교차참조를 통해 서로 연결됨으로써 개인에 대한 매우 정밀한 새로운 정보가 구성될 수 있다.

개인정보 침해는 수집, 관리, 이용 등 정보활용의 다양한 단계에서 정보주체의 권리부정이나 수집기관의 책임 소홀로 인해 발생할 수 있다. 개인식별번호의 노출 증대, 개인정보 보호 의식의 취약, 개인정보 보호를 위한 법 제정의 미비, 사적 기관에 대한 통제의 상대적 취약성 등으로 개인정보 보호 문제가 쟁점이 되고 있다.

온라인 상거래가 늘어나면서 민간 사업자에 의한 개인정보 수집이 늘어나고 있으나 개인정보 보호에 대한 인식이 저조하여 악의적인 해킹에 노출되는 경우가 많고, 공공기관의 경우도 보안관리가 허술하고 과도한 개인정보에 대한 열람으로 국민의 프라이버시를 침하는 사례가 발생하고 있다. 또한 기록문서의 부주의한 파기나 컴퓨터 시스템 교체 시 저장된 자료에 대한 관리 소홀로 인한 개인정보의 유출도 늘어가고 있다.

2) 유해정보 유통

유해정보는 일반적으로 인터넷 이용자에게 심리적, 경제적, 시간적 피해를 야기할 수 있는 모든 형태의 정보를 지칭하는 것으로, 노골적인 성관계를 묘사한 음란물, 각종 유언비어와 명예훼손, 사행심 조장 정보, 사기정보 등이 그 예라고 할 수 있다. 유해정보는 크게 불건전정보와 불법정보로 나누어 볼 수 있는데, 불건전정보는 선량한 미풍양속을 해치는 정보를 말한다. 정보의 내용이 개인에게 해가 되거나 사회적으로 유용하지 않아서 그 유통을 차단하거나 제한하는 대상이 된다. 음란정보와 폭력정보가 불건전 정보의 대표적인 예라고 할 수 있으며, 이러한 불건전 정보는 특히 수용능력이 부족한 이용자나 청소년들에게 중대한 해악을 미칠 수 있다.

불법정보는 사회의 공식적인 법규범을 위반하는 내용의 정보이다. 사회의 기본적인 윤리를 위반하거나 국가의 존엄을 훼손하는 정보, 인권을 침해하거나 인명을 경시하는 정보, 공중도덕이나 사회윤리를 저해하는 정보 등이 여기에 포함될 수 있다. 따라서 법규범으로 그 생산, 저장, 유통을 금지하고 있다.

인터넷상의 메신저, 개인 홈페이지, 블로그, 카페, 대화방, 스팸메일 등을 통해 유통되는 유해정보가 해마다 늘고 있고, 특히 파일 공유서비스가 확산되면서 급속히 증가하고 있다. 특히 유해정보가 불특정 다수를 겨냥하여 다량으로 유포되면서 가치판단의 기준이 정립되지 않은 청소년들에게 무차별적으로 노출됨으로써 심각한 사회문제가 되고 있다(한국전산원 2005).

3) 사이버 범죄

사이버 범죄란 사이버 공간을 대상으로 하거나 그것을 매개로 하는 불법행위이다. 사이버 범죄는 사이버 공간을 매개로 해서 나타나는 다양한 일탈적 행위 중에서도 공식적인 법규범을 어기는 행위이다. 이러한 사이버 범죄는 인터넷을 도구로 이루어지거나 대상으로 하여 발생하는 범죄로서 공식적 법규범을 어기고 사이버 공간의 안전과 질서에 직접적으로 피해를 끼치는 각종 범죄를 말한다.

사이버 공간에서는 사이버 문화의 특성인 익명성, 개방성, 연결성, 극단성 등으로 말미암아 법규범 행위에 대한 공식적 제재가 제한적일 수밖에 없기 때문에 사이버 범죄가 지속적으로 발생하고 있다. 사이버 범죄는 해킹 및 바이러스 제작유포와 불법 복제 판매행위, 불법사이트 운영, 사이버 도박, 사이버 스토킹과 성폭력, 사이버 명예훼손과 협박, 전자상거래에서의 사기, 개인정보 유출 등의 행위를 들 수 있다.

4) 인터넷 중독

인터넷 중독[8]은 인터넷의 오용과 남용에 따른 심리적 장애로서 주로 소비적 정보활동의 결과로 나타난다. 온라인게임, 채팅, 음란물 중독이 가장 빈번하게 나타나며, 특히 인터넷 이용률이 매우 높은 청소년층을 중심으로 심각한 사회문제가 되고 있다. 인터넷의 편리함과 재미에 매료된 나머지 현실생활을 소홀히 하거나 인터넷에 강박적으로 집착하게 됨으로써 인터넷 중독으로 이어지기도 한다.

많은 시간을 온라인게임이나 채팅에 몰두하게 됨으로써 생활의 리듬이 붕괴되거나 수면이 부족하여 정상적인 사회생활이 어렵게 된다. 일상생활에서 흥미를 상실하고 무력감을 느끼게 되거나 현실 인간관계에서 얻을 수 있는 만족과 즐거움을 상

---

8) 인터넷 중독(Internet Addiction)이란 "정보이용자가 지나치게 컴퓨터에 접속하여 일상생활에 심각한 사회적, 정신적, 육체적 및 금전적 「지장」을 받고 있는 상태"라고 정의된다. 2000년 10월에 인터넷 중독 정보센터가 오픈되었으며, 2003년 2월 인터넷 중독 여부를 진단할 수 있는 '한국형 인터넷 중독 자가진단척도 프로그램(가칭 K척도)'이 개발되기도 했음.

실한다. 인터넷 중독은 일반적으로 주위의 걱정, 본인 스스로 인터넷 사용 때문에 일상생활에 문제가 발생하고 있음을 자각하면서도 자신의 의지로 인터넷 사용을 조절하지 못하는 상태이다. 인터넷 중독은 온라인게임에 과도하게 집착함으로써 자기 조절 능력을 상실하는 게임중독, 온라인 채팅에 과도하게 몰두함으로써 일상생활에 부적응 증상으로 보이는 채팅 중독, 음란물에 지나치게 집착하거나 사이버 섹스에 몰입하는 음란물 중독 등을 들 수 있다.

제4절 역기능 현황 및 대처 방안

1. 개인정보 침해

1) 개인정보 침해로 인한 피해 경험

정보화 사회에서 개인정보 침해는 그 피해가 점점 늘어나고 있다. 한국정보보호진흥원이 정보보호 침해 실태조사를 한 결과 2007년의 경우 16.4%가 개인정보 침해로 인한 피해 경험이 있다고 응답했다.

(단위: %)

연도	피해 경험 있음	피해 경험 없음
2005	17.9	82.1
2006	18.9	81.1
2007	16.4	83.6

※ 자료: 한국정보보호진흥원(2007), 『정보보호 실태조사』

2) 개인정보 무단 수집 이용 및 사업자 과실로 인한 피해

한국정보보호진흥원이 실태조사를 한 결과 개인정보 무단 수집 이용 및 사업자 과실로 인한 피해는 2007년의 경우 텔레마케팅 목적의 이용이 61.9%, 주민번호 도용이 36.2%, 비밀번호 도용이 35.2% 등으로 나타났다.

(단위: %)

연도	텔레마케팅 목적의 이용	동의 없이 제3자에 제공	사업자 관리 소홀	주민번호 도용	ID/비밀번호 도용
2005	43.2	45.2	52.3	38.8	37.8
2006	51.0	44.4	45.7	39.8	39.3
2007	61.9	58.0	47.1	36.2	35.2

※ 자료: 한국정보보호진흥원(2007), 『정보보호 실태조사』

3) 연도별 개인정보 침해관련 민원 현황

2007년 한 해 개인정보 보호와 관련된 민원 및 상담 건수는 총 25,965건으로 2006년 접수된 23,333건보다 약 11% 증가한 것으로 나타났다. 개인정보 민원의 특징으로는 '전화사기 관련 민원의 다양화', '동의 없는 개인정보 제3자 제공 등 개인정보 유출관련 민원 증가', '통신사업자의 개인정보 유출 및 불법 TM 지속', '인터넷 사업자의 기술적 보호조치 오류에 의한 정보 노출' 등을 꼽을 수 있다. 주민번호 도용 관련 민원이 35%를 차지하고 있는 것으로 조사되었다.

(단위: 건)

2000년	2001년	2002년	2003년	2004년	2005년	2006년	2007년
2,035	11,164	17,956	17,777	17,569	18,206	23,333	25,965

※ 자료: 개인정보침해신고센터에 접수된 상담 및 신고민원 통계

4) 개인정보 침해 방지

개인정보 침해를 방지하기 위해서는 먼저 인터넷상 개인정보 수집을 최소화, 주민등록 번호 대체수단 활용 등 개인정보 수집 및 관리체계를 정비하는 것을 비롯해, 개인정보 유·노출 탐지 시스템 구축, 보안서버를 활용한 개인정보 보관 전송 시의 유출피해 예방조치 등이 필요하다. 또한 개인정보 보호에 대한 보안 인증 제도를 도입하여 개인정보 보호를 위한 기술적 관리적 정비가 필요하다. 또 개인정보의 주체, 즉 이용자의 권리행사 및 피해구제 환경 정비를 위해 개인정보를 수집한 기업이 외부의 해킹 등으로 개인정보가 유출될 경우에는 이용자에게 유출사실을 의무적으로 고지하도록 하며, 개인정보 보호와 관련된 법률 위반사항 적발 시 제재수단을

강화한다.

2. 유해정보 유통

1) 유해정보 민원 접수 현황

(단위: 건)

구분	심의 건수	시정 요구				
		내용 삭제	경고	이용 정지	이용 해지	계
2004	69,292	14,526	7,669	5,823	6,017	**34,035**
2005	119,148	23,952	11,714	449	6,528	**42,643**
2006	156,734	21,207	3,278	664	44,289	**44,289**

※ 자료: 정보통신윤리위원회, '정보통신윤리 관련 종합통계,' 『2006년 정보통신백서』

2) 유형별 시정 요구 현황

(단위: 건)

구분	명예훼손	음란	폭력, 잔혹	사행심 조장	사회질서 위반	계
2004	470	27,603	597	41	5,324	**34,035**
2005	1,513	29,898	2,667	250	8,315	**42,643**
2006	1,018	21,974	1,694	5,036	14,567	**44,289**

※ 자료: 정보통신윤리위원회, '정보통신윤리 관련 종합통계,' 『2006년 정보통신백서』

정보통신윤리위원회의 자료에 의하면 불법·청소년 유해정보는 2004년 69,292건에서 2006년 156,734건으로 급증하였으며, 그 원인으로는 정보이용환경이 크게 변화하였음에도 불구하고 올바른 정보통신 윤리의식의 미성숙에 기인한 것으로 나타난다.

또한 2006년 심의한 유형별 유해정보 44,289건에 대해서 신고내용별로 살펴보면 음란·선정 21,974건(00%), 사회질서 위반 14,567건(00%), 사행심 조장 5,036건(16.5%) 순으로 신고접수가 많이 이루어졌다.

3) 유해정보 유통 방지

사이버 공간에서 유해정보의 유통은 주로 접근의 차원에서 발생하며, 청소년층의 문화적 특성이나 개인의 심리적 특성에서 기인하는 바가 크다. 유해정보 유통방지를 위한 대책으로 다양한 계층을 대상으로 정보윤리교육을 전반적으로 실시하는 것이다. 교육을 통한 정보윤리의식과 가치관을 심어 주는 것이 유해정보가 유통되는 것을 예방하는 근본적인 대책 중의 하나가 될 수 있겠다. 사회적으로 윤리의식의 중요성을 강조함으로써 모든 네티즌들이 경각심을 가지고 유해정보 차단 노력에 자율적으로 동참할 수 있는 분위기를 조성하는 것도 중요할 것이다.

3. 사이버 범죄

1) 사이버 범죄 유형별 현황

사이버 범죄 발생 건수는 2007년에 78,890건으로 2003년의 51,722건에 비교해 보면 52.5% 증가했다. 또한 사이버 범죄 혐의로 검거된 사람들을 연령별로 살펴보면 2007년 10대가 15.1%, 20대가 39.2%로 젊은 층이 전체 54.3%를 차지하고 있어 심각한 사회문제가 되고 있다. 특히 우려되는 것은 범죄의식이 희박한 상태에서 행해지

〈그림 13-1〉 사이버 범죄 발생 건수

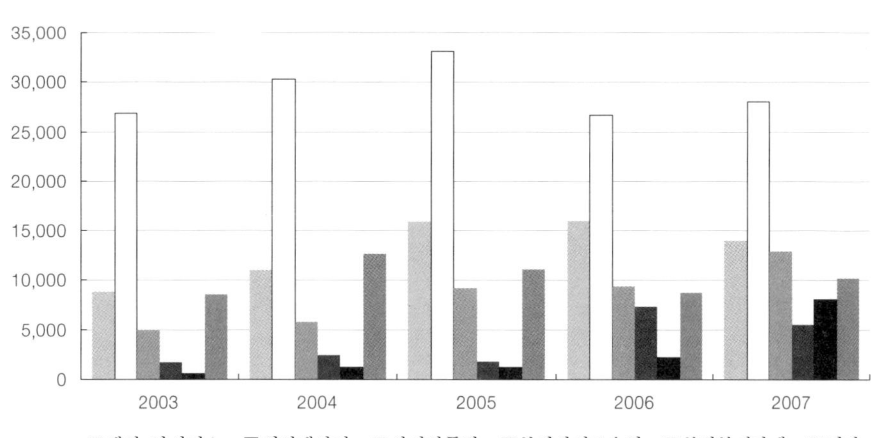

구분	총계*	해킹·바이러스	인터넷사기	사이버폭력	불법사이트운영	불법복제판매	기타
2003	51,722	8,891	26,875	4,991	1,719	677	8,569
2004	63,384	10,993	30,288	5,816	2,410	1,244	12,633
2005	72,421	15,874	33,112	9,227	1,850	1,233	11,125
2006	70,545	15,979	26,711	9,436	7,322	2,284	8,813
2007	78,890	14,037	28,081	12,905	5,505	8,167	10,195

※ 자료: 경찰청 사이버테러대응센터(2008)

는 사이버 범죄로 인해 청소년들이 범죄자로 분류됨으로써 이차적 범죄로 이어질 수 있다.

2) 사이버 범죄 예방

청소년 사이버 범죄의 대부분은 온라인게임과 관련하여 발생되고 있는데, 게임아이템의 현금거래가 가능하기 때문에 해킹, 인터넷사기 등의 사이버 범죄와 이와 관련된 현실세계의 폭행, 협박 등의 범죄도 동시에 증가하고 있다.

이에 청소년 사이버 범죄예방을 위해서 온라인게임서비스 업체와 연계한 캠페인 활동을 벌이고, 일반 국민들을 상대로 정부와 공공기관, 민간단체에서 전개하고 있는 깨끗한 사이버 공간 조성을 위한 캠페인과 교육을 실시한다. 언론사에서도 클린넷 운동, 건전한 인터넷 캠페인과 같은 활동을 통해 네티즌 윤리의식을 일깨우는 데 노력해야 한다.

사이버 범죄를 저지른 보호관찰대상자를 중심으로 정보통신분야 사회봉사명령을 집행토록 유도함으로써 인터넷의 불법이용에 대한 반성의식을 높이고, 사이버 범죄 사범을 교화하기 위한 전문 교육프로그램을 마련해야 할 것이다.

4. 인터넷 중독

1) 인터넷 중독 실태조사 결과

(단위: %)

구분	고위험 사용자군	잠재적 위험 사용자군	일반 사용자군
전체	1.7	7.5	90.8
청소년	2.1	11.9	86.0
성인	1.5	5.5	93.0

※ 자료: 한국정보문화진흥원, '인터넷 중독 실태조사,' 『정보통신백서(2006)』

인터넷 중독은 주로 온라인게임, 채팅, 음란물 중독이 가장 많이 나타나고 있다. 인터넷 중독은 특히 인터넷 이용률이 많은 청소년층을 중심으로 가장 심각하게 나타나고 있다. 고위험 사용자군은 만 9세에서 19세까지의 청소년 중에서 전체의 6.6%, 잠재적 위험사용군은 35.9%로 조사됐다. 이 결과는 인터넷 매체의 활용이 현재 청소년 생활의 일상적인 부분이 되어 있는 상황에서 인터넷 사용의 증가에도 불구하고 적절한 교육이나 조치를 받지 못하는 학생들이 중독 상황으로 빠지는 것으로 분석된다.

2) 인터넷 중독 예방

인터넷 중독 상담센터를 통해 초, 중, 고교 교사와 학부모 및 학생을 대상으로 인터넷 중독 예방교육의 실시, 전문상담사 양성, 협력 상담기관과의 연계사업을 실시하고 있다. 한국정보문화진흥원의 인터넷 중독 예방 상담센터에서는 인터넷 중독 진단 검사와 온라인 및 전화상담을 실시하고 있다. 또한 청소년들이 인터넷에 중독되지 않도록 다양한 놀이 문화를 개발하고, 스포츠 등 단체 활동을 통해 청소년들이 집안에서의 인터넷 사용시간을 줄일 수 있도록 유도해야 할 것이다.

5. 역기능 방지를 위한 대비책

컴퓨터와 통신기술이 결합하면서 정보 활용이 획기적으로 증가하여 정보의 가치가 중요해지게 되었다. 정보기술이 인간의 갖가지 활동에 도입되어 인간의 제반 사회경제 생활에 혁신적인 변화를 가져왔다. 그것은 긍정적인 측면과 더불어 부정적인 측면도 함께 가진다. 정보화 역기능은 정보기술을 오용하거나 남용함으로써 나타나는 결과이다. 개인정보의 침해와 유출, 불건전 정보의 유통, 게임과 채팅 등에 대한 중독, 사이버 폭력, 해킹과 바이러스 유포, 반사회적 사이트 등 다양한 유형이 존재한다.

　정보사회의 문제점과 그 해결방안에 대한 고찰을 통해 정보화가 우리에게 가져다주는 편익을 마음껏 누릴 수 있도록 노력해야 할 것이다. 앞으로 펼쳐질 U-city사회는 우선 해결해야 하는 과제가 정보보호 분야가 될 것이다. 기술적인 측면과 사회구성원의 윤리의식이 함양되어야만 정보화의 역기능에 대처할 수 있다. 따라서 사회적으로 윤리의식의 중요성을 교육하고, 자율적으로 동참할 수 있는 분위기를 조성하는 것이 최선의 대비책이라 할 수 있을 것이다. 아울러 정보화 역기능 방지를 위한 사회 각 분야의 관심과 다양한 연구가 진행되기를 기대해 본다.

전자정부에서의 정보보호 방안

제1절 정보보호의 의의와 필요성

1. 정보보호의 개념

1) 상위개념으로서 정보보호의 의의

정보보호(information protection)는 내·외부의 공격으로부터 정보시스템을 안전하게 보호함으로써 시스템소유자 또는 사용자의 안정적 이용을 보장하고, 그 안에 저장되어 있거나 유통되고 있는 데이터의 무결성(integrity), 비밀성(confidentiality) 및 가용성(availability)을 보장함으로써 정보에 대한 신뢰성(reliability)을 확보하는 것이다. 이러한 정보보호는 개념상 개인정보보호(Personal Data Protection)와 정보보안(Information Security)으로 나누어 설명될 수 있다.

지난 2009년 2월 27일 행정안전부령 제66호로 일부 개정된 「행정안전부와 그 소속기관 직제 시행규칙」의 경우 제16조 제8항에서 정보화전략실의 보조기관인 정보보호정책과의 주요 분장사무로 ①개인정보보호·민간정보보호·전자인증에 관한 정책 수립·조정 총괄, 법제도 연구 및 제·개정 총괄, ②전자정부 관련 대민서비스의 보안 정책·대책 수립 및 수준조사, 정보보호 관리체계의 인증, 사이버침해사고 예방·대응 및 암호인증시스템의 구축·운영에 관한 사항,[1] ③민간 정보통신기반시설의 지정·권고·보호대책·보호지원·보호계획 수립 및 암호이용활성화 지원에 관한 사항 등을 명시하고 있으므로 정보보호가 개념상 개인정보보호와 정보보안으로 구분될 수 있음을 보여주고 있다.

또한 「정보통신망 이용촉진 및 정보보호 등에 관한 법률」의 경우 총칙, 개인정보의 보호, 정보통신망에서의 이용자 보호, 정보통신망의 안정성 확보 등이 장별로 구분되어 있어 개인정보보호와 정보보안이 정보보호의 하위개념임을 전제로 하고 있다고 할 수 있다(이규정 외 3인 2009).

2) 개인정보보호의 의의

개인정보란 개인을 특정할 수 있는 모든 정보로 본인의 의사에 반하거나 본인이 알지 못하는 상태에서 이용될 경우 정보주체의 안녕과 이해관계에 영향을 미칠 수 있는 개인과 관련된 모든 정보를 의미한다. 유럽연합(EU)에서는 EU 개인정보보호지침 제2(a)조에서 신체, 정신, 심리, 경제, 문화, 사회적 특성요소에 의하여 직접 또는 간접적으로 식별되는 자연인에 대한 정보라고 하고 있다.

우리나라의 「정보통신망 이용촉진 및 정보보호 등에 관한 법률」 제2조에 의하면 "개인정보라 함은 생존하는 개인에 관한 정보로서 부호, 문자, 음성, 음향 및 영상 등의 정보(당해 정보만으로는 특정 개인을 알아볼 수 없는 경우에는 다른 정보와 용이하게 결합하여 알아 볼 수 있는 것을 포함한다)를 말한다." 라고 규정되어 있고, 「공공기관의 개인정보 보호에 관한 법률」에서는 "개인정보라 함은 생존하는 개인에 관한 정보로서 개인을 식별할 수 있는 정보(당해 정보만으로는 특정 개인을 식별할 수 없더라도 다른 정보와 용이하게 결합하여 알아 볼 수 있는 것을 포함한다)를 말한다." 라고 규정하고 있다.

---

1) 다만, 전자정부 사이버침해사고 대응센터 구성·운영에 관한 사항 중 제39조 제8항 제7호의 사무, 즉 '중앙행정기관 사이버침해사고 대응센터 운영' 으로서 행정안전부 소속기관인 정부통합전산센터 보안관리과 직무는 제외한다; 「행정안전부와 그 소속기관 직제 시행규칙」의 경우 제16조 제8항 제4호 참조.

이렇듯 법률상의 개인정보보호는 식별할 수 있는 개인에 관한 일체의 정보는 물론 다른 정보와 결합하여 식별이 가능한 정보까지 포함하고 있다. 자신에 관한 정보의 수집·이용·공개·제공은 자기 스스로만 통제가능한 자기정보통제권을 가져야 하는데, 개인정보 침해는 당해 정보 주체와 관련된 모든 정보가 자신의 의사에 반하여 오·남용(도용·유출·훼손)됨으로써 정보주체의 자기 통제권이 침해되는 것이라 말할 수 있다(박현주 2008).

3) 정보보안의 의의

원래 보안(Security)은 네트워크의 발전으로 지구 전체가 하나로 접속되고 있는 상황을 전제할 때 그 중요성이 점증되고 있기 때문에 보안에 만전을 기한다는 것은 정보사회의 기반을 강화하기 위해 요구된다. 종래 보안은 정보처리전문가의 과제였지만, 기업이나 가정에서 1인 1PC가 보편화된 오늘날 보안은 비즈니스와 사생활 보호를 위해 기업이나 개인의 필수과제로 되었다고 보는 것이 타당하다. 한편, 경제협력개발기구(OECD)가 1992년 11월에 발표한 보안가이드라인(Guidelines for the Security of Information Systems)에서 보안의 개념을 명확히 하고 있는데, 이 지침은 '정보시스템보안의 목적은 정보시스템에 의존하는 자를 가용성, 기밀성, 완전성의 결여로 인한 위험으로부터 보호하는 것'이라고 정의하고 있다. 이후 이 지침은 2002년 시스템 및 네트워크의 정보보안에 관한 가이드라인(OECD Guidelines for the Security of Information System and Networks: Towards a Culture of Security)으로 대체되었다.

정보통신기술의 발달과 급격한 보급으로 인한 정보누수와 정보침해에서 정보보안의 원인을 찾아볼 수 있는데, 이러한 정보보안의 기본요소는 다음과 같이 분석할 수 있다.

첫째, 기밀성(confidentiality)은 보안공격으로부터 전송자료를 보호하기 위하여 전송 또는 보관 중인 정보를 비인가자가 부정한 방법으로 입수하더라도 그 내용을 알 수 없도록 보호하는 것이라 하겠다.

둘째, 무결성(integrity)은 전송 또는 보관 중인 정보가 인가되는 방법이다.

셋째, 가용성(availability)은 정당한 사용자가 인가된 방법으로 적시에 정보시스템에 접근하여 이용할 수 있는 것을 의미한다(이규정 외 3인 2009).

2. 정보보호의 범위

정보보호의 개념에 관한 연구는 그 범위와 연구자의 관점에 따라 다양하게 진행되고 있는데, 많은 학자들은 정보보호의 범위를 크게 법률·제도적 정책, 기술적 정책, 조직·관리적 정책으로 나누고 있다.

1) 법률·제도적 정보보호에는 개인정보보호, 지적재산권보호, IT이용확산을 위한 보호로 구성된다. 구제적인 정책으로는 개인정보보호를 위해서는 법률의 제·개정 등 법률적 장치의 확보와 체계적인 제도적 수단의 지원이 이루어져야 한다. 지적재산권보호에서도 법률 개정 등 법률적 장치의 확보와 지적재산권보호를 위한 등록제 등 제도적 절차가 확보되어야 한다. IT이용확산을 위해서는 전자상거래, 전자서명, 소비자보호 등 IT이용을 위한 정보보호의 법률규정과 IT발전을 위한 제도적 보장 및 방안의 수립을 들 수 있다.

2) 기술적 정보보호는 정보보호를 위한 통신·기술기반 확충, 정보보호를 위한 관리로 구성된다. 통신·기술기반 확충을 위해서는 보안시스템 기반확충, 인터넷 등 네트워크 보안을 위한 기반확충, 정보보호 기술개발, 정보보호 기술보호, 정보보호 기술인력양성을 들 수 있다. 정보보호를 위한 관리를 위해서는 전자상거래 활성화를 위한 정보보호와 네트워크 보안에 따른 정보보호로 구성된다.

3) 조직·관리적 정보보호는 정보보호 조직의 운영체계 강화, 정보보호를 위한 예산 확보, 정보보호 교육 및 문화 확산으로 구성된다. 정보보호 조직의 운영체계를 강화하기 위해서는 독자적인 정보보호 조직체계 운영과 국제정보보호기구와의 협력관계의 추진을 들 수 있다. 정보보호를 위한 예산확보를 위해서는 정보보호 투자예산의 확보와 정보보호 연구개발을 위한 예산확보로 구성되며, 정보보호 교육 및 문화 확산을 위해서는 건전한 사이버 환경 및 정보보호 마인드 확산을 들 수 있다(신영진·김성태 2007).

3. 정보보호의 필요성

1990년대 후반부터 바이러스 침해, 해킹 사고 등 사이버 범죄가 급증하고 있으며,

사이버대응센터의 보고에 의하면 정보침해사고 건수가 1997년에는 2,134건, 2000년에는 9,859건, 2003년에는 137,529건 등으로 급증하였으며, 한국인터넷진흥원에 조사된 침해사고건수도 사이버 침해사고가 31,988건, 개인정보 침해사고가 35,167건으로 나타났다.

더욱이 전자상거래의 증가로 정보수요가 높아짐에 따라 무분별한 정보수집 및 불법적인 제3자의 제공, 해킹 등에 의한 침해사고가 급증할 것으로 전망된다. 특히, 유선과 무선을 통합한 유비쿼터스 컴퓨팅의 시대에서는 많은 정보기술이 서로 융합되어, 생체정보, 위치추적기술 등과 같은 신기술의 개발과 함께 해킹, 스니핑, 태핑 등과 같은 사이버 범죄도 증가하고 있으며, 악의적 목적의 유출, 오·남용 등으로 인한 정보환경의 안정성은 더욱더 위협받고 있다. 따라서 정부의 적극적인 지원정책을 통해 정보보호기술의 개발을 유도하고, 세계정보보호시장을 확대할 필요가 있다(신영진 2010).

제2절 정보보호정책 현황 및 분석

1. 정보화와 정보보호정책

전 세계적으로 정보통신 기술의 발달로 인하여 미래사회를 주도하는 핵심수단으로 정보통신 매체를 들 수 있다. 그만큼 정보통신기술이 접목되지 않는 분야가 없을 정도로 생활 깊숙이 파고들었으며 급속히 변화하는 정보화환경에 신속히 대응하여야만 세계경제에서도 핵심적 역할을 할 수 있다고 여겨지고 있다.

이에 우리나라는 지난 1980년대부터 행정전산망 및 정보인프라를 구축하여 정보화환경을 구축하였으며, Cyber Korea 21(2001~2006), U-Korea(2007~2013) 기본계획 등과 같은 국가계획을 통하여 정부주도의 정보화사업을 추진하여 왔다. 뿐만 아니라 국가정보화를 국민을 위한 정책으로 전환하기 위하여 전자정부 11대 중점과제(2001~2002), 전자정부 로드맵 31대 과제(2003~2007)를 통해 생활 속의 정보화를 추구하였으며, 그 결과 2010년 UN에서 평가하는 전자정부 발전지수에서 192개 국

〈표 14-1〉 2010년 국제정보화지수별 우리나라 순위

구분	UN전자정부 발전지수	UN온라인 참여지수	ITU ICT발전지수	WEF네트워크 준비지수	국가경쟁력지수	
					WEF기술 준비도부문	IMI기술 인프라부문
순위	1/192	1/192	3/159	5/133	5/133 ('09년)	18/58

* 출처: 한국정보화진흥원, 『2010 국가정보화백서』

〈표 14-2〉 UN전자정부 발전지수 중 우리나라의 정보통신인프라지수 평가 결과

구분	PC 보급대수	인터넷 이용자 수	전화 회선 수	이동전화 가입자 수	유선초고속인터넷 가입자 수	정보통신 인프라지수
지수 (순위)	58.14 (17위)	77.83 (7위)	44.29 (24위)	94.71 (65위)	32.14 (7위)	0.6390 (13위)

* 출처: 한국정보화진흥원, 『2010 국가정보화백서』

〈표 14-3〉 최근 5년간의 정보통신 인프라 구축 및 활용 현황

항목	2005년	2006년	2007년	2008년	2009년
인터넷 이용자 수(천 명)	33,010	34,910	35,590	36,190	36,580
초고속 인터넷 가입자 수(천 명)	12,191	14,043	14,710	15,475	16,349
전자상거래 규모(조 원)	358.5	413.6	516.5	630.1	670.9
인터넷뱅킹 등록고객 수(천 명)	26,737	35,912	44,698	52,595	59,206
공인인증 발급건수(만 건)	1,100	1,437	1,716	1,856	2,190

* 출처: 한국정보화진흥원, 『2010 국가정보화백서』

가 중에서 우리나라가 1위를 차지하였으며, 전자참여지수에서도 1위를 차지하였다.

이처럼 우리나라는 지속적인 정보화사업을 통하여 전 세계적으로 우수성을 인정받아 벤치마킹 국가가 되고 있으며, 개발도상국을 비롯한 여러 국가에서 우리나라 정보화시스템을 도입하기 위해 국제협력관계를 맺고 있다(신영진 2010).

그러나 정보화선진국의 경우 국가정보화계획에 정보보호계획을 명시화하여 국가적 차원에서 균형 있는 성장을 주도하고 있다. 일례로 e-Europe 계획, e-Japan 계획, 디지털21전략(홍콩), 정부온라인화전략(호주), 24e-Government(미국) 등은 대표적인 정보화사업이나, 정보통신기술의 발달과 전자상거래의 증가에 대비한 정보보호에 관한 문제도 함께 다루고 있다.

이에 우리나라도 정보보호에 관한 관심이 높아지고 있는 시점에서 2010년 국가정보화예산 3조 3천억 원을 확보하였고, 그중 정보화사업 3,279억 원 중에서 정보보호체계를 위해 210억 원을 책정하고 있다. 비록 큰 비중을 차지하고 있지는 않지만 약 3%도 되지 않던 과거에 비해 그 비중이 점차적으로 높아지고 있어, 앞으로 정보보호시장의 성장을 기대할 수 있으리라 본다. 즉, 한국인터넷진흥원(KISA)에서 조사한 2008년 세계정보보호시장 규모가 381억 1,400만 달러로 GDP 대비 0.08%로 나타났다.

반면 국내 정보보호 산업규모는 4억 9,900만 달러로 GDP 대비 0.06%에 불과하여 미흡한 것으로 조사되었다. 이처럼 국가주도에 의한 정보화환경은 정보보호의 취약점과 투자의 부족으로 인한 우려를 낳고 있으며, 급증하는 정보침해사고, 사이버범죄 등 정보화 역기능에 대한 집중적인 관리가 요구되어지고 있다(신영진 2010).

2. 정보침해사고 발생 현황

2009년 한 해 동안 한국인터넷진흥원에서 접수한 웜·바이러스 신고건수는 다음의 〈표 14-4〉에서 보는 바와 같이 1만 395건(월평균 866건)으로 2008년(월평균 706건) 대비 22.7% 증가한 것으로 나타났다(한국정보화진흥원 2010).

주요 신고유형을 살펴보면, 특정 온라인게임의 계정정보 탈취를 목적으로 하는 온라인게임 해커의 신고건수가 10.8%로 가장 높은 비율을 차지하였으며, 자체 전파력은 없으나 주로 웹사이트 등을 통해 감염되어 추가적인 악성코드를 다운로드하는

〈표 14-4〉 최근 5년간 민간부문 사이버침해사고 발생 현황

(단위: 건)

구분	2005년	2006년	2007년	2008년	2009년
웜·바이러스	16,093	7,789	5,996	8,469	10,395
해킹신고처리	33,633	26,808	21,732	15,940	21,230
악성 봇(Bot)	18.8%	12.5%	11.3%	8.1%	1.0%
개인정보 침해신고	18,206	23,333	25,965	39,811	35,167

* 출처: 한국인터넷진흥원(KISA)

AGENT가 10.5%로 그 뒤를 이었다.

이외 USB와 같은 이동식 저장장치를 통해 전파되어 보안설정을 변경, 인터넷 장애 등을 유발하는 변종이 다수 확인되었고, 개발환경 내 특정 소스에 코드를 삽입시키는 새로운 전파기법이 사용되고, 국내·외적으로 교묘해진 사회공학적 악성코드 유포수단으로 허위 백신 SW, 동영상 플레이어 등을 가장하여 사용자에게 클릭 및 결제를 유도하는 등의 피해사례가 특징적이다.

또한, 2009년도 국내 민간부문 해킹 사고 접수·처리 건수는 21,230건으로 2008년 15,940건에 비하여 33.2% 증가하였다. 침해사고 유형별로 살펴보면 스팸릴레이, 기타 해킹, 홈페이지 변조는 각각 전년 대비 56.4%, 4.2%, 96% 증가하였으며, 피싱 경유지, 단순 침입시도는 각각 전년 대비 15%, 13.6% 감소하였다.

그리고 2009년 민간부문의 해킹 사고 접수·처리건수를 유형별로 살펴보면 스팸릴레이가 47.8%로 가장 많았고, 홈페이지 변조(20.3%), 기타 해킹(14.3%), 단순 침입시도(12.9%), 피싱 경유지(4.7%) 순으로 나타났다(한국정보화진흥원 2010).

3. 우리나라 정보보호정책

우리나라에서는 국가정보보호를 위한 법률적 근거를 마련하였는데 「정보화촉진기본법」(1995)에 의해 건전한 정보통신질서를 확립하고 안전한 정보유통이 이루어

지도록 정보보호정책을 마련하고자 하였다. 또한, 정보시스템을 보호하기 위하여 「정보통신망 이용 촉진 및 정보보호 등에 관한 법률」(1999)을 제정하였고, 2003년에 개정하여 인터넷상의 스팸메일, 유해매체 등 전자우편을 이용한 광고성 유해물의 발송에 대해 규정하는 법조항을 추가하였다. 전자상거래상의 신뢰성과 안정성을 확보하기 위해 「전자거래기본법」(1999)과 「전자서명법」(1999)을 마련하였다. 또한 2001년에는 사이버공격에 대해 체계적인 대책을 마련하기 위해 「정보통신기반보호법」[2]을 규정하였다. 이 외에도 공공기관의 개인정보보호에 관한 법률(1994)을 통해 공공부문에 대한 정보보호를 규정하고 있던 법안을 민간까지 아우르는 개인정보보호법안(2010)을 제정하여 개인정보보호의 사각지대를 해결하고자 하였다.

이상과 같이 정보보호를 위한 법률규정에 의거하여 정보보호 추진 체계를 구성하였는데, 「정보화촉진기본법」에 근거한 국무총리소속 정보화추진위원회에 정보보호실무추진위원회를 두었다. 또한 정보보호 업무를 수행하기 위하여 행정안전부, 방송통신위원회, 국가정보원 등에서 정보보호 추진 체계로서의 역할을 수행하고 있다. 이 외에도 원활한 업무수행을 지원하는 정보보호센터(1999)를 설립하였는데 현재는 「정보통신망 이용 촉진 및 정보보호 등에 관한 법률」에 근거한 한국인터넷진흥원[3]이다. 이외에도 정보보호를 위한 기구로서 「정보통신기반보호법」에 의한 정보통신기반보호위원회를 두고 있고, 건전한 정보문화를 확산하고자 전기통신사업법에 의거한 정보통신윤리위원회를 두고 있다.

우리나라는 정보화수준을 높이고 안전한 정보화환경을 구현하기 위한 다양한 대책을 도입하고 있다. 정책적 기반 조성 및 기술적 인프라 구축에 따른 사이버 범죄에 대응하기 위하여 2008년 행정안전부를 중심으로 지식경제부, 국가정보원, 방송통신위원회 등이 범정부 차원의 정보보호 중장기 종합계획[4]을 마련하였다.

---

2) 공공기관의 개인정보 보호에 관한 법률(1994), 컴퓨터프로그램보호법(1995), 정보통신기반보호법 (2001), 전자상거래 등에서의 소비자보호에 관한 법률(2002)을 제정하였으며, 신용정보의 이용 및 보호에 관한 법률(1997 개정), 소비자보호법(2001 개정), 통신비밀보호법(2001 개정), 신용정보의 이용 및 보호에 관한 법률(2001 개정)이 정보보호에 관한 법적 규정을 마련하였다.

3) 한국인터넷진흥원은 정보보호기술, 정보보호표준, 정보보호평가, 정보보호교육, 정보보호자정책, 정보통신기반보호 등과 관련한 정책 및 지식을 축적하여 국가 및 민간부문에 정보를 제공하고 있다.

4) 정보보호 중장기 종합계획은 향후 5년간 정보보호정책의 방향과 목표를 달성하기 위하여 사이버 침해 대응력 제고, 국가기반시설 보호 강화, 개인정보보호체계 강화, 정보보호 기술기반확충, 정

이 외에도 2008년에는 개인정보보호에 관한 종합대책을 수립하였으며, 2009년에는 국가사이버위기에 대응하기 위한 종합대책을 수립·시행하였다.

특히, 지난 2009년 7월 7일에 발생한 DDos[5]공격으로 인해 특정 사이트의 접속이 지연되거나 일부 중단되었던 사고에 선제적 대응을 위해 2009년 9월 부처 합동의 국가사이버위기 종합대책을 수립하여 추진하고 있으며, 2010년 하반기부터는 악성코드 감염사이트에 대해 실시간 예보서비스를 제공하고 있다. 또한 전자정부정보보호관리체계(G-ISMS)[6]를 대국민서비스 이용자의 확대와 개인정보의 보유 및 제공을 위한 정보자산 유출 등을 예방하도록 하였다.

공인인증서 I-PIN[7] 등의 본인확인제도를 활성화하여 인터넷상의 신뢰성을 확보하고 개인정보 보유시스템에 대해 사전에 안전성을 점검하는 개인정보영향평가 제도를 공공부문(2007)과 민간부문(2005)에 도입하고 있으며, 이 외에도 OECD, UN, 개인정보보호감독기구 등과 같은 국제기구와 협력하여 범국가 차원의 종합대책을 마련하고 있다.

4. 외국 정보보호정책 및 시사점

인터넷은 1980년대 초 단순한 학술적 네트워크에서 시작하여 정보, 통신, 거래에 필요한 세계적인 공개 인프라로 성장하였다. 반면 경제·사회적 불안을 초래할 수 있는 사이버공격[8]의 급증으로 인하여 정보보호에 대한 국제사회의 관심 및 인식이

보보호 산업·인력 육성, 정보보호문화조성 등 6개 아젠다, 18개 중점 추진과제, 73개 세부과제를 추진하고자 하고 있다.

5) DDos 공격은 대량의 트래픽을 발생시켜 시스템에 과부하를 유발시켜 정상적인 서비스를 방해하는 사이버공격이다.

6) 정보보호 관리체계는 조직의 정보보호를 적절한 수준으로 보호하기 위한 정책과 프로세스의 체계로 ISMS의 적정성을 전문적인 제3자가 심사하여 인증하는 제도이다.

7) I-PIN은 인터넷 홈페이지 회원가입 시 주민등록번호 대신 사용할 수 있는 개인식별번호로서 I-PIN ID와 PW를 통해 접속하여 사용할 수 있다. I-PIN서비스는 2008년 8월부터 시작하여 점차적으로 증가하고 있는데, 2010년 5월 기준 3,666사이트에 47만 명이 발급받았으며, 민간 I-PIN 서비스는 정보통신망법 시행령 개정('09.1.28 시행)으로 1일 평균 이용자 수 1만 명 이상인 일반 웹사이트에 도입 의무화하고 있으며, 2010년 기준으로 871개 웹사이트에 적용하였다.

점차적으로 고조되어가고 있다. 이에 선진 각국은 급증하는 정보침해에 대응하기 위한 정보보호 전략수립, 전담조직 확충 등 정보보호 체계를 강화하고 있다. 이하에서는 우리나라에 비하여 정보보호에 앞서가는 미국과 EU, 일본의 정보보호정책에 대하여 살펴보고자 한다.

1) 미국의 정보보호정책

미국은 정보보호와 관련하여 국가전략 수립, 법제도 정비, 사고대응체계 정비, 민관협력 강화 및 정보보호 문화 운동 추진 등의 5개 주요 영역을 중심으로 정보보호 정책 및 업무를 수행하고 있다. 즉, 국가적 차원의 전략수립을 통해 구체적 비전과 방향성을 제시하고 이를 법제도로 성문화시키며, 실행하기 위한 각종 제도를 보완해가는 방식을 선택하고 있다.

미국은 1980년대 국방과 연방정부의 정보시스템을 주요 대상으로 정보보호 관련 정책을 시작하여 1990년대는 중요 정보기반시설로 확대, 최근에는 상호 보완적인 정보보호 체계를 구성하고 있다.

미국 정보보호정책의 효시는 1988년 국방부 고등연구계획국(DARPA)의 주도로 카네기멜론대학 내 침해사고대응팀조정센터(CERT/CC)가 설치된 것이라고 볼 수 있다. 그 후 인터넷이 보급되면서 1996년에는 대통령 직속 주요기반보호위원회(PCCIP)가 설치되었다. 또한 1998년에는 클린턴 대통령에 의해 연방수사국(FBA)의 국가기반보호센터나 상무부에 주요기반보증국(CIAO)이 설치되었다. 그 후 부시 정권 초기 정보보호정책은 2001년 발생한 9.11사태를 계기로 변화하게 되었다. 10월에는 백악관에 사이버보호실과 대통령 직속 주요 기반보호위원회가 2002년에는 국토안보법(Homeland Security Act of 2002)이 제정되어 11월 국토안보부(DHS)에서 정보보호 업무를 총괄하게 하여 사이버보안에 대한 정책을 강화했다.

국토안보부는 사이버보안 정책 추진 시 국립표준기술연구소(NIST), 국가과학재단(NSF), 에너지부(DOE) 등 타 부처 및 유관기관과의 긴밀한 협조하여 정책을 추진하고 있는데, 국가보호프로그램부문의 사이보안통신국과 인프라보호국은 정보통신인프라에 대한 테러 방지 역할을 담당하고 있고, 국가사이버보안센터(NCSC 2008.3)를

---

8) 2009년 4월 미국은 차세대 전투기 F5개발정보가 정체불명의 해커에 의해 유출되었고, 중국 정부 PC도 대만(추정) 해커에 의해 해킹당하였다.

설치하여 국내외 공격으로부터 정부 정보통신시스템을 방어하고 있다.

미국 정부는 정보보호개혁법(GISRA)이 2000년 제정되어 각 정부기관은 예산제정 절차의 일환으로 예산관리국(OMB)에 정보보호 대책의 이행상황을 보고하도록 하고 있다. 2002년에는 '연방정보보호관리법(FISMA)' 이 제정되었고, OMB 및 국제표준기술연구소(NIST)가 정보보호를 담당하고 있다. 연방정보보호관리법(FISMA)은 미국 전자정부법의 제3편으로 제정되어 행정기관뿐 아니라 연방정부의 정보를 관리하는 민간기업에까지 확대 적용하는 정보보호에 관한 총체적 성격을 갖는 연방법이다(한국정보사회진흥원 2008).

연구개발측면으로는 2006년 '연방정부 정보보호 및 보증 연구개발 계획' 을 발표했다. 이 계획은 연방정부 차원의 첫 번째 정보보호 연구개발 기본계획으로 현재 개발이 추진되고 있는 몇몇 보안기술에 대한 현황분석과 더불어 정보보호 연구개발 촉진을 위한 권고안을 제시하고 있다.

오바마 정부는 2009년 3월 군(軍) 컴퓨터 네트워크 통합·보안과 공격형 사이버무기 개발을 위한 국방부 내 사이버지휘부를 창설하였는데, 사이버지휘부는 미 전략사령부와 국가안보국(NSA)을 총괄하며, 국방부 정보시스템 계획 및 사이버보안을 담당하고 있다. 또한, 2009년 5월 사이버보안의 중요성을 강조한 오바마 정부는 "Cyberspace Policy Review"를 통해 구체적인 사이버보안 관련 정책9)을 발표하였다(한국인터넷진흥원 2009).

2) 유럽연합(EU)의 정보보호정책

EU는 1990년대 후반 이후 미국과의 경제격차가 확대됨에 따라 미국을 따라잡기 위하여 2000년 3월 포르투갈의 리스본에서 EU 정상들이 만나 2010년까지 고용 70% 달성 등 6개 분야의 20여 개 목표를 설정한 '리스본 전략(Lisbon Strategy)' 을 채택하였으며, 동 전략의 성과가 미흡한 것으로 나타나자 2005년 3월 벨기에의 브뤼셀에서 성장과 고용에 초점을 맞춘 '신 리스본 전략(Renewed Lisbon Strategy)' 을 채택하여 신 리스본 정략의 실행계획으로 "e-Europe 2005"를 발표·수행하고 있으

---

9) 네트워크 방어체계, 법 집행 점검, 사이버 스파이 통제, 정보보증, 사이버테러, 기반보호 등 정보통신 인프라에 대한 종합적인 점검과 사이버보안 검토결과에 기초하여 향후 미국의 사이버보안 정책방향을 제시하고 있다.

며 이 정책을 추진하면서 정보보호 전략도 포괄적으로 검토하기 시작하여 '안전한 정보 인프라'를 달성해야 할 4대 중점과제에 포함시켰다. 또한, 2006년 5월 발표된 "i2010"은 유럽의 경제성장과 취업문제를 IT성장을 통해 해결하기 위한 '신뢰와 보안'을 정보보호정책의 근간으로 하고 있다.

EU의 정보보호 추진 체계는 유럽집행위원회의 정보사회미디어총국(INFSO)과 유럽네트워크정보보호청(ENISA)에서 정보보호와 관련하여 주도적인 역할을 수행하고 있다. EU의 정보보호 전략으로서 정보사회미디어총국은 "안전한 정보사회 구현 전략" 발표를 통해 긴밀한 파트너십 도모와 정부·기업의 역량강화 등의 구체적인 전략을 제시하고 있으며, 유럽네트워크정보보호청은 '인터넷 등 유럽 e-커뮤니케이션 네트워크 복원력 향상 등 3대 전략을 발표하고 집중적으로 추진하고 있다. 또한 최근 EU 집행위원회는 대규모 사이버공격으로부터 주요 정보통신 기반시설 보호를 위한 정책을 2009년 3월에 발표하였는데, 구체적인 내용은 다음과 같다(한국인터넷진흥원 2009).

EU는 대화, 파트너십, 권한강화를 3대 정보보호 전략으로 제시하여 상호협력강화 및 커뮤니케이션의 활성화에 초점을 두고 있으며, 정책 벤치마킹, 다양한 이해관계자들 간의 토론 활성화, 회원국 정부와 이해관계자들 간의 파트너십 구축, 정보공유 및 경보시스템 이용 등을 포함하고 있다. 유럽네트워크정보보호청은 중장기 과제로 정보보호 문화 구현을 위한 회원국, 연구기관, 소프트웨어, 하드웨어 밴더 등과의 유기적인 파트너십과 대화 등을 강조하고 있다.

<표 14-5> EU의 주요 정보통신 기반시설 보호정책(2009.3)

구분	실행 방안
준비/예방	회원국 간 협력증진, 공공·민간분야 간 파트너십 구축
탐지/대응	EU 정보공유·경보시스템 지원, 기업·시민들에게 제공
완화/복구	대규모 네트워크 보안 사고에 대비한 대응·복구대책 수립, 정기훈련
국제협력	인터넷 안정성을 위한 전 유럽 차원의 토론, 국제기준과 가이드라인 제정
표준제정	IT분야를 위한 표준제정

3) 일본의 정보보호정책

일본은 1990년대 후반부터 정보통신기술이 급속하게 보급되었으나 국가정보화가 제대로 정착되기도 전에 경제불황과 함께 IT버블이 나타남에 따라 범국가적인 차원에서 대응체계 수립을 위하여 2001년 IT전략본부를 설치하였다.

일본의 국가 IT전략의 시작은 2001년 1월 IT전략본부의 출범과 함께 시작된 e-Japan 전략이라 할 수 있다. e-Japan 전략에서는 2005년까지 세계최첨단 IT국가가 되는 것을 목표로 중점영역으로서 5개 분야를 제시하고 ICT기반을 정비하여 왔다. 그 후 2002년 IT 전략의 금후 기본방향에 관한 전문조사회의 설치와 e-Japan 전략의 수정을 거쳐 2003년에 IT의 이용과 활용에 중점을 둔 'e-Japan 전략 II'를 수립하였다.

이어 IT전략본부는 2006년 1월 e-Japan 전략의 성과를 평가하여 IT를 바탕으로 한 일본 국가경영지침서라 할 수 있는 'IT 신개혁 전략'을 발표하였다. 또한 유비쿼터스 사회를 실현하기 위하여 2004년 12월에는 2010년의 차세대 ICT 사회의 실현을 위한 중기비전으로서 'u-Japan 정책'을 발표하였다.

IT전략본부는 정보보호정책회의(ISPC)와 내각관방 산하의 정보보호센터(NISC)를 중심으로 정보보호를 포함한 정보화전략을 추진하고 있다. 일본의 최근 정보보호정책 동향을 보면, 내각관방에서는 국가 전반의 정보보호 요구에 대응하기 위해 "제1차 정보보호 기본계획('06.2)에 이어" 제2차 정보보호 기본계획('09.2)[10]을 수립 추진하고 있으며, 경제산업성에서는 2009년 5월 "고도정보화 사회의 정보시스템 소프트웨어의 신뢰성 및 보안성 강화" 연구보고서를 발표하였다(한국인터넷진흥원 2009).

일본의 대표적인 IT법률은 「고도 정보통신 네트워크 사회 형성 기본법」이다. 이 법률은 고도 정보통신 네트워크 사회에 관한 시책을 신속하고 중점적으로 추진하는 것을 목표로 하고 있으며, 네트워크의 안전성 및 신뢰성, 개인정보보호의 기본 방침 중 하나로 정해 정보보호 법제도의 기본적인 방침이 되고 있다.

일본 정보보호정책의 특징은 첫째, 사후적 수습관점에서 사전·예방적 관점으로 변화하고 있다는 것이다. 즉, 일본의 정보보호정책은 초기에는 해킹, 컴퓨터 바이러스 유포, 개인정보 유출, 정부기관의 홈페이지 침입사건 등 사후적으로 발생한 정보

---

10) 제1차 계획은 '06~'08년, 제2차 계획은 '09~'11년에 시행하고 있으며, 2차 기본계획의 주요내용은 정부, 주요 인프라, 민간(개인 및 기업)을 대상으로 정보보호 기본계획의 주요 대책을 연도별로 추진하고 있고, 정부·지방공공단체, 주요기반, 기업, 개인 영역으로 구분하여 매년 "Secure Japan 200X"를 수립하고 실행성과를 평가하는 것으로 되어 있다.

보호 침해 및 피해에 대한 사후 구제적 관점에서 법·제도적인 정책이 이루어졌으나, 2009년 제2차 기본계획 수립 이후부터 정보화 사회에서 사이버 범죄 및 정보유출 피해 등이 언제든지 일어날 수 있다는 전제를 강조하였다. 금융기관 및 증권거래시스템, 자동개찰시스템 등 정보기술 및 시스템이 경제사회 전반에 미치는 영향이 지대한 만큼 국민의 일상생활과 밀접한 정보보호의 체계적인 조직화를 강조하고 있다.

이러한 정보기반의 일상화로 인해 언제든지 정보침해 및 피해가 발생할 수 있다는 전제하에 다각적인 '사고 전제 사회'에 대한 대응력을 강화할 것을 강조하고 있다. 이를 위해서도 Secure Japan 2009, 정보보호전략 및 정보보호 2010에서 일관된 정책추진을 유지하고 있으며, 사업계속성 확보와 긴급대응체제 강화를 지속적으로 강조하고 있다.

둘째, 일본 정부는 정보보호를 체계적으로 추진하기 위하여 내각관방정보보호센터를 중심으로 전 부성의 연계·협력을 강조하고 있으며, 각 부성에서 추진할 시책을 상세하게 주문하고 있다. 특히 제반 정보보호정책을 통해 제시한 정부기관 등 기반 분야, 중요인프라 분야, 기타 기반 분야, 국민이용자 분야, 국제연계 분야, 기술전략 분야, 제도정비 분야 등에서 담당할 내용과 분야를 상세하게 규정하여 이들 기관이 주체적으로 정보보호정책을 추진하고 협력하고 있다.

셋째, 일본 정부는 정보 및 사이버 범죄의 익명성·초 국경성에 따라 우리나라를 비롯한 아시아국가 및 미국, 유럽 등과의 국제연계와 협력을 매우 강조하고 있다. 다양한 분야의 국제회의 참석과 일본의 국제적 위상을 높이기 위한 노력을 통해 '정보보호 선진국'으로 발돋움하려는 노력을 경주하고 있다(이자성 2011).

4) 각국의 시사점

이상으로 주요국의 정보보호정책을 살펴보았는데, 주요국은 전반적으로 정보보호정책을 강화하고 있다는 점을 확인할 수 있었다. 이는 법, 예산, 정보보호 교육 및 문화운동 등 모든 분야에 공통적으로 나타나고 있었다(박현주 2008, 요약 재인용).

첫째, 개인정보보호법과 관련하여 주요국은 이미 관련법의 정비를 마쳤다. 특히 EU는 개인정보보호에 관하여는 세계 모범적인 수준을 보이고 있으며, 일본의 경우도 EU의 개인정보 보호 강화요구에 대응하기 위하여 5개 법률을 제·개정하여 2005년 4월 1일 "개인정보보호법"을 시행하고 있다. 그런데 우리나라는 공공부문에만 "공공기관의 개인정보보호에 관한 법률"이 존재할 뿐 민관을 아우르는 개인정보보호에 관한 법률이 부재하여 프라이버시 보호 수준 제고를 위해 노력이 시급히 요구된다고 하겠다.

둘째, 주요국들은 정보보호를 위한 예산투자를 매년 증가시키고 있으며, 그 중 미국은 정보화 대비 정보보호예산이 9% 이상 수준에 이를 정도로 많은 투자를 하고 있다. 이는 공공부문의 "연방정보보호관리법(FISMA)" 등 정보보호를 촉진할 수 있는 법체계가 잘 갖추어져 있기 때문인 것으로 보여진다. 또한 주요국은 IT예산에서뿐만 아니라 국가 R&D예산 비중도 점차 늘려 정보보호 연구개발을 강화하고 있다는 점이다.

따라서 우리나라 정보보호 수준의 획기적인 향상을 위해서는 정보보호예산은 물론 연간 200억 수준에 머물러 있는 정보보호 연구개발 예산의 절대액을 늘리는 것이 필요하다.

셋째, 주요국들은 정보보호 인식을 높이기 위한 범국가적인 정보보호 문화운동 확산을 위하여 정보보호 교육, 인식제고, 홍보자료 배포를 비롯한 새로운 정책 개발과 기존 정책 개선을 적극적으로 추진하고 있다.

마지막으로, 우리나라와 이웃한 일본의 정보보호정책은 우리나라의 정보보호정책 추진에 있어서 특별히 시사하는 바가 크다. 즉, 일본의 정보보호정책은 기본적으로 제1, 2차 기본계획의 틀 안에서 연도별 연차계획에 의거하여 체계적으로 추진하고 있다. 정보보호를 기술적 측면에서만 접근하는 것이 아니라 사회경제적 측면도 고려하여 일본의 정보통신기술의 우위성을 기반으로 정보보호기술 및 정책을 통해 경제적 파급효과도 함께 고려하고 있는 것으로 나타났다.

이와 관련하여 정보보호 자격제도, 활용 등 기술의 가시화를 통한 전문가 육성과 활용 등을 보다 현실화하고 있으며, 세계에 진출한 일본계 기업 및 중소기업 등의 정보보호를 지원하기 위한 노력도 가시화되고 있어 경제적 관점을 위한 다각적인 노력이 엿보인다.

또한 대규모 사이버 범죄 및 피해가 발생한 경우를 대비한 초동훈련의 중요성을 강조하고 추진 체계를 강화하는 한편, 시의적인 대응을 하기 위한 조직체계 구축으로써 최고정보 보호책임자(CISO) 지정, Ceptoar Council 지원, 안전기준 정비, 정보보호 안심창구 등 조직적 체계화를 강조하고 있다. 이러한 조직화는 정부기관을 비롯한 민간기업과 개인 등에 연계하여 시의적 대응과 합리적인 운영방식을 모색하고 있다. 즉, 일본정부의 정보보호정책은 기술적 측면뿐만 아닌 사회경제적 관점과 전

<표 14-6> 각국의 정보보호정책 주요 내용 비교

구분	한국	미국	EU	일본
조직	- 통합된 총괄기구 없음 - 국가정보원, 행정안전부, 방송통신위원회, 지식경제부에서 분야별로 담당	- 국토안보부가 총괄 - 개인정보보호기관 • 공공: OMB • 민간: FTC	- 유럽네트워크정보보안청이 총괄	- 내각관방이 총괄 - 총무성과 경제산업성이 집행 - 개인정보보호: 총무성, 내각부
예산	- 정보화 예산 34,078억 원 - 정보보호예산 1,000억 원(2.9%)	- 정보화 예산 64조 9,110억 원 - 정보보호예산 5조 9,050억 원(9.2%)	- 정보화 R&d예산 39억 유로 - 정보보호 R&d예산 2.4억 유로(6.2%)	- 정보화 예산 13,115억 엔 - 정보보호예산 319억 엔(2.4%)
개인 정보 보호법	- 민관을 통합한 개인정보보호법 없음 - 공공부문에만 정보보호 보호법 존재	- 개별법 존재 - 연방정부 및 주단위 프리이버시법 및 각 분야별 개인정보보호법 존재	- 개인정보보호지침 - 회원국에게 민간을 통합하는 개인정보보호법 제정의무화	- 개인정보보호법 - 민관 통합적 법률

사회에 걸친 효율적인 조직화를 연계하고 있어 종합적인 관점을 중시하고 있다고 하겠다(이자성 2011).

5) 클라우드 정보보호

방송통신위원회와 한국인터넷진흥원(KISA)은 클라우드 서비스를 안전하게 제공·이용하기 위해 고려해야 할 보안대책을 담은 '클라우드 서비스 정보보호 안내서'를 발간하였다. 클라우드 서비스는 2011년 상반기에 개인 이용자가 1,030만 명을 넘어서는 등 국내외 설문조사에서 인기 있는 IT기술로 미래 IT의 핵심산업으로 주목받고 있다.

방통위는 클라우드 정보보호 안내서가 정보보호기준을 제시함으로써 사업자와 이용자의 자발적 보안대책을 마련하고 클라우드 정보보호에 대한 인식을 높이도록 하고 있다. 또한 방통위와 한국인터넷진흥원은 클라우드 서비스의 활성화를 위해 2011년 말까지 국내 클라우드 서비스 실태 파악을 위한 사업자 정보보호 현황조사를 완료할 계획이다(정보통신신문 2011.10.17. 8면).

제3절 정보보호정책의 문제점과 개선 방안

서울에 거주하는 대학생을 대상으로 2008년 6월에 신영진[11]이 유비쿼터스 사회에서 정보보호를 위해 정부차원에서 어떤 정보보호정책들이 우선되어야 할지를 조사한 설문조사결과를 보면, 정부가 스스로 추진해야 할 정보보호정책들의 우선순위는 다음과 같다.

① 정보보호에 관한 통합적인 법률체계가 필요하며, 그와 관련한 법제도가 우선적으로 정비되어야 한다.
② 해킹, 바이러스 등과 같은 사이버 범죄와 개인정보 유출 등의 물리적 범죄로부터 안전한 서비스를 이용할 수 있도록 정보통신기술을 개발하고 보급하여야 한다.
③ 그에 맞는 안전한 인프라를 구축하여야 한다.
④ 정부의 정보보호 추진 체계를 정비하여 독립된 기구를 설립하여야 한다.
⑤ 정보보호를 강화할 수 있는 정책들을 점진적으로 확대하여 부처 간의 협력을 통한 강력한 정보보호정책을 마련하여야 한다고 응답하였다.

다음으로 정부가 기업을 위해 추진해야 할 정보보호정책의 우선순위는 다음과 같다.

① 정부는 기업이 무분별한 정보를 유통하지 못하도록 규제를 강화해야 할 것이다.
② 급변하는 사이버침해사고로부터 안전한 정보보호환경을 구현하도록 기술을 개발하고 시장을 개척하기 위한 투자를 지원해야 한다.
③ 정부는 기업이 안전한 정보보호 인프라를 구현할 수 있도록 관련 시설을 지원하여야 한다.
④ 정보보호를 위한 전문 인력을 양성하는 데 적극적으로 지원해야 한다.

---

11) 신영진은 미래사회에서 제시하는 유비쿼터스 분야에서의 정보보호에 관한 정책을 제시하기 위한 연구의 일환으로 서울에 거주하는 대학생 150명을 대상으로 설문조사를 실시하였으며, 그 중에서 회수된 응답자는 100여 명이며, 이에 대한 설문분석결과자료임.

⑤ 앞으로 정보보호시장이 성장할 것으로 예측되고 있는 현시점에서 시장을 확보하고 확장할 수 있도록 지원해야 한다고 나타났다.

끝으로 정부가 국민을 위한 정보보호정책을 추진할 때 우선되어야 할 정책들을 살펴보면 우선순위는 다음과 같다.

① 정부는 국민이 안전한 인프라를 사용할 수 있도록 제공해야 한다.
② 사이버취약점으로부터 보호받을 수 있도록 무상의 정보보호프로그램을 보급해야 한다.
③ 정부는 국민을 대상으로 정보보호 인력을 양성하여 정보보호에 대한 재교육 및 정보보호에 대한 적극적인 대응을 해야 한다.
④ 정부는 국민으로부터 정보보호에 관한 의견을 수렴하고 정책에 참여할 수 있는 통로는 마련하여 수요자 중심의 필요한 정책을 제공해야 한다.

<표 14-7> 정부차원에서의 정보보호정책 방향

순위	정부↔정부	정부→기업	정부→국민
1	정보보호관련 법·제도 정비	무분별한 정보유통의 규제강화	정보보호인프라 제공
2	정보보호기술 개발	정보보호기굴 투자지원	정보보호 프로그램 배포
3	정보보호 인프라 구축	정보보호 시설지원	정보보호관련 전문 인력 양성
4	정보보호조직체계의 설치·정비	정보보호 인력지원	정보보호 콘텐츠 제공
5	정보보호정책의 점진적 확대	정보보호시장 확대	정보보호관련 의견수렴을 위한 정책통로 마련
6	정보보호 관련 정책결정자의 마인드 형성	정보보호기술 개발 등 예산지원	정보보호인식 제고를 위한 홍보
7	정보보호 콘텐츠 및 교육프로그램 개발	정보보호기술 특허 등 보호	정보보호교육프로그램 제공
8	정보보호 수준향상을 위한 표준화체계 제공	정보보호관련 해외마케팅 지원	안전한 웹사이트기반 제공

⑤ 국민을 위한 정보보호인식을 높이고 신뢰를 확보하기 위하여 관련분야의 홍보를 강화하고, 교육프로그램을 제공하여 국가 전반에 거친 정보보호 수준을 높이도록 한다.

이하에서는 이와 같은 설문조사결과와 앞에서 기술한 우리나라의 정보보호정책과 비교한 선진 외국의 정보보호정책에서의 시사점 등을 토대로 우리나라 정보보호정책의 문제점과 개선 방안을 앞서 기술한 정보보호 범위에 대한 다수학자들의 견해에 의거하여 간략히 제시하고자 한다.

1. 법률·제도적 측면

정보보호 관련 법제의 정비미비로 인해 제도적으로 통제기능이 미흡한 실정이다. 정보통신시설 및 서비스 보호 등에 대한 규정이 여러 법에 산재해 있으며, "공공기관의 개인정보보호에 관한 법률이 제정되어 공공기관을 규제하고 있으나, 공공무문 및 민간부문을 통괄하는 기본법적 성격의 개인정보보호법이 제정되어 있지 않다.

즉, 우리나라의 개인정보보호에 관한 법률은 공공부문에 "공공기관의 개인정보보호에 관한 법률"이 있고, 민간부문에 "정보통신망 이용 촉진 및 정보보호 등에 관한 법률"에 의하여 명목상 민간부문에 대한 개인정보 보호 규정이 존재하고 있다. 결국, 공공부문과 민간부문의 전 영역에 적용될 수 있는 총체적인 "개인정보보호에 관한 법률"은 제정되어 있지 않다.

물론 공공부문과 민간부문은 개인정보의 수집근거가 다르고 민간부문에 일률적으로 개인정보보호 규정을 적용하는 경우에는 민간 경제의 자율성을 침해할 우려가 있을 수는 있다. 그러나 개인정보의 적정한 이용 및 관리라는 측면에서 볼 때 구별할 실익이 크지 않고, 민간부문의 경우 경제적 이익을 추구하는 과정에서 오히려 개인정보의 오용과 남용의 위험성이 더 클 수 있다는 점에서 볼 때 민간부문과 공공부문으로 구분할 필요가 있는지는 의문이다.

EU는 개인정보보호에 관하여는 세계 모범의 수준을 보이고 있으며 일본의 경우에도 EU의 개인정보보호 강화요구에 대응하기 위하여 5개 법률을 제·개정하여 2005년 4월 1일 "개인정보 보호법"을 시행하고 있다. 따라서 우리나라도 공공무문과 민관부문을 아우르는 통합적인 개인정보보호법을 제정하여야 할 것이다.

그리고 정부의 개인정보를 위한 접근방법이 사전적이기보다는 사후적인 관리문제에 집중되어 있음을 지적할 수 있다. 즉 정부는 개인의 정보를 보호하는 제도적 틀을 마련하는 데 있어서 개인정보의 집적단계에서 접근하기보다는 정보의 유출을 방지하기 위한 해결책을 모색하여 왔다. 먼저 정보의 필요성이나 기술적인 차원에서 정보시스템을 만든 이후 네트워크나 시스템의 침투를 방지하는 보안기술을 통해 개인정보를 보호하려는 것이다. 즉 그동안 정부는 전자서명의 활성화, 암호화 정책, 해킹이나 바이러스의 침투로부터 정보보호를 꾀해 왔다. 또한 통합전산망 구축에 따른 개인정보의 유출의 문제에 대해 국가공무원법, 주민등록법 등의 법령체계를 통해 전산화의 부작용에 대응하고 있는 것이다. 이러한 사후적인 접근방법은 시스템을 구축하고 사용하기 어렵게 되는 경우 시스템의 구축에 따른 경제적 비용은 물론 정치적 비용, 사회적 비용까지 지불해야 한다.

따라서 이를 방지하기 위한 방안으로 Opt-in과 Opt-out을 활용하는 방법을 생각해 볼 수 있다. Opt-in과 Opt-out은 스팸메일 차단을 위한 법과 제도에 속한다. Opt-in제도는 각 개인의 허락을 먼저 선행하여야 광고 메일 등을 발송할 수 있게 하는 제도이다. Opt-out은 개인의 허락을 받지 않아도 1회는 그냥 보낼 수 있다. 일단 보내진 메일을 수신한 개인이 수신거부를 하게 되면 더 이상 메일을 보내면 안 된다.

유비쿼터스 컴퓨팅환경에서도 이를 활용하여 개인정보를 활용하는 시스템마다 Opt-in과 Opt-out을 선택적으로 적용할 수 있다. 개인에게 민감한 정보를 취득하는 시스템은 Opt-in 방식으로만 개인정보를 취득하도록 한다면 개인정보는 유비쿼터스 서비스를 우선으로 하는 개인에게 제공될 것이고, 이를 거부하는 개인은 개인정보 노출을 피할 수 있다.

또한 정보보호와 관련한 처벌규정이 미약하여 정보보호정책의 준수를 강도 높게 실행하는 데 어려움이 있다. 민간의 경우에 처벌과 투자의 측면에서 과태료 등의 처벌로 인해 발생되는 재정적 부담이 정보보호 규제와 정책을 따르기 위해 투자해야 하는 재정적인 부담보다 적다고 판단되기 때문에 법적 규제가 강제되지 않는 상황이 발생하는 것이다.

따라서 법제도적으로 처벌규정을 강화해야 한다. 각 조직은 상세한 보안정책을 정의하고 이에 대한 책임소재를 분명히 해야 한다. 제대로 구비된 보안정책은 정부 보안활동의 안전성과 효율성을 보장할 수 있으며, 이에 대한 적절한 상벌규정은 일관성을 보장할 수 있는 것이다. 나아가 인사문제와 항상 연동되도록 제도를 정할 필요가 있다. 정보보호와 관련한 업무실적을 승진 등의 인사와 연관시켜 인센티브화하는 것도 구성원의 행태에 긍정적인 영향을 가질 것으로 판단된다.

2. 조직·관리적 측면

1) 조직관리

먼저 조직·관리적인 측면에서 우리나라 정부의 정보보호 체계는 범정부적으로 단일화된 조직으로 구성하고 있지 않고 있다. 2008년 이명박 정부에 들어와서 그동안 부처별로 나눠진 정보화 업무가 행정안전부로 통합됨에 따라 전자정부정보화 전략이라는 큰 틀에서 전자정부를 추진할 수 있는 기반을 얻게 되었으나, 정보보호추진 업무 부분에서는 여전히 통합된 단일기구가 없이 국가정보원, 행정안전부, 방송통신위원회, 지식경제부에서 각각 나누어 담당하고 있다.

즉 행정안전부가 공공기관의 개인정보보호정책을 포함하여 행정부의 정보보호업무를 총괄하고 방송통신위원회는 방송·통신망 분야 및 민간부분의 개인정보보호 업무를, 지식경제부는 정보보호 산업육성을 담당한다. 이렇게 정보보호 담당기구가 나누어져 있다 보니 정보보호 업무는 상호 중복 투자와 일관된 정책을 기대하기 어려운 것이 사실이다.

또한, 정부의 사이버공격에 대응할 전문조직이 부족하다는 것이다. 현재 국가사이버센터와 행정안전부에서 291개에 달하는 중앙부처와 지방자치단체를 대응하고 있는 실정이다. 정보보호 전담조직 부문에 있어서도 정부의 전담조직 설치비율은 22%에 지나지 않으며, 세부적으로는 중앙이 24%, 지방자치단체 19%만이 설치·운영하고 있다. 이와 관련하여 전문 인력배치는 더욱 열악하여 정보보호 전담부서의 전문 인력은 28% 수준밖에 되지 않는다.

그리고 전담조직이 있다 하더라도 해당 조직 관리자의 지위가 그 중요성에 비해 미약하다는 측면이 있다. 일반적인 상황을 보면 현재 우리 정부의 정보보호 전담조직의 최고 책임자는 중간관리자가 그 역할을 수행함으로써 강력한 정보보호의 임무를 수행하는 데 어려움이 있는 것이 사실이다.

따라서 정보보호를 전담하는 조직을 통괄하고, 조직 구성의 측면에서도 확대·전문화할 필요성이 있다. 해킹이나 정보유출 등의 사이버침해가 시간이 갈수록 고도화되는 추세에 비추어보면 그 필요성은 더욱 높아진다. 그러므로 사이버침해에 대한 통괄조직뿐만 아니라 각 부처의 전담조직도 정비될 필요가 있으며, 그 조직을 구성하는 인력 또한 정보의 중요도에 따라 전문성을 겸비해야 한다. 최근 국내·외 정보보호 관련 전문자격증이 활성화되어 있으며 이러한 자격증을 소지한 인력들에 대한 적극적 활용도 필요하다.

또한 CSO(Chief Security Officer)제도를 도입할 필요도 있다. 명실 공히 정보보호 전문가를 배치하여 해당조직의 최고책임자와 상시적으로 정보보호에 관한 정책을 논의·추진할 수 있도록 환경을 조성해야 한다.

2) 정보보호 예산

우리나라 정부의 정보보호 관련 예산은 앞서 본 바와 같이 선진국의 30% 수준으로 매우 열악한 실정이다. 미국 등 선진국은 정보화 예산의 9% 이상을 정보보호에 할당하고 있지만 국내 정보보호 예산은 전체 정보화 예산의 2~3%대에 불과하여 예산집행에 있어 공공기관 보안시스템 구축사업은 항상 미국 등 선진국에 비해 떨어지고 있으며, 효율적인 사업과 예산집행이 되고 있지 않은 실정이다.

더욱이, 정보보호 예산의 편성에 있어서도 정보보호 수준평가와 예산배정의 문제가 연동되지 않고 일반적 기준에 의한 예산·편성·배정이 이루어지고 있다는 점에서 효율적인 정보보호 예산집행이 어려운 측면이 있다. 그리고 미국, EU 등 선진국에서는 정보보호 연구개발에 집중 투자하고 있는 것에 비해 우리나라는 열악한 편이다.

정보보호 투자에 대한 성과는 정보보호 사고 감소, 자산의 손실건수 감소, 비즈니스 기회손실 감소, 이미지 실추 건수를 감소시키고 사고발생 시 보다 빠르고 신속하게 처리할 수 있는 능력으로 나타난다.

따라서 정보보호를 위한 예산은 현재의 수준보다 월등히 높아져야 할 것으로 판단된다. 이를 위해서 현재의 수준을 정확히 분석하고 정보보호 관련 예산 편성 및 집행 기준을 명확히 하여 적재적소에 예산배정이 이루어져야 할 것이다. 나아가 예산을 배정함에 있어서도 정보보호 수준평가결과나 침해사고결과를 활용할 필요성이 있다. 평가와 예산배정의 연동은 정부의 정보보호 업무수행 행태에 효과적인 강화자의 역할을 할 수 있다.

3) 정보보호 의식 제고

2009년 7·7 DDos 공격 시 11만 5천여 대의 좀비 PC가 사이버공격에 악용되었다. 또한 앞서 살펴본 바와 같이 2008년 전 세계적으로 165만여 건의 악성코드가 탐지되었으며, 이들 신·변종 악성코드로 인한 대다수의 사이버공격이 웹을 통해 금전적 이득 등 특정목적으로 정부 및 기업의 PC·홈페이지를 공격하여 기밀문서 유출, 웹서버 장애 등의 심각한 문제를 야기하고 있다.

따라서 갈수록 복잡·지능화되어가는 사이버공격에 대한 피해확산을 줄이고, 인터넷 강국과 우리나라 전자정부의 세계 최상위 수준의 지속적인 유지를 위해서는 체계적이고 종합적인 정보보호 교육의 강화가 필요한 실정이다. 이를 위하여 정부는 PC 보안경고문 설치 등 좀비 PC에 대한 사전제거 활동 및 예방능력을 강화하는 한편, 정보보호 인식제고 및 책임실천을 위한 정보보호교육 확대를 위해 초·중 고교 과정에 해킹, 개인 정보보호, 사이버윤리 교육을 신설하는 등의 조치를 하여야 할 것이다. 또, 학교 교육으로만 멈출 것이 아니라 정보보호 교육에 대한 사회문화적 차원의 자율적인 활동 등 국민의 정보보호에 의식이 생활화되도록 하여야 할 것이다.

3. 기술적 측면

1) 정보보호 인력

정보보호 산업규모가 급성장하면서 정보보호 산업인력에 대한 수요도 급증하고 있으나, 현재 정보보호 전문가 육성을 위한 기반과 국내 보상체계가 열악하여 보안 전문가의 해외 유출이 심각한 상황이며 이로 인해 국내 정보보호 전문가가 부족하고 고용 또한 불안정한 상황이다(한국정보화진흥원 2010).

따라서 급변하는 IT환경에 적응할 수 있는 수용지향적인 정보보호 인력양성이 무엇보다 시급하다. 그리고 치열한 국제경쟁사회에서 우리의 지속적인 정보화 추진을 뒷받침할 정보보호 분야에 대한 연구 및 기술개발을 담당할 정보보호 전문 인력 양성도 시급하다.

이를 위하여 대학 IT연구센터에 대한 지속적인 지원, 해외 우수교원의 확보, 국내 학생의 해외 연수 지원에도 많은 지원이 이루어져야 할 것이다. 아울러, 정보보호 자격제도의 개선, 해킹대회 입상자 취업지원 등 화이트 해커 양성 추진도 검토되어야 할 것이다.

2) 정보보호 기술개발

지난 2009년 정보보호 분야의 최대 화두 중의 하나는 7월 7일 DDos 공격이었다. 따라서 이러한 악성코드와 DDos 공격을 사전에 예방하고 신속하게 대응할 수 있는 기술들이 활발히 연구되어져야 할 것이다. 그리고 정보보호 R&D영역에서는 기존의 정보보안뿐만 아니라 물리보안, 융합보안 등의 분야로도 연구영역이 확대되고 있다. 특히 2009년 말 아이폰 국내 출시를 계기로 시작된 스마트폰 열풍[12]에 따른 스마트 보안기술을 필두로 클라우드 서비스, 스마트 그리드, 미래 인터넷 등 다양한 융복합 서비스들에 대한 보안기술 개발의 필요성이 제기되고 있다(한국정보화진흥원 2010).

특히, 스마트 모바일 확산과 함께 '보안'은 중요 Keyword로 부각되고 있다. 즉 모바일 환경은 이종(異種)의 무선 인터넷 접속으로 구성된 복잡한 구조 및 한정된 네트워크 지원으로 인해 DDos 공격 등 침해위협에 취약함에도[13] 복합단말, 개방형 플랫폼, 신규 컨버전스 서비스 등의 등장으로 예측하기 어려운 보안 이슈들이 계속 등장하고 있다.

따라서 이러한 새로운 보안이슈들에 대비하여 공인인증서 이용 단말 인증 및 데이터 암호, 단말기 분실 및 도난상황에 대한 대책마련, 악성코드 침입 탐지 및 차단 대책마련 등 스마트폰 서비스를 위한 보안기술 개발도 더욱더 강화되어야 할 것이다.

3) 보안기술을 이용한 개인정보 보호 방법

암호화된 통신 네트워크, 생체인식 기술 등을 활용하여 개인정보를 보호하는 방법에 대해 알아보고자 한다. 유비쿼터스 컴퓨팅환경에서는 개인을 식별하는 기술이 RFID(Radio Frequency Identification) 칩이 내장된 신분증이 활용되는 것이 가장 일

---

12) 스마트 모바일(Smart Mobile)이란 다양한 무선통신에 의한 이동성을 지원하는 범용 OS 기반 지능형 단말장치를 의미하며, 국내 스마트폰 가입자 수는 '10년 11월 말 기준 625만 명으로서 전체 이동통신가입자의 12%에 달한다. '11년 3월 23일 기준 1,000만 명이 돌파되었고, 13년까지 3천만 명, '15년까지 4천만 명이 예상된다(이재광 2011).

13) 모바일단말에서의 LBS, SNS 등 서비스 특성에 따라 개인정보가 상시 수집·분석·이용되면서 프라이버시 침해우려가 증가되고 있다(이재광 2011).

반적인 방법이 될 것이다. 신분증만으로 개인의 정당 여부를 판별하여 개인 서비스를 제공하게 될 때 신분증의 오·남용 사용이나 불법 취득에 의한 사용 시 큰 혼란에 빠지게 된다.

개인의 인식이 잘못되면 잘못된 유비쿼터스 서비스나 원하지 않은 유비쿼터스 서비스를 제공받을 수 있기 때문이다. 결국 개인 식별 기술이 생체인식으로 보안적 식별이 되어야 하고 이를 활용한 데이터 송수신에도 암호화된 통신 네트워크를 이용하여 중간에 불법적인 접근을 막아야 한다.

생체인식(Bio metrics)은 계측 가능한 신체, 습관성 행위 특성을 추출하여 기존에 등록한 내용과 동일 여부를 확인하는 기술 및 과정을 말한다. 생체 인식 기술이 갖춰야 할 특징에는 보편성, 유일성, 영구성, 획득성 등이 있으며, 이용 가능한 생체인식 방법에는 지문, 홍체, 얼굴, 손모양, 정맥, 음성, DNA 등이 있다. 이러한 기술을 이용하여 정당한 개인을 확인한 이후에 개인 정보의 송수신이 이루어져야 한다.

이때 전송되는 통신 데이터는 유선상의 통신 암호화 기술인 SSL(Secure Socket Layer), PKI(Public Key Infrastructure) 등을 이용하고, 무선통신은 w-PKI(wireless PKI), m-VPN(mobile VPN) 등의 보안기술을 이용하여 중간의 불법적인 접근으로부터 보호할 수 있다.

제4절 개인정보 유출 사례와 정보보호 방안

1. 개인정보 유출 사례

1) 옥션 개인정보 유출 사례

인터넷 쇼핑몰 옥션(www.auction.co.kr)은 국내 최대의 오픈마켓 사업자로 1,800만 명의 고객 정보를 보관하던 중 2008년 2월 4일경 해킹으로 회원 1,081만 명의 개인정보가 유출되는 사고가 발생했다. 이 사고에 대해 옥션 회원 1,144명은 옥션이 개인정보 보호 조치를 소홀히 했다고 주장하며 한국소비자원과 녹색소비자연대 전국협의회에 피해구제를 신청했다. 한국소비자원장은 2008년 4월 28일, 녹색소비자

연대 전국협의회장은 2008년 6월 5일에 소비자분쟁조정위원회(이하 위원회)에 집단 분쟁조정을 의뢰했다. 위원회는 소비자기본법 제68조에 근거해 집단분쟁조정 절차를 개시하고 동일하거나 유사한 피해를 입은 4,592명에게 추가로 참가 신청을 받아 모두 5,736명에 대해 조정결정을 했다.

– 사업자 주장

옥션은 현행 법령에서 요구하는 개인정보 보호를 위한 기술적, 관리적 조치를 성실하게 준수했으므로 고객의 개인정보가 해킹됐다고 하더라도 손해배상 책임이 없다고 주장했다.

– 소비자분쟁조정위원회 결정

이번 사건의 가장 큰 쟁점은 해킹과 같은 제3자의 불법 행위로 인해 회원의 개인정보가 유출되는 사고가 발생한 경우 그 회원 정보를 관리하는 자의 손해배상 책임이 인정되기 위한 요건이었다. 위원회는 옥션이 '정보통신망 이용촉진 및 정보보호에 관한 법률(이하 정보통신망법)' 등 관련법이 요구하는 수준의 개인정보 보호를 위한 보안 조치를 준수하지 않고, 그러한 보안 조치 미준수와 해킹 사고 사이에 상당한 인과 관계가 있는 경우 고객들에게 발생한 피해에 대하여 책임을 져야 한다고 보았다.

2) GS 칼텍스 개인정보 유출 사례

돈을 노린 내부 직원 소행으로 경찰에 따르면 정 씨는 GS 칼텍스 고객들의 개인정보 데이터베이스(DB)[14]에 접근할 수 있는 권한을 이용해 2010년 7월 중순부터 8월 말까지 1,119만여 명의 GS 칼텍스 보너스카드 고객들의 개인정보를 자신의 업무용 컴퓨터로 빼돌려 DVD로 제작한 혐의를 받고 있다. 정 씨는 경찰 조사에서 "GS 칼텍스 고객들의 개인정보가 대량 유출됐다는 사실이 언론에 보도되면 개인정보의 가치가 크게 오를 것으로 생각했다"며 "유출 사실을 기자들에게 알린 뒤 개인정보를 원하는 기업에 비싸게 팔려고 했다"고 진술했다.

---

14) DB: 여러 사람에 의해 공유되어 사용될 목적으로 통합하여 관리되는 데이터의 집합을 말한다. 자료항목의 중복을 없애고 자료를 구조화하여 저장함으로써 자료 검색과 갱신의 효율을 높인다.

조사 결과, 정 씨는 2010년 7월 10일 고교 동창 왕 모씨(28·구속영장 신청)와 범행을 공모한 뒤 한 달여에 걸쳐 성명, 주민등록번호, 주소, 휴대전화 번호 등이 담긴 개인정보 DB를 자신의 업무용 컴퓨터로 옮겼다. 이어 동료 직원 배 모씨(30·여·불구속)에게 엑셀 파일 형태로 정리해 줄 것을 부탁했다.

지난달 29일 엑셀 파일로 정리된 고객 정보를 DVD로 제작한 정 씨는 이를 왕 씨에게 건네줬고, 왕 씨는 곧바로 "언론사에 제보해 달라"며 평소 알고 지내던 김 모씨(24·구속영장 신청)에게 전달했다. 김 씨는 2일 모 무가지 기자, 모 방송 PD 등을 서울 강남의 한 음식점에서 만나 "우연히 서울 강남의 한 유흥가 쓰레기 더미에서 주웠다"고 제보한 뒤 자신의 컴퓨터로 DVD를 여러 장 복사해 이들에게 전달했다.

2. 개인정보보호 구체적 방안

1) 공공장소에서의 개인정보 노출 자제

동사무소나 우체국 대학 도서관, 시·구립 도서관, PC방 등 여러 사람이 사용하는 컴퓨터에서는 개인 정보를 다루지 않는 것이 좋다. 디지털포렌식[15] 관점에서 볼 때, 컴퓨터 내에서 저장하거나 키보드로 입력하는 내용의 일부가 완벽하게 복원이 가능하다. 특히나 대학 도서관 컴퓨터실 같은 곳에 내문서 폴더 안에 이런저런 이력서나 신분증 스캔 사진들이 많이 있다. 또한 PC방에서 키로거라는 프로그램을 이용하여 게임이나 사이트의 아이디와 비밀번호를 저장해서 해킹이 가능하다는 것이다. 만약 PC에 파일을 복사를 했다면 반드시 파일을 삭제해야 한다. 삭제했더라도 삭제한 파일을 되살리는 것은 어려운 문제가 아니기 때문이다.

2) 컴퓨터 보호 프로그램 설치

각 은행 사이트에 가보면 각종 보안프로그램과 스파이웨어, 백신 툴을 무료로 다운받고 설치할 수 있다. 최근에 각종 무료 백신 프로그램들이 많이 배포되어 설치

---

15) 전자 증거물 등을 사법기관에 제출하기 위해 데이터를 수집, 분석, 보고서를 작성하는 일련의 작업을 말한다. 과거에 얻을 수 없었던 증거나 단서들을 제공해 주는 방식이다.

후에 PC를 사용하는 것을 권고한다. 이러한 소프트웨어로는 V3Lite, 알약, 빗자루, 울타리 같은 무료 보안프로그램도 많이 있다.

3) 이메일, 메신저

이메일이나 메신저는 인터넷을 활용하는 수많은 방법 중에 대표적인 예라 할 수 있다. 모르는 곳으로부터 발송된 메일이거나 메일에 알 수 없는 첨부파일이 포함되었다거나 제목과 내용이 영어로만 이루어져 있다거나, 받는 사람이 내가 아닌 다른 사람으로 되어 있거나 하면 이메일을 열어볼 필요가 없다. 이는 99.9%가 스팸메일이라 할 수 있다.

이러한 메일을 열어보는 순간 메일에 포함된 악성코드가 실행되어 로컬 컴퓨터가 감염될 수 있다. 대부분 이렇게 감염된 PC들은 DDoS[16]공격의 에이전트(Agent)로 사용될 수 있다. 또한 최근 들어 메신저를 해킹해서 해킹된 계정에 등록된 사람으로 하여금, 금전적인 요구를 하기도 하는 경우가 문제가 되고 있다. 보이스 피싱(Voice Phishing)[17]에서 메신저 피싱으로 변화하고 있는 것을 볼 수 있다.

뿐만 아니라, 악성파일을 여러 사람에게 유포하는 수단으로 메신저를 사용하는 것으로 알려져 있다. 아무런 대화 없이 전송되는 파일이 있다면 다운받지 말아야 하며, 다운받았더라도 해당프로그램을 실행하기 전에 백신 프로그램을 이용하여 파일의 이상 여부를 판단해야 한다.

4) 개인정보 도용 방지 사이트

개인의 주민등록번호를 관리해 주는 보안 업체인데, 인터넷상에 해당 주민등록번호로 실명인증이나 핸드폰 개통을 할 경우, 주민번호가 사용되면 바로 통보해 주는 서비스이다. 다음의 사이트를 참고하면 무료로 주민번호가 사용되는 곳을 조회해 볼 수 있다.

http://www.siren24.com

---

16) 해킹 방식의 하나로서 여러 대의 공격자를 분산 배치하여 동시에 '서비스 거부 공격(DoS: Denial of Service Attack)'을 함으로써 시스템이 더 이상 정상적 서비스를 제공할 수 없도록 만드는 것을 말한다.

17) 전화사기(電話詐欺) 또는 보이스 피싱(voice phishing)은 범행 대상자에게 전화를 걸어 허위 사실을 이야기하고, 송금을 요구하거나 특정 개인정보를 불법으로 수집하는 사기 수법을 말한다.

http://www.allcredit.co.kr
http://click.interich.com

5) 로그아웃은 필수

인터넷을 사용하는 것이 단순하게 검색을 중심으로 사용한다면 문제가 되지 않을 수 있지만, 자신의 개인적인 부분에 대한 서비스를 받기 위해서는 회원 가입이나, 해당 사이트에 로그인한 후에 사용하는 것이 일반적이다. 인터넷을 사용하여 물건을 주문하거나 메일 확인을 위해 서버에 로그인할 때에는 사용 후 반드시 로그아웃을 해야 한다. 사이트에 따라 창을 닫으면 자동으로 로그아웃이 되는 방식으로 만들어진 곳이 있지만, 일정 시간 동안 세션이 유지되어 로그인이 유지되는 곳도 있다. 사용이 종료되었을 때에는 반드시 로그아웃을 하고 캐시폴더나 쿠키폴더를 삭제해 주면 더욱 좋다. 또한 메신저 사용 후에는 반드시 로그아웃을 해주는 것이 좋다.

6) 공유프로그램 사용 자제

공유프로그램에 대표적인 프로그램은 P2P[18]와 웹하드 프로그램이라 할 수 있다. 이는 정상적인 방법으로 프로그램의 사용 권리를 이양받아 사용하는 방식이 아닌 불법적 소프트웨어 복사를 이용하여 아무런 대가도 지불하지 않고 사용하는 방식이라 할 수 있다. 이러한 파일에는 정상적인 파일을 가장한 악성코드일 수도 있고, 정상파일과 알 수 없는 추가 파일로 구성된 파일을 다운받을 수 있기 때문이다. 이러한 파일들은 스파이웨어나 악성코드가 포함이 될 수 있다.

뿐만 아니라, P2P프로그램 설정에 따라서 공유되는 폴더 설정을 잘못하여 자기 개인적인 중요한 파일이나 주민번호와 같은 개인 정보파일을 포함하여 공유가 될 수 있다. 개인적으로 중요한 파일들의 보관이 중요하며 이러한 파일들은 개인만이 사용하는 USB에 저장을 하고 해당 파일에 암호를 추가하여 암호를 아는 사람만 해당 정보를 사용 가능하게 설정하는 것이 중요하다.

앞서 언급한 개인정보 유출 사례와 같이 옥션이나 GS 칼텍스의 경우 고객의 개인 정보가 유출된 적이 있다. 이러한 정보는 어느 누가 몇 번의 거래가 진행되었는지

---

18) Peer To Peer의 약자로, 인터넷에서 개인과 개인이 직접 연결되어 파일을 공유하는 것을 이야기 한다.

어떻게 공유가 되고 있는지는 아무도 알 수 없다. 이러한 문제점에 대한 심각성을 생각해 볼 때이다.

개인적인 생각을 정리해 보면, 각각의 개인은 기업이나 공공기관의 보안관리 측면보다는 개인 스스로가 개인정보에 대한 중요성에 대한 인식을 다시 한번 생각해 봐야 할 때라고 생각이 되며, 개인스스로가 자신의 정보를 잘 관리할 수 있도록 위의 사례를 참고하여 노력하고 실천하는 것이 중요하다. 무엇보다 개인의 정보는 내 스스로가 관리를 철저히 해야 한다는 의식과 나 아니면 누구도 나를 보호해주지 않는다는 생각이 필요하다. 기업이나 공공기관의 경우를 위해서는 정부의 구체적인 정책이나 대안을 필요로 한다. 이는 정보보호의 인식 부재로 인한, 시작 단계에서의 일부 법적인 규제를 포함한 정책이 뒷받침되어야 할 시급한 문제로 생각된다.

3. 정보보호의 대체수단인 아이핀[19] 도입

1) 아이핀의 등장

인터넷 시장이 활성화됨에 따라 주민등록번호 등 개인정보 침해사고가 빈번히 일어나고 있다. 이러한 상황은 과거 인터넷 등장 이후 서비스 분야가 확대되어짐에 따라, 성인인증 및 개인인증이 필수적으로 진행되어야 했으며 대면 확인이 불가능한 인터넷 서비스에서 주민등록번호를 통한 인증을 진행하면서 지속적으로 발생하고 있다. 그리하여 안전한 개인정보보호를 위하여 주민등록번호 인증의 대체 수단으로 아이핀이 등장하였다.

2) 아이핀의 사용 현황(주요 사이트의 아이핀 사용 현황)

아이핀 도입 현황 중 높은 활용률을 나타내는 도입사들 중에는 공기관이 대부분으로 나타나고 있다. 정보보호기술훈련장(51.4%), 엔씨소프트(12.4%), 고성군청(10%), 한국인터넷진흥원(9.8%) 순으로 나타나고 있다.

하지만, 인터넷 주요 사이트들은 총 회원에 극소수(0.13% 이하)의 사용자만이 아

---

19) 아이핀(i-PIN: Internet Personal Identification Number)은 언제든지 변경 가능한 새로운 개인 식별 체계이다.

이핀을 사용하고 있다. 네이버 회원 3,400만 명 가운데 아이핀 이용자는 44,703명으로 그 비율은 0.13%, 네이버의 경우 네이트의 아이핀 이용자도 2,943만 명 가운데 5,821명(0.02%), 한게임은 0.02%, 싸이월드는 0.03%, 인터파크는 0.06%, CJ몰은 0.01%로 주요사이트의 총 회원에 극소수(0.13% 이하)의 사용자만이 아이핀을 사용하고 있다. 인터넷 주요사이트들의 사이트 이용 현황이 극소수로 낮다는 것은 전반적인 인터넷 사용 현황을 나타낸다는 것을 의미하기도 한다.

3) 향후 아이핀 지원 계획

최근 아이핀이 사업자 및 사용자의 편의성을 제고하여 i-PIN 2.0 서비스를 오픈하였다(http://www.kisa.or.kr/kisa/ipin/jsp/ipin_0100.jsp 참고).

그리고 보안을 강화한 아이핀 2.0과 함께 방송통신위원회와 KISA는 개인정보보호 교육과 홍보에 더욱 힘을 쏟을 계획이다. 온라인상 주민등록번호 대체수단인 아이핀의 발급을 2011년에 500만 건으로 늘리고 적용 사이트도 1,500개로 확대할 계획이다. 또 장기적으로 2015년까지 50,000개 사이트가 이를 사용하고 3,000만 건을 발급할 예정이다.

4. 정보보호 방안에 대한 제언

우리나라는 지난 20여 년간 국가정보화에 매진하여 세계 최고 정보화 강국으로 인정을 받고 있다. 최근 스마트폰을 중심으로 한 모바일 인터넷은 전 세계적으로 큰 파장을 일으키고 있으며, 그린 IT, 클라우드 컴퓨팅, IT기반의 컨버전스 가속화 등 정보화를 둘러싼 변화는 새로운 전략방향 모색을 불가피하게 하고 있다. 또한 최근 들어서는 IT경쟁력이 약화되고 있다는 우려의 목소리도 있는 것이 현실이다.

이러한 환경변화에 따라 우리나라는 국가정보화 계획을 중심으로 모바일, 융합, 그린 IT 등 각 분야별로 세부 전략을 수립하여 IT활용을 극대화하고, 정보화 선진국으로서의 입지를 확고히 하고자 노력하고 있다. 그 결과 지난해 발표된 UN전자정부 발전지수 평가에서 한국이 세계 1위로 평가받은 것은 그동안의 노력의 결실이라 할 수 있다.

특히, 최근의 언론보도에 의하면 대한민국 전자정부가 또 하나의 쾌거를 올렸다고 보도했다. 즉, "UN 공공행정상에서 2011년 4월 30일 행정안전부와 서울시를 비롯한 국내 5개 기관이 7개 분야[20]에서 1~2위를 차지하여, 2010년 192개국을 대상으로 실시한 전자정부 평가에서 1위에 올랐던 대한민국 행정이 다시 한번 세계의 인정을 받은 셈"이라고 하였다(아시아경제, 2011.5.3).

그러나 이에 비하여 우리나라는 WEF의 보안서비스 49위, IMD의 사이버보안 22위 등으로 정보보호 수준은 매우 낮은 수준이며, DBM, WiBro 등 무선통신 서비스의 발달과 병행하여 모바일 디바이스를 통한 신종 피해사례의 급증, 소셜네트워크서비스(SNS)를 악성코드의 전파수단으로 악용한 개인정보 유출 및 오남용 등 피해심화 등에 따라 정보보호에 대한 중요성은 아무리 강조하여도 부족하지 않다.

이에 본 장에서는 우리나라 정보보호정책 추진 현황과 문제점을 분석하고, 주요 정보보호 선진국의 정책사례를 통하여 본 시사점을 중심으로, 우리나라 정보보호정책에 대하여 법률·제도적, 조직·관리적, 기술적 측면에서 문제점을 제기하고 개선방안을 제시하여 보았다.

그런데 정보보호에 대한 정책은 법, 제도, 조직, 기술이 유기적으로 움직여야 하는 것이 무엇보다도 중요하다. 정보보호와 관련한 다양한 구성요소들이 조화롭게 체계적으로 구성되어야 한다는 것이다. 균형 잡히지 않은 정보보호정책추진은 반드시 그 틈새를 노리는 침입자에게 빌미를 제공하기 마련이기 때문이다.

유비쿼터스 컴퓨팅은 새로운 패러다임으로 IT와 개인 생활에 많은 변화를 가져올 것이다. IT기술이 기존에 경영을 지원하던 시대에서 개인 생활과 각종 서비스를 지향하기 때문이다. 이렇게 편리성과 유용성을 추구하는 유비쿼터스 컴퓨팅환경이 안락한 개인생활을 방해하고 개인정보 침해가 일어난다는 것은 더욱이 수용하기 힘든 상황이 된다. 결국 유비쿼터스 컴퓨팅기술은 개인정보 침해를 보호할 수 있는 환경을 충족시키면서 발전해야 된다는 결론에 이르게 된다.

본 장에서는 법과 제도, 보안기술을 이용하여 개인 정보를 보호할 수 있는 방안을 설명하였다.

현행 개인정보보호에 대한 침해 유형과 유비쿼터스 컴퓨팅기술에서의 개인정보

---

20) 행정안전부의 정보화마을은 '시민의 정책결정 참여 촉진분야 1위', '공공서비스 전달방식 개선 분야'에서는 "민원24"가 2위를 차지하는 등 성과를 올렸고, 전자정부 수출실적도 2008년 2,732달러에서 2009년 6,670달러, 2010년에는 1억 4,876달러로 급증하였다.

보호 방법을 설명하였다. 하지만 지속적으로 발전되고 연구되고 있는 유비쿼터스 컴퓨팅기술이 단지 개인 생활의 윤택과 제공 가능한 서비스의 창출에 포커스를 맞추어 개발되는 것이 개인정보 침해라는 커다란 장벽에 부딪치어 개발된 기술이 사장될 수 있으며, 앞으로 개발될 유비쿼터스 컴퓨팅기술은 개인정보 침해를 보호하고 개인의 좀 더 편안한 유비쿼터스 컴퓨팅기술을 누리는 방향으로 개발되어야 할 것이다.

개인정보에 대한 도용 확인 및 대처 방안에 대해 살펴보았으며 현재 여러분들의 개인정보가 노출되고 있진 않은지 항상 점검하기 바란다.

제15장

전 세계 해킹과 대규모 사이버위협 동향

제1절 전 세계 해킹 동향

1. 보안 위협의 증가

최근 중국발 해킹, 보이스 피싱, 개인정보보호 유출 등 다양한 보안 관련 사건들이 이슈화되고 있다. 과거 흥미위주의 해킹 시도들이 최근에는 사회공학과 같은 범죄 기법과 결합되어 그 형태가 범죄로 진화하고 있으며 이제는 국가 경계를 뛰어넘어 시도되고 있다. 이러한 해킹 사고는 개인에게는 개인정보 유출과 금전적 손실과 같은 피해를 발생시킬 수 있으며, 국가적으로는 경제·지식정보 시스템의 근간을 흔들어 놓을 수 있는 파급력을 가지고 있다. 우리는 세계 해킹 동향과 그 전망에 대해서 알아보고 이에 대한 대응 방안에 대해 분석해 보겠다.

IT기술의 발달과 보편화로 인해 전 세계적으로 IT 인프라가 급속히 확산되고 있으며 그 활용도와 중요성이 더욱 증대되고 있다. 이러한 IT기술 발달에 발맞춰 IT기술에 대한 보안 위협 역시 꾸준히 증가하고 있다. 해킹 기술의 발달과 금전취득을 목적으로 하는 해커들의 증가로 인해 이러한 위협의 확산은 더욱 가속화되고 있다.

이러한 위협은 특정 국가에 한정된 것이 아니라 IT 인프라 구축이 활발한 세계 모든 국가를 대상으로 발생하고 있다. 2007년 7월 1일부터 12월 31일까지 통계에서, 미국은 악성활동이 가장 많이 발생한 국가였으며 전체 악성활동에서 31%를 차지했다. 중국은 7%로 2위에 올랐다.

한국은 10위로 집계되었으나 * C&C 서버 순위(Command and Control Server Rank)에서는 4위로 나타나 해킹을 위한 중계지로서의 활용이 두드러진 것을 알 수 있다.

2. 중국의 해킹 동향

중국 IT기술의 발전과 인터넷 사용자의 증가로 중국내, 혹은 중국발 해킹 활동들이 급격하게 증가하고 있다. Symantec Internet Security Threat Report Trends에 따

<그림 15-1> 국가별 악성활동 현황

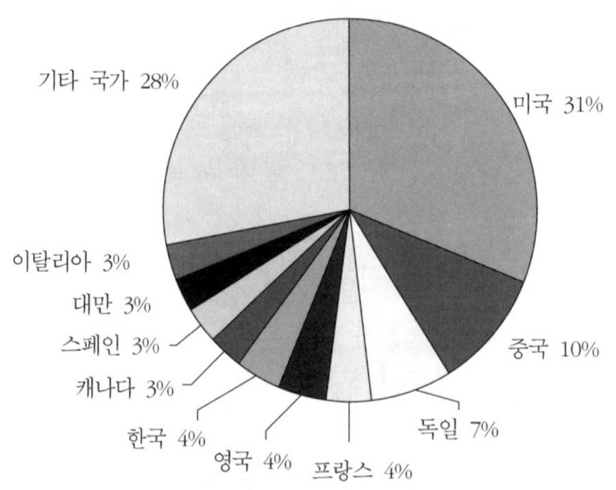

Chart: Malicious Activity by Country
(Source: Symantec Internet Security Threat Report Trends for July-December 06)

출처: Symantec 인터넷보안위협보고서 제13호(2008)

르면 2006년 7월에서 12월까지 중국은 전 세계 악성 활동의 10%를 차지하며 두 번째로 악성 활동이 많은 국가인 것으로 확인되었다.

중국은 인터넷 사용자의 증가와 함께 악성 활동도 증가하고 있으며 불법적인 해킹 활동이 무시하지 못할 수준이다. 과거 중국 해커들은 주로 새로운 기술에 대한 열망이나 열정적인 애국심에 의해 큰 영향을 받았다. 사실 과거에 발생된 다수의 해킹 사건들이 애국심에 의해 발생된 것이었다. 이들이 최근에는 금전적 이득을 취하기 위해 활동하고 있다. 돈이 해킹의 중요한 동기로 자리잡아가고 있는 것이다.

이러한 해킹 기술을 이용하여 금전적인 협박을 하거나 돈벌이 수단으로서 악용하는 사례가 바로 그것이다. 중국내에서 해킹 기술은 보안기술을 필요로 하는 곳에서 여러 형태로 이용되고 있는데, 이를 직, 간접적으로 사업에 응용하여 매출을 올리는 기업들도 많다. 하지만 이러한 합법적인 상업화에 이용되는 측면이 있는가 하면 이와는 반대로 불법적인 측면으로 이용되고 악용되는 일이 점차적으로 증가하고 있다.

금전적 수단으로서의 해킹은 청부 해킹, DDoS 협박, 제로데이 취약점 판매 등을 들 수 있다.

1) 영국 정부에 대한 WMF zero-day 공격

2006년 1월 23일, 영국 정부는 정부의 컴퓨터 시스템이 크리스마스 기간 동안 중국 해커의 공격을 받았다고 발표했다. 공격자는 알려지지 않은 윈도우 운영체제의 취약점을 이용하여 특별히 조작된 WMF 이미지를 포함한 이메일을 영국 의회와 정부 관계자들 70여 명에게 발송했다. 이는 사전에 계획된 것으로 보이며 사회공학적 기법을 이용하여 각 수취인에게 맞춰진 내용으로 작성된 이메일이 사용되었다. 하지만 이러한 메일들이 이메일 필터에 의해 악성 이메일로 분류되면서 공격이 성공할 수 없었다.

2) 미국에 대한 중국 해커들의 공격

2006년 10월 6일, 중국 해커들이 미 무역기구 기술 수출부서의 컴퓨터 시스템에 대한 공격을 시작했다고 보고되었다. 이름을 밝히지 않은 관계자에 따르면 공격이 중국에 등록된 웹 사이트에서 시작되었다고 한다. 이 공격은 조직적이고 체계화된 것으로 미 산업안보국(BIS: Bureau of Industry and Security)의 사용자 권한 획득을 시도했다. 하지만 이 공격에 대한 세부적인 정보는 공개되지 않았다. 정부 관계자는 이 공격에 대해 즉시 대응하였으며 BIS 데이터가 유출된 흔적은 없었다고 밝혔다. 보안 전문가들은 중국 정부가 미국의 기밀정보에 접근하기 위해 이러한 활동을 지원하고 있을 것이라고 추측하고 있다.

3. 러시아의 해킹 동향

구 소련시절 러시아 내에는 다수의 IT 전문가들이 활동하고 있었다. 하지만 러시아 정부의 인터넷 접근제한으로 인해 전 세계적인 네트워크에서의 활동이 제한될 수밖에 없었다. 1990년대 이후 인터넷이 대중화되면서 많은 러시아인들이 인터넷에서 활동을 시작했으며 그들 중 일부는 악성코드들을 작성하여 배포하기 시작했다. 이러한 악성 행위들이 초기에는 재미와 취미를 위한 것으로 시작되었으나 차츰 금전을 목적으로 하는 방향으로 전환되었다.

금전적 이익이라는 동기 때문에 미국, 유럽 국가들의 주요 SW 취약점을 연구하거나 악성코드를 이용한 인터넷 뱅킹 정보 습득, 스팸메일 살포 등의 악성행위가 증가하였다. 1998년 러시아가 경제 위기에 직면하자 우수한 IT 전문가들이 일자리를 구하지 못하게 되면서 이러한 불법적 활동들이 더욱 증가하기 시작했다. 또한 뛰어난 실력을 가진 학생들도 취업난과 낮은 임금으로 인해 취업보다는 사이버 범죄와 관련된 일을 선택하기 시작했다.

일부의 추측에 의하면 이러한 해커들의 활동이 단지 해커 개인의 차원이 아니라 러시아 정부에 의해 주도되는 측면도 있다고 한다. 러시아 정부와 Russian Federal Security Services(구 KGB)에서 비공식적으로 다수의 해커그룹을 고용하고 있으며 이들의 활동에 대한 공식적인 문건은 없지만 다수의 전문가들과 학생들이 포함되어 있다고 알려져 있다.

러시아에서는 해킹이 여러 가지 경제적, 정치적 이슈들로 인해 서구국가들만큼 크게 문제시되지 못하고 있다. 또한 대부분의 러시아 해커들이 자국보다는 외국을 목표로 해킹을 시도하기 때문에 러시아 내에서는 해킹의 부정적인 이미지가 덜한 편이다. 법률적으로도 해킹에 대한 처벌이 가벼운 편이고 특히 국외에 대한 해킹은 거의 처벌하지 않기 때문에 해외를 대상으로 하는 해킹들이 증가하고 있다. 이러한 국외 해킹이 단지 해커 개인 차원이 아니라 정치적인 목적을 달성하기 위해 러시아 정부에 의해 주도되는 경우도 확인되고 있다.

2006년 말 러시아의 인터넷 사용자 수는 2,600만 명에 달하며 개인 PC도 2,300만 대를 초과하여 지난해보다 35%가량 증가했다고 한다. 이러한 IT 인프라의 증가는 해커와 보안 전문가들의 증가로 이어질 수 있으며 해커들의 증가로 인해 러시아 해커들로 인한 잠재적인 위협이 가중될 전망이다.

1) Windows 공격 툴깃 MPack의 개발 및 배포

MPack은 최근 큰 이슈가 되고 있는 윈도우 기반 공격 툴로 공개된 다양한 exploits로 구성된 공격 툴이다. 최근 발표된 공개 취약점이나 제로-데이 취약점들을 이용하여 공격을 시도하며 매우 음성적으로 배포되고 있다. 현재 약 700~1,000달러에 판매되고 있으며 새로운 버전들이 지속적으로 개발되고 있다. 다른 해커그룹에서도 이와 유사한 공격 툴인 웹어택커(Webattacker)를 개발하여 배포하고 있으며 추가적인 기능과 다양한 공격 기법들이 적용되고 있다.

2) 스웨덴 은행에서 개인 금융거래정보 유출

2007년 1월 스웨덴 최대은행 '노르디아'의 고객 250명의 계좌에서 800만 크로나(약 10억 6,600만 원)가 인출되는 사건이 벌어졌다. 이 해킹은 15개월간 고객들에게 맞춤형 트로이 목마가 숨어 있는 이메일을 전송하는 방식으로 이루어졌으며 이 트로이 목마를 다운로드하여 실행한 고객이 피해를 입었다. 이 트로이 목마는 백도어, 루트킷 기능을 가진 Haxdoor 트로이 목마로 키 로깅기능을 통해 고객의 금융거래정보가 유출시켰다. 해당 정보들이 전송된 경로와 로그들을 분석한 결과 이 사건이 러시아에서 시도된 것이 확인되었다. 공격 해커는 직접 Haxdoor를 제작한 것으로 알려졌으며 이 툴을 약 3,000달러에 판매하기도 했다.

3) 에스토니아 DDoS 공격

2007년 4월 에스토니아 인터넷 기반시설들에 대한 DDoS 공격이 발생했다. 에스토니아 정부에 의하면 이러한 공격이 러시아 정부에 의해 사주된 것이라고 한다. 이 공격은 정부기관, 은행, 언론 등과 같은 다수의 목표를 대상으로 하여 발생하였으며 봇넷을 통해 접속을 지연시키거나 과도하게 요청하여 서비스를 마비시켰다. NATO에서는 에스토니아에 조사를 위한 지원팀을 파견하였고 에스토니아 정부는 조사 결과 이 공격이 러시아 정부에 의해 발생된 것이라고 발표했다. 에스토니아 정부는 NATO에 이러한 공격에 대응할 수 있는 "사이버 테러리스트" 대응 전략을 개발할 것을 요청하였다.

4. 향후 전망

국가별로 경제 여건이나 개인과 기업의 역량문제로 인하여 우수한 능력을 가진 IT 전문가들이 대우를 받지 못하면서 이들 전문가들이 금전적 목적을 위해 사이버 범죄로 뛰어들게 되었다. 이러한 이유로 해킹 인력들의 수준이 매우 높은 편이며 이들이 연구하는 해킹 기법과 공격 툴들 역시 매우 우수한 것으로 알려지고 있다. 또 다수의 해커 그룹 멤버들이 테러, 국가 간의 감정적인 문제와 같은 정치적인 동기를 가지고 해킹, 바이러스 제작, 피싱 등의 악성행위를 시도하고 있고, 대량 감염 웜이 제작되어 불특정 다수를 대상으로 공격을 시도하고 있기 때문에 이들의 파급력을 더욱 증가될 것이다.

또한 MPack과 같이 해킹의 편의와 효율을 증가시키는 다양한 툴이 개발되고 있으며 전 세계를 대상으로 판매되고 있다. 이러한 툴들은 다양한 해킹에 이용되고 있으며 새로운 공격 기능이 추가되고 탐지를 회피하는 기법들이 적용되고 있다. 차후에도 패치되지 않은 신규 취약점들이 이러한 공격 툴에 추가되어 배포될 것이며 유사한 툴들의 개발 증가가 예상되므로 전 세계 보안에 큰 위협이 될 전망이다.

각 국가들은 자국을 대상으로 하여 발생하는 사이버 범죄에 대해 인식하고 있으며 이러한 범죄들을 억제하기 위한 대응방안을 고심하고 있다. 국가별로 보안을 전담할 수 있는 전문기관을 설립, 지원하고 있으며 권한 확대 및 법률제정 등을 통해 이러한 보안 위협에 대해 대응하고 있다. 또한 국제사회에서 상호 간의 협력을 모색하고 있으며 이를 통한 정보교류 및 대응체계 구축을 진행하고 있다. 정부차원뿐만 아니라 보안 전담기구 간에도 국가교류가 활성화되고 있으면 해외 보안기업과의 정보교류를 통해 정확하고 신속화된 보안 위협 대응을 추진하고 있다.

결론적으로 영화 '다이하드 4'에서는 '파이어세일'이라는 용어가 나온다. 국가 인프라의 취약성을 이용하여 이를 제3자가 조작하고 결국에는 국가 기간시스템을 전복시킬 수 있다는 것을 의미하는 용어이다. 최근 IT기술의 편의성, 활용성으로 인해 분야를 막론하고 IT기술이 도입되고 있으며 IT기술의 영향력은 더욱 증대되고 있다. 하지만 편의성의 이면에 존재하는 취약성들이 악용된다면 실제 우리가 살아가는 기반 시스템이 우리의 통제를 벗어 날 수도 있으며 이를 통한 피해는 예상하기조차 힘들 것이다.

보안의 중요성은 인프라의 확산에 발맞춰 더욱 확대되어야 하고 이에 대한 투자와 연구 역시 확대되어야 할 것이다. 예방과 동시에 대응이 가능한 시스템을 범국가적으로 구축하고 이러한 위협들을 준비해 나가는 국가정책이 있어야만 IT기술의 미래가 보장될 수 있을 것이다.

제2절 대규모 사이버위협 동향

1. 국내외 대규모 사이버위협 발생 동향

2010년 2월 4일, 미국 하원에서 「사이버보안증진법안(Cybersecurity Enhancement Act)」이 압도적인 다수결로 통과되었다. 연방정부·공공·민간부문의 사이버보안 향상을 위해 사이버보안 연구 및 개발을 지원하고 미국 사이버보안 인력양성 촉진을 주요 골자로 하는 이 법안은 미국이 사이버보안에 대해 가지는 관심과 중요성을 간접적으로 보여준다. 하지만 이 법안은 블레어(Dennis Blair) 백악관 국가정보국장이 상원에 미국이 심각한 사이버위협에 노출되고 있다고 경고한 지 이틀 만에, 또한 상하원의 50여 개 웹사이트가 손상된 지 일주일 만에 표결이 이루어졌다는 이면을 가지고 있다.

이는 과거에 매우 미약한 위협으로 치부하던 사이버위협이 구체화되고 있으며 사이버 강대국인 미국 역시 대규모 사이버위협이 직면하여 이에 대한 대응을 필요로 하고 있다는 것을 시사해주는 사례이다. 시만텍이 발표한 자료에 따르면 시만텍의 악성코드 탐지 시스템을 통해 탐지되고 있는 악성코드의 수가 매년 큰 폭으로 증가하고 있다고 한다.

이 자료에 따르면 가장 최근 자료인 2008년에는 1,656,227개의 악성코드 위협이 발견되었으며, 이는 시만텍이 악성코드 위협 탐지를 시작한 2002년부터 2008년까지 탐지된 악성코드의 60%가 넘는 수치인 것을 확인할 수 있다. 이러한 악성코드들은 이용자 개인정보 유출, 좀비 PC 양산, 해킹 경유지로 악용 등의 실제 피해로 확산될 수 있으므로 위협이 증가하고 있다고 볼 수 있다.

이와 같은 악성코드들은 단순히 IT인프라의 발전에 비례하여 확산되고 있는 것이 아니라 특정 목적을 달성하기 위한 도구로서 제작, 유포되는 경향을 보이고 있다. 과거 단순 흥미위주의 해킹보다는 금전 획득, 국가 간의 갈등 표출 등과 같은 구체화되고 목적성을 가진 사이버위협들이 증가하고 있는 것이다.

피싱(Phishing)사고의 경우에는 그러한 경향을 좀 더 명확하게 드러난다. 〈그림 15-2〉의 피싱공격 목표 부문별 비중에서 정보유출을 위한 피싱위협 중 약 76%가 금융에 집중되어 있는 것을 볼 수 있다. 피싱을 통해 이용자의 금융거래정보를 유출시키고 이를 통한 실질적인 피해를 발생시키는 것이다.

이들은 금융정보 유출을 주목적으로 하고 있으며 공격자의 목적을 달성하기 위해 특화되어 제작된 위협인 것이다. 이처럼 사이버위협의 목적은 과거에 비해 그 목적이 구체화되어 나가고 이를 위해 좀 더 고도화되고 조직화된 공격을 시도하고 있다.

이러한 사이버위협들은 실제로 피해를 발생시키고 있으며, 최근에는 그 피해들이 수치상으로 추산 가능한 형태로 발생되고 있다. 시만텍의 "State of Enterprise

〈그림 15-2〉 피싱공격 목표 부문별 비중

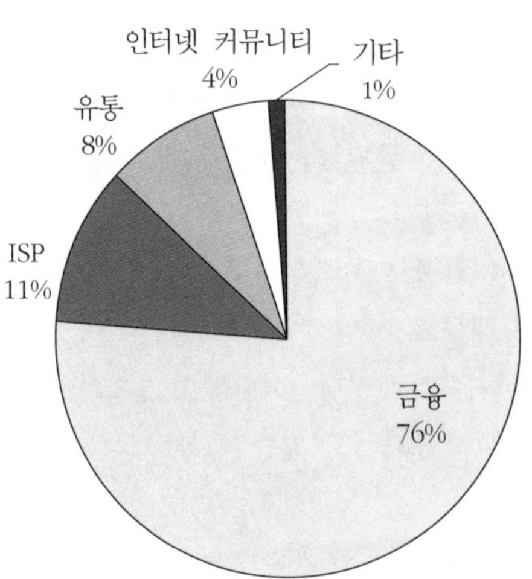

Security, 2010"에 따르면 미국 내 대기업의 75%가 사이버공격을 당한 경험이 있으며, 이들 중 11%는 대규모 공격에 노출되었던 것으로 확인되었다. 이러한 사이버공격으로 인한 연간 기업별 손실이 약 2백만 달러에 달하는 것으로 보고되고 있다.

이처럼 미국 내 대부분의 기업들이 사이버위협에 노출되고 있으며, IT인프라가 필수적인 현재의 기업경영 상황에서 이러한 사이버위협은 피해갈 수 없으며 실제 확인 가능한 피해들이 발생 가능할 수 있음을 보여준다.

2. 외국의 대규모 사이버위협 발생 사례

구체화된 사이버위협은 해외에서 발생된 실제사례를 통해서도 발견되고 있다. 특히 이러한 위협들이 개인, 기업에 대한 공격의 수준이 아닌 국가, 정부를 대상으로 정치적 갈등, 사이버테러 등의 목적을 가진 사례들도 확인되고 있다.

1) 에스토니아 DDoS 공격

2007년 4월 에스토니아 인터넷 기반시설들에 대한 DDoS 공격이 발생했다. 에스토니아 정부에 의하면 이러한 공격이 러시아 정부에 의해 사주된 것이라고 한다. 이 공격은 정부기관, 은행, 언론등과 같은 다수의 목표를 대상으로 하여 발생하였으며 봇넷을 통해 접속을 지연시키거나 과도하게 요청하여 서비스를 마비시켰다. NATO에서는 에스토니아에 조사를 위한 지원팀을 파견하였고 에스토니아 정부는 조사 결과 이 공격이 러시아 정부에 의해 발생된 것이라고 발표했다. 에스토니아 정부는 NATO에 이러한 공격을 대응할 수 있는 "사이버 테러리스트" 대응 전략을 개발할 것을 요청하였다.

2) 영국 정부에 대한 WMF zero-day 공격

2006년 1월 23일, 영국 정부 컴퓨터 시스템이 크리스마스 기간 동안 중국 해커의 공격을 받았다고 발표했다. 공격자는 알려지지 않은 윈도우 운영체제의 취약점을 이용하였으며, 특별히 조작된 WMF 이미지를 포함한 이메일이 영국 의회와 정부 관계자들 70여 명에게 발송되었다. 이는 사전에 계획된 것으로 보이며 사회공학적 기법1)을 이용하여 각 수취인에게 맞춰진 내용으로 작성된 이메일이 이용되었다. 하지만 이러한 메일들이 이메일 필터에 의해 악성 이메일로 분류되면서 공격이 성공할 수 없었다. 이메일 필터 업체 전문가에 따르면 공격이 발원된 IP 주소가 중국이며 매우 뛰어난 해킹기법을 가진 해커에 의한 것으로 판단된다고 밝혔다.

3) 미국에 대한 중국 해커들의 공격

2006년 10월 6일, 중국 해커들이 미 무역기구 기술 수출부서의 컴퓨터 시스템에 대한 공격을 시작했다고 보고되었다. 이름을 밝히지 않은 관계자에 따르면 공격이 중국에 등록된 웹 사이트에서 시작되었다고 한다. 이 공격은 조직적이고 체계화된 것으로 미 산업안보국(BISS)의 사용자 권한 획득을 시도했다. 하지만 이 공격에 대한 세부적인 정보는 공개되지 않았다. 정부 관계자는 이 공격에 대해 즉시 대응하였으며 BIS 데이터가 유출된 흔적은 없었다고 밝혔다. 보안 전문가들은 중국 정부가 미국의 기밀정보에 접근하기 위해 이러한 활동을 지원하고 있을 것이라고 추측하고 있다.

3. 국내 대상 대규모 사이버위협

국내에서는 2009년 7월에 지난 2003년 1월 25일 인터넷침해 사고 이후 최대의 보안사고라고 일컬어지는 7·7 DDoS 공격으로 청와대, 국방부 홈페이지 등 국내의 주요 사이트 및 국외 사이트들이 공격을 당한 바 있다. 당시 발생한 피해는 수백억 원에 달하는 것으로 추산되고 있으며 이러한 공격이 국내 주요 인터넷 기반을 목표로 하는 공격으로 추정되면서 사회적인 파장을 몰고 왔다. 당시 사고를 분석한 보고에 따르면 7·7 DDoS 공격의 특징은 〈표 15-1〉과 같다.

7·7 DDoS 공격은 취약점을 이용하는 단순히 기술적인 공격이 아닌 사회공학적인 요소들이 포함된 공격으로 국내 인터넷 환경에 위협을 가하려는 목적을 가지고 있었다. 이렇게 기존과는 달리 사이버위협이 국가 및 주요 정보 인프라와 같은 사회 기반들을 위협하며 정치적, 금전적 목적을 달성하기 위해 특화된 공격이 발생되고 있는 것이다. 과거의 DDoS 공격과 7·7 DDoS 공격을 비교해보면 이러한 경향을

---

1) 시스템이 아닌 시스템 관리자, 이용자와 같은 사람의 취약성을 이용하여 해킹하는 기법.

〈표 15-1〉 7·7 DDoS 공격의 특징

가. 공격을 위한 사전 계획
  - 공격 대상, 공격방법, 공격시간 등을 정해 놓은 시나리오대로 공격
  - 다운로드를 통해 공격 목표, 공격 시간 조정 가능
나. 다양한 공격코드 및 은폐기법 이용
  - 악성코드가 단일 악성코드가 아닌 변형된 형태로 다수가 배포
  - 분석이 어렵도록 분석회피 기술 적용
다. DDoS 공격 목적의 변화
  - 금품 요구목적의 공격에서 사회적 공공재의 테러목적으로 변화

〈표 15-2〉 기존 DDoS 공격과 7·7 DDoS 공격의 비교

구분	기존 DDoS	7·7 DDoS
Command 서버 존재	명령, 제어 서버 존재	업데이트 서버만 존재
공격 방법	명령, 제어 서버를 통한 실시간 공격 제어	스케줄링을 통한 순차적 공격
공격 대상	특정 홈페이지(기업, 서비스)	정부기관, 포털 등 주요 사이트
공격 목적	금전 취득 등	주요 인터넷 사이트 서비스 마비
공격 주체	해커, 경쟁 기업 등	미확인[2]

더욱 뚜렷하게 알 수 있다.

〈표 15-2〉의 자료를 통해 7·7 DDoS의 특성을 보면 공격 스케줄링 적용, 기존과는 다른 명령제어 방식으로 공격의 분석 및 대응을 어렵도록 만들었으며, 주요 정부기관, 포털 등에 대한 서비스 마비 공격을 시도하여 국가적인 피해를 발생시켰다.

---

2) "국정원 '7.7 DDoS 공격에 북한 체신청 IP 사용돼'," 디지털타임스, 2009.10.30에 따르면 국정원은 공격에 이용된 IP가 북한 체신청이 사용해온 IP라고 발표했다. 하지만 정부 관계자에 의하면 북한이 배후인지 여부에 대해서는 명확하지 않다고 밝힌 바 있다.

7·7 DDoS 공격 이외에도 국내를 대상으로 하는 대규모 사이버위협은 그 실체를 계속 드러내고 있다. 2009년 12월 13일에는 대통령 자문기구인 국가경쟁력 강화위원회 홈페이지가 해킹당한 사건이 있었다. 해킹을 통해 위변조 페이지가 홈페이지에 삽입된 것으로 알려졌으며 그 피해나 목적은 명확히 밝혀지지 않았다. 또한, 최근 북한의 선제공격과 우발적인 도발 등과 같은 유사시를 대비한 한미연합군사령부의 공동 계획인 '작전계획 5027' 1급 군사기밀의 설명 자료가 중국 발 해커에게 해킹을 당한 경우도 있었다. 이처럼 정부기관이나 국가 주요자료를 대상으로 하는 해킹뿐만 아니라 기업과 개인을 대상으로 하는 위협도 끊이지 않고 있다.

신용카드결제기 해킹을 통한 개인 전자금융정보 유출,[3] 중국해커와 공모하여 국내 378개 웹사이트 해킹,[4] 국내 유명 백화점 홈페이지를 포함한 25개 사이트에서 회원정보 2,000만 건 유출[5] 등 일일이 열거하기도 어려울 정도의 많은 해킹 사건들이 기업과 개인들의 정보를 노리고 발생되고 있다. 이러한 피해들은 발생빈도보다는 발생건당 위협의 수준이 높아지고 있으며, 실제 금액으로 추산 가능한 피해를 증가시키고 있다.

'2009년 정보보호 실태조사' 결과에 따르면 〈표 15-3〉과 같이 일반기업이 2009년 인터넷 침해사고를 경험한 기업의 비율은 2008년에 비해 감소하였으나, 〈표 15-4〉와 같이 경제적 손실을 유발한 사고의 비율은 오히려 증가한 것으로 나타났다. 이는

〈표 15-3〉 인터넷 침해사고를 경험한 기업 비율

(단위: %)

연도	웜·바이러스, 트로이잔 등 악성코드	비인가 접근 (해킹)	DoS 공격	애드웨어· 스파이웨어	합계
2008	41.4	11.4	9.2	40.1	102.1
2009	9.4	1.8	3.0	5.0	19.2

---

3) "보안 허술한 신용카드 결제시스템 … 개인정보 유출," SBS 뉴스, 2010.4.11.

4) "개인정보 1,300만 건 판매 일당 검거!!," 보안뉴스, 2010.4.9.

5) "2,000만 건 개인정보 유출 … 사상최대," 디지털데일리, 2010.3.12.

〈표 15-4〉 인터넷 침해사고로 인한 경제적 피해

(단위: %)

연도	시스템 비정상 작동으로 인한 매출 손실	시스템 비정상 작동으로 인한 업무효율 저하	정보보안 침해 사고로 인한 피해 복구	정보보안 침해사고로 인한 데이터 영구 소실 피해	합계
2008	7.3	23.6	26.0	10.7	67.6
2009	10.5	35.4	36.4	7.2	89.5

사이버위협이 실제 경제적 손실을 목표로 발생하고 있으며 실제 피해를 발생시키는 위협의 비중이 커지고 이로 인한 피해가 증가될 것임을 보여주고 있다.

이처럼 국내를 대상으로 국가, 정부기관, 기업, 개인 등 어느 분야를 막론하고 사이버위협은 가중되고 있으나 반면에 이에 대한 대응은 사후대처에 그치고 있는 것이 현실이다.

제3절 민간 보안인력 활용을 통한 대응 지원

1. 국내 정보보호 및 사이버위협 대응기관 현황

〈그림 15-3〉은 현재 운영되고 있는 정보보호 및 사이버위협 대응기관의 현황이다.

국내 사이버위협에 대응하기 위해 정부기관, 민간기구, 기업 등 다양한 권역에 대응기관들이 설립, 운영되고 있다. 국내 사이버위협 대응 체계를 이해하기 위해 먼저 각 대응기관의 개요와 성격에 대해 알아보도록 한다.

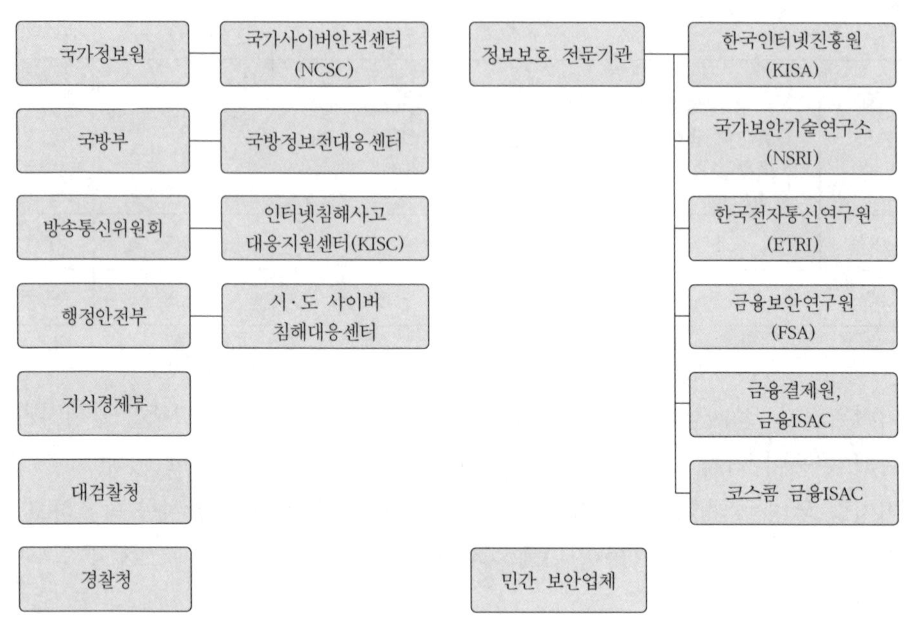

〈그림 15-3〉 국내 정보보호 및 사이버위협 대응

1) 국가정보원(국가사이버안전센터)

국가정보원은 「국가정보원법」, 「보안업무규정」, 「정보통신기반보호법」, 「전자정부법」 등 관련 법령에 의해 국가정보보안 업무의 기획·조정 및 보안정책 수립·시행 등 정부, 공공기관에 대한 정보보안 업무를 총괄하고 있다. 정부, 공공기관을 대상으로 정보시스템의 보안대책 지원, 해킹·바이러스 유포 등 사이버공격에 대한 예방·복구, 국가보안목표시설에 대한 보안측정, 국가안보와 관련된 정보통신기반시설보호 업무, 국가·공공기관용 암호장비 등 보안시스템 개발·보급, 정보보호시스템의 인증 업무 등을 수행하고 있다.

사이버공격이 심화됨에 따라 국가정보원은 사이버공격에 대한 국가 차원의 종합적·체계적 대응을 위해 2004년 2월 국가사이버안전센터를 설립하여 국가 사이버안전정책 수립, 사이버위협관련 정보수집·분석·전파, 국가정보통신망의 안전성 확인 등의 업무를 추진하고 있다.

2) 국방부(국방정보전대응센터)

사이버테러 및 범죄 등의 침해행위가 개인의 차원을 넘어 국가안보와 직결되기 시작하면서 국방부에서도 이러한 사이버위협에 능동적으로 대응하고 있다. 미래 사이버위협에 능동적으로 대응하기 위해 정보보호 관련 조직, 제도 및 절차를 정비하고 국방 사이버위기관리 체계를 수립하여 미래 정보전, 네트워크 중심전을 수행할 수 있는 역량을 마련하고 있다.

국방부는 2003년 11월 국군기무사령부에 '국방정보전대응센터'를 설립하여 국방 차원의 사이버 안전업무 전담 조직, 인력을 마련하였다. 국방정보전대응센터의 주요 업무는 국방 주요 정보체계 취약성 분석, 국방전산망에 대한 침해사고 대응, 범국가 사이버 모의훈련 수행 등 국방 관련 정보보호 임무들이 포함된다. 또한 각 군별로 침해사고대응팀(CERT)을 운영하는 등 사이버위협 대응 활동을 수행하고 있다.

3) 방송통신위원회(인터넷침해사고대응지원센터)

방송통신위원회는 국내 방송통신 환경의 발전을 주도함과 동시에 글로벌 사이버위협에 신속하게 대응하여 안전한 사이버환경이 만들어 질 수 있도록 방송통신 분야의 정보보호 관련 업무를 담당하고 있다. 인터넷침해사고대응지원센터(KISC)는 2003년 12월 한국정보보호진흥원(현 한국인터넷진흥원) 내에 설치되었으며, 국내 인터넷 망의 상시 모니터링, 보안 위협 및 인터넷 이상 징후 탐지·분석, 피해확산을 방지하는 역할을 수행한다. 주요 통신사업자, 민간 보안업체, 해외 침해사고 대응기관 등과 정보교류를 통해 민간부문의 사이버위협에 대응하고 있다.

4) 행정안전부(시·도 사이버침해대응센터)

행정안전부는 「정보화촉진 기본법」, 「전자정부법」, 「전자서명법」, 「정보통신기반보호법」, 「공공기관의 개인정보보호에 관한 법률」에 의해 소관 정보보호 업무를 수행하고 있다. 공공·민간의 모든 영역에 적용되는 개인정보처리 원칙을 제시한 「개인정보보호법안」을 마련하여 국회에 제출하는 등 관계 법령 제정을 진행하고 있으며, 정보보호 관리체계, 기술적 보호수준 제고 대책 마련 등의 공공·민간 정보보호 관련 업무를 수행하고 있다.

2008년 초부터 전국 16개 특별시, 광역시 및 도에 '시·도 사이버침해대응센터'를 설립하여 지방자치단체가 독자적으로 사이버위협에 대응할 수 있는 체계를 마련하고 있으며 그 범위를 확대해 나가고 있다.

5) 지식경제부

지식경제부는 「정보통신기반보호법」, 「정보통신망 이용촉진 및 정보보호 등에 관한 법률」 등에 의해 지식정보보안산업의 육성 및 전문 인력 양성 업무를 수행하고 있다. 정보보호와 관련하여 주로 지식정보보호기술 원천분야 연구개발 투자, 보안 제품 패키지 수출 컨소시엄 등의 정보보안기술확보 정책 및 주요 정보통신 기반시설의 지정확대와 같은 정보보호 기반마련 업무를 수행하고 있다. 지식정보보안산업인력 양성과 관련하여 '지식정보보안 고용계약형 석사과정', '지식정보보안 아카데미' 등의 사업을 진행하여 정보보호 관련 인력 확보를 추진하고 있다.

6) 대검찰청

검찰은 컴퓨터 범죄에 대한 적극적인 대응과 조직적인 수사를 위하여 대검찰청, 지방검찰청, 지청 등 총 24개 검찰청에 컴퓨터 범죄 수사 부서를 설치, 운영하고 있다. 이를 통해 컴퓨터 범죄 수사체계 마련, 연구, 첨단 수사 기법 확보 등 최신 정보화 기술과 관련된 범죄의 예방 및 단속을 실시하고 있다.

검찰의 사이버 범죄 수사 관련 조직은 크게 대검찰청 첨단범죄수사과 및 디지털수사담당관실, 서울중앙지검 첨단범죄수사부, 일선 지청의 컴퓨터 범죄 수사반으로 구분되어 있다. 대검찰청 첨단범죄수사과에서는 컴퓨터 등 정보처리장치 및 정보통신매체를 사용한 범죄사건에 대한 검찰사무의 지휘·감독, 사건에 관한 범죄현상의 분석·연구 등의 업무를 수행하고 있으며, 디지털수사담당관실은 디지털증거의 압수 및 분석업무를 수행하고 있다. 첨단범죄수사부에서는 정보처리장치 및 정보통신매체를 이용한 범죄사건의 수사, 사건 관련 정보 및 자료 수집, 증거자료 압수 등의 업무를 수행한다.

7) 경찰청

경찰청은 사이버 범죄 수사를 위해 1997년 '컴퓨터범죄수사대'를 시작으로 전담조직을 2000년 7월 '사이버테러대응센터(Cyber Terror Response Center)'로 확대개편하였다. 사이버테러대응센터는 사이버 범죄 수사 및 사이버테러 대응, 국제협력, 디지털 증거분석 등 사이버테러 대응 수사기관으로서의 역할을 담당하고 있다.

구체적인 업무로는 사이버테러 신고접수·수사, 사이버테러 예방 및 수사기법 연구, 사이버수사 기획 및 지도, 불법사이트 검색, 관계 법령 및 제도 연구 등이 있다.

한편, 2004년에 경찰청에 '디지털증거분석센터' 를 신설하여 첨단범죄 증거분석, 증거분석 절차의 표준화 및 보급, 전문 수사기법 연구개발 등의 업무를 수행하고 있다.

8) 한국인터넷진흥원(KISA)

한국인터넷진흥원은 2009년 7월 정부 공공기관 선진화 계획에 따라 한국정보보호진흥원, 한국인터넷진흥원, 정보통신국제협력진흥원이 통합 출범된 조직이다. 정보보호와 관련하여 인터넷침해사고에 대한 효과적인 대응, 개인정보보호 및 피해구제, 불법스팸의 예방과 대응, 전자서명 인증관리 및 이용활성화, 정보통신기반시설의 보호, 정보보호 제품에 대한 보안성 평가, 지식 정보보안산업 육성 및 인력양성, 정보보호정책 및 기술개발과 표준화, 정보보호 인식제고 활동 등의 업무를 수행하고 있다.

인터넷침해사고 대응에 있어서 악성 봇에 감염된 PC가 해커의 명령 조종지로부터 분리되도록 하는 DNS 싱크홀 체계, 웹쉘 탐지도구 개발·배포, 웹사이트 취약점 점검 지원 등의 인터넷침해사고 대응 및 지원 업무를 수행하여 사이버위협에 대응하고 있다.

9) 국가보안기술연구소(NSRI)

국가보안기술연구소는 주요 정보통신 기반시설 등의 보호를 위한 기술개발 및 지원, 국가·공공기관의 정보통신시스넴 및 정보통신망에 대한 사이버침해에 효과적으로 대응하기 위한 기술 및 정책의 개발·지원을 목적으로 「과학기술분야 정부출연연구기관 등의 설립·운영 및 육성에 관한 법률」 제8조 제1항의 규정에 의하여 2000년에 설립된 정보보호 전문연구기관이다.

공공분야의 사이버안전 관련 기술 확보를 위한 연구·개발을 수행하고 있으며, 국가 암호기술 연구, 해킹 대응기술개발, 정보보안기술 개발 및 정책지원, 관련 기반 구축 및 지원활동 등을 통해 국가보안기술 발전을 수행하고 있다.

10) 한국전자통신연구원(ETRI)

한국전자통신연구원 내의 정보보호연구본부는 방송통신시대의 도래에 따라 네트워크 인프라 마비, 불건전·유해정보 유통, 개인정보 유출 등 정보화 역기능 해소를 위한 정보보호 선도기술을 확보하고, 보유기술의 산업화를 지원하고 있다. 특히, 정보보안전략 분야의 선진국과의 기술 격차 해소, IT산업의 새로운 부가가치 창출 선도 및 융합보안 분야의 기술선도와 신 시장 선점이 주요 중점 분야이다.

11) 금융보안연구원(FSA)

금융권 공동의 보안 전담기구인 금융보안연구원은 (구)정보통신부, (구)산업자원부, 금융감독위원회 등 정부관련 부처가 경제정책조정회의에 공동으로 보고한 '전자금융거래 안전성 강화 종합대책'에 따라 금융분야의 정보보호 업무를 지원하기 위해 2006년 10월에 설립되었다. 금융보안연구원은 전자금융서비스의 보안 취약점 및 위협에 대한 상시적인 분석·대응을 수행하며, 보안제품에 대한 적합성 테스트, 차세대 전자금융서비스 취약성 분석 등의 업무를 수행하고 있다. 또한 금융거래서비스에 이용되는 일회용비밀번호(OTP) 통합인증센터를 구축·운영 중에 있으며 전자금융거래 안전성 확보를 위한 다양한 업무들을 진행하고 있다.

12) 금융결제원 금융ISAC

금융결제원 금융ISAC[6]은 「정보통신기반보호법」 제16조에 근거하여 설립된 금융부문의 정보공유·분석센터로서, 2002년 12월 정부로부터 승인을 받아 본격적인 업무를 시작하였다. 국내 17개 은행과 새마을금고연합회에 대하여 공공보안관제, 취약점 분석·평가, 정보공유 및 정보보호 교류 등의 서비스를 제공하고 있다. 주요업무로는 금융회사 공동보안관제(CERT), 인터넷 뱅킹 시스템 등 금융회사의 정보통신기반시설에 대한 보안 취약점 분석·평가를 통하여 잠재적인 보안 위협요인을 미리 제거하고, 취약점 보완 조치를 지원하고 있다.

---

6) 정보공유분석센터(Information Sharing & Analysis Center)는 정보통신기반보호법에 의해 설립되었으며 정보보안과 관련한 업무를 수행한다.

13) 코스콤 금융ISAC

코스콤 금융ISAC는 「정보통신기반보호법」 제16조에 근거하여 설립된 증권 부문의 정보공유·분석센터로서, 증권사 및 증권유관기관에 대한 취약점 분석·평가 사이버위협 대응을 위한 정보제공 업무를 수행하고 있다. 또한 증권사와 선물사의 매매체결구간에 대한 보안관제 업무를 통해 실시간 모니터링을 통한 침해사고 대응 서비스를 제공하고 있다.

14) 민간보안업체

2009년 한국인터넷진흥원(KISA)에서 발표한 '국내 지식정보보안산업 시장 및 동향' 에 따르면 2009년 기준으로 국내에 131개의 민간보안업체가 운영되고 있다고 한다.

민간보안업체가 제공하는 제품 및 서비스를 중복 체크하여 분류한 내용을 보면, 우선 총 380개의 중복응답 중 269개(70.8%) 기업이 '시스템 및 네트워크 정보보안 제품' 을 취급하며, 111개(29.2%) 기업이 '정보보안 서비스' 를 취급하는 것으로 나타났다.

'시스템 및 네트워크 정보보안 제품' 중에서 '침입차단시스템' 을 취급하는 업체가 39개(10.3%)로 가장 많았고, 그 다음으로 '보안관리' 36개(9.5%), 'DB/콘텐츠보안' 33개(8.7%), '침입방지시스템' 22개(5.8%), '통합 PC보안' 21개(5.5%) 순으로 조사되었다.

'정보보안 서비스 중에서는 '보안컨설팅' 서비스를 제공하는 업체가 48개(12.6%)로 가장 많았으며, '유지보수' 는 35개(9.2%), '보안관제' 는 13개(3.4%) 순으로 조사되었다.

2. 국내 사이버위협 대응 체계

국가정보원에서 발간한 2009년 '국가정보보호백서' 의 주요정보통신기반시설 보호 체계와 관련된 부분을 참고하면, 「정보통신기반보호법」에서 주요정보통신기반시설의 안정적인 관리·운영을 위하여 관계 부처 간 침해사고 예방 및 대응 업무가 상호 협력 및 보완될 수 있도록 정보통신기반보호위원회[7]를 운영하여, 관계 부처의 정보통신기반보호정책 수립과 시행을 총괄·조정한다. 한편 정보통신기반보호위원회의 효율적인 운영을 위하여 위원회에 공공부문과 민간부문을 각각 담당하는 '정보통신기반보호실무위원회'를 설치하였다. 이 실무위원회는 정보통신기반보호위원회에 제출된 안건과 정보통신기반보호위원회로부터 위임되거나, 정보통신기반보호위원회의 위원장으로 지시받은 사항을 검토·심의하는 등의 정보통신기반보호위원회의 효율적인 운영을 돕는다. 또한 주요정보통신기반시설에 대한 중대한 침해사고가 발생한 경우 '침해사고대책본부'를 한시적으로 운영하여 응급대책, 기술지원 및 피해복구 등을 수행한다.

주요정보통신기반시설 보호체계에 따라 관계 중앙행정기관은 주요정보통신기반시설을 지정, 보호대책 검토, 보호계획 수립·시행을 하도록 하고 있다. 관리기관은 침해사고 예방 및 대응을 위하여 소관시설의 취약점 분석·평가 수행, 보호대책 마련 등의 업무를 수행하고, 사고발생 시 사고 내용을 행정기관·수사기관에 보고하고 시설을 복구해야 한다. 지원기관으로는 국가정보원, 행정안전부, 국군기무사령부, 검찰청, 경찰청, 한국인터넷진흥원 등이 있으며, 주요정보통신기반시설의 보호대책 수립, 침해사고 예방, 복구 지원 등을 수행한다.

앞에서 국내 주요 사이버위협 대응 및 정보보호 기관 현황과 대응 체계를 알아보았다. 그럼 이제 이러한 대응 체계 및 기관의 기반이 되는 정보보호 전문 인력에 대해 알아보도록 하자.

3. 국내 보안 전문 인력 현황과 양성의 필요성

미국에서 발표된 「사이버보안증진법안(Cybersecurity Enhancement Act)」(〈표 15-5〉 참조)과 국내 국가사이버위기 종합대책의 주요 내용(〈표 15-6〉 참조)을 살펴보면 모두 정보보호 전문·전담 인력 양성 및 확충에 대한 부분이 포함되어 있는 것을 볼 수 있다. 이는 사이버위협 대응을 위해 실제 대응할 수 있는 전문 인력의

---

7) 2009년 8월 발의된 '정보통신기반 보호법 개정안'에는 국무총리실장이 주도하던 정보통신기반보호위원회를 없애는 대신, 행안부 장관이 사실상 주도하는 주요정보통신기반시설협의회를 설치하는 내용이 포함되어 있다. 또한 주요정보통신기반시설협의회는 행안부와 국정원이 민간의 주요정보통신기반시설에 대해서도 지정 및 지정취소, 제도운영, 보호지원, 침해사고대책본부 구성 등을 할 수 있다.

〈표 15-5〉 사이버보안증진법안 주요 내용

사이버보안 증진을 위한 국가전략 작성, 민간·공공부문의 협력관계 개발, 사이버사고에
대응하기 위한 통합 대응 프레임워크 구축, 사이버보안 연구 및 개발 후원, 사이버보안에
관한 국민의식 고양을 주요 내용으로 함

1. 사이버보안 전문 인력 양성
2. 연방정부 R&D 포트폴리오의 우선순위 조정
3. 사이버보안 기술의 시장 이전
4. 사이버보안 교육 진흥 및 일반대중의 사이버보안 인식 제고

〈표 15-6〉 '국가사이버위기 종합대책' 주요 내용

• 평시 국가기관 간 사이버위기관리 기능 정의
  - 국정원: 사이버위기대응 총괄 역할을 수행
  - 방송통신위원회: 좀비 PC 제거 및 국민대상 사이버안전 홍보 및 계도업무 담당
  - 국방부: 사이버부대를 신편하여 군사 분야를 보강

• 민간분야의 사이버안전 수준 제고
  - 학교·직장 및 민방위 훈련 시 사이버보안교육을 확대
  - 기업 정보보호 등을 위해 사이버보안관을 양성
  - 산업별 보안관제센터(ISAC) 설립

• 당면 추진과제
  - 사이버위기 관리체계를 강화(국가 사이버위기 범정부 대책기구 구성 등)
  - 사이버위기 대응 관련 법적 근거 마련
  - 국가위기관리기본지침 등 정부 규정을 개정, 보완

• 단기 추진과제(2011년까지)
  - 사이버대응 조직을 보강
  - 사이버보안관 3,000명 등의 전문 인력 양성 기반을 조성
  - 중앙, 지방정부, 지자체의 망 분리 사업 추진

• 중장기 추진과제
  - 법제도 정비 및 정보보호 예산을 단계적으로 확대
  - 정보 보호 설비투자 제고를 위해 조세감면 지원
  - 전력·통신 등 국가기능유지 핵심시설의 보안체계도 고도화
  - 사이버공격 대응기술 개발·활용, 사이버보안 교육 강화

필요성을 나타내며, 이를 위한 중·장기적인 방안이 요구된다는 것을 알 수 있다.

이처럼 사이버위협 대응을 위한 인력확보의 필요성은 관련 정책에 반영될 정도로 보편적으로 인정되고 있는 상황이다. 실제로 국내 정보보호 관련 인력 실태에 대해서 알아보면 인력의 부족이 확연히 드러나는 것을 알 수 있다.

먼저 공공부문의 정보보호 전담인력 및 전담부서의 현황을 보면 국회입법조사처의 "'7·7 DDoS 사고' 대응의 문제점과 재발방지 방안"에 따르면 2009년 기준 정부의 43개 중앙부처 가운데 정보보호 전담부서를 운영 중인 부처는 9개에 불과하며, 자체 정보보호 인력이 부처당 평균 1.45명에 불과하다.

제4절 해킹 대응 방안

1. 최근 국내 해킹 동향

우리나라는 정보통신 기술의 비약적인 발전과 모바일 기기 등의 급속한 확산 등 인터넷 정보통신 환경의 변화로 인해 사이버 침해 위협 또한 급격히 증가하는 추세에 있다. 2009년 6월 기무사 연례 정보보호 컨퍼런스에서 발표한 내용에 따르면, 우리나라는 외국의 정체불명 해커들로부터 일일 약 9만 5천여 건의 해킹 공격을 받는 것으로 분석되었다.

국내에서 2009년 7월 7일 청와대를 비롯한 정부 주요기관이 DDos 공격을 받은 이후, 작년과 올해에도 국회를 비롯한 법무부, 방송통신심의위원회를 대상으로 DDos 공격이 발생하는 등 정부기관에 대한 공격이 지속적으로 발생하고 있다.

7·7 DDos 공격으로 국내 11만 대 이상의 PC가 악성코드에 감염되었고, PC 손상 피해 접수는 총 1,353건에 이르는 것으로 파악됐다. 7·7 DDos 공격은 악성코드에 감염된 좀비 PC가 계획된 시각에 지정된 사이트를 공격하였고, 또한 공격자의 의도가 무엇인지 그 확인조차 어렵도록 한 지능적인 공격으로 방어에 상당한 어려움을 겪었다.

국내에서 최근에 일어난 두 가지 해킹 사건, 현대캐피탈 개인정보 유출사건과 농

〈표 15-7〉 금융권 주요 전산 사고 일지

일시	금융기관	사고 내용
2005년 5월	외환은행	해킹으로 인터넷뱅킹 고객 7,200여만 원 피해
2008년 5월	저축은행 7곳	미국인 해커 고용해 웹사이트를 통해 내부망 접속 300만 명 고객정보 유출
10월	농협	홈페이지 등에서 해킹으로 고객정보 유출, 돈으로 사건 해결
2010년 12월	씨티은행	추위로 인한 네트워크 설비 침수로 6시간 업무 중단
2011년 4월	현대캐피탈	고객 42만 명의 주민등록번호 등 개인정보 및 1만 300명 대출 계좌번호와 비밀번호 해킹
2011년 4월	농협	시스템명령어 파괴 명령으로 카드 거래기록 유실

협 전산망 마비 사태는 해킹의 또 다른 유형으로서 앞으로 대비해야 할 부분에 있어서 시사하는 바가 크다. 우선 두 사건의 공통적인 특징은 금융권에서 발생한 사고일 뿐 아니라, 민간 기업 IT 보안 환경이 무방비 상태에 있다는 점을 여실히 보여주고 있다. 현대캐피탈은 해킹을 당하고 수십만 건의 개인정보가 유출되고서도 두 달이 지나서야 사실을 파악했다는 점이 더욱 놀라웠고, 개인정보가 대부업체로 유출된 정황까지 포착되면서 그 파급이 우려되는 상황이다.

농협 전산망 마비 사태는 삼천만 명 이상의 고객을 확보하고 있는 금융기관으로서 실제로 많은 국민들이 경제 활동에 어려움을 겪는 사태까지 현실로 드러났다. 또한 사건 발생 이후 한 달이 다 되어가도록 해킹의 주범이 누구인지, 범행 동기가 무엇인지조차 제대로 밝혀내지 못하고 혼란이 가중되기도 하였다.

현재 검찰은 중국의 IP가 사용되었고, 북한 소행 가능성이 높다고 밝혔으나 구체적인 증거는 제시하지 못하였고, 범행 동기가 무엇인지 파악하지 못한 상태이다. 이렇듯 최근에 일어나는 해킹 및 사이버테러로 규정할 수 있는 다양한 사건들은 범인을 찾는 것조차 어려울 뿐 아니라 범행 동기 및 원인을 파악하기 어려운 복잡한 구조에 놓여 있다. 또한, 이러한 유형의 해킹은 경제적·사회적인 손실에 대해 책임을 묻기도 어려운 상황이다.

그런 가운데, 실제로 인터넷 위협 환경은 날로 증가할 뿐 아니라 복잡해지고 있다. 시만텍이 「2009년도 인터넷 위협 보고서」에 발표한 자료에 따르면, 2009년에 신규로 발견된 악성코드가 약 290만 개로 2008년(약 169만 개) 대비 71% 증가한 것으로 나타났다.

또한, 우리나라 사이버침해 사고 발생 현황[8]을 보면, 웜·바이러스로 인한 사이버 침해가 2008년 8,469건에서 2009년에는 10,395건, 2010년에는 17,930건으로 증가했고, 해킹신고 처리는 2008년 15,940건에서 2009년 21,230건으로 증가하였고, 2010년 16,295건으로 나타났다. 최근에는 소셜네트워크서비스에 대한 공격 또한 급증하고 있고, 메신저 피싱 등의 사기 사건도 복잡해지고 있다. 따라서 해킹으로 인한 사이버 보안 체계를 더욱 공고히 하는 노력이 시급하다 하겠다.

2. 현재 정보 보호 인식 및 실태: 국가·공공부문/민간부문

정보보호 현황은 국가·공공부문 및 민간부분으로 구분하여 살펴볼 수 있다. 우선 국가·공공부문의 정보보호 실태를 보자. 한국인터넷진흥원이 매년 발간하는 '2010년 국가정보보호백서' 자료에 따르면, 2009년 국가·공공부문에서 '정보보호 전담 부서'를 운영하는 기관은 15.3%로 나타났다. 미 운영 기관은 84.7%에 달한다.

'정보보호 업무 수행 인력'의 경우, 정보보호 관련 학위 소지자를 확보한 기관은 5.9%, 공인자격증 소지자를 확보한 기관은 10.4%로 나타났다. 이는 정보보호 전문가에 의한 정보보호 업무수행률이 낮음을 보여준다. 또한, 이 수치는 학위 소지자의 경우 2007년 이후 1/3 수준으로 감소했고, 자격증 소지자는 2006년 이후 절반 수준으로 감소한 것이다. 이는 국가 정보보호 업무의 중요성, 필요성에 대한 인식이 부족함을 나타내는 것으로써 정보보호에 관한 체계적이고 전문적인 교육을 받지 않은 인력이 정보보호 업무를 수행할 경우, 보안 관련 사고에 대한 적절한 판단을 하지 못해 대형 사고로 이어질 위험성이 있다.

'정보보호 예산' 현황을 보면, 정보화 예산 대비 정보보호 예산의 비율이 2% 이하인 기관이 35.9%로 가장 많은 수를 차지했고, 10% 이상이 15.6%, 2~3%가 11.9%, 5~6%가 7.4%, 4~5%가 6.5%, 3~4%가 6.3% 순이다. 정보화 예산 대비 정보보호 예산

---

8) 「국가정보화백서」, 2010년 한국정보화진흥원, 한국인터넷진흥원 통계 참고.

〈표 15-8〉 2008년~2011년 공공부문 정보보호 예산[9]

(단위 및 기준: 백만 원)

구분	2008년	2009년	2010년	2011년
예산액	160,756	174,326	270,194	203,451
증감률	–	8.4%	54.9%	△24.7%

비율이 2% 이하인 기관이 가장 많이 나타난 것은 향후 정보보호 예산을 더욱 확충할 필요성을 보여준다.

구체적으로 공공부문의 2008년~2011년 정보보호 예산 현황을 보면, 7·7 DDos 공격 사건으로 2010년도 54.8%의 일시적 증가를 보였으나, 2011년에는 다시 24.7%에 급감소하여 최근 빈번히 발생하고 있는 국가 기관에 대한 사이버 침해 대응을 위한 노력이 더욱 필요한 것으로 보여진다.

민간부문을 살펴보면, 종사자 5인 이상, 네트워크로 연결된 컴퓨터가 1대 이상 있는 사업체 중 '정보보호 전담조직'을 공식적으로 설치하여 운영하고 있는 사업체는 8.3%로 나타났고, 비 설치 조직은 91.5%에 달했다. 8.3% 수치는 2007년 12월 기준에 비해 3분의 1 이상 감소한 것이다.

또한 '정보보호 투자 현황'을 보면 조사 대상 기업 36.3%는 투자를 하고 있으나, 63.6%는 정보보호에 대한 지출이 없는 것으로 드러나 투자가 저조한 것으로 분석되었다. 정보보호 지출이 없었던 이유는 '보안사고로 인한 피해가 없어 필요성을 느끼지 못하거나(65.0%), 정보보호에 관심이 없는(16.2%)' 등의 이유를 들었다.

최근 공공 및 민간부문에서 일어나는 침해사고의 대부분은 민간의 홈페이지 및 개인 PC가 원인이 되어 발생하므로 민간부문의 정보보호는 국가 정보보호의 기반이라 할 수 있다. 특히, 최근의 사이버공격은 취약한 홈페이지나 좀비화된 PC에 의해 이루어지며 인터넷 특성상 공공과 민간의 구분은 의미가 없다. 따라서 민간부문에 대한 정보보호 인식 제고와 좀비 PC 제거 노력 없이는 사이버 침해사고 대응의 실효성을 거둘 수 없으므로, 국가 차원의 침해사고 예방 및 대응을 위해서는 공공부

---

9) 국회입법조사처, 「국가 정보보호 정책 현황과 개선방안」(2010.10).

문과 함께 민간부문의 정보보호에 대한 투자 및 인력 확보가 반드시 필요하다.

3. 정보보호 컨트롤 타워의 부재

현재 우리나라 정보보호 관련 체계 현황을 보면, 정보보호 업무는 국가정보원, 행정안전부, 방송통신위원회 등으로 분리되어 운영되고 있다. 국가정보원은 국가 사이버 위기 대응 총괄기관으로 국가사이버 안전 정책을 총괄하면서 사이버 안전 예방 업무 및 침해사고 긴급 대응을 담당하며, 행정안전부는 공공분야 정보보호 총괄 업무를, 방송통신위원회는 민간분야 정보보호를 총괄하면서 침해사고 긴급 대응 등 민간부문 사이버 위협에 대응하고 있다.[10]

그러나 정보보호정책 총괄 기능이 중복되어 있어 효율적인 대응이 어렵다. 구체적으로 정보보호 관련 업무가 관계 법령, 대통령령 등에 근거하여 중복되어 있으며, 정보보호와 침해사고 대응은 별개로 분리하여 고려할 수 없는 사안임에도 현행 체제하에서는 분리되어 있다. 행정안전부는 '정부조직법'에 의거하여 전자정부 및 정보보호에 관한 업무를 관리하나, 침해사고 대응기능은 '정보통신망 이용촉진 및 정보보호 등에 관한 법률', '국가사이버안전관리규정(대통령 훈령 제267호)'에 근거하여 국가정보원, 방송통신위원회에서 담당하고 있다.

실제로 지난 7·7 DDos 침해사고 당시, 대응은 국가정보원(공공부문 및 총괄)을 중심으로 방송통신위원회(민간부문 총괄), 국방부(국방부문) 등이 부문별로 담당하였으며, 행안부는 정부통합전산센터 관리에 국한되었다. 또한 검찰, 경찰까지 모두 대응상황을 따로 발표함으로써 국민들은 정보의 홍수 속에 오히려 혼란을 일으키는 상황이 전개되었다.

따라서 효과적인 정보보호정책 수립을 위해서는 침해사고 대응현황 분석을 통해 예방 대책이 마련되어야 하므로 대응과 예방 정책이 분리된 현재의 체계하에서는 종합적 정보보호정책이 제시되기 어려운 상황이다. 또한, 이러한 상황은 정책의 일

---

10) 현재 사이버 보안은 민간은 방송통신위, 정부기관은 행정안전부, 군은 국방부, 금융회사는 금융위원회, 국가 비상사태 시는 국가정보원이 맡고 있다. 실질적인 사이버 보안 업무는 방통위 산하 한국인터넷진흥원(KISA), 경찰청 사이버테러대응센터, 국정원 국가사이버안전센터, 금융감독원, 검찰 등으로 분산되어 있다. 디지털타임즈, 2011.4.17 기사 중.

관성을 떨어뜨릴 뿐 아니라, 부처별 인력이 분산됨에 따른 실무 역량 부족의 문제도 야기할 수 있다.

4. 대응 방안

1) 정보보호에 대한 지속적 투자 및 예산 대폭 확대할 필요

앞에서 살펴본 바와 같이 국내 정보보호 예산은 7·7 DDos 공격 사건 이후 일시적으로 확대하였다가 다시 감소하는 상황이었다. 즉, 정책적으로도 정보보호나 해킹에 대비하는 인식 자체가 안이하다고 볼 수 있다. 정보화 예산 중에서 정보보호 예산 비중이 미국의 경우는 2006년부터 2009년까지 최근 4년간 평균 9%에 달했지만, 우리나라는 2007년부터 2010년 평균 정보화 예산 중 정보보호 예산 비율이 5.25% 수준이다. 대형 침해사고 발생 유무와 상관없이 침해사고에 대한 예방과 효과적 대응을 위해 장기적인 예산 계획에 따른 지속적인 정보보호 예산 투자가 필요하다.

최근에 소니, 현대캐피탈, 농협 등의 해킹 사건을 보면 이제 공공부문과 민간부문의 해킹의 피해와 원인들을 따로 구분하여 보기 힘들 정도로 국가적인 위협 상황이 되고 있으므로, 민간부문에서도 철저한 예방 관리와 정보보호에 투자가 필요하다.

2) 국가 차원 통합 해킹 대응기관 필요성

현재 국가정보원, 행정안전부 등으로 사실상 분리 운영되고 있는 공공부문 정보보호의 컨트롤 타워 마련이 필요하다. 사전적 예방 측면의 정보보호정책과 사후 대응 측면의 침해사고 대응체계의 관리부처를 일원화하여 정책 간의 연결성 및 시너지를 도모하고, 범국가적으로 일관성 있는 정책 집행이 이루어질 수 있도록 개선할 필요가 있다.

또한, 공공·국방·민간 분야를 국가적 차원에서 아우를 수 있는 국가위기상황 센터로 정책수립 및 관리기능을 일원화하고, 필요에 따라 부문별 대응 부처인 국가정보원, 방통위 등으로 정책 집행 기능과 관련 사업을 이관하여 추진하는 것에 대한 검토가 필요하다.

3) 좀비 PC 방지법 제정 필요

7·7 DDos 공격 당시, 일반 이용자들의 PC가 자신도 모르게 악성 코드에 감염되어 분산서비스거부(DDoS, 디도스) 등 사이버공격을 받거나 공격기지로 악용되었는데, DDoS 공격에 이용되는 좀비 PC에 대한 조치를 취할 수 있는 법적 근거가 명확하지 않아 피해가 확산되었다. 이후 정부와 여당은 '악성프로그램 확산 방지 등에 관한 법률(일명 좀비 PC방지법)' 제정을 추진해 왔으나, 현재 국회에서 논의 중인 상황에 있다.

특히, 현재 추진 중인 좀비 PC법에 대해 정부의 과도한 개입으로 개인의 자유를 지나치게 침해할 우려가 있다는 견해가 있어 여야 간뿐만 아니라 보안전문가 사이에서도 이견이 있는 상황이다.

구체적으로 긴급 상황 시 인터넷 접속제한 등 조치로 인해 통신의 자유, 표현의 자유, 재산권 행사의 자유, 소비자의 선택권 등 국민의 기본권에 침해가 된다는 것인데, 이에 대한 정치적, 제도적 안전장치를 통해 예상되는 부작용을 최소화하면서 좀비 PC 확산을 방지할 수 있는 실질적인 방안은 법 제정을 통해 마련되어야 할 것이다.

결론적으로 해킹을 방지하기 위하여 최근에 발생했던 해킹 사건 등 사이버 침해의 다양한 유형과 함께 문제점으로 현재 정보 보호 인식 및 실태를 국가·공공부문과 민간부문으로 나누어 살펴보았고, 인식 수준이나 정보보호에 대한 안전장치가 미흡함을 알 수 있었다. 또한, 대형 사건이 발생할 때마다 문제로 지적되는 정보보호 컨트롤 타워의 부재, 이로 인한 국가 차원의 통합적인 해킹 대응 기관의 부재 등의 문제를 지적하였고 컨트롤 타워의 설치가 필요함을 설명하였다.

[좀비 PC법안 주요 내용]
- 침해사고 예방 및 대응을 위한 민관협력체계 마련
- 컴퓨터 보안프로그램 개발 및 보급지원
- 소프트웨어의 보안 취약점 보완
- 악성프로그램 정기점검 의무화 및 삭제 명령
- 일정 수준('경계' 또는 '심각' 단계 이상) 이상의 심각한 침해사고 발생 시
  좀비 PC에 대한 접속제한 명령
- 침해사고 원인분석을 위한 악성프로그램 감염 컴퓨터 접속요청(이용자 동의 필요 등)

또한, 이에 대한 대응 방안으로 정보보호에 대한 지속적 투자 및 예산을 대폭 확대하여 중장기적인 관점에서 정책을 집행해 나갈 필요가 있으며, 정보보호 컨트롤타워의 설치로 예방과 침해 대응을 일원화하여 효율적으로 대응할 수 있는 체계가 마련되어야 한다. 향후 정보보호 인력양성에 우수인력 확보가 절실하며, 제도적으로 '악성프로그램 확산 방지 등에 관한 법률(일명 '좀비 PC 방지법')'의 제정을 통해 해킹 피해 확산을 방지하는 실질적인 대응도 필요하다. 이 장에서 언급한 방안을 통해, 다양한 사이버 침해 유형에 대해 효율적으로 대응할 수 있는 체계가 마련되어야 할 것이다.

【부록】

전자정부법

[시행 2010.11.18] [법률 제10303호, 2010.5.17, 타법개정]

행정안전부(정보화총괄과), 02-2100-2942

제1장 총칙

제1조(목적) 이 법은 행정업무의 전자적 처리를 위한 기본원칙, 절차 및 추진방법 등을 규정함으로써 전자정부를 효율적으로 구현하고, 행정의 생산성, 투명성 및 민주성을 높여 국민의 삶의 질을 향상시키는 것을 목적으로 한다.

제2조(정의) 이 법에서 사용하는 용어의 뜻은 다음과 같다.

1. "전자정부"란 정보기술을 활용하여 행정기관 및 공공기관(이하 "행정기관등"이라 한다)의 업무를 전자화하여 행정기관등의 상호 간의 행정업무 및 국민에 대한 행정업무를 효율적으로 수행하는 정부를 말한다.
2. "행정기관"이란 국회·법원·헌법재판소·중앙선거관리위원회의 행정사무를 처리하는 기관, 중앙행정기관(대통령 소속 기관과 국무총리 소속 기관을 포함한다. 이하 같다) 및 그 소속 기관, 지방자치단체를 말한다.
3. "공공기관"이란 다음 각 목의 기관을 말한다.
   가. 「공공기관의 운영에 관한 법률」 제4조에 따른 법인·단체 또는 기관
   나. 「지방공기업법」에 따른 지방공사 및 지방공단
   다. 특별법에 따라 설립된 특수법인
   라. 「초·중등교육법」, 「고등교육법」 및 그 밖의 다른 법률에 따라 설치된 각급 학교
   마. 그 밖에 대통령령으로 정하는 법인·단체 또는 기관
4. "중앙사무관장기관"이란 국회 소속 기관에 대하여는 국회사무처, 법원 소속 기관에 대하여는 법원행정처, 헌법재판소 소속 기관에 대하여는 헌법재판소사무처, 중앙선거관리위원회 소속 기관에 대하여는 중앙선거관리위원회사무처, 중앙행정기관 및 그 소속 기관과 지방자치단체에 대하여는 행정안전부를 말한다.
5. "전자정부서비스"란 행정기관등이 전자정부를 통하여 다른 행정기관등 및 국민, 기업 등에 제공하는 행정서비스를 말한다.

6. "행정정보"란 행정기관등이 직무상 작성하거나 취득하여 관리하고 있는 자료로서 전자적 방식으로 처리되어 부호, 문자, 음성, 음향, 영상 등으로 표현된 것을 말한다.

7. "전자문서"란 컴퓨터 등 정보처리능력을 지닌 장치에 의하여 전자적인 형태로 작성되어 송수신되거나 저장되는 표준화된 정보를 말한다.

8. "전자화문서"란 종이문서와 그 밖에 전자적 형태로 작성되지 아니한 문서를 정보시스템이 처리할 수 있는 형태로 변환한 문서를 말한다.

9. "행정전자서명"이란 전자문서를 작성한 다음 각 목의 어느 하나에 해당하는 기관 또는 그 기관에서 직접 업무를 담당하는 사람의 신원과 전자문서의 변경 여부를 확인할 수 있는 정보로서 그 문서에 고유한 것을 말한다.

    가. 행정기관

    나. 행정기관의 보조기관 및 보좌기관

    다. 행정기관과 전자문서를 유통하는 기관, 법인 및 단체

    라. 제36조제2항의 기관, 법인 및 단체

10. "정보통신망"이란 「전기통신기본법」 제2조제2호에 따른 전기통신설비를 활용하거나 전기통신설비와 컴퓨터 및 컴퓨터 이용기술을 활용하여 정보를 수집·가공·저장·검색·송신 또는 수신하는 정보통신체제를 말한다.

11. "정보자원"이란 행정기관등이 보유하고 있는 행정정보, 전자적 수단에 의하여 행정정보의 수집·가공·검색을 하기 쉽게 구축한 정보시스템, 정보시스템의 구축에 적용되는 정보기술, 정보화예산 및 정보화인력 등을 말한다.

12. "정보기술아키텍처"란 일정한 기준과 절차에 따라 업무, 응용, 데이터, 기술, 보안 등 조직 전체의 구성요소들을 통합적으로 분석한 뒤 이들 간의 관계를 구조적으로 정리한 체제 및 이를 바탕으로 정보화 등을 통하여 구성요소들을 최적화하기 위한 방법을 말한다.

13. "정보시스템"이란 정보의 수집·가공·저장·검색·송신·수신 및 그 활용과 관련되는 기기와 소프트웨어의 조직화된 체계를 말한다.

14. "정보시스템 감리"란 감리발주자 및 피감리인의 이해관계로부터 독립된 자가 정보시스템의 효율성을 향상시키고 안전성을 확보하기 위하여 제3자의 관점에서 정보시스템의 구축 및 운영 등에 관한 사항을 종합적으로 점검하고 문제점을 개선하도록 하는 것을 말한다.

15. "감리원"이란 제60조제1항에 따른 요건을 갖춘 자로서 정보시스템 감리의 업무 (이하 "감리업무"라 한다)를 수행하는 자를 말한다.

제3조(행정기관등 및 공무원 등의 책무) ① 행정기관등의 장은 전자정부 구현을 촉진하고 국민의 삶의 질을 향상시킬 수 있도록 이 법을 운영하고 관련 제도를 개선하여야 하며, 정보통신망의 연계 및 행정정보의 공동이용 등에 적극 협력하여야 한다.

② 공무원 및 공공기관의 소속 직원은 담당업무의 전자적 처리에 필요한 정보기술 활용능력을 갖추어야 하며, 담당업무를 전자적으로 처리할 때 해당 기관의 편익보다 국민의 편익을 우선적으로 고려하여야 한다.

제4조(전자정부의 원칙) ① 행정기관등은 전자정부의 구현·운영 및 발전을 추진할 때 다음 각 호의 사항을 우선적으로 고려하고 이에 필요한 대책을 마련하여야 한다.
　　1. 대민서비스의 전자화 및 국민편익의 증진
　　2. 행정업무의 혁신 및 생산성·효율성의 향상
　　3. 정보시스템의 안전성·신뢰성의 확보
　　4. 개인정보 및 사생활의 보호
　　5. 행정정보의 공개 및 공동이용의 확대
　　6. 중복투자의 방지 및 상호운용성 증진
② 행정기관등은 전자정부의 구현·운영 및 발전을 추진할 때 정보기술아키텍처를 기반으로 하여야 한다.
③ 행정기관등은 상호간에 행정정보의 공동이용을 통하여 전자적으로 확인할 수 있는 사항을 민원인에게 제출하도록 요구하여서는 아니 된다.
④ 행정기관등이 보유·관리하는 개인정보는 법령에서 정하는 경우를 제외하고는 당사자의 의사에 반하여 사용되어서는 아니 된다.

제5조(중장기 전자정부기본계획의 수립) ① 중앙사무관장기관의 장은 전자정부의 구현·운영 및 발전을 위하여 다음 각 호의 사항을 포함하는 중장기 전자정부기본계획을 「국가정보화 기본법」 제9조에 따른 국가정보화전략위원회(이하 "국가정보화전략위원회"라 한다)의 심의를 거쳐 수립하여야 한다.
　　1. 전자정부서비스의 제공 및 활용 촉진
　　2. 전자적 행정관리
　　3. 행정정보 공동이용의 확대 및 안전성 확보
　　4. 정보기술아키텍처의 도입 및 활용
　　5. 정보자원의 효율적 관리
　　6. 전자정부 표준화 및 공유서비스의 확대
　　7. 전자정부사업 및 지역정보화사업의 추진과 성과 관리
　　8. 그 밖에 전자정부의 국제협력 등 전자정부의 구현·운영 및 발전에 필요한 사항
② 중앙사무관장기관의 장은 중장기 전자정부기본계획을 수립하였을 때에는 국회규칙, 대법원규칙, 헌법재판소규칙, 중앙선거관리위원회규칙 및 대통령령으로 정하는 바에 따라 각 행정기관등에 통보하여야 한다.
③ 관계 중앙행정기관의 장은 「국가정보화 기본법」 제7조에 따른 국가정보화 시행계획을 수립·시행할 때에는 중장기 전자정부기본계획을 고려하여야 한다.

제6조(다른 법률과의 관계) 행정기관등의 대민서비스 및 행정관리의 전자화, 행정정보의 공동이용 등 전자정부의 구현·운영 및 발전에 관하여 다른 법률에 특별한 규정이 있는 경우를 제외하고는 이 법에서 정하는 바에 따른다.

제2장 전자정부서비스의 제공 및 활용

제1절 전자적인 민원처리

제7조(전자적 민원처리 신청 등) ① 행정기관등의 장(행정권한을 위탁받은 자를 포함한다. 이하 이 절에서 같다)은 해당 기관에서 처리할 민원사항 등에 대하여 관계 법령(지방자치단체의 조례 및 규칙을 포함한다. 이하 같다)에서 문서·서면·서류 등의 종이문서로 신청, 신고 또는 제출 등(이하 "신청등"이라 한다)을 하도록 규정하고 있는 경우에도 전자문서로 신청등을 하게 할 수 있다.
  ② 행정기관등의 장은 민원사항 등을 처리할 때 그 처리결과를 관계 법령에서 문서·서면·서류 등의 종이문서로 통지, 통보 또는 고지 등(이하 "통지등"이라 한다)을 하도록 규정하고 있는 경우에도 민원인 본인이 원하거나 민원사항 등을 전자문서로 신청등을 하였을 때에는 이를 전자문서로 통지등을 할 수 있다.
  ③ 제1항 및 제2항에 따라 전자문서로 신청등 또는 통지등을 하는 경우 전자문서에 첨부되는 서류는 전자화문서로도 할 수 있다.
  ④ 제1항부터 제3항까지의 규정에 따라 전자문서로 신청등 또는 통지등을 한 경우에는 해당 법령에서 정한 절차에 따라 신청등 또는 통지등을 한 것으로 본다.
  ⑤ 행정기관등의 장이 제1항부터 제3항까지의 규정에 따라 민원사항 등을 전자문서 또는 전자화문서로 신청등을 하게 하거나 통지등을 하는 경우에는 인터넷을 통하여 미리 그 민원사항 등의 신청등 또는 통지등의 종류와 처리절차를 국민에게 공표하여야 한다.
  ⑥ 전자화문서의 활용 및 진본성 확인 등을 위하여 필요한 사항은 국회규칙, 대법원규칙, 헌법재판소규칙, 중앙선거관리위원회규칙 및 <u>대통령령으로 정한</u>다.

제8조(구비서류의 전자적 확인 등) ① 행정기관등의 장은 민원인이 첨부·제출하여야 하는 증명서류 등 구비서류가 행정기관등이 전자문서로 발급할 수 있는 문서인 경우에는 직접 그 구비서류를 발급하는 기관으로부터 발급받아 업무를 처리하여야 한다.
  ② 제1항에 따른 업무처리는 민원인이 행정기관등에 미리 해당 민원사항 및 구비서류에 대하여 관계 법령에서 정한 수수료(행정기관등이 발급기관에 수수료를 송금하는 데 드는 비용을 포함한다)를 냈을 때에만 할 수 있다.
  ③ 행정기관등의 장은 제1항에 따른 업무처리에 있어서 제36조제1항에 따른 행정정보의

공동이용을 통하여 구비서류에 대한 정보를 확인할 수 있을 때에는 그 확인으로 구비서류의 발급을 갈음하여야 한다. 이 경우 행정기관등의 장은 발급기관의 장과 협의하여 해당 구비서류에 대한 수수료를 감면할 수 있다.

④ 행정기관등의 장이 제1항부터 제3항까지의 규정에 따라 구비서류를 처리한 경우에는 관계 법령에서 정한 절차에 따라 구비서류를 처리한 것으로 본다.

⑤ 행정기관등의 장은 제1항부터 제3항까지의 규정에 따른 방법으로 구비서류를 처리하려고 하는 경우에는 그 구비서류와 관련된 민원사항 등의 종류, 범위, 그 밖에 필요한 사항을 인터넷을 통하여 미리 국민에게 공표하여야 한다.

⑥ 제1항부터 제5항까지의 규정에 따른 업무처리의 절차와 그 밖에 필요한 사항은 국회규칙, 대법원규칙, 헌법재판소규칙, 중앙선거관리위원회규칙 및 대통령령으로 정한다.

제9조(방문에 의하지 아니하는 민원처리) ① 행정기관등의 장은 민원인이 해당 기관을 직접 방문하지 아니하고도 민원사항 등을 처리할 수 있도록 관계 법령의 개선, 필요한 시설 및 시스템의 구축 등 제반 여건을 마련하여야 한다.

② 행정기관등의 장은 제1항에 따른 민원처리제도를 시행하기 위하여 인터넷에 전자민원창구를 설치·운영할 수 있다. 다만, 전자민원창구를 설치하지 아니하였을 때에는 제3항의 통합전자민원창구에서 민원사항 등을 처리하게 할 수 있다.

③ 중앙사무관장기관의 장은 행정기관등의 전자민원창구의 설치·운영을 지원하고 이를 연계하여 통합전자민원창구를 설치·운영 할 수 있다.

④ 민원인이 제2항 및 제3항의 전자민원창구를 통하여 신청등을 하였을 때에는 관계 법령에서 정한 그 민원의 소관 기관에 직접 민원을 신청한 것으로 본다.

⑤ 행정기관등의 장은 제2항 및 제3항의 전자민원창구를 통하여 신청된 민원사항 등에 대하여 관계 법령에서 정한 수수료를 제14조에 따른 방법으로 납부할 필요가 있을 때에는 해당 수수료 외에 별도의 업무처리비용을 함께 청구할 수 있다.

⑥ 행정기관등의 장은 제2항 및 제3항에 따른 전자민원창구를 통하여 민원사항 등을 처리하는 경우에는 다른 법령에도 불구하고 수수료를 감면할 수 있다.

⑦ 제1항부터 제4항까지의 규정에 따른 전자민원창구의 설치·운영, 제5항에 따른 업무처리비용, 제6항에 따라 수수료를 감면할 수 있는 민원사항 등의 범위와 감면 비율 등에 관하여 필요한 사항은 국회규칙, 대법원규칙, 헌법재판소규칙, 중앙선거관리위원회규칙 및 대통령령으로 정한다.

제10조(민원인 등의 본인 확인) 행정기관등의 장은 민원사항 등을 처리할 때 해당 민원인 등의 신원을 확인할 필요가 있는 경우에는 「전자서명법」 제2조제3호에 따른 공인전자서명(이하 "공인전자서명"이라 한다)이나 국회규칙, 대법원규칙, 헌법재판소규칙, 중앙선거관리위원회규칙 및 대통령령으로 정하는 방법으로 그 신원을 확인할 수 있다.

제11조(전자적 고지·통지) ① 행정기관등의 장은 관계 법령에서 고지서·통지서 등의 종이문

서로 통지등을 하도록 규정하고 있는 경우에도 본인이 원하면 이를 전자문서로 통지등을 할 수 있다.

② 제1항에 따른 전자문서로 통지등을 한 경우에는 해당 법령에서 정한 절차에 따라 통지등을 한 것으로 본다.

③ 행정기관등의 장은 제1항에 따라 통지등을 전자문서로 할 때에는 인터넷을 통하여 미리 그 통지등의 종류와 절차를 국민에게 공표하여야 한다.

④ 전자문서에 의한 통지등을 하는 데 필요한 사항은 국회규칙, 대법원규칙, 헌법재판소규칙, 중앙선거관리위원회규칙 및 <u>대통령령으로 정한</u>다.

제12조(행정정보의 전자적 제공) ① 행정기관등의 장은 민원 관련 법령, 민원사무 관련 편람, 민원사무의 처리기준 등 민원과 관련된 정보와 그 밖에 국민생활과 관련된 행정정보로서 국회규칙, 대법원규칙, 헌법재판소규칙, 중앙선거관리위원회규칙 및 <u>대통령령으로 정하</u>는 행정정보 등을 별도로 인터넷을 통하여 국민에게 제공하여야 한다.

② 행정기관등의 장은 관보·신문·게시판 등에 싣는 사항을 별도로 인터넷을 통하여 국민에게 제공할 수 있다.

제13조(행정정보의 전자적 제공에 따른 비용 부담) ① 행정기관등의 장은 인터넷을 통하여 제공하는 행정정보로 인하여 특별한 이익을 얻는 자가 있는 경우에는 그 자에게 수수료를 받을 수 있다.

② 제1항에 따른 수수료 징수 기준과 절차 등에 관하여 필요한 사항은 국회규칙, 대법원규칙, 헌법재판소규칙, 중앙선거관리위원회규칙 및 <u>대통령령으로 정한</u>다.

제14조(세금 등의 전자적 납부) 행정기관등의 장은 다른 법령에서 세금, 수수료, 과태료, 과징금, 범칙금, 벌금, 과료 등을 현금, 수입인지, 수입증지, 그 밖의 형태로 납부하도록 규정하고 있는 경우에도 정보통신망을 이용하여 전자화폐, 전자결제 등의 방법으로 납부하게 할 수 있다.

제15조(전자적 급부제공) 행정기관등의 장은 법령에 따라 국민에게 일정한 급부 등을 제공하는 경우 정보통신망을 통하여 제공할 수 있다.

제2절 전자정부서비스의 제공과 이용촉진

제16조(전자정부서비스 개발·제공) ① 행정기관등의 장은 국민의 복지향상 및 편익증진, 국민생활의 안전보장, 창업 및 공장설립 등 기업활동의 촉진 등을 위한 전자정부서비스를 개발하여 제공하고 이를 지속적으로 보완·발전시키기 위한 대책을 마련하여야 한다.

② 행정기관등의 장은 전자정부서비스 이용자가 손쉽게 전자정부서비스에 접근하여 안전하고 편리하게 활용할 수 있도록 하여야 하며, 제공되는 전자정부서비스는 최신의 것이 되도록 하여야 한다.

③ 행정기관등의 장은 전자정부서비스를 개발·제공할 때 전자정부서비스 이용자의 요구사항 및 편익을 고려하여야 한다.

제17조(이용자의 참여 확대) 행정기관등의 장은 전자정부서비스를 제공할 때 이용자가 참여하여 토론, 건의, 정책제안 등 다양한 의사를 표현할 수 있는 기회를 보장하여야 하며, 이를 통한 건의 및 정책제안 등을 법령 및 제도의 정비, 전자정부서비스의 개선 등에 적극 반영하여야 한다.

제18조(유비쿼터스 기반의 전자정부서비스 도입·활용) ① 행정기관등의 장은 첨단 정보통신기술을 활용하여 국민·기업 등이 언제 어디서나 활용할 수 있는 행정·교통·복지·환경·재난안전 등의 서비스(이하 "유비쿼터스 기반의 전자정부서비스"라 한다. 이하 이 조에서 같다)를 제공하여야 하며, 이에 필요한 시책을 마련하여야 한다.

② 행정안전부장관은 제1항의 유비쿼터스 기반의 전자정부서비스 도입과 이용을 촉진하기 위하여 필요한 경우 시범사업을 추진할 수 있다.

③ 제1항 및 제2항의 유비쿼터스 기반의 전자정부서비스 도입·활용 및 시범사업 등에 관하여 필요한 사항은 국회규칙, 대법원규칙, 헌법재판소규칙, 중앙선거관리위원회규칙 및 <u>대통령령으로 정한다</u>.

제19조(전자정부서비스의 보편적 활용을 위한 대책) 행정기관등의 장은 국민이 경제적·지역적·신체적 또는 사회적 여건 등으로 인하여 전자정부서비스에 접근하거나 이를 활용하는 데 어려움이 발생하지 아니하도록 필요한 대책을 마련하여야 한다.

제20조(전자정부 포털의 운영) ① 국가는 국민에게 전자정부서비스를 효율적으로 제공하기 위하여 인터넷 기반의 통합정보시스템(이하 "전자정부 포털"이라 한다)을 구축·관리하고 활용을 촉진하여야 한다.

② 전자정부 포털의 구축·관리 및 활용촉진에 필요한 사항은 <u>대통령령으로 정한다</u>.

제21조(전자정부서비스의 민간 참여 및 활용) ① 행정기관등의 장은 전자정부서비스 이용을 활성화하기 위하여 업무협약 등을 통하여 개인 및 기업, 단체 등이 제공하는 서비스와 결합하여 새로운 서비스를 개발·제공할 수 있다.

② 행정기관등의 장은 개인 및 기업, 단체 등이 전자정부서비스에서 제공하는 일부 기술이나 공공성이 큰 행정정보(「공공기관의 개인정보보호에 관한 법률」 제2조제2호에 따른 개인정보는 제외한다) 등을 활용하여 새로운 서비스를 개발·제공할 수 있도록 필요한 지원을 할 수 있다.

③ 제1항 및 제2항에 따른 업무협약, 지원 기준과 절차 등에 필요한 사항은 국회규칙, 대법원규칙, 헌법재판소규칙, 중앙선거관리위원회규칙 및 <u>대통령령으로 정한다</u>.

제22조(전자정부서비스의 이용실태 조사·분석) ① 행정기관등의 장은 해당 기관에서 제공하는 전자정부서비스에 대한 이용실태 등을 주기적으로 조사·분석하여 관리하고 개선 방안을

마련하여야 한다.

② 제1항에 따른 전자정부서비스 이용실태의 조사·분석 및 관리에 필요한 구체적인 사항은 국회규칙, 대법원규칙, 헌법재판소규칙, 중앙선거관리위원회규칙 및 대통령령으로 정한다.

제23조(전자정부서비스의 효율적 관리) ① 중앙사무관장기관의 장은 행정기관등에서 제공하는 전자정부서비스가 서로 유사하거나 중복되는 경우 또는 운영가치가 낮은 경우에는 국가정보화전략위원회의 심의를 거쳐 서비스의 통합 또는 폐기 등 개선 방안을 권고할 수 있다.

② 제1항의 전자정부서비스의 통합 또는 폐기 등의 기준 및 절차에 관한 사항은 국회규칙, 대법원규칙, 헌법재판소규칙, 중앙선거관리위원회규칙 및 대통령령으로 정한다.

제24조(전자적 대민서비스 보안대책) ① 행정안전부장관은 전자적 대민서비스와 관련된 보안대책을 국가정보원장과 사전 협의를 거쳐 마련하여야 한다.

② 중앙행정기관과 그 소속 기관 및 지방자치단체의 장은 제1항의 보안대책에 따라 해당 기관의 보안대책을 수립·시행하여야 한다.

제3장 전자적 행정관리

제25조(전자문서의 작성 등) ① 행정기관등의 문서는 전자문서를 기본으로 하여 작성, 발송, 접수, 보관, 보존 및 활용되어야 한다. 다만, 업무의 성격상 또는 그 밖의 특별한 사정이 있는 경우에는 그러하지 아니하다.

② 행정기관등이 해당 기관에서 접수하거나 발송하는 문서의 서식은 전자문서에 적합하도록 하여야 한다.

③ 행정기관등의 전자문서의 작성, 발송, 접수, 보관, 보존 및 활용과 전자문서 서식의 작성 방법 등에 관하여 필요한 사항은 국회규칙, 대법원규칙, 헌법재판소규칙, 중앙선거관리위원회규칙 및 대통령령으로 정한다.

제26조(전자문서 등의 성립 및 효력 등) ① 행정기관등이 작성하는 전자문서는 그 문서에 대하여 결재(국회규칙, 대법원규칙, 헌법재판소규칙, 중앙선거관리위원회규칙 및 대통령령으로 정하는 전자적인 수단에 의한 결재를 말한다)를 받음으로써 성립한다.

② 행정기관등의 보조기관 또는 보좌기관이 위임전결하거나 대결(代決)한 전자문서는 그 보조기관 또는 보좌기관의 제29조에 따른 행정전자서명으로 발송할 수 있다.

③ 이 법에 따른 전자문서 및 전자화문서는 다른 법률에 특별한 규정이 있는 경우를 제외하고는 종이문서와 동일한 효력을 갖는다.

제27조(전자문서의 송신·수신) ① 개인, 법인 또는 단체가 본인임을 확인할 필요가 있는 전자

문서를 행정기관등에 송신하려는 경우에는 공인전자서명 또는 다른 법령에 따라 본인임을 확인하기 위하여 인정되는 전자적 수단을 이용하여 송신하여야 한다. 다만, 공공기관이 행정기관과 전자문서를 유통하는 경우에는 행정전자서명을 이용하여 송신·수신하여야 한다.

② 발송시기 또는 도달시기를 분명히 할 필요가 있는 전자문서는 발송시기 또는 도달시기를 객관적으로 확인할 수 있도록 국회규칙, 대법원규칙, 헌법재판소규칙, 중앙선거관리위원회규칙 및 대통령령으로 정하는 전자적 방법을 이용하여 송신하거나 수신하여야 한다.

제28조(전자문서의 발송시기 및 도달시기) ① 행정기관등에 송신한 전자문서는 그 전자문서의 송신시점이 정보시스템에 의하여 전자적으로 기록된 때에 송신자가 발송한 것으로 본다.

② 행정기관등이 송신한 전자문서는 수신자가 지정한 정보시스템 등에 입력된 때에 그 수신자에게 도달된 것으로 본다. 다만, 지정한 정보시스템 등이 없는 경우에는 수신자가 관리하는 정보시스템 등에 입력된 때에 그 수신자에게 도달된 것으로 본다.

③ 특정한 기한까지 도달되어야 할 문서 등을 송신자가 기한 전에 제27조제2항에 따른 전자적 방법을 이용하여 전자문서로 발송하였으나 수신자의 정보시스템 또는 관련 장치의 장애로 인하여 기한 내에 도달되지 아니한 경우에는 해당 송신자에 대하여만 수신자의 장애가 제거된 날의 다음 날에 기한이 도래한 것으로 본다.

④ 행정기관등에 도달된 전자문서가 판독할 수 없는 상태로 수신된 경우에는 해당 행정기관등은 이를 흠이 있는 문서로 보고 보완에 필요한 상당한 기간을 정하여 보완을 요구하여야 하며, 행정기관등이 발송한 전자문서가 판독할 수 없는 상태로 수신자에게 도달된 경우에는 이를 적법하게 도달된 문서로 보지 아니한다.

제29조(행정전자서명의 인증) ① 행정기관이 작성하는 전자문서에는 행정전자서명을 사용한다. 다만, 행정기관은 「전자거래기본법」 제2조제5호에 따른 전자거래를 효율적으로 운영하기 위하여 공인전자서명을 사용할 수 있다.

② 중앙사무관장기관의 장은 행정전자서명에 대한 인증업무를 수행한다.

③ 중앙사무관장기관의 장은 제2항의 인증업무를 수행할 때 공인전자서명과의 호환성을 높이기 위하여 행정안전부장관과 협의하여 행정전자서명에 대한 기술표준을 마련하고, 행정전자서명과 공인전자서명이 서로 연계될 수 있는 방안을 마련하여야 한다.

④ 제2항에 따라 인증받은 행정전자서명이 있는 경우에는 그 행정전자서명을 전자문서에 표시된 행정기관 및 공공기관의 관인·공인 또는 해당 기관에서 직접 업무를 담당하는 사람의 서명이 있는 것으로 보며, 그 전자문서는 행정전자서명이 된 후에 그 내용이 변경되지 아니하였다고 추정한다.

⑤ 행정전자서명의 인증업무에 관하여 필요한 사항은 국회규칙, 대법원규칙, 헌법재판소규칙, 중앙선거관리위원회규칙 및 대통령령으로 정한다.

제30조(행정지식의 전자적 관리) 행정기관등의 장은 해당 기관의 업무와 관련된 행정정보, 개

인의 경험, 해당 기관 안에서 생산·유통되는 업무지식 및 기술 중에서 정책결정 등의 주요 판단자료로서의 가치가 크다고 인정되는 사항은 정책결정에 활용될 수 있도록 전자적 시스템을 구축·운영할 수 있다.

제31조(정보통신망을 통한 의견수렴) ① 행정기관등의 장은 소관 법령의 제정·개정, 「행정절차법」 제46조제1항에 따른 행정예고를 하여야 하는 사항, 그 밖에 법령에서 공청회·여론조사 등을 하도록 한 사항에 관하여는 정보통신망을 통한 의견수렴 절차를 병행하여야 한다.

② 행정기관등의 장은 처분에 관하여 의견이 있는 당사자 및 이해관계인이 그 의견을 정보통신망을 통하여 제출할 수 있도록 하여야 한다.

③ 행정기관등의 장은 제1항 및 제2항에 따른 의견수렴 및 의견제출을 활성화하기 위하여 관계 법령의 정비 등 필요한 조치를 하여야 한다.

④ 행정기관등의 장은 국민을 대상으로 통계 조사, 민원사무처리에 대한 만족도 조사 등을 실시할 때에는 정보통신망을 활용하는 방안을 적극적으로 마련하여야 한다.

제32조(전자적 업무수행 등) ① 행정기관등의 장은 행정업무를 수행할 때 정보통신망을 이용한 온라인 원격영상회의 방식을 활용할 수 있다.

② 행정기관등의 장은 필요하면 소속 직원으로 하여금 특정한 근무장소를 정하지 아니하고 정보통신망을 이용한 온라인 원격근무를 하게 할 수 있다. 이 경우 행정기관등의 장은 정보통신망에 대한 불법적인 접근의 방지와 그 밖의 보호대책을 마련하여야 한다.

③ 행정기관등의 장은 정보통신망을 이용하여 소속 직원에 대한 온라인 원격교육훈련을 실시할 수 있다.

④ 제1항부터 제3항까지의 전자적 업무수행을 촉진하기 위하여 필요한 사항은 국회규칙, 대법원규칙, 헌법재판소규칙, 중앙선거관리위원회규칙 및 대통령령으로 정한다.

제33조(종이문서의 감축) ① 행정기관등의 장은 행정업무 및 민원사무의 전자화, 행정정보의 공동이용 등을 통하여 종이문서의 작성·접수·유통 및 보관을 최소화하고 종이문서를 지속적으로 줄이기 위한 방안을 마련하여야 한다.

② 행정기관등의 장은 문서작성 및 보고과정에서 종이문서의 불필요한 출력을 최소화하도록 일하는 방식 등을 개선하여야 한다.

③ 행정기관등의 장은 종이문서를 줄이기 위하여 종이문서로 신청·신고 및 보고·제출 또는 통지·통보하도록 규정하고 있는 법령과 지침 등을 특별한 사유가 없으면 전자적인 방법으로도 할 수 있도록 개정하거나 보완하여야 한다.

④ 중앙사무관장기관의 장은 종이문서를 줄이기 위하여 필요한 경우 지침을 마련하여 시행하거나 종이문서의 사용실태 등을 조사할 수 있다.

제34조(업무담당자의 신원 및 접근권한) 행정기관등의 장은 전자적 민원처리 및 업무의 수행을 위하여 정보시스템 또는 행정정보를 이용하려는 업무담당자 등의 본인 여부 및 접근권한

등을 국회규칙, 대법원규칙, 헌법재판소규칙, 중앙선거관리위원회규칙 및 <u>대통령령으로</u>
<u>정하는</u> 방법으로 관리하고 확인하여야 한다.

제35조(금지행위) 누구든지 행정정보를 취급·이용할 때 다음 각 호의 행위를 하여서는 아니
된다.

    1. 행정정보의 처리업무를 방해할 목적으로 행정정보를 위조·변경·훼손하거나 말소
하는 행위

    2. 행정정보 공동이용을 위한 정보시스템을 정당한 이유 없이 위조·변경·훼손하거나
이용하는 행위

    3. 행정정보를 변경하거나 말소하는 방법이나 프로그램을 공개·유포하는 행위

    4. 공개하여서는 아니 되는 행정정보를 정당한 이유 없이 누설하는 행위

    5. 행정정보를 권한 없이 처리하거나 권한 범위를 넘어서 처리하는 행위

    6. 행정정보를 권한 없이 다른 사람으로 하여금 이용하게 하는 행위

    7. 제39조제2항에 따라 행정안전부장관의 공동이용 승인을 받은 기관이 승인받지 아
니한 방식으로 행정정보를 공동이용하거나 승인받지 아니한 정보시스템 또는 저장
장치에 행정정보의 내용을 저장하는 행위

    8. 거짓이나 그 밖의 부정한 방법으로 행정기관등으로부터 행정정보를 제공받거나 열
람하는 행위

제4장 행정정보의 공동이용

연혁   제36조(행정정보의 효율적 관리 및 이용) ① 행정기관등의 장은 수집·보유하고 있는 행
정정보를 필요로 하는 다른 행정기관등과 공동으로 이용하여야 하며, 다른 행정기관등으
로부터 신뢰할 수 있는 행정정보를 제공받을 수 있는 경우에는 같은 내용의 정보를 따로
수집하여서는 아니 된다.

② 행정정보를 수집·보유하고 있는 행정기관등(이하 "행정정보보유기관"이라 한다)의 장
은 다른 행정기관등과 <u>「은행법」 제8조제1항</u>에 따라 은행업의 인가를 받은 은행 및 대
통령령으로 정하는 법인·단체 또는 기관으로 하여금 행정정보보유기관의 행정정보를
공동으로 이용하게 할 수 있다. 〈개정 2010.5.17〉

③ 행정안전부장관은 행정기관등의 행정정보 목록을 조사·작성하여 각 행정기관등에 배
포하고, 행정기관등이 공동이용을 필요로 하는 행정정보에 대한 수요조사를 할 수 있다.

④ 중앙사무관장기관의 장은 행정정보의 생성·가공·이용·제공·보존·폐기 등 행정정보
의 효율적 관리를 위하여 관련 법령 및 제도의 개선을 추진하여야 한다.

⑤ 행정안전부장관은 다른 중앙사무관장기관의 장과 협의하여 행정정보의 공동이용에 대

한 기준과 절차 등에 관한 지침을 마련하여 고시할 수 있다.

제37조(행정정보 공동이용센터) ① 행정안전부장관은 행정정보의 원활한 공동이용을 위하여 행정안전부장관 소속으로 행정정보 공동이용센터(이하 "공동이용센터"라 한다)를 두고 대통령령으로 정하는 바에 따라 공동이용에 필요한 시책을 추진하게 할 수 있다.

② 제36조제2항에 따라 행정정보를 공동으로 이용하는 기관은 정당한 사유가 없으면 공동이용센터를 통하여 행정정보를 공동이용하여야 한다.

제38조(공동이용 행정정보) ① 제36조 및 제37조에 따라 공동이용센터를 통하여 공동으로 이용할 수 있는 행정정보는 다음 각 호와 같다.

1. 민원사항 등의 처리를 위하여 필요한 행정정보
2. 통계정보, 문헌정보, 정책정보 등 행정업무의 수행에 참고가 되는 행정정보
3. 행정기관등이 법령 등에서 정하는 소관 업무의 수행을 위하여 불가피하게 필요하다고 인정하는 행정정보

② 국가의 안전보장과 관련된 행정정보, 법령에 따라 비밀로 지정된 행정정보 또는 이에 준하는 행정정보는 공동이용 대상정보에서 제외할 수 있다.

③ 행정정보보유기관은 공동으로 이용되는 행정정보가 최신 정보가 되도록 하고 정확성을 유지하도록 관리하여야 한다.

④ 행정정보의 공동이용은 특정한 이용목적에 따라 필요한 범위에서 이루어져야 한다.

⑤ 제1항에 따른 행정정보의 범위에서 대상정보의 종류, 범위 및 유형 등은 대통령령으로 정한다.

제39조(행정정보 공동이용의 신청·승인) ① 제37조제2항에 따라 공동이용센터를 통하여 행정정보를 이용하려는 기관은 대통령령으로 정하는 바에 따라 공동이용 대상 행정정보와 그 범위, 공동이용의 목적·방식, 행정정보보유기관 등을 특정하여 행정안전부장관에게 공동이용을 신청하여야 한다.

② 행정안전부장관은 제1항에 따른 공동이용 신청을 받으면 대통령령으로 정하는 바에 따라 공동이용의 조건 등을 정하여 행정정보 공동이용을 승인할 수 있다. 다만, 다음 각 호의 어느 하나에 해당하는 경우에는 공동이용을 승인하여서는 아니 된다.

1. 공동이용을 신청한 행정정보가 다른 법률 또는 다른 법률에서 위임한 명령(국회규칙, 대법원규칙, 헌법재판소규칙, 중앙선거관리위원회규칙, 감사원규칙, 대통령령, 총리령·부령 및 조례·규칙만 해당한다)에서 비밀 또는 비공개 사항으로 규정된 경우
2. 공동이용을 신청한 행정정보가 국가안전보장 또는 국방·통일·외교관계 등에 관한 사항으로서 공동이용할 경우에는 국가의 중대한 이익을 크게 해칠 우려가 있다고 인정되는 경우
3. 공동이용을 신청한 기관(이하 "신청기관"이라 한다)이 공동이용하려는 행정정보가

그 신청기관 고유의 업무수행에 필요하지 아니하다고 인정되는 경우

4. 그 밖에 이 법에 따른 공동이용의 목적이나 행정정보의 안전성과 신뢰성을 해칠 우려가 있다고 인정되는 경우로서 대통령령으로 정하는 경우

③ 행정안전부장관은 제2항에 따른 승인을 하기 전에 행정정보보유기관의 장의 동의를 받아야 하며, 이 경우 행정정보보유기관의 장은 특별한 사유가 없으면 행정정보의 공동이용에 협조하여야 한다.

④ 행정안전부장관은 신청기관이 공동이용하려는 행정정보가 「공공기관의 개인정보보호에 관한 법률」 제5조에 따른 개인정보파일인 경우에는 같은 법 제20조제1항에 따른 공공기관개인정보보호심의위원회의 심의를 거쳐 제2항에 따른 공동이용 승인을 하여야 한다. 다만, 다른 법률에 특별한 규정이 있는 경우에는 그러하지 아니하다.

⑤ 행정안전부장관은 다음 각 호의 어느 하나에 해당하는 경우에는 제1항부터 제4항까지의 규정에 따른 절차를 간소화하거나 생략하여 공동이용의 승인을 할 수 있다.

1. 이미 공동이용의 승인을 한 사무에 있어 법령의 제정·개정 등으로 인하여 단순히 그 명칭이나 소관 부서 등이 변경되는 경우

2. 「민원사무처리에 관한 법률」 제20조제1항에 따른 민원사무처리기준표에 올라 있는 민원사무의 처리를 위하여 행정정보 공동이용이 필요한 경우

⑥ 행정안전부장관은 공동이용하려는 사무가 법령에서 정하는 바에 따라 여러 행정기관 등이 공통적으로 처리하는 사무인 경우에는 개별 기관이 신청하지 아니하여도 그 사무를 처리하는 모든 기관에 대하여 공동이용을 승인할 수 있다.

⑦ 제2항에 따른 승인을 받은 기관은 대통령령으로 정하는 바에 따라 다음 각 호의 어느 하나에 해당하는 사람을 지정하여 운영하여야 한다.

1. 그 기관의 공동이용에 관한 사항을 총괄관리할 권한이 있는 사람

2. 그 기관의 업무담당자에게 행정정보에 접근할 수 있는 권한을 부여할 권한이 있는 사람

3. 공동이용을 통하여 처리하는 소관 업무와 행정정보에 접근할 권한이 있는 사람

제40조(심사·승인·협의의 의제) ① 신청기관이 다음 각 호의 조항의 본문에서 정한 행정정보에 대하여 제39조제2항에 따라 공동이용의 승인을 받은 경우 그 행정정보는 다음 각 호의 해당 조항의 단서에 따라 신청기관에 제공할 수 있는 것으로 본다.

1. 「국세기본법」 제81조의13제1항

2. 「관세법」 제116조제1항

3. 「지방세법」 제69조제1항

② 신청기관이 제39조제2항에 따라 공동이용의 승인을 받은 경우에 다음 각 호의 어느 하나에 해당하는 사항이 포함되어 있으면 그 행정정보에 대하여 그에 해당하는 다음 각 호의 심사, 승인, 협의 등을 받은 것으로 본다.

1. 「부동산등기법」 제177조의5제3항에 따른 등기전산정보자료의 이용·활용에 관한 심사·승인 및 협의
2. 「가족관계의 등록 등에 관한 법률」 제13조제1항에 따른 등록전산정보자료의 이용·활용에 관한 심사·승인 및 협의
3. 「주민등록법」 제30조에 따른 주민등록전산정보자료의 이용·활용에 관한 심사 및 승인
4. 「측량·수로조사 및 지적에 관한 법률」 제76조에 따른 지적전산자료의 이용·활용에 관한 심사 및 승인
5. 「자동차관리법」 제69조제2항에 따른 전산자료의 이용에 관한 심의 및 승인
6. 「건축법」 제32조에 따른 전산자료의 이용에 관한 심사 및 승인
7. 「상업등기법」 제16조제2항에 따른 등기전산정보자료의 이용·활용에 관한 심사·승인 및 협의

제41조(행정정보 공동이용 승인의 철회 및 정지) ① 행정안전부장관은 제39조제2항에 따른 승인을 받아 행정정보를 공동으로 이용하는 기관(이하 "이용기관"이라 한다) 또는 그 소속 직원이 다음 각 호의 어느 하나에 해당하는 경우에는 해당 이용기관에 대한 공동이용의 승인을 철회할 수 있다.

1. 제39조제2항에 따라 정한 공동이용의 조건을 위반한 경우
2. 공동이용을 신청한 후에 제39조제2항 각 호의 어느 하나에 해당하는 사유가 발생한 경우
3. 제35조에 따른 금지행위를 하거나 제74조에 따른 준수의무를 위반한 경우
4. 그 밖에 제1호부터 제3호까지의 경우에 준하여 행정정보의 공동이용을 금지하여야 할 불가피한 사유가 있는 경우로서 대통령령으로 정하는 경우

② 행정안전부장관은 제1항에도 불구하고 같은 항 각 호의 어느 하나에 해당하는 사유가 일시적으로 발생하였다고 인정되는 경우에는 그 발생 원인이 해소될 때까지 해당 이용기관의 공동이용을 일시 정지시킬 수 있다.

③ 행정정보보유기관은 소관 행정정보를 공동으로 이용하는 이용기관이나 그 소속 직원이 제1항 각 호의 어느 하나에 해당하는 경우에는 해당 이용기관에 대한 공동이용의 승인을 철회하거나 해당 이용기관의 공동이용을 일시 정지시켜 줄 것을 행정안전부장관에게 요청할 수 있다.

④ 행정안전부장관은 제1항이나 제2항에 따라 공동이용의 승인을 철회하거나 공동이용을 정지시킨 경우에는 그 구체적인 사유를 해당 이용기관과 행정정보보유기관에 알려야 한다.

⑤ 행정정보 공동이용의 철회 또는 정지 등에 필요한 사항은 대통령령으로 정한다.

제42조(정보주체의 사전동의) ① 이용기관이 공동이용센터를 통하여 개인정보가 포함된 행정

정보를 공동이용할 때에는 「공공기관의 개인정보보호에 관한 법률」 제2조제8호의 정보주체(이하 "정보주체"라 한다)가 다음 각 호의 사항을 알 수 있도록 정보주체의 사전동의를 받아야 한다. 이 경우 「공공기관의 개인정보보호에 관한 법률」 제10조제3항제1호 및 같은 조 제5항은 적용하지 아니한다.

   1. 공동이용의 목적
   2. 공동이용 대상 행정정보 및 이용범위
   3. 공동이용 대상 이용기관의 명칭

② 제1항에도 불구하고 이용기관이 다음 각 호의 어느 하나에 해당하는 경우로서 정보주체의 사전동의를 받을 수 없거나 동의를 받는 것이 부적절하다고 인정되면 이용기관은 그 행정정보를 공동이용한 후 국회규칙, 대법원규칙, 헌법재판소규칙, 중앙선거관리위원회규칙 및 대통령령으로 정하는 바에 따라 제1항 각 호의 사항을 정보주체가 알 수 있도록 하여야 한다. 다만, 제3호에 해당하여 이용기관이 범죄수사를 위하여 행정정보를 공동이용한 경우에는 그 사건에 관하여 공소를 제기한 날 또는 입건이나 공소제기를 하지 아니하는 처분(기소중지 결정은 제외한다)을 한 날 이후에 알 수 있도록 하여야 한다.

   1. 정보주체의 생명 또는 신체를 보호하기 위하여 긴급하게 공동이용할 필요가 있는 경우
   2. 법령에 따라 정보주체에게 의무를 부과하거나 권리·이익을 취소·철회하는 업무를 수행하기 위하여 공동이용이 불가피한 경우
   3. 법령을 위반한 정보주체에 대한 조사 또는 처벌 등 제재와 관련된 업무를 수행하기 위하여 공동이용이 불가피한 경우
   4. 그 밖에 법령에서 정하는 업무를 수행함에 있어서 정보주체의 사전동의를 받는 것이 그 업무 또는 정보의 성질에 비추어 현저히 부적합하다고 인정되는 경우로서 대통령령으로 정하는 경우

③ 행정안전부장관은 제2항에 따라 정보주체의 사전동의 없이 공동이용할 수 있는 업무와 행정정보의 구체적인 범위를 대통령령으로 정하는 바에 따라 공개하여야 한다.

제43조(정보주체의 열람청구권) ① 정보주체는 공동이용센터를 통하여 공동이용한 행정정보 중 본인에 관한 행정정보에 대하여 다음 각 호의 사항에 대한 열람을 행정안전부장관 또는 해당 이용기관의 장에게 신청할 수 있다.

   1. 이용기관
   2. 공동이용의 목적
   3. 공동이용한 행정정보의 종류
   4. 공동이용한 시기
   5. 해당 행정정보를 공동이용할 수 있는 법적 근거

② 행정안전부장관 및 이용기관의 장은 제1항에 따른 정보주체의 신청을 받았을 때에는 정당한 사유가 없으면 신청한 날부터 10일 이내에 그 정보주체에게 제1항 각 호의 사항을 통보하여야 한다. 이 경우 10일 이내에 통보할 수 없는 정당한 사유가 있을 때에는 그 사유가 소멸하였을 때에 지체 없이 통보하여야 한다.

③ 제2항의 경우에 이용기관이 범죄수사를 위하여 행정정보를 공동이용한 경우에는 그 사건에 관하여 공소를 제기한 날 또는 입건이나 공소제기를 하지 아니하는 처분(기소중지 결정은 제외한다)을 한 날부터 30일 이내에 그 정보주체에게 통보하여야 한다.

④ 정보주체는 이용기관이 제2항에 따른 통보를 하지 아니하면 이용기관이 공동이용한 행정정보 중 본인에 관한 제1항 각 호의 사항에 대한 열람을 행정안전부장관에게 직접 신청할 수 있다.

⑤ 제1항부터 제4항까지의 규정에 따른 열람 절차 등에 관하여 필요한 사항은 <u>대통령령으로 정한다</u>.

⑥ 행정안전부장관은 <u>대통령령으로 정하는</u> 바에 따라 공동이용센터를 통하여 공동이용한 행정정보의 명칭, 공동이용 횟수 등의 기록을 유지·관리하고 공개하여야 한다.

제44조(행정정보 공동이용에 따른 비용 청구) ① 공동이용센터를 통하여 행정정보를 제공하는 기관은 해당 행정정보의 이용기관에 그 비용을 청구할 수 있다.

② 제1항에 따른 비용 청구의 대상·범위 등에 관하여 필요한 사항은 국회규칙, 대법원규칙, 헌법재판소규칙, 중앙선거관리위원회규칙 및 <u>대통령령으로 정한다</u>.

제5장 전자정부 운영기반의 강화

제1절 정보기술아키텍처의 도입 및 활용

제45조(정보기술아키텍처 기본계획의 수립 등) ① 행정안전부장관은 관계 행정기관등의 장과 협의하여 정보기술아키텍처를 체계적으로 도입하고 확산시키기 위한 기본계획(이하 "기본계획"이라 한다)을 수립하여 국가정보화전략위원회에 보고하여야 한다.

② 행정안전부장관은 기본계획에 따라 범정부 정보기술아키텍처를 국가정보화전략위원회의 심의를 거쳐 수립하여야 한다.

③ 행정안전부장관은 정보기술아키텍처의 도입·운영 및 정보시스템의 구축·운영에 관한 지침을 정하여 고시하여야 하며, 행정기관등의 장은 이를 준수하여야 한다.

④ 행정안전부장관은 관계 중앙행정기관의 장과 협의하여 정보기술아키텍처와 예산, 성과 등 관련 제도를 연계·발전시킬 수 있는 방안을 마련하고, 행정기관등의 장은 특별한 사유가 없으면 이를 소관 업무에 반영하도록 노력하여야 한다.

제46조(기관별 정보기술아키텍처 도입·운영) ① 대통령령으로 정하는 행정기관등(이하 "아키텍처도입 대상기관"이라 한다)의 장은 대통령령으로 정하는 바에 따라 정보기술아키텍처 도입계획을 수립하여 행정안전부장관에게 제출하여야 한다.

② 아키텍처도입 대상기관의 장은 업무처리 및 정보화를 효율적으로 추진하기 위하여 제1항의 도입계획에 따라 정보기술아키텍처를 도입·운영하고 지속적으로 유지·발전시켜야 한다.

제47조(정보기술아키텍처의 도입·운영 촉진) ① 행정안전부장관은 정보기술아키텍처의 도입·운영을 촉진하기 위하여 행정기관등이 공동으로 활용할 수 있는 정보기술아키텍처의 참조모형(정보기술아키텍처의 구성요소들을 표준화된 분류체계와 형식으로 정의함으로써 일관성·상호운용성 등을 확보하기 위한 모형을 말한다. 이하 같다)을 개발하여 보급할 수 있다.

② 행정안전부장관은 정보기술아키텍처를 도입·운영하려는 행정기관등에 대하여 대통령령으로 정하는 바에 따라 정보기술아키텍처의 도입·운영에 관한 기술의 제공 및 교육·훈련의 지원 등을 할 수 있다.

③ 행정안전부장관은 행정기관등에서 정보기술아키텍처 관련 정보를 공동으로 활용할 수 있도록 참조모형, 범정부 정보기술아키텍처, 각 기관의 정보기술아키텍처의 도입·운영 현황 등에 관한 정보를 관리·제공하기 위한 시스템을 구축·운영하여야 한다.

④ 행정안전부장관은 행정기관등의 정보시스템과 연계된 정보시스템을 구축하거나 운영하는 등 행정기관등과 밀접한 관련이 있는 민간부문에 대하여 정보기술아키텍처를 도입·운영하도록 권고할 수 있다.

제48조(정보통신기술에 적합한 업무 재설계) ① 행정기관등의 장은 소관 업무에 정보통신기술을 도입할 때 기존의 조직구성, 인력배치 및 업무절차 등을 정보통신기술의 도입에 적합하도록 재설계하고 이를 시행하여야 한다.

② 제1항에 따른 업무 재설계의 범위가 둘 이상의 행정기관등의 업무와 연계되어 있는 경우에 해당 행정기관등의 장은 관계 행정기관등의 장에게 협조를 요청할 수 있으며, 이 경우 관계 행정기관등의 장은 특별한 사유가 없으면 이에 협조하여야 한다.

③ 행정기관등의 장은 제1항 및 제2항에 따른 업무 재설계에 따라 필요한 경우 소관 법령 및 제도를 정비하여야 하며, 다른 행정기관등의 소관 법령 및 제도에 대하여는 개선을 요청할 수 있다.

제2절 정보자원의 효율적 관리기반 조성

제49조(상호운용성 확보 등을 위한 기술평가) ① 행정기관등의 장은 정보시스템의 특성 및 사업의 규모 등이 대통령령으로 정하는 기준에 해당하는 정보시스템 구축사업을 하려면 사업계획을 확정하기 전에 제45조제3항의 지침에 따라 다음 각 호의 사항에 관하여 기술평가

를 하여야 한다.
  1. 정보시스템의 상호운용성
  2. 정보의 공동활용
  3. 정보시스템의 효율성
  4. 정보접근을 위한 기술적 편의성
  5. 정보시스템 구축·운영 기술의 적합성
② 행정기관등의 장은 필요한 경우 사업계획을 수립하기 전에 대통령령으로 정하는 자격을 갖춘 기관으로 하여금 제1항에 따른 기술평가를 하도록 할 수 있다.

제50조(표준화) 중앙사무관장기관의 장은 국회규칙, 대법원규칙, 헌법재판소규칙, 중앙선거관리위원회규칙 및 대통령령으로 정하는 바에 따라 전자문서, 행정코드 및 행정기관등에서 공통적으로 사용되는 행정업무용 컴퓨터 등의 표준화를 위하여 필요한 조치를 할 수 있다.

제51조(공유서비스의 지정 및 활용) ① 중앙사무관장기관의 장은 행정기관등이 보유한 정보자원 중 여러 행정기관등 또는 민간에서 활용할 수 있는 표준화된 정보자원(이하 "공유서비스"라 한다)을 관계 행정기관등의 장과 협의하여 지정, 변경 또는 취소할 수 있고, 그 중 우수한 정보자원을 발굴·선정하여 다른 행정기관등에 보급할 수 있다.
② 중앙사무관장기관의 장은 공유서비스의 효율적인 유통 및 활용을 촉진하기 위하여 공유서비스 관리시스템을 구축·운영할 수 있다.
③ 행정기관등의 장은 정보시스템을 구축할 때에는 제1항에 따라 지정된 공유서비스를 우선적으로 활용하여야 하고, 개발된 서비스 중 다른 행정기관등 또는 민간에서 활용할 수 있는 서비스는 제2항의 공유서비스 관리시스템에 등록하고 지속적으로 관리하여야 한다.
④ 우수한 정보자원을 개발하여 보급하는 기관은 보급받는 기관에 비용을 청구할 수 있다.
⑤ 중앙사무관장기관의 장은 공유서비스의 보급 및 확산을 위한 시책을 마련하여야 한다.
⑥ 제1항부터 제5항까지의 규정과 관련한 구체적인 사항은 국회규칙, 대법원규칙, 헌법재판소규칙, 중앙선거관리위원회규칙 및 대통령령으로 정한다.

제52조(정보통신망의 구축) ① 중앙사무관장기관의 장은 행정안전부장관과 협의하여 행정기관등을 통합·연계하는 정보통신망의 구축·운영 방안을 마련하여야 한다.
② 행정기관등의 장이 정보통신망을 구축·운영할 때에는 정보통신망의 효율적 운영 및 다양한 행정정보의 원활한 유통을 위하여 다른 행정기관등의 정보통신망과 연계될 수 있도록 설계·운영하여야 한다.
③ 행정안전부장관은 행정기관등이 정보통신망을 최소의 비용으로 이용할 수 있도록 필요한 정보통신서비스 이용제도를 수립하여 시행하여야 한다.

제53조(정보화인력 개발계획의 수립 등) ① 중앙사무관장기관의 장은 공무원의 정보화 역량 향상 및 정보자원의 효율적인 관리 등을 도모하기 위하여 정보화인력 개발계획 및 전문인력의 양성, 자격제도 등에 관한 시책을 수립·추진할 수 있다.

② 중앙행정기관 및 지방자치단체의 장은 제1항의 정보화인력 개발계획에 따라 자체 추진계획을 수립·시행하여야 한다.

③ 제1항 및 제2항에서 규정한 사항 외에 정보화인력의 개발 등에 필요한 사항은 국회규칙, 대법원규칙, 헌법재판소규칙, 중앙선거관리위원회규칙 및 대통령령으로 정한다.

제54조(정보자원 통합관리) ① 행정기관등의 장은 해당 기관이 보유하고 있는 정보자원의 현황 및 통계자료(이하 "정보자원현황등"이라 한다)를 체계적으로 작성·관리하여야 한다.

② 행정안전부장관은 중앙행정기관의 정보자원에 대한 공동이용 및 효율적인 관리를 위하여 정보화 수요를 조사하고, 정보자원의 통합기준 및 원칙 등(이하 "정보자원 통합기준"이라 한다)을 수립하여 정보자원을 통합적으로 구축·관리할 수 있다.

③ 정보자원현황등의 작성·관리에 필요한 사항 및 정보자원 통합기준에 포함되어야 할 사항 등은 대통령령으로 정한다.

제55조(지역정보통합센터 설립·운영) ① 지방자치단체는 정보자원을 효율적으로 관리하고 지역정보화를 통합적으로 추진하기 위하여 지역정보통합센터를 설립·운영할 수 있고, 필요한 경우 국가와 지방자치단체 또는 둘 이상의 지방자치단체가 공동으로 지역정보통합센터를 설립·운영할 수 있다.

② 국가는 제1항에 따른 지역정보통합센터 설립·운영을 위하여 필요한 행정적·재정적·기술적 지원 등 필요한 지원을 할 수 있다.

③ 지역정보통합센터를 설립하고자 하는 지방자치단체의 장은 제67조제1항에 따라 중복투자 방지 등을 위하여 행정안전부장관과 사전협의를 하여야 한다.

④ 제1항부터 제3항까지에서 규정한 사항 외에 지역정보통합센터의 설립과 운영 등에 필요한 사항은 대통령령으로 정한다.

제3절 정보시스템의 안정성·신뢰성 제고

제56조(정보통신망 등의 보안대책 수립·시행) ① 국회, 법원, 헌법재판소, 중앙선거관리위원회 및 행정부는 전자정부의 구현에 필요한 정보통신망과 행정정보 등의 안전성 및 신뢰성 확보를 위한 보안대책을 마련하여야 한다.

② 행정기관의 장은 제1항의 보안대책에 따라 소관 정보통신망 및 행정정보 등의 보안대책을 수립·시행하여야 한다.

③ 행정기관의 장은 정보통신망을 이용하여 전자문서를 보관·유통할 때 위조·변조·훼손 또는 유출을 방지하기 위하여 국가정보원장이 안전성을 확인한 보안조치를 하여야 하

고, 국가정보원장은 그 이행 여부를 확인할 수 있다.

④ 제3항을 적용할 때에는 국회, 법원, 헌법재판소, 중앙선거관리위원회의 행정사무를 처리하는 기관의 경우에는 해당 기관의 장이 필요하다고 인정하는 경우에만 적용한다. 다만, 필요하지 아니하다고 인정하는 경우에는 해당 기관의 장은 제3항에 준하는 보안조치를 마련하여야 한다.

제57조(행정기관등의 정보시스템 감리) ① 행정기관등의 장은 정보시스템의 특성 및 사업 규모 등이 <u>대통령령으로 정하는</u> 기준에 해당하는 정보시스템에 대하여 <u>제58조제1항</u>에 따른 감리법인으로 하여금 정보시스템 감리를 하게 하여야 한다.

② 행정기관등의 장은 감리를 시행하는 사업에 대하여 그 소속 직원과 해당 정보시스템을 구축하는 사업자로 하여금 감리원의 원활한 업무수행에 필요한 사항을 지원하도록 하여야 하며, 정당한 사유 없이 감리원의 업무에 개입하거나 간섭하여서는 아니 된다.

③ 행정기관등의 장은 제1항에 따른 감리를 시행하는 사업에 대하여 해당 정보시스템을 구축하는 사업자로 하여금 감리결과를 반영하게 하여야 한다.

④ 제1항에도 불구하고 국가안전보장에 관한 정보 등 <u>대통령령으로 정하는</u> 정보를 취급하는 기관의 경우에는 그 기관의 장이 정하는 기관으로 하여금 정보시스템 감리를 하게 할 수 있다.

⑤ 행정안전부장관은 정보시스템 감리의 업무범위, 절차 및 준수사항 등 감리를 하기 위하여 필요한 기준(이하 "감리기준"이라 한다)을 정하여 고시하여야 한다. 다만, 정보시스템 보안에 관한 사항은 관계 기관의 장과 미리 협의하여야 한다.

⑥ 제1항 및 제4항에 따라 감리를 하는 법인 또는 기관은 해당 정보시스템이 적절하게 개발·구축되고 있는지를 감리기준에 따라 점검하여야 한다.

⑦ 제6항에 따라 감리를 하는 법인 또는 기관의 업무범위 및 감리절차와 그 밖에 필요한 사항은 <u>대통령령으로 정한다.</u>

제58조(감리법인의 등록) ① 정보시스템 감리를 하려는 자는 <u>대통령령으로 정하는</u> 기술능력, 재정능력, 그 밖에 정보시스템 감리에 필요한 사항을 갖추어 행정안전부장관에게 법인으로 등록하여야 한다.

② 제1항에 따라 등록한 법인(이하 "감리법인"이라 한다)은 등록사항을 변경할 때에는 그 변경사항을 미리 행정안전부장관에게 신고하여야 한다. 다만, 등록기준의 범위 내의 자본금 변동 등 <u>대통령령으로 정하는</u> 경미한 사항의 변경은 그러하지 아니하다.

③ 감리법인의 등록 및 등록사항의 변경 등에 필요한 사항은 <u>대통령령으로 정한다.</u>

제59조(감리법인의 준수사항) ① 감리법인은 <u>제60조제1항</u>에 따른 감리원으로 하여금 감리업무를 수행하게 하여야 한다.

② 감리법인은 거짓으로 감리보고서를 작성하여서는 아니 되며, 신의에 따라 성실하게 정보시스템 감리를 하여야 한다.

③ 감리법인은 다른 자에게 자기의 명칭을 사용하여 정보시스템 감리를 하도록 하여서는 아니 된다.

제60조(감리원) ① 감리원이 되려는 사람은 등급별 기술자격 등 대통령령으로 정하는 일정한 자격을 갖추어야 하며, 대통령령으로 정하는 바에 따라 감리업무 수행에 필요한 교육을 받아야 한다.

② 행정안전부장관은 제1항에 따른 요건을 충족하는 사람에게 대통령령으로 정하는 바에 따라 감리원증을 발급하고 관리하여야 한다.

③ 감리원은 다른 사람에게 자기의 성명을 사용하여 감리업무를 수행하게 하거나 감리원증을 빌려 주어서는 아니 된다.

제61조(감리법인 등의 결격사유) ① 임원 중 다음 각 호의 어느 하나에 해당하는 사람이 있는 법인은 제58조제1항에 따른 감리법인으로 등록할 수 없다.

　1. 금치산자 또는 한정치산자

　2. 제62조에 따라 등록이 취소된 감리법인의 임원으로서 등록이 취소된 날부터 2년이 지나지 아니한 사람(등록취소의 원인이 된 행위를 한 사람과 그 대표자를 말한다)

② 제1항제1호에 해당하는 사람은 제60조에 따른 감리원이 될 수 없다.

③ 감리법인 등의 결격사유 확인 등에 필요한 사항은 대통령령으로 정한다.

제62조(감리법인의 등록취소 등) ① 행정안전부장관은 감리법인이 다음 각 호의 어느 하나에 해당할 때에는 등록을 취소하거나 1년 이내의 기간을 정하여 업무의 정지를 명할 수 있다. 다만, 제1호부터 제3호까지 또는 제10호에 해당하면 등록을 취소하여야 한다.

　1. 거짓이나 그 밖의 부정한 방법으로 등록을 한 경우

　2. 최근 3년간 3회 이상의 업무정지처분을 받은 경우

　3. 업무정지기간에 정보시스템 감리를 한 경우. 다만, 제63조에 따라 업무정지기간에 정보시스템 감리를 한 경우에는 그러하지 아니하다.

　4. 제57조제6항을 위반하여 감리기준을 준수하지 아니하고 감리업무를 수행한 경우

　5. 제58조제1항에 따른 등록기준에 미달하게 된 경우

　6. 제58조제2항에 따른 변경사항을 신고하지 아니하거나 거짓으로 신고한 경우

　7. 제59조제1항을 위반하여 감리원이 아닌 사람에게 감리업무를 수행하게 한 경우

　8. 제59조제2항을 위반하여 거짓으로 감리보고서를 작성한 경우

　9. 제59조제3항을 위반하여 다른 자에게 자기의 명칭을 사용하여 정보시스템 감리를 하게 한 경우

　10. 임원이 제61조제1항에 따른 결격사유에 해당되는 경우. 다만, 결격사유에 해당되는 날부터 6개월 이내에 해당 임원을 바꾸어 임명하는 경우에는 그러하지 아니하다.

② 행정안전부장관은 제1항에 따라 등록을 취소하려면 청문을 하여야 한다.

③ 제1항에 따른 처분의 기준 및 절차 등에 관하여 필요한 사항은 대통령령으로 정한다.

제63조(등록취소처분 등을 받은 감리법인의 업무계속 등) ① 제62조제1항에 따라 등록취소처분이나 업무정지처분을 받은 감리법인은 그 처분 전에 체결한 계약에 따른 감리업무를 계속 수행할 수 있다. 이 경우 감리법인은 그 처분내용을 지체 없이 해당 감리발주자에게 알려야 한다.

② 정보시스템 감리발주자는 제1항에 따른 통지를 받거나 감리법인이 등록취소처분이나 업무정지처분을 받은 사실을 알았을 때에는 특별한 사유가 있는 경우를 제외하고는 그 사실을 안 날부터 30일 이내에만 그 계약을 해지할 수 있다.

제6장 전자정부 구현을 위한 시책 등의 추진

제64조(전자정부사업의 추진 및 지원) ① 행정기관등의 장은 전자정부의 구현·운영 및 발전을 위한 사업(이하 "전자정부사업"이라 한다)을 적극적으로 추진하여야 한다.

② 행정안전부장관은 행정기관등의 장이 전자정부사업을 효율적으로 추진할 수 있도록 행정적·재정적·기술적 지원 등 필요한 지원을 할 수 있다.

③ 제2항에 따라 지원되는 사업(이하 "전자정부지원사업"이라 한다)의 선정·관리 등 필요한 사항은 대통령령으로 정한다.

제65조(지역정보화사업의 추진 및 지원) ① 국가 및 지방자치단체는 지역의 경쟁력 강화 및 지역주민의 삶의 질 향상을 위하여 다음 각 호의 지역정보화사업을 추진할 수 있다.
  1. 지역의 역사, 문화, 복지, 환경 등의 지역정보서비스 개발과 보급
  2. 정보시스템 구축 및 지역의 정보화기반 조성
  3. 정보화 낙후지역의 집중 지원
  4. 정보시스템 및 정보서비스의 통합관리 등 정보자원의 효율적 관리
  5. 그 밖에 지역정보화를 위하여 필요한 사항

② 지방자치단체가 제1항에 따른 지역정보화사업을 추진할 때 중복투자 방지 등을 위하여 필요한 경우에는 중앙행정기관 또는 다른 지방자치단체와 공동으로 추진할 수 있다.

③ 국가 및 지방자치단체는 지역의 공공 및 민간 정보시스템과의 통합적 연계를 통한 서비스의 효율적인 제공을 위하여 공통적으로 적용되는 운영기반을 구축·운영할 수 있다. 이 경우 정보통신망에 대한 불법적인 접근의 방지와 그 밖의 보호대책을 마련하여야 한다.

④ 국가는 제1항부터 제3항까지의 규정에 따른 지역정보화사업을 촉진하기 위하여 행정적·재정적·기술적 지원 등 필요한 지원을 대통령령으로 정하는 바에 따라 할 수 있다.

⑤ 제1항부터 제4항까지에서 규정한 사항 외에 지역정보화사업의 추진 및 지원에 관하여 필요한 사항은 대통령령으로 정한다.

제66조(시범사업의 추진) ① 행정기관등의 장은 전자정부의 구현·운영 및 발전과 효율적인 지역정보화를 위하여 필요한 경우에는 시범사업을 추진할 수 있다.

② 시범사업의 시행에 필요한 사항은 국회규칙, 대법원규칙, 헌법재판소규칙, 중앙선거관리위원회규칙 및 대통령령으로 정한다.

제67조(사전협의) ① 행정기관등의 장은 다른 행정기관등과의 상호연계 또는 공동이용과 관련한 전자정부사업 및 지역정보화사업을 추진할 때에는 중복투자 방지 등을 위하여 중앙사무관장기관의 장과 사전에 협의하여야 한다.

② 행정기관등의 장은 제1항에 따른 사전협의 결과를 해당 사업을 추진할 때 반영하여야 한다.

③ 사전협의의 대상사업, 방법 및 절차 등에 관하여 필요한 사항은 국회규칙, 대법원규칙, 헌법재판소규칙, 중앙선거관리위원회규칙 및 대통령령으로 정한다.

제68조(성과 분석 및 진단) ① 중앙사무관장기관의 장은 여러 행정기관등과 관련된 전자정부사업 및 지역정보화사업 등 대통령령으로 정하는 주요 사업 및 행정정보 공동이용에 대하여 추진실적 및 사업의 성과를 종합적으로 분석·진단하여 그 결과를 국회 및 국가정보화전략위원회에 제출하고, 이를 다음 해의 사업계획 등에 반영되도록 하여야 한다.

② 행정안전부장관은 매년 제46조제2항에 따른 정보기술아키텍처의 도입·운영실태와 그 추진성과를 분석·진단하여 국가정보화전략위원회에 보고하여야 한다.

③ 제1항 및 제2항의 성과 분석 및 진단에 필요한 사항은 국회규칙, 대법원규칙, 헌법재판소규칙, 중앙선거관리위원회규칙 및 대통령령으로 정한다.

제69조(자료제출 등 협조) ① 중앙사무관장기관의 장은 이 법에서 정한 업무의 수행을 위하여 필요한 경우 관계 행정기관등의 장에게 실태조사를 위한 자료 등의 제출을 요청할 수 있다.

② 관계 행정기관등의 장은 제1항에 따른 제출 요청에 적극 협조하여야 한다.

③ 중앙사무관장기관의 장은 다른 행정기관등의 장이 요청하면 제1항에 따라 수집된 통계자료 등을 제공할 수 있다.

제70조(전자정부의 국제협력) ① 중앙사무관장기관의 장은 전자정부에 관한 국제적 동향을 파악하고 국제협력을 통하여 전자정부의 국제경쟁력을 제고하여야 한다.

② 중앙사무관장기관의 장은 다음 각 호의 업무를 수행할 수 있다.

  1. 전자정부와 관련한 국제기구 및 외국정부와의 협력

  2. 전자정부 관련 국제평가지수의 관리

  3. 그 밖에 전자정부 관련 국제협력에 관한 사항으로서 국회규칙, 대법원규칙, 헌법재판소규칙, 중앙선거관리위원회규칙 및 대통령령으로 정하는 사항

③ 전자정부의 국제협력과 관련하여 중앙사무관장기관의 장은 관계 행정기관등의 장에게 협조를 요청할 수 있으며, 관계 행정기관등의 장은 특별한 사유가 없으면 협조하여야 한다.

제71조(전문기관의 지정 등) ① 중앙사무관장기관의 장은 각 중앙사무관장기관 소관에 관한 다음 각 호의 업무를 종합적이고 효율적으로 추진하기 위하여 전문기관을 지정하여 업무를 위탁할 수 있다.

　　1. 전자정부서비스의 개발·제공 및 이용촉진에 관한 업무
　　2. 행정정보 공동이용에 관한 업무
　　3. 정보기술아키텍처의 도입 및 활용에 관한 업무
　　4. 감리제도에 관한 연구 및 개선에 관한 업무
　　5. 전자정부지원사업 및 지역정보화사업의 추진·지원에 관한 업무
　　6. 그 밖에 전자정부 구현·운영 및 발전을 위하여 국회규칙, 대법원규칙, 헌법재판소규칙, 중앙선거관리위원회규칙 및 <u>대통령령으로 정하는</u> 업무

② 중앙사무관장기관의 장은 제1항에 따른 업무 수행에 필요한 자금을 예산의 범위에서 전문기관에 출연하거나 지원할 수 있다.

③ 전문기관을 지정하기 위하여는 업무의 전문성 등을 고려하여야 하며, 전문기관의 지정 요건, 방법 및 절차 등에 필요한 사항은 국회규칙, 대법원규칙, 헌법재판소규칙, 중앙선거관리위원회규칙 및 <u>대통령령으로 정한다.</u>

제72조(한국지역정보개발원의 설립 등) ① 둘 이상의 지방자치단체는 소관 정보화사업을 공동으로 추진하기 위하여 한국지역정보개발원(이하 "개발원"이라 한다)을 설립할 수 있다.

② 개발원은 법인으로 한다.

③ 개발원은 다음 각 호의 업무를 수행한다.

　　1. 전자지방정부 구현 및 지역정보화 촉진을 위하여 지방자치단체에서 추진하는 정보화사업의 지원
　　2. 지방자치단체의 정보화 추진과 관련하여 관계 중앙행정기관 또는 지방자치단체가 위탁하는 사무
　　3. 지방자치단체의 정보화 촉진을 위한 조사·연구 및 교육·훈련
　　4. 그 밖에 지역정보화 촉진을 위하여 <u>대통령령으로 정하는</u> 사업

④ 행정기관등의 장은 지역정보화사업을 효율적으로 추진하기 위하여 개발원에 소관 업무의 일부를 위탁할 수 있다.

⑤ 지방자치단체는 개발원의 설립, 시설 설치 및 운영 등에 필요한 경비에 충당하게 하기 위하여 개발원에 출연할 수 있고, 국가는 개발원의 원활한 업무 수행을 위하여 필요한 지원을 할 수 있다.

⑥ 개발원은 행정기관등으로 하여금 서비스 제공에 드는 비용의 전부 또는 일부를 부담하게 할 수 있다.

⑦ 개발원에 관하여 이 법에서 정하지 아니한 사항에 대하여는 <u>「민법」</u> 중 재단법인에 관한 규정을 준용한다.

⑧ 개발원의 지역정보화 추진 및 지원 등에 필요한 사항은 <u>대통령령으로 정한</u>다.

제73조(권한 등의 위임·위탁) ① 이 법에 따른 중앙사무관장기관의 장의 권한은 국회규칙, 대법원규칙, 헌법재판소규칙, 중앙선거관리위원회규칙 및 <u>대통령령으로 정하는</u> 바에 따라 그 일부를 소속 기관의 장 또는 특별시장·광역시장·도지사 및 특별자치도지사에게 위임하거나 다른 행정기관등의 장에게 위탁할 수 있다.

② 중앙사무관장기관의 장은 이 법에 따른 업무의 일부를 국회규칙, 대법원규칙, 헌법재판소규칙, 중앙선거관리위원회규칙 및 <u>대통령령으로 정하는</u> 바에 따라 관계 법인 또는 단체에 위탁할 수 있다.

제74조(비밀누설 등의 금지) 행정정보를 공동이용하는 사무에 종사하고 있거나 종사하였던 사람과 감리법인의 임직원이거나 임직원이었던 사람은 정당한 사유 없이 직무상 알게 된 비밀을 다른 사람에게 누설하거나 도용하여서는 아니 된다.

제75조(벌칙 적용 시의 공무원 의제) 다음 각 호의 사람 중 공무원이 아닌 사람은 「형법」 제129조부터 <u>제132조</u>까지의 규정을 적용할 때에는 공무원으로 본다.

1. 행정정보의 공동이용에 관한 사무에 종사하는 사람
2. 행정정보를 제공받는 기관의 종사자(행정정보 이용 관련자만 해당된다)
3. 감리업무에 종사하는 감리원

제7장 벌칙

제76조(벌칙) ① <u>제35조제1호</u>를 위반하여 행정정보를 위조·변경·훼손하거나 말소하는 행위를 한 사람은 10년 이하의 징역에 처한다.

② 다음 각 호의 어느 하나에 해당하는 자는 5년 이하의 징역 또는 5천만원 이하의 벌금에 처한다.

1. <u>제35조제2호</u>를 위반하여 행정정보 공동이용을 위한 정보시스템을 정당한 이유 없이 위조·변경·훼손하거나 이용한 자
2. <u>제35조제3호</u>를 위반하여 행정정보를 변경하거나 말소하는 방법 및 프로그램을 공개·유포하는 행위를 한 자

③ 다음 각 호의 어느 하나에 해당하는 자는 3년 이하의 징역 또는 3천만원 이하의 벌금에 처한다.

1. <u>제35조제4호</u>를 위반하여 행정정보를 누설하는 행위를 한 자
2. <u>제35조제5호</u>를 위반하여 행정정보를 권한 없이 처리하거나 권한 범위를 넘어서 처리하는 행위를 한 자
3. <u>제35조제6호</u>를 위반하여 행정정보를 권한 없이 다른 사람으로 하여금 이용하게 하

는 행위를 한 자

4. 제35조제7호를 위반하여 승인받지 아니한 방식으로 행정정보를 공동이용하거나 승인받지 아니한 정보시스템 또는 저장장치에 저장한 자

5. 제74조를 위반하여 직무상 알게 된 비밀을 누설하거나 도용한 자

④ 제35조제8호를 위반하여 거짓이나 그 밖의 부정한 방법으로 행정기관등으로부터 행정정보를 제공받거나 열람하는 행위를 한 자는 2년 이하의 징역 또는 700만원 이하의 벌금에 처한다.

⑤ 제58조제1항의 등록을 하지 아니한 자가 정보시스템 감리를 한 경우에는 2년 이하의 징역 또는 2천만원 이하의 벌금에 처한다.

⑥ 제60조제3항을 위반하여 다른 사람에게 자기의 성명을 사용하여 감리업무를 수행하게 하거나 감리원증을 빌려 준 사람 또는 다른 사람의 성명을 사용하여 감리업무를 수행하거나 감리원증을 빌린 사람은 1년 이하의 징역 또는 1천만원 이하의 벌금에 처한다.

제77조(양벌규정) 법인의 대표자나 법인 또는 개인의 대리인, 사용인, 그 밖의 종업원이 그 법인 또는 개인의 업무에 관하여 제76조제3항제5호 또는 같은 조 제5항·제6항의 위반행위를 하면 그 행위자를 벌하는 외에 그 법인 또는 개인에게도 해당 조문의 벌금형을 과(科)한다. 다만, 법인 또는 개인이 그 위반행위를 방지하기 위하여 해당 업무에 관하여 상당한 주의와 감독을 게을리하지 아니한 경우에는 그러하지 아니하다.

제78조(과태료) ① 다음 각 호의 어느 하나에 해당하는 자에게는 3천만원 이하의 과태료를 부과한다.

1. 제42조제1항을 위반하여 정보주체의 사전동의를 받지 아니한 자

2. 제43조제2항 및 제3항을 위반하여 정당한 사유 없이 정보주체에게 같은 조 제1항 각 호의 사항을 통보하지 아니한 자

② 제1항에 따른 과태료는 행정안전부장관이 부과·징수한다.

■ 부칙 〈법률 제10012호, 2010.2.4〉

제1조(시행일) 이 법은 공포 후 3개월이 경과한 날부터 시행한다. 다만, 부칙 제5조제5항은 2011년 1월 1일부터 시행한다.

제2조(다른 법률의 폐지) 정보시스템의 효율적 도입 및 운영 등에 관한 법률은 폐지한다.

제3조(행정정보 공동이용에 관한 경과조치) ① 이 법 시행 당시 종전의 규정에 따라 공동이용센터를 통하여 공동이용하고 있는 행정정보는 이 법에서 정한 절차에 따라 승인을 받은 것으로 본다.

② 이 법 시행 당시 제39조제7항 각 호의 개정규정에 해당하는 사람은 이 법에서 정한 절차에 따라 지정을 받은 것으로 본다.

제4조(「정보시스템의 효율적 도입 및 운영 등에 관한 법률」 폐지에 따른 경과조치) ① 이 법 시행 전에 종전의 「정보시스템의 효율적 도입 및 운영 등에 관한 법률(이하 이 조에서 "정보시스템법"이라 한다)」 제5조에 따라 정보기술아키텍처 도입기관으로 지정된 기관은 이 법에 따라 지정된 기관으로 본다.

② 이 법 시행 당시 종전의 정보시스템법 제11조에 따라 감리를 하고 있는 사업은 이 법에 따라 감리를 하고 있는 것으로 본다.

③ 이 법 시행 전에 종전의 정보시스템법 제12조에 따라 감리법인으로 등록한 감리법인은 이 법에 따라 등록한 것으로 본다.

④ 이 법 시행 전에 종전의 정보시스템법 제14조에 따라 감리원 교육을 받은 사람은 이 법에 따라 교육을 받은 것으로 본다.

⑤ 이 법 시행 전에 종전의 정보시스템법 제14조에 따라 감리원증을 발급받은 사람은 이 법에 따라 발급받은 것으로 본다.

⑥ 이 법 시행 전에 종전의 정보시스템법 제16조에 따라 정보시스템 감리에 관한 행정처분 을 받은 경우에는 이 법에 따라 행정처분을 받은 것으로 본다.

⑦ 이 법 시행 전에 종전의 정보시스템법의 규정을 위반한 행위에 대하여 벌칙 및 행정처분 등을 적용할 때에는 종전의 정보시스템법의 규정에 따른다.

제5조(다른 법률의 개정) ① 공공기관의 개인정보보호에 관한 법률 일부를 다음과 같이 개정한다.

제4조제2항 본문 중 "「전자정부법」 제2조제5호"를 "「전자정부법」 제2조제7호"로 한다.
제9조제1항 중 "「전자정부법」 제2조제7호"를 "「전자정부법」 제2조제10호"로 한다.

② 공공기관의 정보공개에 관한 법률 일부를 다음과 같이 개정한다.

제2조제2호 중 "「전자정부법」 제2조제7호"를 "「전자정부법」 제2조제10호"로 한다.

③ 교육관련기관의 정보공개에 관한 특례법 일부를 다음과 같이 개정한다.

제2조제2호 중 "「전자정부법」 제2조제7호"를 "「전자정부법」 제2조제10호"로 한다.

④ 국가정보화 기본법 일부를 다음과 같이 개정한다.

제11조제2항제6호 중 "「정보시스템의 효율적 도입 및 운영 등에 관한 법률」 제2조제2호"를 "「전자정부법」 제2조제12호"로 한다.

⑤ 법률 제9691호 국민연금법 일부개정법률 일부를 다음과 같이 개정한다.

제108조제2항 본문 중 "「전자정부법」 제2조제5호"를 "「전자정부법」 제2조제7호"로 한다.

⑥ 기업도시개발 특별법 일부를 다음과 같이 개정한다.

제12조제2항 중 "「전자정부법」 제21조제1항"을 "「전자정부법」 제36조제1항"으로 한다.

⑦ 독촉절차에서의 전자문서 이용 등에 관한 법률 일부를 다음과 같이 개정한다.

제7조제2항 중 "「전자정부구현을 위한 행정업무 등의 전자화촉진에 관한 법률」 제2조

제6호"를 "「전자정부법」 제2조제9호"로 한다.

⑧ 디자인보호법 일부를 다음과 같이 개정한다.

제77조제1항제3호 중 "「전자정부법」 제30조"를 "「전자정부법」 제32조제2항"으로 한다.

⑨ 민원사무처리에 관한 법률 일부를 다음과 같이 개정한다.

제2조제4호 중 "「전자정부법」 제34조"를 "「전자정부법」 제9조"로 한다.

제8조 본문 중 "「전자정부구현을 위한 행정업무 등의 전자화촉진에 관한 법률」 제2조제5호"를 "「전자정부법」 제2조제7호"로 하고, 같은 조 단서 중 "「전자정부구현을 위한 행정업무 등의 전자화촉진에 관한 법률」 제2조제7호"를 "「전자정부법」 제2조제10호"로 한다.

제10조제3항제3호 중 "「전자정부구현을 위한 행정업무 등의 전자화촉진에 관한 법률」 제21조제1항"을 "「전자정부법」 제36조제1항"으로 한다.

⑩ 상표법 일부를 다음과 같이 개정한다.

제88조제1항제3호 중 "「전자정부구현을 위한 행정업무 등의 전자화 촉진에 관한 법률」 제30조"를 "「전자정부법」 제32조제2항"으로 한다.

⑪ 소프트웨어산업 진흥법 일부를 다음과 같이 개정한다.

제2조제2호 중 "「정보시스템의 효율적 도입 및 운영 등에 관한 법률」 제2조제1호"를 "「전자정부법」 제2조제13호"로 한다.

⑫ 영유아보육법 일부를 다음과 같이 개정한다.

제34조의5제6항 중 "「전자정부법」 제21조제1항"을 "「전자정부법」 제36조제1항"으로 한다.

⑬ 지방세법 일부를 다음과 같이 개정한다.

제1조제1항제16호 중 "「전자정부법」 제2조제7호"를 "「전자정부법」 제2조제10호"로 한다.

제51조제1항 중 "「전자정부법」 제2조제7호"를 "「전자정부법」 제2조제10호"로 한다.

제196조의13 단서 중 "「전자정부법」 제21조제1항"을 "「전자정부법」 제36조제1항"으로 한다.

⑭ 특허법 일부를 다음과 같이 개정한다.

제217조제1항제3호 중 "「전자정부법」 제30조"를 "「전자정부법」 제32조제2항"으로 한다.

⑮ 법률 제9943호 약식절차에서의 전자문서 이용 등에 관한 법률 일부를 다음과 같이 개정한다.

제2조제7호 중 "「전자정부법」 제2조제6호"를 "「전자정부법」 제2조제9호"로 한다.

제6조(다른 법령과의 관계) 이 법 시행 당시 다른 법령에서 종전의 「전자정부법」이나 종전의 「정보시스템의 효율적 도입 및 운영 등에 관한 법률」 또는 그 규정을 인용하고 있는 경우

이 법 중 그에 해당하는 규정이 있을 때에는 종전의 규정을 갈음하여 이 법 또는 이 법의 해당 규정을 인용한 것으로 본다.

■ 부칙 〈법률 제10303호, 2010.5.17〉(은행법)

제1조(시행일) 이 법은 공포 후 6개월이 경과한 날부터 시행한다. 〈단서 생략〉

제2조 부터 제8조까지 생략

제9조(다른 법률의 개정) ①부터 〈61〉까지 생략

　〈62〉 전자정부법 일부를 다음과 같이 개정한다.

　　제36조제2항 중 "인가를 받은 자"를 "인가를 받은 은행"으로 한다.

　〈63〉부터 〈86〉까지 생략

제10조　생략

참고문헌

1. 국내문헌

1) 단행본

강근복 외. 1999. 『지식정보사회와 전자정부』. 서울: 나남출판사.

강제명. 2003. 『정보체계론』. 서울: 문성.

강황선. 2002. 『서울시 지식관리 활성화 방안』. 서울시정개발연구원.

고재학. 2009. 『정보사회와 전자정부』. 경기: 한국학술정보.

구경서. 2001. 『현대 미디어 정치』. 건국대학교 출판부.

권기덕. 2008. 『세계 IT사업의 강자로 부상한 대만』. 삼성경제연구소.

______. 2010. 『스마트폰이 열어가는 미래』. 삼성경제연구소.

권기현. 2000. 『정보사회의 논리』. 서울: 나남출판사.

______. 2008. 『전자정부론』. 서울: 박영사.

권해수 외. 2002. 『전자정부를 통한 부패통제 이론과 사례』. 서울: 한울아카데미.

권호영 외. 2006. 『세계의 지상파 방송사 경영전략』. 커뮤니케이션북스.

김동선. 2005. 『정보화사회에서 무슨 일이 일어나고 있는가』. 서울: jinhan M&B.

김동욱. 2004. 『전자정부와 정부운영방식의 변화』. 서울: 정보통신정책연구원.

김문성. 2004. 『행정학.net』. 서울: 박영사.

김선기. 2001. 『지역간 정보 격차 해소를 위한 정보화 확산방안』. 한국지방행정연구원.

김성태. 2002. 『국제정보 격차 해소와 IT산업 해외 진출의 연계방안 연구』. 정보통신부.

______. 2004. 『정보정책론』. 서울: 법문사.

김유정. 2009. 『차세대 전자정부 추진전략』. 정보통신정책연구원.

김재윤. 2003. 『유비쿼터스 컴퓨팅: 비즈니스모델과 전망』. 서울: 삼성경제연구소.

김창규. 2003. 『방송·통신 규제기구 일원화에 따른 법제 정비방안』. 한국언론정비학회.

남궁근 외. 2002. 『전자정부를 통한 부패통제: 이론과 사례』. 서울: 한울.

명승환. 2002. 『공공부문 정보자원관리에 대한 이해』. 한국전산원자료집.

문신용. 2000. 『행정정보화와 조직운영의 핵심방안』. 한국행정연구원.

박항식. 2008. "국가과학기술표준분류체계 새로이 정비." *Science & Technology Focus,* Vol.46, 교육과학기술부.

서홍석. 2001. 『무선인터넷 활성화정책』. 행정자치부 정부전산정보관리소.

연승준 외. 2004. "유비쿼터스 컴퓨팅의 시스템 함의와 관련기술 동향." 『전자통신동향분석』 제19권 2호.

오관석. 2007. 『정보사회와 미디어정치』. 경기: 인간사랑.

오철호. 2002. 『정보통신기술과 행정』. 서울: 대영문화사.

이인호. 2002. 『공공부문 개인정보보호법제에 대한 분석과 비판』. 한국정보법학회.

이재광 외. 2007. 『사이버공간에서의 개인정보보호』. 한국정보사회학회.

이창원 외. 2004. 『정보사회와 현대조직』. 서울: 대영문화사.

임을출. 2000. "북한의 인터넷 사업." 『통일경제』 제65호.

전석호. 1998. 『한국사회와 정보화』. 서울: 나남출판사.

정보통신윤리위원회. 2007. 『2006 정보통신백서』. 정부간행물.

정부혁신지방분권위원회. 2003. 『참여정부의 전자정부로드맵』.

정애리. 2004. 『디지털정보미디어 정책론』. 서울: 도서출판 일진사.

정충식. 2007. 『전자정부론』. 서울경제경영출판사.

조동기. 2001. 『정보사회이론』. 서울: 나남출판사.

최영훈 외. 2006. 『전자정부론』. 서울: 대영문화사.

최진욱. 2006. "서울특별시 OPEN 시스템이 부패에 미치는 영향." 『2006년 한국행정학회 춘계학술대회 논문집』. 한국행정학회.

최창선 저. 2008. 『변화와 도전』. 선텔레콤.

홍준형. 2005. "정보화시대 사생활 어떻게 보호할 것인가?" 『한국행정학회 국정토론회 발표논문집』 2005년 9월 9일.

2) 정책자료 및 연구보고서

강홍렬 외. 2002. "정보 격차에 대한 사회경제적 함의." 정보통신정책연구원 연구보고서.

국가과학기술지식정보서비스. 2009. "2008년 기술수준평가 보고서 총괄." 한국과학기술 정보연구원.

권헌영. 2004. "전자정부시대의 개인정보보호법제의 쟁점." 『정보화정책』 11(3).

문정욱. 2006. "일본 전자정부 추진동향." 『정보통신정책』. 정보통신정책연구원.

박상주. 2008. "북한의 인터넷 현황과 개방동향." 『정보통신정책』 제20권 15호(통권 445호). 정보통신정책연구원(2008.8.16).

신영진. 2010. "말레이시아와 우리나라의 정보보호정책 비교를 통한 개선방안 연구." 한국
행정학회.
안종옥 외. 2010. "효율적인 정보관리를 위한 U-City 정보 특성분석에 관한 연구." 『한국지
형공간정보학회지』 제18권 제1호.
염용섭. 2001. "무선통신 및 데이터통신 활성화에 따른 정책방안 연구." 정보통신정책 연구
원 연구보고 01-51.
유예진. 2008. "2007년 북한의 대외무역동향." KOTRA자료 08-015, 한국무역투자진흥공사,
2008.6.30.
윤길준. 2006. "정부업무관리시스템의 개요 및 구축방향." 『디지털행정』. 행정자치부. 2006
년 가을호. Vol(105).
은성경 외. 2009. "클라우드 컴퓨팅 보안 기술." 『전자통신동향분석』 제24권 제4호.
이근주. 2003. "정부투명성과 정보공개 활성화 방안." 한국행정학회 기획세미나.
이민영. 2004. "주민등록번호 남용억제에 관한 법제적 고찰." 『정보통신정책』. 정보통신정
책연구원, 제16권 8호(통권 346호).
이자성. 2011. "일본 정보보호정책의 주요내용과 특징." 한국정책학회(2011 춘계학술회의).
장종인. 2006. "사이버 범죄에 대한 사회, 문화적 논의." 『정보통신정책』. 정보통신정책연구
원, 제18권 7호.
주진형. 2005. "국가 정보화평가 현황과 정책제언." 『정보통신정책』. 정보통신정책연구원,
제17권 23호.
최봉수. 2000. 『전자정부 구축과 운영실태』. 현대사회연구소.
최선미. 2009. 『SNS의 사회자본 형성에 미치는 영향에 관한 연구』. 서강대학교 대학원.
한광희. 2002. 『정보보호와 정보화 역기능에 대한 연구』. 한신정보대학교 정보과학연구소.
한국정보사회진흥원. 2007. 『2007 국가정보화백서』.
한국정보화진흥원. 2010. 『2010 국가정보화백서』.

3) 간행물

김석주. 2006. "전자정부 이제 정부혁신의 수단으로." 『한국정책학회 뉴스레터』 제8호.
김형준. 2005. "개인정보보호법제의 현황과 그 발전방안." 「CIO Report」 05-6호 서울: 한국
전산원. 2005년 3월 31일.
박영기. 1992. "정보사회와 행정." 『행정전산』 14(2): 4월호.
부패방지위원회. 2005. 『2004 부패방지백서』.
오철호. 2006. "전자정부사업 뒤돌아보기." 『한국정책학회 뉴스레터』 제8호.
정보문화센터. 2000. "정보화 역기능 실태조사 보고서."
한국인터넷진흥원. 2007. "2007년 상반기 정보화실태조사 요약보고서."
______. 2009. "2009년 상반기 주요국 정보보호정책 동향 및 체계."

한국전산원. 2006. 『2006 국가정보화 백서』. 2006년 7월.
한국전파진흥협회. 2006.8. "디지털 방송전환 촉진전략 연구."
한국정보문화진흥원. 2007. 『2007 정보격차해소 백서』.
______. 2008. 『2008 정보격차해소 백서』.
______. 2010. 『2010 국가정보화 백서』.
______. 2010. "스마트 정부의 공공정보 개방과 이용활성화 전략."
한국정보보호센터. 2007. "정보보호 관련 법령 비교·분석."
한국정보보호진흥원. 2006. "유비쿼터스 프라이버시 보호 종합대책 수립."
______. 『정보보호 실태조사』.
행정안전부. 2008. "개인정보 침해사고 방지대책."
______. 2008. "공공기관 개인정보보호 종합대책."
행정자치부. 2007. "전자정부성과보고서." 국정브리핑.

4) 신문 및 참고사이트

『국민일보』, 20011.4.30. "홈페이지도 관리못하는 전자정부."
『뉴 IT전략』, 2008.07. "IT산업이 한국 경제의 희망이다." 지식경제부 보도자료.
『매일경제』, 2010.7.03. "안드로이드폰 어플리케이션 400만 명 정보유출."
『서울경제』, 2010.10.06. "아이폰 일부 무료어플리케이션 개인정보 유출 확인."
『조선일보』, 2011.4.25. "정보공개 비율. 청와대 5.9%, 총리실 10.4%."

대한민국전자정부(http://www.korea.go.kr).
서울시 홈페이지(http://www.seoul.go.kr).
전자신문사(http://www.etnews.co.kr).
전자정부 홈페이지(http://www.egov.go.kr).
정보통신정책연구원(http://www.kistep.re.kr).
중앙선거관리위원회(http://www.nec.go.kr).
한국정보보호진흥원(http://kisa.or.kr).
한국정보보호학회(http://kiisc.or.kr).
행정안전부(http://wwwmogaha.go.kr).

2. 외국문헌

Amanda Lenhart, Mary Madden. 2007. "Teens, Privacy, & online social networks." *Pew Internet and American Life Project Report.*

Andras, S. 1996. *Right of access to the media.* Boston: Kluwer Law International.

Bagozzi, R. P. 1981. "Attitudes, Intentiond and Behavior: A Test of Some Key Hypothesis." *Journal of personality and social Psychology,* vol.41.

Ball-Rokeach, S. J. 1985. "The Origins of Individual Media-system Dependency: A Sociological Framework." *Communication Research,* vol.12.

Bharnagar, S. 2002. "E-government and Access to Information." In Robin Hodess (ed.).

Branscomb, Lewis M. 1995. "Balancing the Commercial Public-Internet Vision of the NII." In Brian Kahin & J. Keller (eds.). *Public Access to the Internet.* MIT Press.

Brown University. 2004. E-Government 2004. *Inside Politics,* org., 2004.9.

Castells, M. 1999. "The Information City is a Dual City." In *High Technology and Low Income Communities: Prospects for the Positive Use of Advanced Information Technology.*

Gartner Group. 2000. "Gartner's Four Phases of E-Government Model." *Research* Note, 12.

Hart-Teeter. 2000. *E-Government: The Next American.* The Council for Excellence in Government.

Kennedy, P. 1993. "Preparing for the Twenty-first Century." Seoul: The Korea Economic Daily (Korean edition).

Knorr, Eric. 2010. "Get ready for the IBM Cloud." *Info World.*

Liu, H. 2007. "Social network profiles as taste performances." *Journal of Computer-Mediated Communication.*

Loader, Brian. 1998. "Cyberspace divided: equality, agency and policy in the information society." In Brian D. Loader, ed. *Cyberspace Divide.* London, England: Routledge.

Mattern, Friedemann. 2001. *Ubiquitous Computing: From Smart Devices to Smart Everyday Objects.* ETH Zurich.

Mckinsey Quarterly. 2007. "How business are Web2.0." *A Mckinsey Global Survey.*

Office of e-Envoy. 2004. UK-online Annual Report 2001-2003. Cabinet Office.

Postman, N. 1995. "The Impact of the Information Glut." In K. Schwa b (ed.). *Overcoming Indifference.* New York University Press.

Poullet, Y. 1995. "Freedom and information highways or How to ensure electronic democracy." Paper presented at the international conference on the Comparative Study of the Information Superhighway in Europe and America, Bremen.

Roche, E. 1996. "Information Technology, Development and Policy." Brookfield USA, Aldershot.

Rosnay, J. 1995. "The Digital Revolution." In Klaus Schwab (ed.). *Overcoming Indifference.* New York: New York University Press.

Schiller, D. 2000. *Digital Capitalism: Networking the Global Market System.* The MIT Press.

Scott Golder. 2007. "Rhythms of social interaction." *Proceedings of Third International Conference on Communities and Technologies.*

Simon, H. A. 1987. "The Steam Engine and Computer: What Makes Technology Revolutionary." *Computer and Society.*

Sugaya, Minoru. 1997. "Advanced universal service in Japan." In *Telecommunication Policy,* vol.21(2).

Ughes, Owen E. 1994. *Public Management and Administration.* M: St. Martin's Press.

United Nations. 2004. *Global e-Government Readiness Report 2004 — Towards Access for Opportunity.*

______. 2005. *UN Global e-Government Readiness Report 2005.*

United Nations Development Programme. 2004. "e-Governance. Essentials." 15.

West, Joel. 1995. "Building Japan's Information Superhighway." JPRI Working Paper, No.7.

World Bank. 2001. "Bridging the Digital Divide: How Enterpriser Ownership and Foreign Competition Affect Interest Access in Eastern Europe and Central Asia." Policy Research Working Paper, July.

World Economy Forum. 2000. "Global Digital Divide to the Global Digital Opportunity."

색 인

비전 실현 89

지은이 소개

박경진

■ 약력

현 | 국가연구개발사업 평가위원 / 국가기술자격정책 심의위원회 전문위원
　　호텔등급 심사위원 / 정보통신기술사시험 출제위원
　　한국기술사회 기술중재위원장
　　성균관대학교 초빙교수
　　인하대학교 겸임교수
　　연세대학교 겸임교수

■ 학력과 경력

　　성균관대학교 공학사(정보통신공학부) / 연세대학교 공학석사(전자통신전공)
　　연세대학교 정책학석사(정책전공) / 경원대학교 행정학박사(정책전공)
　　고려대학교 정책대학원 고위정책과정 수료
　　정부기관 기관상위평가위원회 평가위원
　　정보통신기술사 / 정보통신기술사 시험 심의위원
　　정보통신부, KBS(한국방송공사) 근무 / (사)한국정책포럼 수석부회장
　　정보통신감리원 양성교육 외래교수(8년) / 한국정보통신기술사회 회장(8년 역임)
　　한국기술사회 제도개선위원장(9년 역임) / 한국기술사회 부회장

■ 주요 저서 및 논문

　　『과학기술정책론』(2008년 문화체육관광부 추천 "우수학술도서" 선정)
　　『실용 정보통신공학』(2011)
　　"인력정책평가와 과학기술인 사회," 『한국인사행정학회보』(2005)
　　"과학기술인력정책 평가에 관한 연구," 『한국정책연구원보』(2004)
　　"한국 엔지니어링산업정책 개선방안," 『한국정책학회보』(1998) 외 다수

정보통신정책과 전자정부

인 쇄: 2011년 11월 5일
발 행: 2011년 11월 11일

지은이: 박경진
발행인: 부성옥
발행처: 도서출판 오름
등록번호: 제2-1548호(1993. 5. 11)

주 소: 서울특별시 서초구 서초동 1420-6
전 화: (02) 585-9122, 9123/팩 스: (02) 584-7952
E-mail: oruem@oruem.co.kr
URL: http://www.oruem.co.kr

ISBN 978-89-7778-361-4   93340